물질 혐오

숙명여자대학교 인문학연구소
HK+사업단 학술연구총서 08

물질 혐오

왜 물질이 문제인가

이재준 기획

박인찬·신하경·유수정·이동신·이재준·
이준석·이지선·임소연·임태훈·한의정 지음

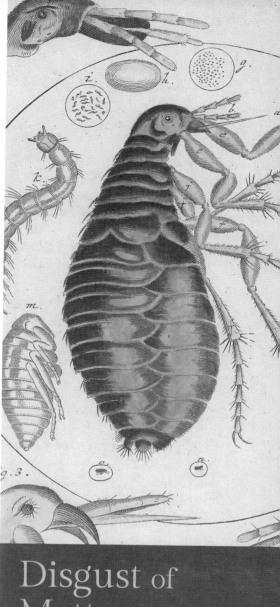

Disgust of
Matter

Why Matter Matters

한울
아카데미

차례

머리말

　"물질을 혐오한다." 물질(matter)은 대개 과학 기술에서 사용되는 말이고, 일상에서 그리 자주 사용되지 않기에, 누군가 그렇게 말하면 어딘지 어색함이 느껴진다. 하지만 바로 옆으로 눈을 돌려, 수년 동안 시달리고 있는 팬데믹이나 지구의 위기 국면을 지칭하는 인류세를 보기만 해도, 과거 그 어느 때보다도 인간 문화와 지구 자연의 다층적 접속을 강하게 느낄 수 있다. 거기에는 물질이 있다. 사회적인 삶에서 혐오가 스펙터클한 전경을 차지할 때마다 물질 혐오는 줄곧 배경으로 물러나지만, 물질은 이미 물신주의에서 벗어나 인간 삶의 중요한 화두가 되었다. 물질 혐오에 관해 말하려는 것은 이러한 상황과 무관하지 않다.

　혐오는 존재자들 사이의 위협적인 관계에서 작동하는 정동(affect)이다. 어떤 물질을 혐오한다는 것은 현실적으로든 잠재적으로든, 아니면 직접적으로든 간접적으로든 그 물질과의 부정적인 관계가 감지된다는 것이다. 그렇게 감지한 주체는 위협과 공포에 맞서 그것을 혐오할 것이다. 그리고 그것만이 아닌데, 그 느낌의 이면에서 혹은 그 느낌과 함께 마치 일상에서 더러운 쓰레기가 멀리 치워지는 것과 마찬가지로, 그 물질도 인간적인(anthropic) 시선 바깥으로 밀려간다. 혐오는 이곳에 있던 것들을 경계 바깥 저쪽으로

6

밀어내는 힘의 운동이기도 하다. 물론 혐오의 현실태는 복잡하다.

그런데 물질 혐오에서 물질이 무엇인지가 간단치 않다. 과학 기술 탓/덕분에 그것은 더욱 비가시적이며 복잡하게 변화되고 있으며 어느덧 너무 작고 너무 커졌기에 그렇다. 더 낯선 자연 물질이 더 자주 눈에 띄고, 더 낯선 인공 물질이 눈앞에서 더 빨리 사라진다. 최근의 물질 담론들은 유물론의 계보를 따라 이런 조건들을 이해하려 시도한다. 반드시 선형적인 것은 아니지만, 이미 고대 유물론과 근대 유물론이 있었다. 이것을 비판적으로 소환한 탈근대주의 유물론이 있었고, 이제 신유물론의 새로운 시도가 등장하고 있다. 물론 이 머리말이 유물론의 계보를 두루 비평할 자리는 아니지만, 물질 혐오라는 논의 지형을 그려보기 위해서라도, 물질 개념을 둘러싸고 신유물론이 제기하는 논점 몇 가지만을 언급하기로 하자.

얼마 전 브뤼노 라투르(Bruno Latour)가 유명을 달리했다는 슬픈 소식을 들었다. 아직 우리와 나눠야 할 이야기가 많은데, 너무나 안타깝다. 그를 애도하기 위해서라도 『우리는 결코 근대인이었던 적이 없다(We Have Never Been Modern)』(1991)에서 그가 사용했던 사유 방법을 빌려와 물질 담론에 적용해 본다. 만일 우리가 한 번도 근대인이었던 적이 없다고 전제해 보면, 물질은 정신과 대립한 어떤 이원론적 존재 구도와 무관할 것이다. 숭고한 절대정신을 옹호해야 할 헤겔(G. W. F. Hegel)의 관념론에서 물질은 정신을 위해 궁극적으로는 지양되어야만 할 대상이다. 가장 이념적인 정신의 참된 운동에서 물질적인 것들은 그저 하찮고 언젠가는 밀려날 존재로 배치된다. 엥겔스(Friedrich Engels)는 『루트비히 포이어바흐와 독일 고전철학의 종말(Ludwig Feuerbach und der Ausgang der Klassischen deutschen Philosophie)』(1888)에서 반관념론자인 포이어바흐(Ludwig Feuerbach)를 거론하면서 관념론이 물질을 정신의 산물이라고 말한 것에 대응해서 정신이란 단지 물질의 결과물이라고 말한다. 그에게는 인간이 감각으로 알 수 있는 물질세계만이 현실이며, 의식과 사유가 초월적인 것으로 보일지라도 그것은 단지 물질이자 두뇌의 생성물일 뿐이다. 유심론이든 관념론이든 거기엔 분명히 물질을 혐오하는 이론적 습관이 있고, 그 반대로 이를 비아냥거린 유물론자들도 어렵지 않게 찾아볼 수 있다. 하지만 지금 우리는 이처럼 선 굵은 시대를 살고 있지 않으며, 더군다나 물질 혐오는 그보다 더 현실적인 문제이다. 그래도 한 가지만 을 짚고 넘어가자면, 그 시대의 일상은 제국주의 전쟁으로 점철되었고, 계급 모순이 극명하게 분출되고 있었다. 하지만 사실 인간에 대한 인간의 승리를 구가하던 그 '벨 에포크(Belle Époque)'가 포착하지 못한 게 있다. 그것은 다름 아니라 당대의 다른 지층에서 이미 인류세의 배아가 열심히 분열 생성되고 있었다는 점이다.

탈근대주의는 정신/물질 이원론을 비판한다. 담론-물질. 거칠게 보아도, 그 담론에서는 신체의 역할이 중요하다. 포이어바흐의 유물론을 '실천' 문제로 재독해하면서 마르크스·엥겔스의 과학적 유물론이 주목한 것이 바로 이 신체와 감각 작용이다. 당연히 감각 작용의 영토인 신체의 물질성은 개체 초월적인 보편성을 지향한다. 물질은 그렇게 신체와 더불어 인간의 감각과 의식에 관계 맺는다. 이런 생각은 어떤 연속적인 곡예를 펼치는데, 탈근대주의에게 인간 주체란 그저 언어-물질, 혹은 물질-언어가 교차하는 기표들의 연결망에서 맺어진 어떤 노드이자 탈중심화된 존재이다. 물질은 그런 연결망에 포섭된다. 그리고 다시 인간 신체에서는 수행성과 체화 논리에 따라 이 물질이 담론의 흔적으로 번역된다. 결과적으로 언어 바깥의 순진한 몸이란 없다. 그 역시 혼종 체계인 과학 기술 지식은 권력관계의 논리에 따라 작동하면서 잘 이해된 신체, 잘 순응하는 신체, 잘 치료될 수 있는 신체, 잘 팔리는 신체를 재생산한다. 물질은 인간적인 신체에 이르러서 언어적인 것들과 횡단함으로써만 비로소 주체에 대해 자기 목소리를 낸다.

하지만 이것은 퀑탱 메이야수(Quentin Meillassoux)가 말한 것과 같은 어떤 상관주의, 혹은 주관적 상관주의라고 비판한 지점에 도달한다. 라투르의 생각을 마저 이어가면, 탈근대주의의 유물론은 물질/정신 이원론의 계보가 낳은 어떤 괴물로 보인다. 그는 근대를 괄호 안에 묶어놓기에 탈근대주의의 기획이 힘을 잃도록 만든다. 라투르는 자신의 책 마지막 대목에서 인간과 비인간의 병렬 배치에 주목하자고 말한다. 그곳에는 인간주의에만 연루된 존재자들이 있는 것이 아니라 모종의 권력관계에 얽힌 '사물(things)의 의회'에 참석한 존재자들이 있다. 게다가 그 참석자들이 서로의 얼굴을 마주 보기라도 하면, 우리가 그동안 혼동해 왔던 사물과 물질이 서로 다르다는 점이 드러난다. 사물은 존재자들을, 물질은 그런 존재자 중 하나를 지시하고 있다. 이런 혼동은 근본적으로는 타자를 인간적인 관점에서 포섭하려는 지식 욕망 탓이다. 우리의 너무도 인간적인 태도는 사물을 물질로 보게 하지만 실제로 우리도 그저 여러 사물에 속한 사물의 일원일 뿐이다. 라투르의 행위자연결망을 계속 따라가다 보면, 물질이란 사회적인 구성물이라거나 과학적 환원주의의 결과물이라는 생각은 사라진다. 그러나 이런 장점에도 불구하고 물질은 과학 기술의 구성물처럼 보인다.

신유물론은 물질의 이러한 사물들의 현실 조건들을 적극적으로 옹호하면서도 여기에 존재론적 함의를 심화한다. 우리는 적극적으로 신유물론을 비판하고 있는 그레이엄 하먼(Graham Harman)의 주장을 통해서 신유물론의 자리를 확인할 수 있는데, 그것은 존재를 생성과 변화에서 파악하려는 생성철학의 험난한 지류임이 밝혀진다. 하먼은 최근 국내에도 소개된 『비유물론(Immaterialism)』(2016)에서 자신이 실재라고 규정한 '객체'의 존재론을 설명하기 위해 신유물론의 명제들을 열거한다.

"모든 것(everything)은 무한히 변화하고 있다. 모든 것은 뚜렷한 경계와 단절 지점을 갖기보다는 오히려 연속적인 증감(gradients)을 따라 발생한다. 모든 것은 우발적이다. 우리는 실체/명사라기보다는 오히려 행위/동사를 집중해야 한다. 사물은 우리의 '실천'에서 생성되기에 주어진 본질이 전혀 없다. 사물의 행위가 사물의 무엇임보다 흥미롭다. 사유와 세계는 결코 별개로 존재하지 않기에 상호작용하기보다는 오히려 '사이에서 작용한다(intra-act)'.

사물은 단일체라기보다는 오히려 다양체이다. 세계는 순전히 내재적이고, 게다가 그것은 좋은 일인데, 그 이유는 어떤 초월성도 억압적일 것이기 때문이다." 물질을 옹호하려는 기획을 향해 하먼이 쏟아내는 원망 가득한 이 규정들이 신유물론의 모든 논지를 포괄하지는 못한다. 그러나 '완전히 물러나 있는 객체'의 실재성을 옹호하려는 그의 의도가 상대적으로 신유물론이 옹호하려는 실재로서의 물질에 대한 구별 논점들로 다가가게 하는 것은 맞다.

무엇보다도 중요한 몇 가지 주제를 하먼의 문장들에서 확인할 수 있다. 객체로 '물러나 있는' 존재자들의 지위와 배치를 떠올릴 수 있는데, 여기서 사변적 실재론이 포착한 존재론적 상관주의를 회피하는 문제가 다른 존재자뿐만 아니라 현실적으로 개별 물질의 실재를 규정하는 데에도 중요하다. 물러나 있는 존재자들의 관계도 물질 정의에 중요하다. 존재자들의 관계 있음/없음, 그 관계의 상호 작용/사이-작용(혹은 간-행위), 그 관계의 내부성/외부성, 환원주의적 법칙의 초월 권력에 대한 부정과 함께 수반되는 그 관계의 우발성, 존재의 생성/변화와 다수성, 그리고 '내재성의 평면'으로부터 차용된 '평평한 존재론' 혹은 '객체들의 민주주의' 등이 신유물론이 겨냥하고 있는 주요 탄착 지점을 이룬다.

얼핏 헤아려볼 수 있는 이런 주제들을 두 가지 물음으로 요약하자면, 신유물론은 탈근대주의 유물론의 그림자를 '물질적 전회'라는 야심 찬 기획 아래서 어떻게 걷어내느냐는 것, 그리고 다른 한편으로 사변적 실재론과 교차하면서 제시된 '물러나 있는' 존재자들의 생성 변화를 어떻게 본질주의로 후퇴하지 않으면서 설명할 수 있느냐 정도일 것이다.

우리가 묶어낸 『물질 혐오』의 1부에 해당하는 글들이 이러한 문제의식과 관련될 수 있다. 「물질 혐오와 포스트휴먼 유물론: 평평한 존재론을 중심으로」(박인찬)는 근대에 의해 혹은 인간주의에 의해 억압받고 혐오의 대상이 되었던 물질에 존재론적 권리를 돌려주고 인간과 비인간의 포스트휴먼적인 관계에서 내재성의 평면에 재배치된 물질 존재를 재차 확인한다. 「다양한 객체들의 행위자네트워크와 물질 혐오」(이준석)는 사변적 실재론자들의 객체를 유형화하려고 시도한다. 하이퍼오브젝트, 나노객체, 파사드 객체, 패러독스 객체, 보조 객체. 행위자네트워크의 작동은 유형화된 이런 객체들과 그 객체 회집체의 관계에 현실성을 부여한다. 물질 혐오는 관계 양상 중 하나이다. 그런데 하먼은 객체들이 이러한 네트워크 자체로부터 물러나 있다고 본다. 이는 다른 객체들과 무관하게 순수한 객체가 전제되어야만 한다는 것을 의미한다. 「레비 브라이언트의 객체지향 존재론에서 물질 혐오」(이재준)는 '물러나 있음'을 관계 존재론에서 재구성한다. 브라이언트(Levi Bryant)가 보기에 미시적이든 거대하든 일종의 회집체로서 관계 맺는다. 관계 자체가 회집체의 관계 항을 제약할 수 없기에 객체들은 우발적으로 상호 작용한다. 혐오스러운 것으로 현실화된 물질마저도 그 잠재성에서 다양체로 표현될 수 있다. 물질 혐오로 드러나는 또 다른 양상은 아마도 인류세와 인간 객체의 관계일 것이다. 거기에는 불안과 분노, 의심과 혐오가 있다. 「인류세를 혐오할 때: 티머시 모턴의 거대사물과 인류세」(이동신)는 인류세를 바라보는 이런 인간적인 부정적 태도들을 살피면서 시작한다. 모턴(Timothy Morton)의 생각이 적극적으로 옹호되는 가운데, 규정할 수 없는 크기 존재인 하이퍼오브젝트(거대사물)로서 인류세는 그 객체의 비모순율적 조건에 적합하게 혐오라는 감성-정치 내지는 미학-정치를 통해 해명된다. 그런데 이러한 사물들이나 객체들의 상호 작용은 버러드(Karen Barad)의 사이-작용 개념과 무관하지 않다. 「물질이 물의를 빚고 우리가 실재와 만날 때: 캐런 버러드의 행위적 실재주의로 본 물질과 실재」(이지선)는 사이-작용의 효과로서 물질을 바라본다. 양자 역학이 존재를 미규정적인 것으로 보듯, 사물들은 행위의 얽힘 과정에서 물질/비물질로 결정된다. 만일 물질 혐오가 가능하다면 이런 결정의 효과일 것이다. 따라서 혐오는 단순히 사라질 느낌이 아니라 실재성을 지닌 어떤 것이다.

1부의 글들은 신유물론만에 제한되지는 않는다. 서로 다른 입장들이 교차하고 있다. 예컨대 하먼과 모턴이 물질을 관념화했다고 비난하는 브라이언트에게서 상충적인 논점들이 피력된다. 이렇게 보면 이 글들은 사변적 실재론의 서로 다른 양상으로도 볼 수 있다. 라투르의 연결망 논의는 인류세의 탐사를 방금 멈췄고 존재론적 심층화에서 멀어질 것 같은 느낌이다. 버라드의 논의는 물질 담론에 강력한 자극제이긴 하지만 모턴의 비판을 떠올리지 않더라도 탈근대주의 유물론의 영향권 안에 있는 것 또한 사실이다.

물질 혐오의 모든 담론은 우리가 처한 부정적인 현실을 외면하지 않는다. 비록 그런 현실을 모두 망라할 수는 없지만, 2부는 핵심적인 주제로 거론된 물질 혐오의 몇 가지 현실을 다룬다. 인류세는 인간과 거리를 둔 자연의 문제처럼 보이지만 인간 사물 내지는 객체의 문제이기도 하다. 「인류세'적 신체 변형 서사와 휴먼의 임계점: 도리시마 덴포 『개근의 무리』를 통해」(신하경)는 동일본 대지진과 지구 온난화와 같은 인류사의 파국적인 국면을 SF 서사를 따라가며 분석한다. 생존을 위해 불가피한 인간-비인간의 종 간 횡단과 그로 인해 혐오스러운 신체로 변형된 새로운 인간은 대문자 인간의 위선과 폭력을 해체한다. SF 계보사(系譜史)의 앞자락에서 신체 변형은 초월적인 능력을 위한 조건처럼 묘사된다. 하지만 그 변형이란 사실상 끔찍한 신체 손상의 인간주의적인 재전유를 의미한다. 「균(菌)', '음(音)', '문(文)'의 상상력과 팬데믹의 정치」(임태훈)는 스페인 독감이 대유행했던 1918년 무렵 조선에서도 발생한 전염병과 소요 사태를 다룬다. 바이러스라는 미시적인 비인간 타자와 인간 감염자가 공포와 혐오를 관통하는 상상의 장치들을 통해 정치적 자원으로 치환되는 방식을 분석한다. 「공해의 원점'에서 보는 질병 혐오」(유수정)는 독성 물질에 노출된 신체 손상과 변형, 그리고 거기에 가해지는 사회적 혐오를 다룬 소설 『고해정토: 나의 미나마타병』을 해석한다. 선진국의 얼굴을 한 국가들의 이면에는 권력관계에서 유린당한 소수자의 참담한 삶이 있다. 전후 일본의 산업화 과정에서 수은에 중독된 미나마타병 환자들의 고통과 그들에 대한 공적 대처, 그리고 사회적 편견도 그러한 사례 중 하나이다. 생명 정치는 혐오의 메커니즘을 정교하게 사용한다.

미학은 혐오를 생산하는 매우 중요한 지식 체계이다. 빙켈만(Johann Joachim Winckelmann)이 '고귀한 단순과 고요한 위대'라고 칭한 고대 그리스 조각상의 아름다움은 서양 백인의 신체 미학으로 향했지만, 결국 그 내면에서 작동하는 강박적인 반복 회로는 서양인에게 내재화된 근원적 결핍과 자기혐오이다. 우리 시대 의학은 이런 회로를 현실의 신체에 구현한다. 「성형, 몸에 대한 혐오에서 몸 이미지의 과학으로」(임소연)는 물신화된 신체 이미지가 의료 산업에서 자본화되는 과정을 분석한다. 성형 의료는 진단과 치료로만 이루어진 단일한 과학 시스템이 아니다. 거기에는 자기 신체를 혐오하고 더욱 이상적인 신체 이미지의 소비 욕망을 자극해서 선택하도록 유도하는 다양한 장치들이 포함된다.

반면 혐오의 미학은 소수자성을 비판적으로 전유함으로써 미학-정치를 구현한다. 「광기 이미지와 혐오의 문제」(한의정)는 광기를 형상화하는 시각 문화의 형식들을 살핀다. 광기 이미지는 알레고리의 방식으로 제시되던 시기부터 의과학의 데이터로 사용되는 시기까지 지식-권력의 메커니즘에서 작동한다. 이것이 차별적인 혐오 생산을 정당화한다. 그러나 이러한 이미지의 역사는 광기와 같은 타자성이 마침내 인간 안에 내재한다는 것을 폭로한다.

마지막으로 물질 혐오에 대해 한 가지만 더 언급해 보자. 그 자체로 혐오스러운 물질은 없다. 물질은 물질이다. 물질은 어떤 인간과, 사물과, 객체와 상호 작용하고 관계를 이룰 때 혐오스러운 존재가 된다. 질병과 손상으로 변형된 신체, 쓰레기, 미세 플라스틱, 방사성 물질, 인수 공통 감염을 유발하는 바이러스, 도심 속 비둘기, 무덥고 후텁지근한 공기, 오염수, 비인간 등등, 미처 다 헤아리지 못할 은폐된 존재들. 이런 생각은 물질 혐오를 어떻게 바라보고 또 어떻게 대처해야 할지를 고민할 수 있는 조건일 것이다. 여기 묶인 글들이 말하고 있듯이, 우리는 물질 혐오에서 인간에게 닥칠 비극적이며 참담한 결과를 예상할 수도 있고, 생명 정치의 은밀한 폭력을 예상할 수도 있다. 아니면 아브젝트 예술이 말해준 것처럼 이질성의 미학-정치로부터 헤테로토피아를 예상해 볼 수도 있을 것이다.

저자들을 대신해서
이재준

제**1**부

물질 담론들과 혐오

제1장

물질 혐오와 포스트휴먼 유물론*

평평한 존재론을 중심으로

박인찬

1. 시작하며

세계는 평평한가? 이 물음은 고대 그리스의 지평설(地平說)이나 콜럼버스(Christopher Columbus)의 신대륙 탐험에 관한 물음이 아니다. 또한 자유 무역주의의 '평평한 세계론'이나 AI 자본주의의 '평평한 경제'에 관한 것도 아니다.[1] 그것은 휴머니즘에 맞서 최근에 개진된 중요한 철학적 테제의 하나인 소위 '평평한 존재론(flat ontology)'에 되묻기 위함이다. 주지하듯이, 코로나바이러스감염증 2019를 비롯해 기후 변화로 인한 각종 재난은 인간과 물

---

* 이 글은 박인찬, 「세계는 평평한가?: 감염병 시대의 포스트휴먼 유물론 소고」, ≪횡단인문학≫, 11호(2022)를 수정·보완한 것이다.

1 지구화에 의한 자유 무역주의가 평등한 세계를 가져올 것임을 천명한 토머스 프리드먼, 『세계는 평평하다: 21세기 세계 흐름에 대한 통찰』, 김상철 옮김(서울: 창해, 2006); 4차 산업 혁명으로 자본과 노동의 관계가 평평해지고 균형 가격이 파괴될 것을 전망한 노영우, 『AI 자본주의: 가격이 파괴되는 평평한 경제』(서울: 해남, 2019) 참고.

질, 인간과 자연의 관계를 근본적으로 다시 생각하게 한다. 코로나19 감염병과 기후 위기의 지구적 확산이 자본주의적 생활 양식에서 비롯된 우리 시대의 가공할 만한 팬데믹이라는 데에는 이견의 여지가 없다. 이러한 점들에 착안해 인간과 물질을 수평적으로 바라보려는 포스트휴머니즘 시대의 유물론들, 명칭과 지향점에는 다소 차이가 있지만 '포스트휴먼 유물론'으로 묶어도 좋을 신유물론, 생기(生氣)론적 유물론, 사물 이론, 객체지향 존재론 등을 관통하는 핵심 주제 중 하나인 평평한 존재론에 대해서 살펴보려고 한다. 이를 위해 물질을 부정적으로 바라본 물질 혐오의 전통을 먼저 개괄한 뒤에, 그것을 넘어서기 위한 라투르(Bruno Latour), 데란다(Manuel DeLanda), 브라이언트(Levi Bryant) 등의 평평한 존재론이 어떠한 식으로 세계의 변화에 관해 주장하는지, 혹은 그 반대로 그러한 기획들이 현실을 오히려 강화하는 것은 아닌지 검토하고자 한다.

2. 물질 혐오와 그 전통

태초에 말씀이 있지 않았어야 했다. 만약 태초에 말씀이 하나님과 함께 있지 않았더라면,[2] 그래서 그 말씀과 정신으로부터 물질이, 물질의 터인 자연이 창조되지 않았더라면, 물질의 축복과 저주는 시작되지 않았을지 모른다. 유물론의 부흥을 꾀하는 이글턴(Terry Eagleton)의 말대로, 영혼을 "몸의 '형식'"으로 간주한 중세 스콜라 철학의 대부 아퀴나스(Thomas Aquinas)에게 "물질은 축복받은 존재"[3]였을 수 있다. 하지만 물질이 신의 창조물로서 치르

---

2   "태초에 말씀이 계시니라. 이 말씀이 하나님과 함께 계셨으니 이 말씀은 곧 하나님이시니라"(「요한복음」 1장 1절). 대한성서공회, 『성경전서』(보진재, 1961), 142쪽.
3   테리 이글턴, 『유물론: 니체, 마르크스, 비트겐슈타인, 프로이트의 신체적 유물론』, 전대호

는 대가는 적지 않다. 선한 의도였다 해도, 말씀이 먼저 있고 그다음이 물질인 것은 부인할 수 없다. 또한 기독교적 체화(embodiement, 體化)처럼 그것이 아무리 거룩할지라도 "신체 '안'에 있는 정신"[4]의 핵심은 정신이지 신체가 아니다. 정신은 영원하고 변하지 않지만, 물질은 덧없이 사라진다. 이러한 이분법에서 물질계의 다른 이름인 자연은 자연스레 혐오의 대상이 된다. 정신이 저급한 자연의 신체 내에 있는 것은 오로지 그것을 초월하기 위해서다. 정신은 초월하기 위해, 물질은 초월되기 위해 존재하는 것이다. "물질은" 단지 "외부의 영적인 행위자에 의해 부과된 형식들을 위한 수동적인 용기(用器)"[5]에 불과하다.

이러한 물질 혐오는 크게 두 가지 방향으로 인간을 옹립한다. 먼저, 창조주의 총아이자 정신의 유일한 담지자인 인간이 만물의 영장으로 등극하면서 자연에 더 가까운 동물, 식물, 미생물 등의 비인간(nonhuman) 생명종(種)들은 그 밑에 놓인다. 그리고 복제 생물이나 로봇과 같은 비인간 인공물들은 생명의 사다리로부터도 아예 배제된다. 물질 혐오의 전통에서 생명의 질서는 종 차별주의(speciesism)에 입각한 인간 종족 중심주의(anthropocentricism)에 의해 전적으로 좌우된다.

한편 이러한 종 차별주의는 자연뿐 아니라 인간 세계에서도 마찬가지로 반복된다. 자연의 신체를 혐오하고 차별하는 정신은 인간의 신체도 혐오하고 차별한다. 가령, 백인 남성의 '투명한' 신체가 창조주의 정신으로 충만하다 못해 육체를 넘어선다고까지 여겨진다면,[6] 유색 인종과 여성은 정신이 상대적으로 결핍된 비천하고 혼탁한 신체로 폄하된다. 또한 고결한 정신적

　옮김(서울: 갈마바람, 2018), 58, 68쪽.

4　리처드 다이어, 『화이트: 백인 재현의 정치학』, 박소정 옮김(서울: 컬처룩, 2020), 84쪽.

5　Rick Dolphijn and Iris van der Tuin, *New Materialism: Interviews & Cartographies* (Ann Arbor: Open Humanities Press, 2012), p. 43.

6　다이어의 설명에 따르면 "진정한 백인성은 비육체성에 있다"(다이어, 같은 책, 133쪽).

존재에게 인간은 한낱 "흙덩이(earthly mass)", "감각 덩어리(thing of senses)", "인간 기계(human machine)"일 뿐이다.[7] 훗날 깁슨(William Gibson)의 『뉴로맨서(Neuromancer)』에서 사이버 스페이스의 가상 공간이 '실제 공간(meatspace)'을 탈(脫)신체화하는 대안적 공간으로 제시된 것도 그러한 물질 혐오의 강박 때문이다.[8]

근대의 종교 개혁과 계몽주의를 거치면서 중심이 신에서 인간으로 바뀌는 거대한 변화가 일어난다. 하지만 휴머니즘 시대로 바뀌었다고 해서 물질을 창조한 신이 완전히 사라진 것은 아니다. 신성의 의미만 단절되었을 뿐 그에 버금가는 내부 정신의 존재들이 권좌를 계승한다. 데카르트(René Descartes)의 '생각하는 나', 칸트(Immanuel Kant)의 '초월적 자아', 근대 시민 사회의 '개인'이 주체로 군림하면서, 물질의 세계는 코기토의 명제에서 아예 빠지거나, 인식론적 주체의 구상과 관념과 표상에 온전히 맡겨지거나, 개인의 성장을 돕는 배경으로 물러서거나, 주체를 위한 수동적이고 힘없는 대상, 다소 격하게 말하면, "천한 객체"[9]로 내려앉는다.

반면 물질적으로 풍요로워진 현대에도 물질의 처우는 크게 나아지지 않는다. 가히 물질의 시대라 해도 좋을 만큼 물질 없이는 살 수 없는 세상이 되어가고 있지만, 물질은 과잉 소비되고 버려지고 방치된다. 혹은 김환석

---

7   생명 과학의 문제를 다룬 호손(Nathaniel Hawthorne)의 「반점(The Birthmark)」에서 과학자 에일머(Aylmer)가 조수 아미나다브(Aminadab)를 폄하해 부르는 말이다. 근대 서구에서 육체적 존재로서의 인간은 흔히 '기계'에 비유 대고는 한다. Frederick C. Crews(ed.), *Great Short Works of Hawthorne*(New York: Harper & Row, 1967), pp. 313, 316.

8   '사이버스페이스(cyberspace)'라는 단어는 이 소설에서 처음 고안되었다. 영혼 공간으로서의 사이버 스페이스에 대해서는 마거릿 버트하임, 『공간의 역사: 단테에서 사이버스페이스까지 그 심원한 공간의 문화사』, 박인찬 옮김(서울: 생각의 나무, 2002), 서론 '사이버스페이스에서의 천국의 문' 참고.

9   브뤼노 라투르, 『판도라의 희망: 과학기술학의 참모습에 관한 에세이』, 장하원·홍성욱 옮김(서울: 휴머니스트, 2018), 295쪽.

교수가 사회 과학의 '물질적 전환'에 관한 글에서 짚고 있듯이, 물질은 물질적 쾌락과 육체적 안락을 추구하는 물질주의적 생활 양식의 비판에서처럼 대개 부정적으로 여겨진다. 이러한 "윤리적 유물론"[10]에는 물질보다 더 나은 어떤 게 있다는 전제, 즉 정신이 물질보다 더 지속적이고 영원한 실재라는 전통적인 믿음이 깔려 있다. 흔히 거론되는 현대인의 물질 숭배에서도 물질은 세속적 성공을 위한 수단이지 그 자체가 목적은 아니다.

이처럼 정신을 우선시하는 장구한 전통 속에서 물질은 멸시와 불신의 대상으로 남는다. 그 자체로는 저급하고 수동적이어서 외부의 힘이 필요하고 그것을 담아내는 수단이며, 제어하거나 벗어나지 않으면 안 되는 어떤 것으로 받아들여진다. 그리고 인간은 정신의 유일한 계승자로서 물질 위에 군림하며 자신을 지키고자 애쓴다.

3. 포스트휴먼 유물론과 평평한 존재론

서두부터 장황하게 물질 혐오의 전통에 대해 말하는 것은 포스트휴먼 유물론의 문제의식과 맞닿아 있어서다. 포스트휴머니즘이 빠르게 변화하는 기술 발전과 생태 환경과의 연속성 속에서 휴먼/인간 종족 중심주의를 해체하고 '휴먼'을 재정립하려 한다면,[11] 포스트휴먼 유물론은 물질성에 대한 인

---

10 김환석, 「사회과학의 물질적 전환을 위하여」, 김태희 외, 『모빌리티 시대 기술과 인간의 공진화』(서울: 앨피, 2020), 126쪽.

11 포스트휴머니즘은 흔히 대중적 포스트휴머니즘으로 불리는 증강 기술 중심의 트랜스휴머니즘과 휴머니즘에서의 '인간성' 자체에 의문을 제기하는 비판적 포스트휴머니즘으로 나뉜다. 좀 더 상세한 포스트휴머니즘의 개념과 방향에 관해서는 박인찬, 「포스트휴머니즘으로 가는 길: 인간과 기계의 공진화를 중심으로」, 강우성 외, 『포스트휴머니즘의 쟁점들』(서울: 갈무리, 2021) 참고.

간 중심주의적 시각에 맞서 물질에 내재하는 우연에 의한 역동, 그 자기 창
조적이고 능동적이며 행위적인 물질성을 강조하는 이론적 시도다. 여기에
는 사물 이론, 행위자네트워크 이론, 신유물론, 생기론적 유물론, 비인간학,
그리고 물질이라는 용어와 거리를 두지만 서로 밀접할 뿐 아니라 상호 보완
적인 객체지향 존재론 등이 속한다.[12]

　이들의 공통점은 주체와 객체, 자연과 문화, 인간과 비인간을 기존의 수
직적인 위계로서가 아니라 수평적인 지평에서 바라본다는 것이다. 포스트
휴먼 유물론에서 물질은 생기(生氣)이고 행위자다. 그것은 인간의 목적도 신
의 목적도 아닌, 내적 잠재성을 지닌 실재다. 눈에 보이든 안 보이든, 인간
이든 인간이 아니든, 사물은 그러한 물질성을 지닌 구체적이고 개별적인 존
재자. 그리고 다양한 종류의 사물들이 서로 마주치며 횡단하는 사물의 네
트워크가 배치로서의 사회이며, 인간은 그 잠재적 힘들의 네트워크에서 하
나의 힘일 뿐이다. 지제크(Slavoj Žižek)가 생동하는 물질성에 근거한 새로운
유물론들, 즉 신유물론을 가리켜 변증법적 유물론과 비교해 "저급한 민주주
의적 유물론"[13]이라 한 것은 한편으로는 타당하게 들린다. 지제크는 최근 철

12　객체지향 존재론(Object-Oriented Ontology)은 명칭부터 분분하다. 하먼(Graham Harman)
　　은 정신/물질, 관념론/유물론의 이분법, 혹은 양자를 이항 대립적으로 나눠온 전통을 불식
　　시키기 위해 물질 없는 유물론, 또는 '비유물론'을 주장하고, 주체 없는 객체로서의 객체를
　　내세운다. 반면 객체지향 존재론의 명칭을 고안한 브라이언트는 『객체들의 민주주의(The
　　Democracy of Objects)』의 속편 격인 『존재의 지도 그리기(Onto-Cartography)』에서는 '기
　　계'지향 존재론을 새롭게 제시한다. 반면에 그에게 영향을 준 보고스트(Ian Bogost)는 『에
　　일리언 현상학, 혹은 사물이란 어떠한 것인가(Alien Phenomenology, or What It is Like To
　　Be a Thing)』에서 객체 대신 사물을 제안한다. 이들이 공통으로 강조하는 '환원 불가능한
　　물질'을 완벽하게 대변해 줄 말은 현재로서는 없는 듯하다. 필자가 보기에는 오해의 여지
　　가 많은 객체나 기계보다는 사물 혹은 물질이 더 적합할 듯싶다.
13　Slavoj Žižek, *Absolute Recoil: Towards a New Foundation of Dialectical Materialism*(New
　　York: Verso, 2015), p. 72.

학에서의 투쟁은 유물론 내부, 즉 변증법적 유물론과 민주주의적 유물론 사이에서 진행 중이라고 말한다. 지제크에 따르면, 민주주의적 유물론은 관념론적 유산을 포함하는 변증법적 유물론에 비해 저급하다. 반면 변증법적 유물론은 "완전한 실체적 존재자로서의 물질"에 함몰되지 않고, "유한한 역사적 상황에 놓인 민중들의 활동에서 계속 나타나는 영원한 이념(an Idea)"[14]을 어떻게 해명할지 항시 고민한다. 이러한 비판의 타당성 여부는 차치하더라도, 포스트휴먼 유물론이 '민주주의적'이라는 지적은 맞다. 라투르의 「사물의 의회(Parliament of Things)」와 『우리는 결코 근대인이었던 적이 없다(We Have Never Been Modern)』의 부제목 '대칭적 인류학'부터 브라이언트의 『객체들의 민주주의』, 모턴(Timothy Morton)의 『휴먼카인드: 비인간 존재들과의 연대(Humankind: Solidarity with Nonhuman People)』에 이르기까지 몇몇 대표 저술의 제목만 봐도 민주주의적 성향이 포스트휴먼 유물론을 관통하는 기조임을 알 수 있다. 그러한 면모는 잠시 후 살펴볼 평평한 존재론에서 상세히 드러난다.

객체지향 존재론의 또 다른 철학자 브래시어(Ray Brassier)에 따르면, 평평한 존재론이라는 말이 처음 고안된 것은 과학철학자 바스카(Roy Bhaskar)의 1975년 저서 『과학의 실재론(A Realist Theory of Science)』을 통해서다. 그 뒤로 이 용어는 1990년대 후반의 들뢰즈(Gilles Deleuze)와 가타리(Félix Guattari)에 관한 논의에서 긍정적으로 받아들여지기 시작하다가 2000년대 초 데란다의 『강도의 과학과 잠재성의 철학(Intensive Science and Virtual Philosophy)』과 『새로운 사회철학(New Philosophy of Society)』을 통해 퍼져 나갔고, 최근 들어 신유물론과 객체지향 존재론 진영의 열렬한 지지를 받아왔다.[15] 그중에서도

---

14 Žižek, *Absolute Recoil*, p. 73. 지제크는 물질의 형이상학적 관념에 빠지지 않는 "물질 없는 유물론(materialism without matter)"과 현실에서의 이념/이데아에 대해 고민하는 "이데아가 있는 유물론(materialism with an Idea)"을 변증법적 유물론의 두 특징으로 꼽는다 (Žižek, 같은 책, pp. 72~73).

15 Ray Brassier, "Deleveling: Against 'Flat Ontologies'," *Under Influence: Proceedings of*

가장 대표적인 지지자에 속하는 브라이언트는 객체들의 "*존재론적* 실재론"[16]을 공식화한 『객체들의 민주주의』의 마지막 장을 '평평한 존재론의 네 가지 테제'에 할애한다.

데란다가 제시하는 평평한 존재론은 모든 존재자는 하나의 평평한 세계, 즉 존재의 평면에서 개체로서 동등하게 존재한다는 것이다. 개체를 유(類), 종(種), 속(屬)에 따라 층위를 나누는 전통적인 생물학의 분류학적 본질주의가 위계적인 데 반해, "상호 작용하는 부분들과 창발하는 전체들이라는 관점에서 출발[하는]"[17] 평평한 존재론은 "고유하고 개별적인 개체들로만 구성된다". 종과 유기체들 사이에는 차이점이 분명 있으나 그것은 시공간적 규모에서의 차이일 뿐 어떤 종이나 범주가 다른 종이나 범주보다 우월하거나 열등한 일반적인 이유일 수는 없다. 반면 존재의 평면에서 "개체들은 특이성만을 가지고 있[는데],"[18] 그것은 특정 범주의 보편적 특이성이 아닌 개별적 특이성이다.

브라이언트는 이러한 평평한 존재론의 주요 테제를 다음과 같이 제시한다.[19] 첫째, 평평한 존재론은 "한 종류의 존재자를 모든 존재자의 근원이자 완전하게 자기 충족인 것으로서 특권화하는 어떠한 형태의 초월 또는 현전의 존재론도 거부한다". 이것은 물질 혐오의 출발점이 되는 '말씀'과 정신의 목적론, 인간 중심주의, 데리다(Jacques Derrida)가 비판한 '현전의 형이상학'의

Philosophical Festival Drift, Channa van Dijk, Eve van der Graff(eds.), *Omnia*(2014), p. 65.

16 Levi R. Bryant, *The Democracy of Objects*(Ann Arbor: U of Michigan Library, 2011), p. 18. 강조는 원저자.

17 마누엘 데란다, 『강도의 과학과 잠재성의 철학』, 이정우·김영범 옮김(서울: 그린비, 2009), 103쪽.

18 마누엘 데란다, 『새로운 사회철학: 배치 이론과 사회적 복합성』, 김영범 옮김(서울: 그린비, 2019), 55쪽.

19 아래의 네 테제에 관한 설명은 Bryant, 같은 책, pp. 245~246.

거부와도 통한다.

둘째, 평평한 존재론은 "세계 혹은 우주는 존재하지 않음을 표명한다". 즉, 세계 자체가 존재하지 않는다는 게 아니라, "모든 다른 객체들을 단일하고 조화로운 통일성 속에 함께 모아놓는 초-객체(super-object) 같은" '하나의 전체'로서의 "세계는 존재하지 않는다". 달리 말하면, 이것은 전체가 부분의 합보다 위대하다는 '유기적 총체성', 혹은 부분들이 모여서 전체가 될 때 "근본적으로 [우리와] 다르고, 초월적으로 더 크며, 눈에 안 보이는 거대한 존재"[20]로 바뀐다고 믿는 '외파적 전체론(explosive holism)'에 대한 거부를 의미한다.

셋째, 평평한 존재론은 "주체-객체, 인간-세계의 관계를 종류에 있어서 다른 객체들의 관계와 다른 형이상학적 관계의 형식으로 특권화하거나 주체-객체 관계가 모든 형태의 객체-객체 관계에 포함되어 있다고 보는 특권화를 거부한다". 모든 사물과의 관계를 주체 대 객체가 아닌 객체 대 객체로서 보되, 인식론을 우선시하는 기존의 형이상학적 접근을 전면 반대한다.

넷째, 평평한 존재론은 "모든 존재자는 동등한 존재론적 토대 위에 있어서, 인공이든 자연이든, 상징이든 물질이든 상관없이 그 어떤 존재자도 다른 객체들보다 더 많은 존재론적 존엄성을 갖고 있지 않다"라고 주장한다.

요약하자면, 평평한 존재론의 핵심 주장은 크게 다음의 두 가지로 요약된다. 첫째, "인간은 존재의 중심이 아니라 존재들 사이에 있다. 둘째, 객체들은 주체의 정반대가 아니라 그 자체로 존재[하며…], 인간은 많은 객체 가운데 하나의 유형이다".[21]

---

20 Timothy Morton, *Humankind: Solidarity with Nonhuman People* (New York: Verso, 2019), p. 27. 모턴은 '외파적 전체론' 대신 전체로 환원될 수 없는 부분들의 뒤섞임이 전체를 능가하고 새로운 질서를 가져올 수 있다고 보는 '내파적 전체론(implosive holism)'을 제안한다. 그리고 이를 위해 초월(transcendence) 대신 부분-전체의 논리를 깨고 존재의 내재적 평면 속으로의 '하월'(下越, subscendence)의 필요성을 주장한다(pp. 101~120).

21 Bryant, *The Democracy of Objects*, p. 249.

4. 평평한 존재론의 정치학(I): 브뤼노 라투르

평평한 존재론은 세계에 대한 철학적 존재론을 표방하지만, 휴머니즘의 전통으로부터 배제되었던 물질, 객체, 사물, 비인간 등이 동등하게 존재하는 민주주의적 생태계를 현 질서의 대안으로 제시하고 그것의 실현을 꿈꾼다는 점에서 정치적 성격을 지닌다. 그런데 그것이 철학적 수사에 그치지 않고 사회정치적 변화를 위한 대안으로 얼마나 설득력 있고 효력이 있을지는 아직 미지수다. 또한 그 유토피아적 비전이 현재의 모순을 은폐하거나 재생산하는 것은 아닐지도 조심스럽게 따져볼 일이다.

이와 관련해서 먼저 살펴볼 이론가는 라투르다. 강조점이 객체 자체보다는 객체들의 관계에 있는 게 사실이지만, 평평한 존재론이 공식화되기 전에 주체와 객체, 자연과 사회, 인간과 비인간의 이분법적 경계를 허물고 사물의 민주주의로 가는 터를 닦은 것은 라투르다. 그가 제기한 대칭적인 인류학이라든가 자연-문화 혼종화, 행위자네트워크 이론, "객체 지향적 민주주의"[22]를 위한 사물의 공화국 등의 논의는 그 터에 새겨진 주요 개념들이다.

하지만 이러한 논의들은 일견 파격적이면서도 석연치 않은 부분들이 없지 않다. 먼저, "사물들 자체로 확장된 민주주의"[23]의 준비 단계인 근대성의 재고가 그렇다. 라투르에 따르면, "누구도 근대인이었던 적은 없다. 근대성은 시작조차 하지 않았다. 근대 세계는 존재한 적도 없다".[24] 왜냐하면 우리가 알고 있는 근대성은 인간과 자연의 분리에 대한 믿음에 근거하는데, 실

---

22 브뤼노 라투르, 「현실정치에서 물정치로: 혹은 어떻게 사물을 공공적인 것으로 만드는가」, 브뤼노 라투르 외 지음, 홍성욱 엮음, 『인간, 사물, 동맹: 행위자네트워크 이론과 테크노사이언스』(서울: 이음, 2010), 263쪽.

23 브뤼노 라투르, 『우리는 결코 근대인이었던 적이 없다: 대칭적 인류학을 위하여』, 홍철기 옮김(서울: 갈무리, 2009), 350쪽.

24 라투르, 같은 책, 128쪽.

제 근대에서는 그와 반대로 인간과 자연의 접촉과 뒤섞임이 더 늘어났기 때문이다. 이에 라투르는 '다른 방식'의 근대인을 요구한다. 그것은 인간-자연의 하이브리드와 '준대상(quasi-object)'을 수용하는 '비근대적(nonmodern)' 방식이다. 그런데 이 비근대적 방식은 라투르가 말하는 근대의 자장 바깥에 있지 않다. 라투르는 결코 근대를 폐기하지 않는다. 오히려 그 반대다. 근대가 성공할 수 있었던 것은 그 많은 "인간-비인간을 한데 뒤섞으면서 어떤 것도 유보하지 않고 어떤 것도 배제하지 않[아서]다".[25] 게다가 근대적 진보가 진행될수록 사회와 기술이 더 뒤얽히고 더 많은 하이브리드가 생겨난다.[26] 그렇다면 라투르의 선언은 '우리는 항상 비근대적인 방식으로 근대인이었다(We've been always modern in a nonmodern way)'로 이해되어야 한다.

여기서 우려되는 점은 라투르적인 근대론이 자칫 몰역사적으로 받아들여질 여지가 있다는 것이다. 라투르가 강조하는 근대의 혼종성은 서구 제국주의를 떠받쳤던 근대성의 폭력을 간과하도록 오도할 수 있다. 주지하듯이, 서구는 문명에 의한 자연의 교화라는 명분으로 수백 년간 비서구를 침략하고 지배했다. 인간-자연, 서구인-원주민의 혼종화가 근대의 참모습이라면, 우리가 알던 근대성은 오류이거나 시작조차 하지 않은 것이니 근대성에 뿌리를 둔 서구 제국주의의 역사도 그렇다는 말이 된다. 그러나 근대성은 엄연한 '실재'로서 작동했다. 다른 존재자들을 식민화하는 데 동원된 '실재가 된 허구'였다. 단언컨대, 서구인은 항상 근대인이었다.

라투르는 과학 기술에 대한 확고한 믿음 위에서 보편적 평등과 정의를 추구하는 모더니스트다.[27] 기존의 모더니스트들과의 차이라면 그 범위가 인간

---

25 라투르, 같은 책, 115쪽.

26 라투르는 진보 신화의 대안으로 셰르(Michel Serres)의 사물 창조 신화를 제안하는데, 요지는 근대를 뜻하는 "사회와 기술 사이의 … 더 깊어진 친밀감, 더 복잡한 얽힘"(라투르, 『판도라의 희망』, 310쪽)이 늘어날수록 사물의 증식과 인간-비인간 집합체의 확장이 일어난다는 것이다.

을 넘어 사물로 확장되었다는 점이다. 라투르가 사물의 민주주의를 입법화
하는 방법은 크게 두 가지다. 하나는 행위자네트워크 이론의 현실적 차원을
통해서고, 다른 하나는 사물 공화국의 이상적 차원을 통해서다. 라투르에
관한 하먼(Graham Harman)의 책 제목『네트워크의 군주(Prince of Networks)』가
웅변하듯이,[28] 네트워크는 라투르의 거의 모든 것이다. 그가 정초한 행위자
네트워크 이론의 핵심도 행위자보다는 네트워크다. 네트워크는 바로 사물
의 거처로서, 사물의 실재는 인간-비인간 행위자의 횡적 연합, 즉 네트워크
의 집합체에서만 가능하고, 사물의 실체 또한 행위자들의 연계를 통해서만
인정된다. 이러한 '관계 지향적' 실재의 집합체에서 어떤 행위자도 관계를
독점하거나 지배하지 않는다. 라투르는 근대적 과학의 특징은 집합체 생성
에 참여하는 비인간 요소들을 배가시키고 더 많은 하이브리드들을 추가하

---

27 라투르는 미국의 환경 연구 단체인 브레이크스루 인스티튜트(Breakthrough Institute)에 발
표한 「당신의 괴물을 사랑하라: 우리는 왜 우리 아이들에게 하듯이 우리의 과학기술을 돌
봐야 하는가」라는 글에서 소설『프랑켄슈타인(Frankenstein)』의 주제는 흔히 알려진 것처
럼 과학 기술에 대한 경고가 아니라 과학 기술을 사랑하지 않고 버린 죄라고 주장한다. 이
에 대해 일본의 저명한 마르크스주의 경제학자 사이토 고헤이(斎藤幸平)는 라투르를 가리
켜 과학 기술을 통해 "지금까지 이상으로 자연에 개입하여 관리하[고], 인간의 생활을 지
키자"는 '뻔뻔한' 생태 근대주의(ecomodernism)의 옹호자라고 비판한다. 사이토 고헤이,
『지속 불가능 자본주의』, 김영현 옮김(일산: 다다서재, 2020), 211~212쪽. 고헤이에게도
라투르는 너무나도 '근대적인' 과학 기술주의자다. 이 점은『프랑켄슈타인』에 관한 라투르
의 해석에서도 그대로 드러나는데, 셸리(Mary Shelley)의 소설이 발표된 1818년 무렵은 방
적 기계의 등장으로 일자리를 잃은 수많은 숙련 노동자들이 영국 곳곳에서 봉기를 일으켜
처형당한 러다이트들의 시기였음을 라투르는 아예 간과하고 있다. 사실 프랑켄슈타인의
문제는 과학 기술을 사랑하지 않아서가 아니다. 미칠 듯이 만든 과학 기술이 그의 예상을
빗나간 데 따른 두려움과 책임 회피다. Bruno Latour, "Love Your Monsters: Why We Must
Care for Our Technologies As We Do Our Children"(2012) 참고.

28 원서의 부제목은 '브뤼노 라투르와 형이상학'이고, 번역서의 부제목은 '브뤼노 라투르와 객
체지향 철학'이다. 라투르에 대한 칭송과 비판을 통해 자신의 철학을 정립하려는 하먼의
의중이 번역서에 반영된 것으로 보인다.

는 것이라며, 문제는 점점 커지는 규모로 집합체를 만들어내는 것이라고 말한다. 그러면서 (흡사 데란다처럼) 단지 규모의 차이만 있을 뿐 자연적이거나 문화적인 차이는 없다는 단서를 붙인다.[29]

하지만 네트워크의 세계는 내부적으로는 민주적일지 몰라도 그 차이로 인해 이기고 지는 세계다. 승패를 좌우하는 것은 행위자 연합의 규모와 능력이다. 더 많이 연결될수록 더 실재적이고, 더 많은 인간-비인간의 횡렬을 거느릴수록 네트워크 경쟁에서도 유리하다. 라투르식으로 말하면 '(비)근대적일수록,' 하이브리드가 더 많을수록, 이길 확률이 높다. 또한 행위자 간의 관계가 항상 대칭적인 것은 아니어서 한쪽이 좀 더 일방적인 영향을 줄 수도 있다. 그리고 관계 중심의 세계에서 사물 자체의 고유한 창발적 실재 같은 것은 없다. 하먼의 예리한 지적대로, 창발성이 있다면 "기능적 개념"[30]에서만 그렇다. 다른 행위자와의 관계에서 기능이 발휘된 실재이어야만 한다. 이처럼 기능, 연결, 동맹 확장의 능력이 뛰어난 행위자들은 저절로 생겨나지 않는다. 그것은 과학과 기술의 발전 없이는 불가능하며, 또한 그 과학과 기술은 자본, 권력, 제도의 지원 없이는 불가능하다. 사물 행위자 간의 자율적으로 보이는 대칭적 관계가 네트워크 간의 평등한 관계로 오도되어서는 안 된다. 라투르의 네트워크 생태계는 현실 사회의 모습과 다르지 않다. 이것은 자유 시장 경제에서 생산, 유통, 판매의 단계마다 생기게 마련인 각종 연결망의 참여자들이 이상적으로는 '동등하다'고 하지만, 그리고 가격, 이윤, 경쟁력이 그 연결망으로부터 '자율적으로' 형성된다고 하지만, 실제로는 보이지 않는 자본, 권력, 시스템의 불균등한 영향을 받는 것과 흡사하다. 라투르의 네트워크 생태계는 인간-비인간 집합체의 민주적 이상에도 불구하

---

29 라투르, 『우리는 결코 근대인이었던 적이 없다』, 272~273쪽 참고.
30 그레이엄 하먼, 『네트워크의 군주: 브뤼노 라투르와 객체지향 철학』, 김효진 옮김(서울: 갈무리, 2019), 339쪽.

고 현실적인 힘의 차이로부터 자유롭지도 않고 자유로울 수도 없다. 게다가 그곳은 네트워크의 바깥이 없는 세계다.[31]

이런 연유에서인지 라투르는 행위자네트워크 민주주의의 현실을 사물의 공화국으로 보완한다. 그런데 이 과정에서도 그가『판도라의 희망』에서 거듭 비판한 '근대주의의 곤경'은 반복된다. 의회의 형태로 운영되는 사물 공화국(res publica)은 주권이 비인간 사물(res)을 포함한 모든 국민(people)에게 있는 나라다. 라투르는 그것을 실행하는 방법으로 인간 행위자가 비인간 행위자를 대표하는 '사물들의 의회'를 제안한다.[32] 그러나 이 대의 민주주의는 "기호공포증"[33]에 사로잡힌 신유물론자들이나 객체지향 철학자들 모두 꿈

---

31 브라이도티(Rosi Braidotti)는 주체-객체의 구별을 행위자들의 대칭성으로 대체한 라투르의 행위자네트워크 이론에 대해 "욕조의 물을 버리면서 그 안에 있는 아기도 함께 버린" 격이라며, 라투르와 그를 따르는 객체지향 철학자들에 의해 "세계의 각기 다른 존재자들 사이의 서로 상관된 상호연결의 정치적 힘"이 거부되었고, 그 결과 "만약 주체가 없다면, 권력관계에 대한 젠더, 계급, 인종, 그리고 세대에 근거한 분석 따위는 전혀 필요 없(게 된)다"라고 강하게 비판한다. Rosi Braidotti, *Posthuman Knowledge*(Cambridge: Polity Press, 2019), p. 56. 사실 라투르 이론의 '탈정치성'에 대한 지적은 버라드(Karen Barad)의 페미니즘적 신유물론에서 먼저 제기된 바 있다. 버라드는 핵심은 '권력'에 있다면서, 물질의 역사에서 작동하는 권력의 문제, 그리고 행위로서의 물질의 실제에 관여하고 작용하기 마련인 인간의 역할과 책임에 대한 진지한 성찰과 논의 없이 인간과 비인간의 '대의적(representationalist)' 양원제를 제안하는 것으로는 충분하지 않다고 비판한다. Karen Barad, *Meeting the Universe Halfway*(Durham: Duke UP, 2007), pp. 58~59, 178~179, 203~204 참고. 버라드와 브라이도티는 포스트휴머니즘 계열의 대표적인 신유물론자들이지만 객체지향적인 평평한 존재론과는 거리를 둔다. 이에 이 글에서는 평평한 존재론에 속하는 이론가들의 논의에 주로 초점을 맞춘다.

32 라투르,『우리는 결코 근대인이었던 적이 없다』, 351~358쪽 참고.

33 Benjamin Boysen, "The Embarrassment of Being Human: a Critique of New Materialism and Object-Oriented Ontology," *Orbis Litterarum*, Vol. 73(2018), p. 225. 보이센은 신유물론과 객체지향 존재론의 공통점을 "기호공포증(semiophobia)", 즉 "인간 실재를 기호적인 것으로 바라보는 생각에 대한 불안과 불만"에 근거하는 "반(反)휴머니즘(antihumanism)"으로 정의한다.

찍이 싫어하던 구성주의의 정치적 버전에 해당한다. 인간의 기호, 상징, 관념, 의식, 도구에 의한 세계의 재현/표상(representation)과 인간 대표자(delegate)가 물질 행위자를 대신하는 정치적 대의(representation) 행위는 다르지 않다. 탈식민주의 페미니스트 스피박(Gayatri Spivak)의 「하위주체는 말할 수 있는가? (Can the Subaltern Speak?)」를 굳이 거론하지 않더라도, 정치적인 장(場)에서 인간의 역할과 관점 없이 물질을 인간의 언어로 번역하고 매개하고 대리할 수 있다고 생각하는 것은 휴머니즘적인 오류다. 라투르의 사물의 민주주의는 "사물들에 대한 인간적 표상/대표의 민주주의"[34]에 지나지 않는다.

5. 평평한 존재론의 정치학(II): 마누엘 데란다

라투르의 사물의 민주주의가 네트워크와 집합체에 좀 더 강조를 두어 사물 행위자의 관계적 실재에 주로 초점을 맞춘다면, 평평한 존재론을 정의한 데란다는 개체로서의 사물을 무엇보다도 우선시한다. "평평한 존재론이 사회를 이해하는 데에 어떻게 적용될 수 있는지 보여주는 가장 상세한 이론서"[35]인 『새로운 사회철학』에서 일관되게 제시되듯이, 데란다의 '사회 존재론'에서 가장 중요한 것은 개별적 존재자들의 특이성과 자율성이다. 데란다에 따르면, 기존 사회 이론의 보편적인 실수는 부분의 종합으로서의 유기적 전체를 실재로서 먼저 상정한 뒤에 그보다 작은 존재자들을 하향식으로 나누어 분석한다는 것이다.

---

34 Arianne Francoise Conty, "The Politics of Nature: New Materialist Responses to the Anthropocene," *Theory Culture & Society*, Vol. 35, Iss. 7-8(2018), p. 86.

35 Vadim Kvachev, "Unflat Ontology: Essay on the Poverty of Democratic Materialism," *Stasis* (2020.9.1), p. 18.

이와 관련해서 데란다는 구조나 전체가 없는 상향식, 혹은 횡단식 집합으로서의 배치를 새로운 모델로 제안한다. 이때 중요한 것은 규모의 크기로 제한될 수 없는, 혹은 좀 더 작은 규모에서 작동하는 "항상 독특하고 단일한 개체들(individuals)"[36]이다. 이러한 "배치의 존재론은 평평한데", 보편적 특이성에 입각한 본질주의적 분류학과 달리 "다양한 규모의 *개별적 특이성들만*"[37]을 가지고 있기 때문이다. 이러한 세계에서 개체의 특이성은 곧 존재론적 평평함의 근간이 되고, 자율성은 그러한 개체들이 상호 작용하며 사회를 만들어가는 동력이 된다. 인간뿐 아니라 조직, 공동체, 도시 등이 포함된 개체들이 사회적 존재로서 상호 작용할 때조차 그것은 개별적이고 자율적이어야 한다.

데란다의 사회적 존재론에서 전체로서의 사회는 없다. 만약 있다면 오직 환원될 수 없는 다양한 개체들의 배치의 집합으로서다. "전체로서의 문화"라든가 "사회라고 하는 잠재적 다양체"[38]를 여전히 논의했던 들뢰즈와 자신의 논의는 다르다고 한 데에서 짐작할 수 있듯이, 데란다의 평평한 존재론에서 사회는 존재하지 않는다. 라투르의 사물 공화국보다 몇 걸음 더 나아가 '사회 없는' 개인들의 민주주의를 주장하는 셈이다.

데란다가 반복해서 강조하는 개별자들의 고유한 창발성과 사회적 존재로서의 자율성이 존중되는 이종적인 배치의 사회, 그리고 영토화와 탈영토화와 재영토화의 끝없는 연쇄는 사실 낯설지 않다. 그래서 미국 연방 정부를 '새로운 사회'의 모델로 제시한 것인지 모르겠지만,[39] 일견 유토피아적으로 들리는 그의 주장은 한편으로는 개인, 자유, 창조, 이동성, 탈/재영토화의

---

36 데란다, 『새로운 사회철학』, 55쪽.
37 데란다, 같은 책, 55쪽. 강조는 원저자.
38 데란다, 『강도의 과학과 잠재성의 철학』, 103쪽.
39 데란다, 『새로운 사회철학』, 4장 참고.

역사로 점철된 미국의 꿈을 연상시키는가 하면, 다른 한편으로는 개인(지상)주의, 자유(지상)주의, 자유방임으로 충만한 신자유주의와 지구적으로 공평한 경제를 외치는 지구화의 철학적 메아리처럼 들린다.

단적인 예로, 데란다의 '사회 없는 개체들의 존재론'은 마거릿 대처(Margaret Thatcher)가 남긴 그 유명한 신자유주의 모토, "사회 같은 것은 없다. 오직 개인만 있을 뿐이다(There is no such thing as society; there are only individuals)"를 어떻게든 연상시킨다.[40] 사회의 울타리가 없더라도 개인들은 각자의 고유한 역량에 따라 자율적으로 충분히 살아갈뿐더러 네트워크를 만들고 새 영토를 부단히 개척해 나가라는 신자유주의 정신과 개인의 개별적 특이성을 절대적으로 신봉하는 데란다의 사회적 존재론은 별로 다르게 느껴지지 않는다. 실제로 데란다는 들뢰즈와 사회 조직의 관계를 논하는 자리에서 들뢰즈와 가타리의 패착은 마르크스(Karl Marx)와 단호히 결별하지 않은 것이라며, "오늘날의 좌파의 주된 임무는" 하이에크(Friedrich Hayek) 같은 신자유주의 경제학자들을 참조해 물질의 비평형성과 개별자의 특이성에 기초한 "새로운 정치경제를 창조하는"[41] 데 있다고 역설한다.

---

40 Morton, *Humankind*, p. 103. 이 점을 의식해서인지 모턴도 대처의 말을 직접 인용하며 자신의 '약한' 전체론은 신자유주의가 조장하는 '반(反)전체론적 환원주의(antiholist reductionism)', 즉 전체로서의 사회를 거부하고 "부분이 전체보다 더 중요하다"라고 믿는 (아마도 데란다식의) 태도와는 다르다고 선을 긋는다. 또한 유, 종, 속에 따른 본질주의적 분류 대신 개별자 자체에 초점을 맞추는 데란다와 달리, 모턴은 인간종을 대변하는 인류, 즉 '맨카인드(mankind)' 대신 인간-비인간으로서의 인류, 즉 '휴먼카인드(humankind)'로 확장된 내파적 전체로서의 공동체(코뮌)를 제시한다. 하지만 간과해서는 안 될 점은 고전적인 산업 자본주의가 외파적 전체론에 입각한다면, 현 단계의 지구적 자본주의, 즉 신자유주의야말로 부분들의 내파적 창발성을 열렬히 환영하는 (열린) 전체라는 것이다.

41 Manuel DeLanda, John Protevi, and Torkild Thanem, "Deleuzian Interrogations: A Conversation with Manuel DeLanda, John Protevi, and Torkild Thanem," *Project: Thinking Organizational Problems with Deleuze* (2005), p. 27.

사실 데란다의 평평한 존재론이 지구화와 신자유주의와 거의 동시대 산물임을 염두에 둔다면, 그가 제안하는 '새로운' 사회 철학은 새롭거나 현실에 앞서 있다기보다는 도리어 현실을 보완하고 추수(追隨)하는 것처럼 보인다. 그래서 신자유주의의 완성까지는 아니더라도, 사회 변화를 향한 데란다의 염원은 현실에 이미 따라 잡혔거나, 혹은 현실의 작동을 오히려 강화하고 정당화하는 신자유주의적 존재론으로 남을 소지가 크다.

6. 평평한 존재론의 정치학(III): 레비 R. 브라이언트

평평한 존재론의 가장 열정적인 대변자인 객체지향 철학자 브라이언트의 관점은 라투르와 데란다의 절충에 가깝다. 앞서 소개한 평평한 존재론의 주요 테제에서 보듯이 객체의 관계적 실재론과 존재론적 실재론이 모두 포함되어 있고, 그가 쓰는 핵심 용어도 객체에서 사물, 개체, 기계까지 다양하다. 그래서인지 그의 평평한 존재론은 원론적이면서 모호한 점이 많다. 대표적인 예로, 자신의 평평한 존재론을 결론짓는 『객체들의 민주주의』의 마지막 문단을 보자.

> 객체들의 민주주의를 확립시키는 것은 평평한 존재론이다. 그러나 이 객체들의 민주주의는 모든 객체가 다른 모든 객체 또는 모든 집합체에 동등하게 기여한다는 명제를 의미하는 것은 아니다. 분명히 완보(緩步)동물은 인간이 포함된 집합체에 거의 또는 전혀 기여하지 않는다. 그렇다면 이 지점에서 모든 객체는 동등하게 존재하지만, 모든 객체가 반드시 동등하게 존재하지는 않는다는 이언 보고스트(Ian Bogost)의 명제로 돌아오게 된다. 존재자들은 크게나 작게 다른 객체들을 흔든다. 존재자들은 다양한 집합체에서 크고 작은 역할을 한다. … *평평한 존재론은 모든 객체가 동등하게 기여한다는 명제가 아니라, 모든*

객체는 동등하게 존재한다는 명제다. 따라서 이러한 존재론적 평등주의에서 평평한 존재론이 거부하는 것은 어떤 객체를 다른 객체의 단순한 구성으로서 삭제해 버리는 행위다.[42]

브라이언트가 언급하는 보고스트의 명제는 "모든 사물은 동등하게 존재하지만, 그것들은 동등하게 존재하지는 않는다(*All things equally exist, yet they do not exist equally*)"[43]라는 문장이다. 두 번 사용된 'equally'를 문맥에 맞게 다시 옮기면, "*모든 사물은 '동등하게' 존재하지만, 그것들은 '동일하게' 존재하지는 않는다*"가 된다. 브라이언트가 결론적으로 제시하는 평평한 존재론의 핵심은 그 명제의 절반에 해당하는 앞부분이다. 또한 원문과 대조해 보면 브라이언트가 "all objects exist equally, but not all objects exist equally"로 바꿔서 인용한 것을 알 수 있다. 보고스트는 인용된 문장 다음에 이렇게 적고 있다. "화장용 장작더미는 땅돼지와 동일하지 않다. 조개 모양의 자기 그릇은 럭비공과 같지 않다. 이 중에 어느 짝도 인간과의 접촉으로 축소될 수 없을 뿐 아니라, 다른 짝으로도 축소될 수 없다."[44] 각각의 사물은 무엇으로도 환원될 수 없는 고유한 실재성을 가지고 있고 그 점에서 동등하게 존재한다는 뜻으로 읽힌다. 보고스트에게 평평한 존재론은 "사물들은 많고 다양하게, 독특하면서 구체적으로 *존재*할 수 있으며, 반면에 그들의 *존재*는 동일하게 유지된다(Things can *be* many and various, specific and concrete, while their *being* remains identical)"[45]는 의미이다. 이렇게 부연하면서 보고스트는 브라이언트가 "존재는 전적으로 개별자들로만 이루어진다"라고

---

42 Bryant, *The Democracy of Objects*, pp. 289~290. 번역 및 강조는 필자.

42 Bryant, *The Democracy of Objects*, pp. 289~290. 번역 및 강조는 필자.

43 Ian Bogost, *Alien Phenomenology, or What It's Like To Be a Thing*(Minneapolis: U of Minnesota P, 2012), p. 11. 강조는 원저자.

44 Bogost, 같은 책, p. 11.

45 Bogost, 같은 책, p. 12. 강조는 원저자.

주장한 데란다의 평평한 존재론을 "모든 객체들에게 똑같은 존재론적 지위를 부여하는"[46] 평평한 존재론으로 바꿔서 사용하고 있다는 점을 잊지 않고 지적한다.

보고스트의 예리한 지적대로 브라이언트는 데란다와 보고스트 자신의 주장을 제한적으로 차용해서 쓴다. 그에게 가장 중요한 것은 '존재자들의 평평한 세계' 그 자체다. 이것을 단순화하면 〈그림 1-1〉과 같다.

〈그림 1-1〉은 브라이언트의 논의를 염두에 두고 '존재의 세계'를 도식화한 것이다. 브라이언트가 말하는 존재의 평면은 왼쪽 원의 실재계(the real)다. 보고스트의 명제대로면, 혹은 객체지향 철학자 브라이언트의 소망대로면, 오른쪽 원으로까지 존재의 평면이 펼쳐져야 하는데, 명제의 절반만 택한 브라이언트의 선언에 따라 실재계는 왼쪽 원에서 멈춘다. 그곳은 객체들이 동등한 실재로서 존재하는 '평평한 평면'인 반면, 오른쪽 원의 현실계(the actual)는 객체들이 동등하지만 동일하지 않게 실존하는 '굴곡진 평면'이다. 두 원의 음영을 서로 다르게 한 것은 좀 더 본질적인(즉, 브라이언트에게 무엇보다 중요한) 영역인 실재계와 좀 더 실존적인(즉, 브라이언트에게 무엇보다 덜 중요한) 영역인 현실계를 굳이 구별하기 위해서다. 두 원은 지층처럼 서로 붙어 있을 수도 있지만 아예 떨어져 있을 수도 있다. 둘은 브라이언트가 바라는 내재성의 평면과 달리

〈그림 1-1〉 브라이언트의 '존재의 세계'

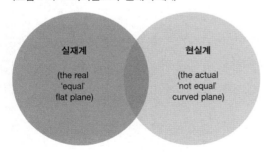

실재계
(the real
'equal'
flat plane)

현실계
(the actual
'not equal'
curved plane)

46　Bogost, 같은 책, p. 12.

똑같은 하나의 면이 아닐 수 있다. 라투르가 현실계에서의 행위자네트워크의 조감도와 설명서 제작에 초점을 맞춘다면, 그리고 데란다가 실재계의 개별자들에 부합하는 현실계의 사회적 실현에 초점을 맞춘다면, '유물론의 갱신'을 꿈꾸는 브라이언트는 현실계는 괄호에 묶은 채 "세계에 개입하여 변화를 만들어낼"[47] 실재계의 '존재의 지도 제작'에 몰두한다.

이러한 '절반'의 존재론이 마음에 걸렸는지 브라이언트는 『존재의 지도 그리기』에서 주체를 불가피하게 연상시키는 객체 대신 사물의 행위성과 활동성을 강조하고자 기계를 존재자로서 제시함으로써 실재계의 지평을 넓히려 한다. 그에게 "존재는 기계들의 앙상블 또는 배치[이며]",[48] 모든 존재자는 기계다. 혹은 기계가 "은유"[49]로 쓰였음을 감안하자면, 모든 존재자는 '기계적이다'. 브라이언트에 따르면 기계는 "입력물을 변환하여 출력물을 생산하는 조작 체계"다.[50] 모든 기계는 누군가에 의해 설계되지만, 그것을 넘어서는 고유하고 본질적인 목적이 있는 것은 아니다. 기계의 목적이나 쓰임새는 다른 기계들과 접속할 때 발생한다. 기계는 "그것의 성질(qualities)이 아니라 역능(powers)에 의해 개체화된다".[51] 개별 존재자로서의 특징은 기계의 역능 혹은 역량에서 나온다. 그런데 그 역능은 단일하거나 고정적이지 않다. 브라이언트는 그러한 역능의 몇 가지 특징으로, 생산물을 산출하게 되어 있는 정향성(directedness), 기계 고유의 내재적(intrinsic) 능력, 실행되지 않은 잠재

---

47 Levi R. Bryant, *Onto-Cartography: an Ontology of Machines and Media*(Edinburgh: Edinburgh UP, 2014), p. 8.

48 Bryant, 같은 책, p. 15.

49 우리말 번역서 『존재의 지도』에 실린 저자와의 인터뷰에서 하먼은 기계를 "존재자들에 대한 훌륭한 은유"라고 꼬집듯 치켜세운다. 그레이엄 하먼, 「『존재의 지도』 저자와의 문답」, 레비 브라이언트, 『존재의 지도: 기계와 매체의 존재론』, 김효진 옮김(서울: 갈무리, 2020), 434쪽.

50 Bryant, 같은 책, p. 38.

51 Bryant, 같은 책, p. 76.

적(virtual) 능력, 실행 여부와 상관없이 실제로 갖추고 있는 현실적(actual) 능력, 누군가의 인지나 관찰과 상관없는 객관적(objective) 능력을 열거한다. 이 특징들을 〈그림 1-1〉에 맞춰 생각해 보면, 기계의 역능은 오른쪽으로, 즉 실재계에서 현실계로 갈수록 객관적·내재적·잠재적·현실적인 역능으로 바뀌며, 반드시 입력-출력 산출의 방향을 따른다. 그리고 기계들의 접속 속에서 그전에는 찾아볼 수 없는 기계의 새로운 역능이 창발한다.

하지만 이러한 동일하지 않은 역능은 존재의 위계를 의미하지 않는다. 브라이언트는 보고스트의 명제를 또다시 인용하면서, 중요한 점은 존재론적으로는 평평하다는 것임을 거듭해서 강조한다. 그러고는 위계가 전혀 없는 평평한 존재론은 *"무정부적인 존재론"*[52]임을 역설한다. 세계 안에는 기계들에 대한 궁극적인 근원은 없고, 오직 그 안에서 영향을 주고받는 내재적 평면만이 있다. 생태로서의 세계는 "단일한 통치 원리가 없는 기계들의 네트워크다".[53]

존재론적으로는 평평하다는 말은 비(非)존재론적으로는 평평하지 않다는 뜻이다. 존재론적으로 평등하기만 하면, 존재자들의 기여도나 역량이 서로 달라 차등이나 차별로 이어져도 문제가 되지 않는다. 그렇다고 그러한 역량 차이를 당연시하는 (공평하기보다는) '공정한' 경쟁 사회로 나아가자고 말하려는 것인지도 확실하지 않다. 아니면 무정부적인 존재자들의 평등함으로 현실을 뒤흔들어 새로운 세계로 바꾸자는 것이어야 할 텐데 그러기에는 여러 모로 궁핍하다. 유물론의 갱신을 위한 '존재론적' 기획이 정작 유물론의 싸움터인 현실계를 외면하고 배제한 결과다. 현실과 절연된 만물 평등사상은 자칫 공허한 윤리적 수사에 그칠뿐더러 굴곡진 현실을 미봉하는 이데올로기가 되기 쉽다. 또한 존재론을 절대시하는 평평한 존재론은 평면에 내재하

---

52 Bryant, 같은 책, p. 116. 강조는 원저자.
53 Bryant, 같은 책, p. 116.

는 다양한 차이들, 그리고 "사유(思惟)와 사물의 차이"를 마치 "증기 롤러"[54]로 도로 표면을 밀듯이 평탄하게 밀어버림으로써 세계에의 개입을 도리어 차단해 버린다.

사실 자연의 물질계에서라면 존재의 완전한 수평면은 존재하지 않는다. 존재한다고 해도 이론상으로는 운동이 발생할 수 없다. 운동이 발생하려면 물질의 에너지의 차이, 물질의 크기와 질량의 차이, 물질이 차지하는 시공간의 차이, 물질의 크기와 면적에 따라 다르게 작용하는 중력의 차이가 전제되어야 하기 때문이다. 물질 에너지가 아무리 창발적이고, 사물의 네트워크가 아무리 무정부적이어도, 차이가 완전히 평면화된 존재의 세계는 흡사 정지된 시계처럼 '플랫(flat)'하거나, 현실과 동떨어진 무중력 세계처럼 부유할 따름이다.

7. 마치며

물질의 혐오를 넘어서, 평평하지 않은 세계를 평평한 세계론에 의거해 바꿔보려는 평평한 존재론을 따라가다 보면, 계속 의문이 남는다. 첫째는 라투르의 바람대로 평평한 존재론이 휴머니즘의 관념론적 전통으로부터 유물론을 과연 '되찾은' 것인가 하는 의문이다. 그것이 지향하는 사물의 '민주주의', 객체의 '평등주의'는 그 자체가 휴머니즘적 '관념'이다. 평평한 존재론에 입각한 포스트휴먼 유물론의 자칭 '유물론적' 유물론이 '관념론적' 유물론보다 사물 자체의 물질성, 행위성, 실재성에 관한 상세하고 "'두터운(thick)' 설명"[55]을 제시하려 한 것은 맞지만, 민주와 평등은 인간이 부여한 생각이지 물

---

54 Brassier, "Develeling: Against 'Flat Ontologies'," p. 76.
55 Bruno Latour, "Can We Get Our Materialism Back, Please?" *Isis*, Vol. 98(2007), p. 142.

질의 생각은 아니다. 인간을 여러 객체 중 하나로 낮춤으로써 다른 존재자들의 지위를 높이려는 시도에 공감하면서도, 유물론적 유물론으로 유물론을 갱신하고 세상을 바꿀 수 있을지는 심히 의문스럽다. 만약 유물론적 유물론이 인간이 없는 유물론을 희구하는 게 아니고, 물질이 자율적으로 알아서 운행하는 기계적 유물론을 말하려는 게 아니라면, 평평한 존재론이 하나의 정점이 된 최근의 존재론적 선회는 '인간이 그래서 다시 무엇을 할 수 있을지'에 대한 고민과 궁리로 나아가야 하지 않을까. 이것은 그 원인 제공자인 기후 위기의 인류세 시대에 대처하기 위해서라도 필요한 작업일 것이다.[56]

다른 하나의 의문은 지금까지 살펴본 대로 평평한 존재론을 지탱하는 행위자네트워크, 사회 없는 개체들, 그리고 기계 존재자들의 순수한 평면은 현실을 바꾸기 위한 기획이기보다는 그것의 사용 설명서나 업그레이드 매뉴얼처럼 읽힐 수 있다는 것이다. 그 결과 그것들이 제안하는 포스트휴머니즘적인 생태는 오히려 자본주의의 평면으로 포섭되기 쉽다. 생태(ecology)와 경제(economy)는 존재자들의 '집(oîkos)', 즉 '자연'을 관리하는 이웃사촌이다. 공교롭게도 평등한 기계들의 집합체가 존재의 세계라는 주장은 현존하는 가장 강력하고 확장적인 기계라 할 수 있는 '자본주의 기계'의 세상을 거드는 말처럼 들린다. 입력-출력의 생산 회로를 본질로 하는, 관계적이고 내재적인 역량에 의해 개체화되지만 그와 상관없이 근본적으로는 평등한 기계들의 세계가 브라이언트의 존재론이 제시하는 세계라면, 그것이 실제 기계이든, 다른 비인간 기계이든, 인간 기계이든, 기능, 역량, 생산성, 잠재적 창발성을 갖춘 기계들을 끊임없이 요구하는 자본주의의 거대 기계가 바로 그

---

56 최근에 이진경 교수도 천 개, 만 개의 유물론을 위한 유물론의 지도 그리기를 주장한 바 있다. 이 주장에는 평평한 존재론처럼 각각의 지도는 평등할 거라는 전제가 깔려 있다. 그런데 누가 혹은 무엇이 그 지도를 어떻게 그리며, 지도들의 관계는 어떠할지 등에 대해 고민하지 않는다면, 지도 제작의 비유에 기댄 동어 반복에 머물 공산이 크다. 이진경, 「유물론 선언: 천 개의 유물론을 위하여」, 《마르크스주의 연구》, 18권, 2호(2021), 179~209쪽 참고.

렇다. 라투르의 행위자네트워크나 데란다의 개체들도 여기서 자유롭지 않다. 적어도 자본주의 기계와는 다르고 그것에 의해 소진되지 않는 대안적 세계에 관한 것이어야 하는데, 존재의 평면에 자족하는 순간 그 여지는 줄어들고 바꾸려는 현실에 봉사하게 될 뿐이다. 네트워크와 행위자와 개별자와 기계에 심취한 평평한 존재론을 접할 때마다, 19세기 뉴욕 월가(New York Wall Street)의 한복판에서 자본주의의 부속 기계로 기능하기를 멈추고, 그 안의 모든 네트워크와의 연결을 끊고, 그 흔한 개별 행위자로서의 저항마저 그만둔 채, "하지 않기를 원합니다(I would prefer not to)"라는 무엇인지 정확히 알 수는 없지만 '원한다'라는 묘한 울림을 남긴 멜빌(Herman Melville)의 필경사 바틀비(Bartleby the Scrivener)가 떠오르는 것은 왜일까? '유물론을 *다시* 되찾을 수 있을까?'

참고문헌

김환석. 2020. 「사회과학의 물질적 전환을 위하여」. 김태희 외. 『모빌리티 시대 기술과 인간 의 공진화』. 서울: 앨피.

노영우. 2019. 『AI 자본주의: 가격이 파괴되는 평평한 경제』. 서울: 해남.

다이어, 리처드(Richard Dyer). 2020. 『화이트: 백인 재현의 정치학』. 박소정 옮김. 서울: 컬 처룩.

데란다, 마누엘(Manuel DeLanda). 2009. 『강도의 과학과 잠재성의 철학』. 이정우·김영범 옮김. 서울: 그린비.

_____. 2019. 『새로운 사회철학: 배치 이론과 사회적 복합성』. 김영범 옮김. 서울: 그린비.

라투르, 브뤼노(Bruno Latour). 2009. 『우리는 결코 근대인이었던 적이 없다: 대칭적 인류학 을 위하여』. 홍철기 옮김. 서울: 갈무리.

_____. 2010. 「현실정치에서 물정치로: 혹은 어떻게 사물을 공공적인 것으로 만드는가」. 브 뤼노 라투르 외 지음. 홍성욱 엮음. 『인간, 사물, 동맹: 행위자네트워크 이론과 테크노 사이언스』. 서울: 이음.

_____. 2018. 『판도라의 희망: 과학기술학의 참모습에 관한 에세이』. 장하원·홍성욱 옮김. 서울: 휴머니스트.

박인찬. 2021. 「포스트휴먼으로 가는 길: 인간과 기계의 공진화를 중심으로」. 강우성 외. 『포 스트휴머니즘의 쟁점들』. 서울: 갈무리.

버트하임, 마거릿(Margaret Wertheim). 2002. 『공간의 역사: 단테에서 사이버스페이스까지 그 심원한 공간의 문화사』. 박인찬 옮김. 서울: 생각의 나무.

사이토 고헤이(斎藤幸平). 2020. 『지속 불가능 자본주의: 기후 위기 시대의 자본론』. 김영현 옮김. 일산: 다다서재.

이글턴, 테리(Terry Eagleton). 2018. 『유물론: 니체, 마르크스, 비트겐슈타인, 프로이트의 신체적 유물론』. 전대호 옮김. 고양: 갈마바람.

이진경. 2021. 「유물론 선언: 천 개의 유물론을 위하여」. 경상대학교 사회과학연구원. ≪마 르크스주의 연구≫, 18권, 2호, 179~209쪽.

프리드먼, 토머스(Thomas Friedman). 2006. 『세계는 평평하다: 21세기 세계 흐름에 대한 통찰』. 김상철·이윤섭·최정임 옮김. 서울: 창해.

하먼, 그레이엄(Graham Harman). 2019. 『네트워크의 군주: 브뤼노 라투르와 객체지향 철학』. 김효진 옮김. 서울: 갈무리.

_____. 2020. 「『존재의 지도』 저자와의 문답」. 레비 브라이언트. 『존재의 지도: 기계와 매체의 존재론』. 김효진 옮김. 서울: 갈무리.

Barad, Karen. 2007. *Meeting the Universe Halfway: Quantum Physics and the Entanglement of Matter and Meaning.* Durham: Duke University Press.

Bogost, Ian. 2012. *Alien Phenomenology, or What It's Like To Be a Thing.* Minneapolis: U of Minnesota Press.

Boysen, Benjamin. 2018. "The Embarrassment of Being Human: a Critique of New Materialism and Object-Oriented Ontology." *Orbis Litterarum*, Vol. 73, pp. 225~242.

Braidotti, Rosi. 2019. *Posthuman Knowledge.* Cambridge: Polity.

Brassier, Ray. 2014. "Deleveling: Against 'Flat Ontologies'." *Under Influence: Proceedings of Philosophical Festival Drift.* Channa van Dijk and Eve van der Graff(eds.). *Omnia*, pp. 64~80.

Bryant, Levi. R. 2011. *The Democracy of Objects.* Ann Arbor: U of Michigan Library.

_____. 2014. *Onto-Cartography: an Ontology of Machines and Media.* Edinburgh: Edinburgh University Press.

Conty, Arianne Francoise. 2018. "The Politics of Nature: New Materialist Responses to the Anthropocene." *Theory Culture & Society*, Vol. 35, Iss. 7-8, pp. 73~96.

Crews, Frederick C.(ed.). 1967. *Great Short Works of Hawthorne.* New York: Harper & Row.

DeLanda, Manuel, John Protevi, and Torkild Thanem. 2005. "Deleuzian Interrogations: A Conversation with Manuel DeLanda, John Protevi, and Torkild Thanem." *Project: Thinking Organizational Problems with Deleuze.* https://www.researchgate.net/publication/241375747_Deleuzian_Interrogations_A_Conversation_with_Manuel_DeLanda_John_Protevi_and_Torkild_Thanem(검색일: 2022.4.18).

Dolphijn, Rick and Iris van der Tuin. 2012. *New Materialism: Interviews & Cartog-*

raphies. Ann Arbor: Open Humanities Press.

Kvachev, Vadim. 2020.9.1. "Unflat Ontology: Essay on the Poverty of Democratic Materialism." *Stasis*, pp. 13~34.

Latour, Bruno. 2007. "Can We Get Our Materialism Back, Please?" *Isis*, Vol. 98, pp. 138~142.

_____. 2012. "Love Your Monsters: Why We Must Care for Our Technologies As We Do Our Children." https://thebreakthrough.org/journal/issue-2/love-your-monsters (검색일: 2022.2.8).

Morton, Timothy. 2019. *Humankind: Solidarity with Nonhuman People*. New York: Verso.

Žižek, Slavoj. 2015. *Absolute Recoil: Towards a New Foundation of Dialectical Materialism*. New York: Verso.

제2장

다양한 객체들의 행위자네트워크와 물질 혐오[*]

이준석

1. 들어가는 글

다음의 단어들을 살펴보자.

미꾸라지·세발낙지·가물치.

이 세 개의 키워드를 보고 무엇이 떠오르는가. 미꾸라지와 세발낙지, 그리고 가물치라는 단어들을 보고 머릿속에 떠오르는 것은 필경 사람마다 다를 것이다. 어떤 이에게는 맛있는 해산물의 목록이라는 생각이 떠오를 수도 있고, 어떤 사람에게는 조리된 해물탕의 모습이 떠오르면서 벌써 군침이 돌

---

[*] 이 글은 이준석, 「신유물론의 새로운 개념들: 행위자-네트워크 이론과 객체지향존재론으로 보는 과학기술적 인공물의 구성방식 분류」, ≪사회와 이론≫, 42호(2022)를 이 책에 맞추어 수정한 것이다. 특히 4절을 추가했고, 본문과 각주를 대폭 수정했다.

고 있을지도 모른다. 혹자는 머릿속으로 백종원 요리 연구가의 새로운 요리 비책을 유튜브(YouTube)에서 찾아 간편하게 매운탕 만드는 법을 알아볼 생각을 할 수도 있다.

그렇다면 이 세 개의 키워드에 지역 명칭을 하나씩 덧붙여보자. 그렇게 하면 우리는 '압구정 미꾸라지', '목포 세발낙지', '일산 가물치'의 조금 길어진 세 키워드를 갖게 된다. 세발낙지가 목포에서 생산될 수는 있는데, 미꾸라지와 가물치의 산지가 압구정과 일산이라니 조금 이상하기는 하다. 하지만 여기서 이미 무릎을 치고 있는 고수가 있을지도 모르겠다. 압구정 미꾸라지[1]와 목포 세발낙지,[2] 그리고 일산 가물치[3]는, 1990년대 후반과 2000년대 초반 한국의 선물 옵션 시장에서 상상을 초월하는 수익을 달성한 세 명의 개인 투자자들에게 붙여진 별명이다. 이들은 우리가 흔히 말하는 '슈퍼 개미'의 전설적인 3인방들이다.

물론 지금 언급된 세 명 이외에도, 슈퍼메기,[4] 전주 투신,[5] 광주은행 피스

---

1 '압구정 미꾸라지'는 윤강로 전 KR인베스트먼트 대표를 지칭한다. 언론에 따르면, 윤강로는 1996년 전 직장인 서울은행을 퇴사하고 압구정동에 개인 사무실을 낸 다음 전업 투자자의 길에 뛰어들어서, 초기 투자금 8000만 원을 1300억 원으로 만들었다고 한다. 이후 그는 한국선물을 인수한 다음 KR인베스트먼트로 사명을 변경하고 대표직에 올랐다. 별명에 미꾸라지가 붙은 이유는, 선물 투자에 필연적으로 따르게 되는 리스크를 그가 신기할 정도로 잘 피해 갔기 때문이라고 한다. 출처: https://biz.chosun.com/site/data/html_dir/2017/10/15/2017101501875.html(검색일: 2021.8.1).

2 '목포 세발낙지'는 목포에 위치한 한 증권사 지점에서 근무하다가 슈퍼 개미로 크게 성공했던 장기철을 지칭한다. 출처: https://biz.chosun.com/site/data/html_dir/2017/10/15/2017101501875.html(검색일: 2021.8.1).

3 '일산 가물치'는 체육 교사 출신 전업 투자자 박인환의 별칭이다. 그는 상술한 윤강로(압구정 미꾸라지)를 잡아먹는 존재가 되고자 스스로를 가물치로 명명했다고 한다. 인구에 회자되는 말 중에 "기운이 없는 미꾸라지 군집을 활성화시키기 위해 가물치(혹은 메기) 한 마리를 넣으면 미꾸라지들이 살기 위해 도망치느라 활발해진다"는 금언이 있다. 가물치는 미꾸라지의 포식자이다. 출처: https://www.khan.co.kr/article/200401082319591(검색일: 2021.8.1).

톨 박, 불광동 고수, 동원증권 할아버지, 홍콩 물고기, 부국증권 쌍둥이 형제 등 널리 알려진 슈퍼 개미들이 많이 있다.[6] 이들은 지난 세기말 전환기에 "경제의 금융화와 금융의 전 지구화가 가속화되는 신자유주의 한국사회"[7]에서 "나름 능동적 선택과 주체적 인식을 통해"[8] 개미에서 슈퍼 개미로 성장한 사람들이다.

이 글이 주식 관련 내용을 다루는 글이 아님에도 불구하고 이들에 대해 이야기한 까닭은 슈퍼 개미 현상을 행위자네트워크 이론(actor-network theory)과 객체지향 존재론(object-oriented ontology)적 개념을 통해 잘 읽을 수 있기 때문이다. 그리고 우리는 그러한 '현상 읽기'에서 유추된 개념을 활용해 기술과학적 인공물의 본질과 그 행위자네트워크 구성 방식에 대해 논할 여지가 있다. 가령 방금 언급한 압구정 미꾸라지, 목포 세발낙지, 일산 가물치

---

4   '슈퍼메기'는 미래에셋자산운용 출신으로 2000년대 중후반에 활약했던 선경래 지앤지인베스트(G&G Invest) 회장을 지칭한다. 그는 투자 원금 10억 원을 2000억 원 정도로 늘리고 지앤지인베스트를 설립했다. 언론에 따르면 그가 등장할 때마다 시장이 흔들린다고 해 '메기'라는 별칭이 붙었다고 한다. 메기는 민물고기 생태계 중 최상위 포식자이다. 출처: https://www.newspim.com/news/view/20190111000230(검색일: 2021.8.1); https://www.hankyung.com/finance/article/2008120377251(검색일: 2021.8.1).

5   '전주 투신'은, 전주의 대형 마트 경리 직원 출신으로 투신(투자 신탁 회사) 정도의 거대 자본을 굴린다고 해서 별명이 붙은 박기원을 지칭한다. 출처: https://biz.chosun.com/site/data/html_dir/2017/10/15/2017101501875.html(검색일: 2021.8.1).

6   조금 희화적이기도 한 이들의 별칭들은, (40대 중반이 되면 이미 판단력과 신속함이 떨어져서 빠른 분석과 대응이 필요한 투자 시장에서 어려움을 느낀다는 말도 있듯) 개인 투자 시장을 지배하는 젊음과 그 특유의 문화를 반영하는 듯하다. 슈퍼 개미들의 별칭에서 관찰되는 또 하나의 특징은, 이유는 불분명하지만 민물낚시와 관련된 용어들이 많이 등장한다는 점이다. https://www.donga.com/news/Economy/article/all/20060918/8351877(검색일: 2021.8.1) 참조.

7   김수현, 「개인투자자는 왜 실패에도 불구하고 계속 투자를 하는가?: 서울 매매방 개인 전업투자자의 꿈과 금융시장 간파」(서울대학교 인류학과 석사학위논문, 2019), 158쪽.

8   김수현, 같은 글, 163쪽.

등의 슈퍼 개미들은, 모두 처음에는 그 존재가 잘 드러나지 않는 개미(개인 투자자)들이었지만 유용한 정보나 기민한 예측력, 혹은 효율적인 정보 통신 기술 등과의 네트워킹을 통해 슈퍼 개미로 성장한 예에 해당한다. 이들이 슈퍼 개미가 되기 이전, 그들은 금융 시장에서 존재가 잘 드러나지 않는 수많은 개미들의 일원이었다. 모든 행위자네트워크를 객체로 일원화해서 보는 객체지향 존재론적 관점에서는 투자자들 역시 객체이며, 특히 개미 투자자는 그 특징상 후술할 '나노객체'에 해당하는 존재들이다. 나노객체는 그 존재가 미미해 인식의 평면에 잘 포착되지 않는 객체를 지칭한다.[9] 처음에는 주식 시장의 나노객체였던 미꾸라지, 세발낙지, 가물치 등 세 명은 다른 객체들과 적절한 행위자네트워크를 구성했고, 그 결과 나노객체의 지위를 벗어나게 되었다. 이 글에서는 지면이 허락하는 범위 내에서 이와 유사한 개념들을 생각해 본 다음, 각각의 행위자네트워크와 물질 혐오에 대해 사유해 본다.

2. 이론적 정향

1) 하이퍼객체(hyperobject; hypOBJ 혹은 hOBJ)

티머시 모턴(Timothy Morton)이 주장하는 하이퍼객체(hyperobject) 혹은 '거대사물'[10]은 국내에서 '초과물'[11] 혹은 '과잉객체'[12] 등으로 번역되기도 한다.

---

9 이준석, 「하이퍼객체와 '나노객체'의 세계: 염지혜와 네트워크화된 객체들」, ≪미학예술학 연구≫, 63집(2021), 79~90쪽.

10 이동신, 「좀비라는 것들: 신사물론과 좀비」, ≪영미문학연구: 안과 밖≫, 43호(2017); 「지구온난화는 자연의 문제인가?」, 김환석 외, 『21세기 사상의 최전선』(서울: 이성과감성, 2020).

하이퍼객체는 너무나 거대해(hyper-) 인간의 인식을 벗어나는 객체(-object)이다.[13] 모턴은 하이퍼객체가 "시간과 공간이 객체들이 들어 있는 텅 빈 컨테이너라는 아이디어를 종결시킨다"라고 말한다.[14] 이동신[15]은 하이퍼객체를 "인간의 지식체계로 담아내기에는 너무 크고 인간과의 관계로만 쓰임새를 정하기에는 너무 다채로운 것"으로 정리하고 있다. 하이퍼객체는 일반적으로 너무 크기 때문에 시공간상에 넓게 퍼진 상태로 존재하는데, 가령 '지구 온난화 현상'이라는 객체를 인식하기 위해서 인간은 전 지구적 규모의 공간적 인지와 최소한 천 년[16]에서 몇십만 년에 이르는 시간적 인식을 해야 한다. 지구 온난화 현상은 하이퍼객체다.

1986년 4월 26일에 발생한 체르노빌(Chernobyl) 원자력 발전소 사고나 2011년의 3·11 동일본 대지진으로 야기된 후쿠시마(福島) 원자력 발전소 사고에서 유출된 방사성 물질이 지금 어디에 있을지 생각해 보자. 이러한 방사능 입자들은 지금 특정한 공간에 국소적으로 존재하지 않는다. 구름 속의 물 분자로, 땅으로 떨어지는 빗방울 속에, 태평양 바다의 해류 속에, 물고기

---

11 송은주, 「초과물로서의 유독물질: 『화이트 노이즈』의 생태비평적 읽기」, ≪영어영문학연구≫, 59권, 1호(2017).

12 김용규, 「역자후기」, 티머시 모턴, 『인류: 비인간적 존재들과의 연대』(부산: 부산대학교출판문화원, 2021).

13 Timothy Morton, *Hyperobjects: Philosophy and Ecology after the End of the World* (Minneapolis: University of Minnesota Press, 2013); *Humankind: Solidarity with Non-Human People*(London: Verso, 2017); *Being Ecological*(Cambridge: The MIT Press, 2018); Meis Morgan, "Timothy Morton's Hyper-Pandemic: For the philosopher of "hyperobjects" — vast, unknowable things that are bigger than ourselves — the coronavirus is further proof that we live in a dark ecology," *The New Yorker*, June 8, 2021, https://www.newyorker.com/culture/persons-of-interest/timothy-mortons-hyper-pandemic(검색일: 2022.6.1).

14 Morton, *Hyperobjects*.

15 이동신, 「지구온난화는 자연의 문제인가?」.

16 산업 혁명 이후의 기온 상승을 보여주는 하키스틱 커브(hockeystick curve)를 생각해 보자.

의 혈류 속에, 회를 먹은 낚시꾼의 림프샘에, 부패해 가는 시신의 세포 속에, 그것을 먹는 구더기의 체세포에, 고루 분포해 있다. 비로 떨어진 다음 토양에 흡수된 상태로 존재할 수도 있고, 대수층의 암반수에 흘러 들어간 다음 펌프로 뽑아져서 생수병에 들어가 마트에서 판매되었을 수도 있다. 다른 분자와 결합해 식물의 뿌리로 흡수되었을 수도 있으며, 곡식의 낱알을 통해 인간의 몸에 들어와 유전자 변이를 일으키고 있을 수도 있다. 이처럼 원전 사고로 유출된 방사능 물질은 시공간에 광범위하게 분포하고 있으며, 인체 유입 시 주체에 끈적하게 들러붙어 잘 배출되지도 않는다. 이들은 하이퍼객체이다.

하이퍼객체에 대해서는 이 정도만 논하기로 하고, 지금부터 하이퍼객체처럼 특수한 형태로 존재하는 '나노객체', '파사드 객체', '패러독스적 객체', '보조 객체', '연기(緣起)적 객체' 등 이 글에서 주장하는 새로운 객체들의 행위자네트워크를 살펴보고자 한다.

2) 나노객체(nano-object; nanoOBJ 혹은 μOBJ)

나노객체는 존재론적인 스펙트럼상에서 하이퍼객체[17]의 정반대 지형에 위치한다. 하이퍼객체가 너무나 거대해 인간의 인식에서 벗어나는 객체를 뜻한다면, 나노객체는 너무나 왜소해(nano-) 인간의 인식을 벗어나는 객체(-object)를 뜻한다.[18] 여기서 왜소하다는 것은 자연적이고 물리적인 크기만을 지시하지 않으며 사회적이고 문화적인 크기도 지시한다.[19] 가령 가습기

---

17 Morton, *Hyperobjects*.
18 이준석, 「하이퍼객체와 '나노객체'의 세계」.
19 만일 분자 크기의 관찰자가 있다면, 혹은 분자 크기의 관측 기기가 관측을 행한다면, 가습기 살균제 속의 CMIT/MIT 분자를 나노 사이즈의 객체가 아니라 충분히 큰 객체로 인식할

살균제에 들어간 CMIT/MIT 분자나 미세 플라스틱 입자처럼 물리적으로 나노 사이즈를 갖는 객체 이외에도, 코뿔소처럼 크지만 멸종 위기에 처한 동물, #미투(MeToo) 운동 이전의 여성 피해자들의 목소리, 위안부 할머니들의 경험, 아우슈비츠와 관동군 731부대에서 인체 실험의 대상이 된 사람들, 이 글의 도입부에 언급한 개미 투자자 등이 모두 나노객체이다. 나노객체는 일반적으로 다음의 다섯 가지 특징을 갖는다. 첫째, 반투명성(translucency), 둘째, 세계적 국소성과 국소적 세계성(global locality/local globality), 셋째, 테크노사이언스와의 강한 연계성, 넷째, 자연/문화의 이분법을 넘는 존재 양식, 그리고 마지막으로 산존성(散存性, scatteredness)이 그것이다.

첫 번째 반투명성(translucency)은 나노객체가 투명하다가 불투명해졌다가 하는 것을 의미한다. 투명하다는 것은 눈에 보이지 않는다는 의미이고, 불투명하다는 것은 눈에 보인다는 의미다. 가령 멸종 위기에 처한 동물들은 우리 사회에서 투명한 객체인 경우가 많다. 무관심한 일반인들에게는 그 존재가 잘 보이지 않는다. 하지만 WWF나 동물 보호 협회 등이 해당 동물의 멸종 가능성을 논하며 일반인의 인식을 높이기 위한 캠페인을 진행하는 경우, 해당 종은 비로소 사회적 가시성을 갖는다. 사람들의 눈에 보이게 되었다는 뜻이고 따라서 더 이상 투명하지 않고 불투명해진 것이다. 해당 동물 종은 투명함과 불투명함 사이를 오간 반투명한 나노객체이다. 가게에서 판매되던 가습기 살균제 안에는 CMIT/MIT 성분이 들어 있었고, 이들은 화학물질이라는 특성상 눈에 보이지도 않거니와 매일 사용하는 물질임에도 일반인들은 그 존재 여부를 잘 알지 못하는, 보이지 않는 투명한 객체였다. 하지만 가습기 살균제로 인해 1500명이 넘는 사망자가 발생하자 그 독성이 널리 알려지게 되었고 언론과 학술회의, 보고서와 법정 논쟁 및 행정 처분

것이다. 그렇기에 나노객체에서 '나노-'가 물리적 크기만을 의미하지 않는다.

등을 통해 일반인에게 가시적인 존재가 되었다. 불투명해져서 이제 눈에 보이게 된 것이다. CMIT/MIT 분자들은 투명함과 불투명함 사이를 오간 반투명한 나노객체이다.

　나노객체의 두 번째 특징인 세계적 국소성/국소적 세계성(global locality/local globality)은, 나노객체의 기원이 국소적(local)이라 해도 곧 그것이 세계성(globality)을 획득한다는 뜻이고, 동시에 나노객체의 기원이 전 지구적이라 해도 그것이 곧 국소성을 갖게 된다는 의미이다. 가령 하이퍼객체로 존재하며 세계성을 갖던, 체르노빌 원전 사고 시에 유출된 방사능 물질은 물과 식품, 흡입되는 공기 등을 통해 우리의 몸에 들어와 잘 배출되지 않으면서 국소성을 가지게 된다. 또 특정한 공장에서 생산된 화장품 속의 미세 플라스틱 물질은 국소적 기원을 갖지만, 곧 상표가 붙은 플라스틱 용기에 담겨져 유통망을 따라 판매되며 전 세계로 뻗어 나간다. 사용자의 얼굴에 발라진 이후 한나절 뒤에 물로 씻기는 이 성분은 하수구를 통해 흘러 나가게 되고, 하천과 바다로 흘러 들어가 세계성을 띠게 된다. 세계적 국소성과 국소적 세계성을 함께 갖는 것이다. 대표적 나노객체인 코로나19 바이러스도 그 기원은 특정 동물(가령 박쥐)의 몸 안이거나 중국 우한(武漢)의 어떤 국소적 실험실일 수 있지만, 팬데믹이 된 이후 세계성을 갖게 된 것으로 볼 수 있다.

　나노객체의 세 번째 특징인 테크노사이언스와의 강한 연계성은 다음과 같은 의미를 갖는다. 나노객체로서의 미세 플라스틱이 만들어지는 제조 공정, 체르노빌과 후쿠시마에서 유출된 방사능 물질의 기원, 국지적으로 발생한 새로운 바이러스가 후기 근대의 교통 네트워크에 탑승해 순식간에 글로벌 팬데믹으로 전파되는 현상, 가습기 살균제에서 발견되는 CMIT/MIT나 PHMG/PGH 등 화학 물질의 합성 과정 등은 모두 테크노사이언스와의 강한 연계성을 드러낸다. #미투 운동이 일어나기 전의 피해자 여성들의 목소리, 멸종 위기에 처한 동물의 목소리, 위안부 할머니들의 목소리 역시 나노객체이다. 이들은 인터넷과 스마트 기기를 활용하는 SNS를 통해 연대하고 방송 매체를 통해 공론장을 구성하면서 비로소 가시성을 갖게 되었다. 이처럼 나노객체는 그 기원과 확산 과정에서 종종 테크노사이언스와 강하게 연계된다.

나노객체의 네 번째 특징은 '항상-이미(always already)' 혹은 '이미-항상' 자연/문화의 이분법을 넘는 존재 양식이다. 나노객체는 자연의 영역, 혹은 사회·문화의 영역에 국한되어 존재하지 않는다. 나노객체는 종종 자연과 사회의 하이브리드적 형태로 존재하며, 따라서 나노객체는 근대화 이후 형성된 자연/사회의 이분법, 혹은 자연/문화의 이분법을 종식시킨다. 예를 들어 박쥐의 몸 혹은 천산갑에서 기원한 코로나19 바이러스는 더 이상 야생 동물의 몸인 자연에 국한되어 존재하지 않으며 사회의 영역으로 넘어와 확산이 이루어졌다. 메르스(MERS, 중동호흡기증후군)[20]나 사스(SARS, 중증급성호흡기증후군)[21] 등의 바이러스도 유사하다. 낙타 혹은 사향고양이의 몸이라는 자연에 기원을 갖고 있을지라도 이들은 '항상-이미' 인간 사회와 결부되어 존재했다. 자연과 사회, 혹은 자연과 문화라는 이분법은 나노객체에게 있어 구멍이 숭숭 뚫린 경계선에 불과하다.

인간 사회에서 활용되는 증기 기관과 내연 기관에서 발생한 CO_2 입자는 나노객체인데, 이들은 자연의 영역으로 들어가 지구 온난화라는 현상을 야기한다. 나노객체에게 자연과 사회의 이분법은 항상-이미 의미가 없다.

2007년 존스 홉킨스 대학교(Johns Hopkins University)에서 갓 태어난 아기 300명의 탯줄을 분석한 결과에 따르면, 음식물이나 때 등이 달라붙지 않도

---

20 질병관리청 감염병 포털, "중동호흡기증후군" 항목. https://www.kdca.go.kr/npt/biz/npp/portal/nppSumryMain.do?icdCd=NA0014&icdgrpCd=01&icdSubgrpCd(검색일: 2022.6.1).

21 질병관리청 감염병 포털, "중증급성호흡기증후군" 항목. https://www.kdca.go.kr/npt/biz/npp/portal/nppSumryMain.do?icdCd=NA0013&icdgrpCd=01&icdSubgrpCd=(검색일: 2022.6.1).

록 조리 기구나 용기, 옷과 카펫 등을 코팅하는 데 활용되는 PFOA(과불화옥탄산) 성분이 탯줄 샘플의 100%에서, 그리고 PFOS(과불화옥탄술폰산) 성분이 탯줄 샘플의 99%에서 검출되었다.[22] 사회에서 인공적으로 합성된 물질인 PFOA/PFOS는 아이가 태어나기도 전에 자궁 속에서 자연 상태의 태아와 접촉한다. 과불화 화합물이자 발암 물질인 PFOA와 PFOS 성분은 자연/사회의 구분을 넘으면서 태아의 몸에 항상-이미 섞여 있다. 이들은 자연과 사회의 영역을 항상-이미 넘어서 존재하는 나노객체이다.

나노객체의 다섯 번째 특징은 산발적으로 흩어져 존재하려는 산존성(散存性, scatteredness)이다. 지금까지 살펴본 방사능 입자, CO_2 분자, 과불화 화합물, 미세 플라스틱, 코로나19 바이러스, 피해자 여성의 목소리, 동물을 보호해야 한다는 막연한 개인의 견해 등은 모두 산존성을 갖는다. 따라서 비가시적인 경우가 많고, 적절한 네트워킹을 구축해 어느 정도의 크기를 갖게 되었을 때 비로소 사회적 가시성을 획득했다.

러브크래프트(H. P. Lovecraft)의 크툴루(Cthulhu) 신화를 리라이팅한 김보영의 『역병의 바다』에는 다음과 같은 구절이 나온다. "… 새로운 종이 될 아이를 낳고 있습니다. 괴물들은 감염병을 기회로 그 마을에 죽은 사람을 대체해서 가족의 일원으로 들어와 살고 있습니다. 격리가 풀려나면 저들의 오물과도 같은 더러운 유전자가 우리 인류의 피에 섞일 것입니다. 먼 미래의 지구에 인간이 아니라 번들거리는 양서류나 파충류의 외모를 한 자들이 득실거리는 풍경을 상상해 보십시오. 저 괴물의 유전자가 미세 플라스틱처럼, 합성 화합물처럼 우리의 유전자에 섞여 영원히 인류 사이를 떠돌게 될 것입니다."[23] 이 소설은 바다에서 기원하는 괴물이 인간 사회로 들어와 종간 번

---

22 "PFOA and PFOS Detected in Newborns," https://publichealth.jhu.edu/2007/goldman-pfoa-pfos(검색일: 2022.6.1).

23 김보영, 『역병의 바다』(서울: 알마, 2020).

식을 하며 함께 살아가는 상황을 그리고 있다. 이때 괴물들의 유전자는, 인용된 문장에 묘사되듯 미래 인류의 몸 안에 항상-이미 산존(散存)하는 나노객체가 된다.

우리의 세포질 안에는 미토콘드리아가 있다. 미토콘드리아는 사립체(絲粒體) 내지 활력체(活力體)라고도 불리며, 세포를 움직이는 데 필요한 에너지를 생성하는 것이 주역할로 알려져 있다. 진화론에서 미토콘드리아의 기원에 대해서는 여러 견해가 있는데, 가장 강력한 주장의 하나는 세포 내 공생설(endosymbiotic theory)이다. 생물학자 린 마굴리스(Lynn Margulis)가 주장한 세포 내 공생설에 따르면, 미토콘드리아는 원시 시대에 진핵 세포로 들어간 박테리아가 자리를 잡아 공생 관계를 이루다 정착한 것이다.[24] 이 견해에 따르면 해당 원핵생물은, 우리의 몸 안에 항상-이미 들어와 분포하는 산존적 나노객체이다.

3) 파사드 객체(facade object; facOBJ 혹은 fOBJ)[25]

지금부터 살펴볼 특별한 종류의 객체를, 건축학의 용어를 빌려 '파사드 객체(facade object)'라 부르고자 한다. 파사드 객체는 말 그대로 '더 큰 객체 아상블라주의 파사드(facade, 건물의 정면 혹은 입면)가 되어주는 작은 객체'를 의미한다. 파사드 객체는 큰 객체 아상블라주(object assemblage)의 일부이면서 동시에 전체 아상블라주를 대변한다. 예를 들어 어떤 사람의 입을 통해 나오는 말이나 그가 펜으로 쓰는 글, 혹은 몸으로 취하는 행동은 그 사람이라는 전체 객체 아상블라주의 속성을 밖으로 드러내주는 작은 파사드 객체이

---

24 Lynn Margulis, *Symbiotic Planet: a New Look at Evolution*(New York: Basic Books, 2008).
25 행위자네트워크 이론의 관점에서 보면 파사드 객체란, 블랙박스화되었거나 결절(punctualization)된 행위자네트워크가 외부의 행위자네트워크와 연결되는 노드이다.

다. 우리는 감각 객체인 파사드 객체를 통해서 그 사람의 정신에 대한 정보를 알 수도 있다. 누군가 "눈은 마음의 거울이다"라는 금언을 말할 때, 그는 사실 "어떤 이의 눈빛은 그 사람의 내면세계를 드러내는 파사드 객체이다"라는 말을 하고 있는 것이다.

〈그림 2-1〉을 보면, 파사드 객체가 해당 객체-아상블라주와 외부를 연결하는 접점(노드)으로 작동한다는 것을 알 수 있다. 건축물의 입면 혹은 정면을 우리가 파사드라고 부르듯, 그리고 해당 건물로 진입하는 보행자에게 해당 빌딩의 이미지가 파사드로서 한순간에 다가오듯, 파사드 객체는 그것이 속한 전체 아상블라주의 정보를 압축적으로 보여주는 기능을 한다. 어떤 이의 두발이나 의복의 상태, 언어와 행동은 종종 그 인물에 대한 정보를 제공한다. 이들은 해당 인물의 파사드 객체라고 우리는 인지하고 있는 것이다. 이때 파사드 객체는 본체에 대한 부분적인 정보를 대체적인 큰 틀에서 제공하는 것이기에 그 정보를 전적으로 신뢰할 수는 없다. 가령 체온으로 코로나19 감염자를 판별하려고 하는 경우, '무증상' 감염자는 찾아내지 못한다. 신체에 새긴 타투의 여부나 복장의 특이성, 피부의 색깔과 젠더, 학력이나 고향 등을 가지고 어떤 사람을 판별하려는 자는 대개 그릇된 판단을 내리게 된다. 이 요소들이 파사드 객체이긴 하지만, 그 사람에 대해 완벽한 정보를 제공하는 파사드 객체가 아니기 때문이다. 그럼에도 불구하고 우리가 면접에 앞서 외모를 깔끔하게 한다거나, 평소에 언행을 바르게 하고 사회생활 중 예의 바르게 행동한다거나, 험한 말 대신 고운 말을 쓴다거나, 운전 중 좌우 회전 20m 전에

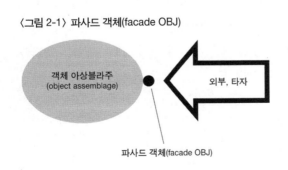

〈그림 2-1〉 파사드 객체(facade OBJ)

객체 아상블라주
(object assemblage)

외부, 타자

파사드 객체(facade OBJ)

방향 지시등을 켠다거나 하는 것들은 모두 상대를 향한 나의 파사드 객체를 조정하는 일이다.

우리가 감기 몸살에 걸려 내과에 가면, 가장 먼저 간호사가 체온을 측정한다. 체온은 신체의 상태에 대해 일종의 종합적인 힌트를 제공하는 파사드 객체가 된다. 나이가 들면 혈압이나 혈당 수치 등을 정기적으로 체크해야 할 수도 있다. 이들 수치 역시 몸의 상태에 대한 파사드 객체가 된다. 가령 심혈관계 시스템을 의사가 매번 열어서 직접 들여다볼 수 없기에, 해당 객체 아상블라주가 외부로 발산하는 정보인 '혈압'을 체크한다. 이때 혈압은 심혈관계 시스템이라는 객체 아상블라주가 외부와 접하는 지점인 파사드 객체이다.[26]

코로나19 사태 이후 공공장소에 방문할 때 우리가 자주 체온을 체크했던 까닭은, 체온이 불확실하지만 가장 간단하게 그 사람의 감염 여부를 확인케 해주는 파사드 객체였기 때문이다. 면봉으로 채취한 검체나 혈액, 소변 등의 가검물(可檢物) 역시 그 사람의 몸의 상태를 여러 측면에서 보여주는 파사드 객체가 된다. 또 우리가 매번 복잡한 인체의 블랙박스를 열어 내부를 직접 들여다볼 수 없으므로, 의료진들은 신체 내부에서 일어나는 복잡한 생화학적 작용(가령 몸에 들어온 이물질과 면역 체계가 싸운다거나 내부에 염증이 생겼다거나 하는 등)을 암시하는 여러 파사드 객체들을 검사하고 이들을 숫자로 치환해 몸의 상태를 알아보고자 한다. 이 수치들 또한 신체 상태를 지시하는, 숫자로 코드화된 파사드 객체라고 할 수 있다.

엘리자베스 홈즈(Elizabeth Holmes)가 2003년에 창업한 회사 테라노스(Thera-

---

26 마취는, 의식의 영역과 사망의 영역 사이의 매우 좁은 영역에 환자가 수술 시간 동안 계속 머무르게 하는 행위이다. 따라서 마취과 의사들은 수술 중 환자의 혈압, 맥박, 호흡 등을 끊임없이 측정하며 관찰한다. 이는 환자의 몸과 의식 상태에 관해 정보를 주는 파사드 객체를 모니터링하면서 환자의 상태에 맞추어 흡기되는 마취약의 양을 조절하기 위함이다. 스와 구니오, 『마취의 과학』, 손영수 옮김(서울: 전파과학사, 2018).

nos)는 손가락 끝을 찔러서 나오는 몇 방울의 혈액을 나노테이너(nanotainer)라는 용기에 담아 '에디슨(Edison)'이라는 분석 기기에 넣음으로써 수백 가지의 질병을 한 번에 검사할 수 있다고 주장했다. 이때 나노테이너에 채취하는 몇 방울의 피는 몸의 상태를 종합적으로 보여줄 수 있는 파사드 객체이다. 비록 연구 부정이 드러나 2018년에 회사는 사라지고 홈즈는 기소되었지만, 에디슨 키트는 적어도 수백에서 수천ml 분량이 필요한 파사드 객체를 단 몇 방울로 줄이려는 시도였다.

아무리 저렴한 차라고 해도 오늘날 판매되는 내연 기관 자동차에는 반드시 엔진의 RPM을 보여주는 태코미터와 엔진실의 온도를 보여주는 온도계가 계기판에 부착되어 있다. 기능성을 극단적으로 중시해 속도를 내는 데 불필요한 요소들은 모두 제거하는 레이싱 카에도 태코미터와 온도계는 달려 있다. 태코미터는 엔진의 순간 회전수를 보여주는 계기이며, 온도계는 엔진의 온도를 측정하는 장치다. 자동차를 잘 모르는 일반인에게 태코미터는 별 의미 없는 객체이지만, 레이싱 머신을 운용하는 드라이버에게는 태코미터가 보여주는 RPM 수치가 엔진의 순간 상태를 알려주는 중요한 파사드 객체가 된다. 마찬가지로 온도계가 보여주는 수치는, 엔진의 과열 상태나 냉각수의 현황 등을 종합적으로 보여주는 파사드 객체이다.

종종 파사드 객체는 아상블라주의 정보가 오가는 입출구로서도 기능한다. 가령 인터넷 혹은 이더넷(ethernet)의 네트워크상에 위치한 서버에게 있어, pdf 파일을 내려받아 이 글을 화면이나 종이에 출력하고 있는 독자의 컴퓨터는 32비트(IPv4의 경우) 혹은 128비트(IPv6의 경우)의 숫자로서 서로를 특정하며, 해당 IP 주소의 약속된 포트를 통해 적절한 정보가 오가게 된다. 따라서 컴퓨터의 IP 주소와 포트 넘버는, 인터넷 혹은 이더넷을 통해 정보가 드나들 때 서버가 특정한 컴퓨터를 보고 인식하는 파사드 객체가 된다. 네트워크상의 컴퓨터들은 데스크톱 위에 놓인 컴퓨터를 해당 파사드 객체를 통해서 서로 들여다보고, 상호 작용을 요청하거나 요청에 응답한다.

우리는 마르셀 프루스트(Marcel Proust)의 『잃어버린 시간을 찾아서』 1권 (1913), 「스완 씨네 집으로」에 등장하는 유명한 마들렌 장면을 알고 있다. 홍차에 찍어 주인공이 한입 베어 물은 마들렌은, 오랜 과거의 기억과 화자의 행동, 감각, 느낌, 유년 시절의 추억이 담긴 장소와 그곳에 깃든 정동 등을 실타래 풀듯 굽이굽이 풀어내도록 만든 객체였다. 이 마들렌은 화자의 방대한 기억이 결절되어 있는 행위자네트워크의 블랙박스를 여는 문고리의 역할을 했다. 마들렌은 화자에게 내재된 기억의 아상블라주를 풀어내는 파사드 객체였던 것이다.

남녀 간의 연애 관계에서 때로 특정한 부위를 물리적으로 접촉하는 행위가 격렬한 신체적·정서적 반응을 야기하기도 한다(가령 뺨을 맞을 수 있다). 이때의 해당 부위는 상대의 몸과 마음이 결절된 아상블라주의 블랙박스 안으로 들어가게 만드는 파사드 객체로서, 그 사람의 내면으로 향하는 출입구의 초인종 버튼과 같다.[27]

특정한 물리적 공간이 파사드 객체로서 기능하기도 한다. 다른 나라에 설치된 우리 정부의 대사관 및 영사관은, 타국의 영토 내부에 자리하고 있다는 지리적 위치 때문에 본국의 1차적인 파사드 객체로 기능하게 된다. 이 때문에 외교적 갈등이 발생할 경우 해당 국가의 대사를 초치(招致)하는 일이 일어나기도 하며, 타국을 여행 중인 우리 국민이 여권이 든 지갑을 도둑맞

---

27 이 예에서 뺨을 맞은 경우라면 잘못된 열쇠로 문을 열려고 한 행위일 것이다. 아울러 방금 언급한 상황과 유사한 내용을 아이슬란드의 국민 가수 비요르크(Bjork)가 〈바이러스(Virus)〉라는 2011년 곡에서 노래했다. 비요르크는 하이퍼객체의 개념을 창안한 티머시 모턴과 20여 차례 서신 교환을 했고, 둘은 그것을 공개했다. 비요르크의 〈바이러스〉에는 다음의 구절이 나온다. "… Like a mushroom on a tree trunk/ As the protein transmutates/ I knock on your skin, and I am in./ The perfect match, you and me./ I adapt, contagious./ You open up, say welcome./ … I feast inside you, my host is you …" 티머시 모턴의 관점에서 바이러스는 하이퍼객체이다.

거나 해당 지역에 거주하는 교민이 테러리즘의 대상이 된 경우 대사관이나 영사관에서 우선적으로 대처를 하게 된다. 이들은 '타자인 다른 국가의 영토 내부에 틈입해서 들어가 있는 동일자의 일부분'이자 '본국에 대한 파사드 객체'이다.[28]

구한말 인천항의 조차지(租借地)나 조계지(租界地)도 파사드 객체로 기능했지만, 이런 특징이 극렬하게 드러나는 것은 쇄국 정책이 시행되던 에도(江戶) 시기 일본 나가사키(長崎)에 만들어진 데지마(出島)섬이다. 데지마는 네덜란드와 무역을 하기 위해 막부가 설치한 인공 섬으로, 〈그림 2-2〉와 같은 부채꼴 모양의 무역 거주구였다. 면적은 약 1.3~1.5ha로 축구장 두 개 정도 넓이라고 한다. 데지마섬은 '쇄국 일본의 숨구멍'이라고 불리던 곳으로, 네덜란드 선박과 선원, 그리고 상인 들이 일본과 접촉할 수 있는 유일한 접점이었다. 일본 본토와는 그림에 보이듯 하나의 다리로 이어져 있는데 오직 일본인 관리만 공무를 위해 다리를 건너 데지

〈그림 2-2〉 일본의 데지마섬은 〈그림 2-1〉을 그대로 현실로 옮겨놓은 듯한 구조이다. 그림 중앙에 위치한 데지마섬의 좌측에는 일본이라는 나라 전체의 행위자 네트워크가 다리 하나를 통해 연결되어 있고, 섬의 우측에는 서구 세계 전체를 의미하는 바다가 외부이자 타자로서 위치해 있다. 데지마는 쇄국 일본의 '파사드 객체'였다.

---

28 따라서 대사관이나 영사관은, 우리 몸의 세포 안에 들어와 있는 타자인 미토콘드리아와 유사한 존재론적 지위를 갖는다. 세포 내 공생설에 따르면 미토콘드리아는 과거 외부 박테리아로 존재하다가 어느 시점에 진핵 세포 내부로 들어와 존재하게 되었다.

마로 들어가고 나갈 수 있었고, 네덜란드인들은 데지마 내에서만 거주하고 활동할 수 있었다. 데지마는 쇄국 일본이라는 객체가 외부 세계와 연결될 수 있는 노드이자 창구였으며, 일본의 파사드 객체로서 기능한 공간이다.[29] 나가사키 데지마는 유럽을 향해 열린 일본의 창문이었다. 이와 유사한 조차지 혹은 조계와 같은 파사드 객체들은 그 나라의 영토이면서 그 나라의 영토가 아니기도 한 이중성을 갖고 있다. 물리적·자연적으로는 해당 국가에 귀속되므로 그 나라의 땅이 맞지만 사회적·문화적으로는 조차한 국가의 영토가 되기 때문에, 조차지라는 객체의 속성에는 A국가의 영토이면서 A국가의 영토가 아니게 되는 일종의 패러독스가 발생한다. 물리적·자연적으로는 일본 나가사키에 있으면서도 외국인 거주지로서 본토와는 다른 규범(norm)이 작동하는 공간이었던 데지마도 사회적·문화적으로는 일본의 영토가 아니었다. 우리는 이러한 행위자네트워크를 패러독스적 객체라고 부를 수 있을 것이다. 다음은 이 개념에 대해 살펴보자.

4) 패러독스적 객체(paradoxical object; pdxOBJ 혹은 ←OBJ)

우리는 '패러독스적 객체'를 서로 상반된 감각 속성을 갖는 객체라고 정의하고자 한다. 상반된 감각 속성을 갖는다는 말은, 뜨거움의 성질과 차가움의 성질을 동시에 갖는 것과 같은 객체를 의미한다. 따라서 '검은 하얀색' 내지는 '둥근 네모'처럼 기표는 있지만 실제 그 기의를 갖는 대상이 존재하지 않는 형용 모순(oxymoron)이, 패러독스적 객체의 첫 번째 종류가 될 수 있

---

29 종종 이런 파사드 객체는, 원래 소속되어 있는 객체의 속성과 이곳에 접하는 타자의 속성이 융합되는 교역 지대(trading zone)[Peter Galison, *Image & Logic: A Material Culture of Microphysics*(Chicago: The University of Chicago Press, 1997)]로 작동하는 경우가 많다. 가령 방금 언급된 일본 나가사키의 경우, 세 나라의 요리가 섞여서 '싯포쿠(卓袱) 요리'라는 융합 요리가 탄생했다.

다. 형용 모순적 객체는 기표로서의 감각 속성은 지니는 감각 객체이지만, 실재 속성을 갖는다고 보기 어렵다. 따라서 굳이 적는다면 수학의 공집합 기호인 '{∅}'가 패러독스적 객체의 실재 속성이 될 것이다.

패러독스적 객체의 두 번째 종류는, 'A하지 않기 위해(not A하기 위해) A하는 것' 혹은 'A하면서 not A하는 것(A and ~A)'의 속성을 갖는다. 이를 풀어보면 "A to not A, or not A to A"가 될 것이다. 이러한 객체의 예를 생각해 보자. 냉전 시기 미소 간 핵 개발 경쟁이 정점이던 시절의 핵무기들은 사실 '사용되지 않기' 위해 제작되었다고 할 수 있다. 제3차 세계대전으로서의 핵전쟁이 실제로 발발한다면 상호 확증 파괴(mutually assured destruction)를 위해 양측의 핵무기가 사용되었을 것이며 이는 함께 공도동망하는 결과를 가져오게 될 것이었기 때문이다. 따라서 이 핵무기들은 실제 사용되는 것을 궁극의 목표로 하기보다, 사용되지 않음으로써 전쟁 억제책으로서 기능하는 것을 목표로 제작되었다고 할 수 있다.

이와 관련된 유명한 사례로 구소련의 스타니슬라프 페트로프(Stanislav Petrov) 중령의 일화가 있다. 1983년 9월 26일, 소련의 방공망이 오작동을 일으켜 미국이 핵미사일을 발사했다는 경고를 내린 적이 있다. 정해진 프로토콜에 따라 소련 측에서도 상호 확증 파괴를 위한 대응 사격으로 핵 공격을 해야만 했다. 하지만 페트로프 중령은 미국이 핵미사일을 갑자기 발사할 리가 없다는 생각하에 소련 측의 핵무기 대응 사격을 직권으로 취소시켰다. 결과적으로 미국의 핵미사일 발사는 소련의 관측 위성에 탑재된 컴퓨터가 잘못 판단했던 것임이 밝혀졌고, 대륙 간 탄도 미사일(ICBM)이 발사되어 핵전쟁이 발발할 뻔한 위기에서 아슬아슬하게 벗어났었다. 이 일화는 구소련이 해체된 이후인 1998년에 비밀 해제되어 세상에 널리 알려졌다. 이는 미소 양측 모두 핵무기를 실제 사용하기를 원하지 않았음을 보여주는 사례이며, ICBM 핵미사일이 실제 활용되기보다 활용되지 않기 위해 만들어진 패러독스적 객체임을 잘 보여준다. 핵무기의 가치는 사용됨으로써 얻어지는 것이 아니라 사용되지 않음으로써 얻어진다.

　동아시아의 어떤 독재 국가가 스스로 개발한 핵무기를 빌미로 삼아 국제 관계에서 정치적으로 우월한 지위를 점하려고 하는 가능성이 지속적으로 논의되고 있다. 가령 누가 '핵 개발을 중지할 테니, 혹은 이미 개발한 핵을 해체하도록 할 테니 경제적 지원을 해달라'는 식으로 이를 활용하고자 한다면, 이 핵무기는 사용되기 위해서가 아니라 '해체되기 위해 만들어지는' 패러독스적 객체이다.[30] 과거 군대에서 벌을 주기 위해 구덩이를 파고 이를 다시 메우는 일을 반복적으로 시켰다고 한다. 이때 만들어지는 구덩이는, 다시 메워지기 위해 파지는 구멍이므로 패러독스적 객체이다.

　이성 간에 하는 '사랑싸움'이 있다. 두 남녀가 티격태격하면서 정을 쌓는 행위일 텐데, 이 역시 표면적으로는 알력을 표방하지만 기실은 헤어지기 위해서가 아니라 더 돈독한 관계를 유지하기 위해, 즉 '사랑하기 위해 미워하는' 행위인 경우가 많다. 따라서 젊은이들의 사랑싸움은 패러독스적 객체가 된다. 물론 핵무기가 상호 확증 파괴를 위해 실제 사용되었을 수도 있듯, 사랑싸움이 정말로 헤어짐의 원인이 되기도 한다. 이때는 사랑싸움이 더 이상 패러독스적 객체로서 기능하지 않게 된 것이다.

　울라이(Ulay)라는 예명으로 널리 알려진 독일 출신의 행위 예술가 프랑크 라이지펜(Frank Laysiepen, 1943~2020)은, 행위 예술의 대모로 알려진 유고슬라비아 출신 마리나 아브라모비치(Marina Abramovic, 1946~)와 1970년대부터 오랜 기간 연인 관계를 유지했다. 존 레넌(John Lennon)과 요코 오노(Yoko Ono) 정도의 유명세를 가졌던 이 예술가 커플은 12년간의 연인 관계를 끝내면서

30　오해하면 안 되는 것은, 미소 양측이 핵탄두의 패러독스적 객체성을 계속 유지하기를 원했다고 하지만, 언제나 실제 핵이 사용될 가능성은 높게 존재했다. 따라서 사용되지 않기 위해 만들어지는, 혹은 해체되기 위해 만들어지는 패러독스적 객체성을 보유한다고 해서 해당 객체의 위험성이 감소하는 것은 아닐 것이다. 핵무기는 궁극적으로 지상에서 사라져야 할 객체이다.

1988년 〈연인들(The Lovers)〉이라는 행위 예술을 선보이고 이들의 헤어짐을 예술로 승화시켰다. 〈연인들〉에서 울라이와 마리나는 만리장성의 양쪽 끝에서 시작해 서로를 향해 걸었고, 이들은 90일에 걸쳐 각자 약 2500km씩을 걸은 다음 중간에서 만났다. 그리고 만남 이후 이 커플은 그대로 연인 관계를 종료하고 이별을 했다. 이들이 수천km를 걸어와서 서로를 만난 행위는 '더 이상 만나지 않기 위해 만나는' 행위이자 '헤어지기 위해 만나는' 행위이므로, 패러독스적 객체였다고 할 수 있다.

대형 건물은 사람들이 많이 드나들기에 출입문이 계속 열렸다 닫히기를 반복한다. 이것이 문제를 야기하기도 하는데, 문이 열릴 때 에어컨디션된 내부의 공기가 유출되면서 덥거나 추운 외부의 공기가 유입되어 건물의 열효율이 떨어지게 된다. 또 문이 열리는 순간 1층 로비로 강한 외부의 바람이나 먼지, 나뭇잎 등이 들어오는 것도 바람직하지 못하다. 그렇기에 1층의 정문은 상시 닫혀 있는 것이 바람직하다. 하지만 문이 계속 닫혀 있게 되면 문이 만들어지는 원래 목적인 사람들로 하여금 드나들도록 하는 본래의 기능도 상실하게 된다. 그래서 발명된 것이 회전문(revolving door)이다. 회전문은 일반적으로 원을 90도 각도로 구획하며 돌아가는 네 개의 회전 날개와, 입구와 출구 부분이 각각 90도씩 열려 있는 원통 부분으로 이루어져 있다. 90도씩 마주 보고 구멍이 뚫린 원통의 내부 공간에서 90도씩 구획된 회전 날개가 돌아가므로, 날개의 위치가 어디에 있다 하더라도 문은 항상 닫혀 있는 상태가 된다. 그러나 돌아가는 회전 날개를 따라 사람들이 출입을 할 수 있으므로 이 문은 항상 열려 있는 공간이기도 하다. 따라서 회전문은 (사람들이 드나들 수 있기에) 항상 열려 있으면서도 (바람과 외기, 나뭇잎 등에 대해) 항상 닫혀 있는 문이다. 회전문은 열림과 닫힘의 상반된 감각 속성이 공존하는 패러독스적 객체이다.

이러한 객체의 패러독스성은 해러웨이(Donna Haraway)[31]가 사이보그의 전형으로 분석했던 온코마우스(OncoMouse)들의 숙명성과도 같다. 온코마우스는 잘 알려졌다시피 유방암을 연구하기 위해 하버드 대학교(Harvard University)의 필립 레더(Philip Leder)와 티머시 스튜어트(Timothy Stewart)가 만들고 1988년에 특허를 취득한 실험용 마우스이다. 온코마우스는 활성화된 발암 유전자(oncogene)를 갖도록 유전자 조작된 실험 모델로, 암 치료법을 연구하기 위해 사용되었다. 이들의 연구에 다국적 기업 듀폰(DuPont)사의 기금이 사용되었기에 온코마우스에 부여된 포유동물 최초의 특허는 하버드와 듀폰이 소유했다. 비록 2011년에 있었던 미국 특허 및 상표국(USPTO: United States Patent and Trademark Office)의 결정으로 인해 1988년 4월 12일에 부여되었던 온코마우스의 특허가 2005년 4월 12일 이후 만료된 것으로 간주되지만, 온코마우스는 테크노사이언스와 자본주의 그리고 특허법 등의 자연과 문화가 교차하는 사이보그적 존재로서 지금도 자주 언급된다.[32] 온코마우스의 숙명은 '암을 없애기 위해 암을 만드는' 것이다. 암을 없애기 위해 자신의 몸에 암을 생성하는 온코마우스의 몸은 패러독스적 객체의 범주에 포함된다.

간혹 영화나 드라마에서, 극중 인물이 가진 피부의 상처를 화장으로 가리는 장면이 등장할 때가 있다. 예를 들어 독일의 넷플릭스(Netflix) 드라마 〈바이오 해커스(Biohackers)〉의 시즌 1, 에피소드 1에는, 여주인공이 남자 주인공과의 데이트를 준비하며 팔에 난 상처를 지우기 위해 화장품을 상처 부위에 바르는 장면이 나온다. 그런데 본래 여배우의 팔에는 그러한 큰 흉터가 없다. 따라서 그 흉터는 지우는 장면을 연출하기 위해 여배우의 팔에 만들어진 장치다. 이 흉터는 삭제되기 위해 창조된 객체이며, 해당 객체의 기원과 가치는

---

31 Donna Haraway, *Modest_Witness@Second_Millennium.FemaleMan_Meets_OncoMouse: Feminism and Technoscience*(London: Routledge, 2018[1997])

32 1984년 6월 22일에 특허가 신청되고 1988년 4월 12일에 특허가 부여된 온코마우스의 미국 특허 번호는 US4736866B1이고, 다음의 Transgenic non-human mammals 특허 관련 링크에서 확인할 수 있다. https://patents.google.com/patent/US4736866(검색일: 2021.8.5) 참조.

그것이 삭제됨으로써만 획득되고 수행된다. 삭제되지 않으면 혹은 지우려고 노력하는 모습이 보이지 않으면 가치가 부재하는 인공물. 이것이 그 상처의 본질이며, 가려지기 위해 그려지는 상처는 패러독스적 객체라고 할 수 있다.

비슷한 맥락에서, 집착을 버리는 태도를 수련하기 위해 티베트의 승려들이 오랜 시간 모래로 그리고 나서 지우는 '만다라' 역시 지워지기 위해 그려지는 것이므로 패러독스적 성격을 지닌 객체이다. 모든 생명은 태어나면 소멸하기 마련이다. 우리의 삶은 탄생의 순간부터 끊임없이 죽음을 향하고 있다. 인간은, 혹은 생명은 죽기 위해 태어나는 것이라고도 볼 수 있다. 인간의 삶도, 혹은 생명도 결국은 소멸하기 위해 존재하는 것이므로 패러독스적 객체이다.

그리스 신화에 등장하는 테베 출신 맹인 예언자인 테이레시아스는 오이디푸스에게 온 신탁을 풀어준다. 제우스에게 일반인의 일곱 배에 달하는 수명을 받아서 신화 곳곳에 등장하는 테이레시아스는 세상의 '모든 것을 환하게 보는' 인물이지만 정작 자신은 '눈이 멀어 있는' 장님이다. 우리는 테이레시아스에게서 패러독스적 객체성을 발견하게 된다.

때로 패러독스적 객체성이 해당 대상의 지위를 드러내기 위해 사용되는 경우도 있다. 전근대 사회에서 사람의 성(姓)은 그 사람이 소속된 가문의 지위를 나타내기 위해 사용된 경우가 많았다. 일반인들은 서로를 구분하기 위해 이름을 가졌으며, 귀족의 경우 가문을 구분하기 위해 성씨를 추가로 가졌다. 가령 고려의 왕실은 왕(王)씨이고 조선의 왕조는 이(李)씨라는 식이다. 이때 왕씨 혹은 이씨는 해당 국가에서 가장 높은 신분을 뜻한다. 그런데 일본의 경우는 조금 특이하다. 높은 신분의 귀족들은 신분에 걸맞는 고귀한 성을 갖지만, 일본인들에게 있어 가장 고귀한 자들보다 더 고귀한 천황은 아예 성씨가 없다. 메이지 유신(明治維新) 이전의 일반인들에게는 성씨가 없었고, 고귀한 성씨는 일반인과 차별되는 가문의 높은 지위를 보여주는 도구인데, 굳이 이 도구를 사용하지 않음으로써 역설적으로 최고의 높음을 보여주는 기제가 작동하는 것이다. 21세기인 지금까지도 성을 갖고 있지 않는 일왕 가문의 이 '존재하지 않는 성씨'는 패러독스적 객체이다. 영어 단어에서 'price'가 가격을 의미하지만, 'priceless'는 가치 없음을 뜻하는 것이 아니라 오히려 너무 값어치가 높아서 가격을 매길 수 없음을 뜻하는 것과 유사하다.

우리는 왜 행위자네트워크들을 이렇게 분류하려 하는가? 그것은 패러독스 객체성을 인지했을 때 사건이나 존재자가 갖는 객체들의 본질(실재 속성)을 파악하는 작업에 도움이 되기 때문이다. 우리는 TV나 라디오 방송에서 안전 운전 캠페인을 자주 접한다. 그리고 많은 경우 이 공익 광고들은 보험 회사가 돈을 대서 사고를 감소시키려는 노력이자 문화적 수정(cultural fix)[33]의 일환으로 여겨진다. 물론 교통사고가 감소할 때 보험 회사의 지출이 감소할 것이므로 보험 회사의 이익이 될 것이다. 그러나 조금 더 생각을 해보면 다른 측면도 인지할 수 있다. 만일 그 캠페인이 정말로 잘 이루어져서 자동차 사고가 100% 예방된다면, 즉 사고율 0%인 사회가 도래한다면 이는 역설적으로 자동차 보험이 필요 없는 시대가 될 것이며 더 이상 보험 회사가 필요 없는 사회가 된다. 따라서 사고를 감소시키려는 보험 회사의 사고 감소 캠페인은 사고율이 0%가 되는 것을 지향하지 않는다. 사고를 줄이되 사고를 완전히 없애지 않아야 회사의 존재 가치가 유지되기 때문이다. 이처럼 겉으로는 사고를 없애려고 하면서도 사실은 사고를 어느 정도 유지시키려는 속성을 동시에 갖고 있는 보험 회사의 사고 예방 캠페인을 우리는 패러독스적 객체라고 부를 수 있다.

대부분의 동물들은 이 패러독스적 객체성을 신체 내부의 공간에 적용시

---

33 Linda Layne, "The Cultural Fix: An Anthropological Contribution to Science and Technology Studies," *Science, Technology, & Human Values*, Vol. 25, No. 3(2000).

〈그림 2-3〉 좌측에 위치한 인간의 몸은 가운데 그림의 구멍 뚫린 파이프, 혹은 맨 우측의 도넛형 원환체와 위상적으로 동등하다. 세 형태 모두 중앙에 (A)와 (B)가 연결되는 빈 공간이 존재한다. 이들은 내부에 위치하는 외부이다. 특히, 인체에서 상하로 뚫린 소화관(A-B)은 '몸의 내부이자 외부'인 패러독스적 객체성을 갖는다. 이 패러독스적 객체성이 인간의 생명 유지를 가능케 한다.

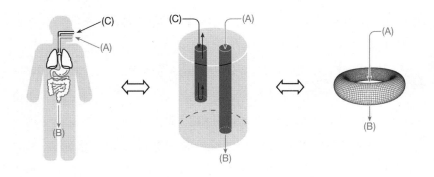

커 생명을 유지한다. 가령 인간의 입-식도-위-소장-대장-항문으로 이어지는 음식물의 이동 공간은, 도넛의 내부에 뚫린 구멍과 위상적으로 동등한 공간이다. 우리의 몸은, 입과 항문 양쪽에 구멍이 뚫린 파이프와 공간적으로 같은 위상(topology)을 갖는다. 식도-위-장 등의 소화관은 그 양쪽 구멍을 연결하는 파이프의 중간 공간이 된다. 이에 반해 코-기도-폐-기도-코로 들어갔다 나오는 공기의 이동 경로는 한쪽 끝이 막힌 파이프와 같다. 이를 그림으로 그리면 〈그림 2-3〉과 같다. 〈그림 2-3〉의 좌측 그림은 동물의 몸이며, 가운데는 이와 위상적으로 동등한 원기둥(파이프)이다. 그림에서 상하로 뚫린 구멍(A-B)은 동물의 소화관에 해당한다. 한쪽만 열린 구멍(C)은 호흡 시 공기가 이동하는 경로이다. 땀구멍과 요도, 귓구멍 등도 한쪽만 열린 구멍에 해당한다.

우리의 관심을 끄는 것은 몸의 내부이자 외부인 소화관(A-B)이다. 소화관 내부의 공간, 가령 위(胃) 속은 우리 몸의 내부이면서 외부인 공간이다. 위 속의 음식물이 우리 몸의 내부에 있다고 말해질 수 있는 까닭은 입을 통해 우리 몸 안으로 들어와서이지만, 우리 몸은 입과 항문으로 인해 양쪽 끝이 뚫린 파이프와 같기에 엄밀히 말하면 소화관 내부는 위상학적으로 우리 몸 밖의 공간이다. 우리 몸은 축구공이 아닌 도넛과 위상적으로 동등하다.[34] 따라서 소화관·위장관은 인체의 내부이자 외부인 패러독스적 객체이다. 그리고 이곳에 존재하는 음식물과 배설물도 인체의 내부이면서 외부에 존재하는 패러독스적 객체성을 갖는다. 그렇기에 우리 몸은 그 내부에 있는 음식물을 잘게 쪼개고 소화시켜 필요한 영양분을 몸의 진짜 내부로 받아들일 수 있지만, 동시에 몸에 필요하지 않은 물질은 그대로 통과시켜 배설물의 형태로 시스템 밖으로 쉽게 배출할 수 있는 것이다. 만일 소화관이 완전한 몸의 내부였다면 생물에 위해한 독소가 들어왔을 때 신속한 배출이 어렵고 그 타격이 위중할 수밖에 없었을 것이며, 소화관이 몸의 완전한 외부에 있다면 적절히 저작(咀嚼)·소화·흡수를 하는 데에 훨씬 많은 에너지를 소모해야 했을 것이다. 아마도 수백만 년에 이르는 긴 진화의 과정 중에 현재처럼 신체의 내부이면서 외부인 패러독스적 공간을 활용하는 것이 안전과 효율의 두 마리 토끼를 한 번에 잡을 수 있음을 알게 되었을 것이다. 동물의 소화관은 패러독스적 객체성의 공간적 활용이다.[35]

---

34 위상 기하학에서는 (A-B)처럼 위아래로 구멍이 뚫린 파이프와 도넛은 같은 형태로 본다. 파이프 내부의 구멍과, 도넛 내부의 구멍과, 우리 몸 내부의 위장관은 따라서 모두 동등한 위상을 갖는다. 위장관을 갖는 동물의 몸이 찰흙으로 만들어졌을 때 이를 잘 주물럭거리면 가운데 구멍이 뚫린 파이프가 만들어지고, 또 이 파이프를 잘 주물럭거리면 도넛이 만들어진다. 즉, 도넛 내부의 구멍=파이프 내부의 통로(도관)=동물의 위장관이 된다. 동물의 소화관은 도넛 내부의 구멍이나 파이프의 통로와 같아서, 주체의 내부에 있는 구멍이지만 주체의 외부에 해당하는 패러독스적 객체이다.

35 폐에 위치한 공기도 같은 방식으로 신체의 내부이면서 외부에 존재하게 된다. 땀구멍에서 배출되려고 하는 땀이나 모공 안의 피지도 이와 같다. 따라서 땀구멍이나 눈물샘, 방광 등의 분비기관들은 땀과 피지, 눈물, 소변 등이 갖고 있는 '신체 내부성을 신체 외부성으로 치환해 주는 일종의 변환 장치(transducer)'이다.

객체의 패러독스성은 아이들의 놀이 문화에서도 관찰된다. 숨바꼭질을 할 때 술래가 돌아서서 "꼭꼭 숨어라 머리카락 보인다"며 외치는 동안 아이들은 숨고 이후 술래는 이들을 찾게 된다. 처음에 아이들은 술래에게 들키지 않기 위해 꼭꼭 숨는 듯하지만, 사실 정말로 영원히 발견되지 않으면 놀이의 지속이 이루어지지 않는다. 아이들도 본능적으로 이를 알기 때문에, 어느 정도 숨어 있다가 술래가 한참 동안 찾지 못하면 슬쩍 나와서 위치를 보여준다거나, 숨어 있는 곳에서 몰래 나와 술래가 어디서 뭐 하는지 슬쩍 보려다가 들켜서 함께 웃으며 도망가고 쫓으면서 놀이가 이어진다. 술래 입장에서도 아무리 해도 숨은 아이들을 찾지 못하게 되면 "못 찾겠다, 꾀꼬리~"를 부르며 게임의 종료를 선언하게 된다. "못 찾겠다, 꾀꼬리~"는 지나치게 아이들이 잘 숨어서 술래가 찾지 못하게 되면 정작 게임이 지속되지 않기 때문에, 해당 회차의 놀이 회로를 중단시키는 서킷 브레이커(circuit breaker)의 역할을 한다. 너무 잘 숨었으니 게임을 리셋하고 다시 시작하자는 의미다. 마치 사고율을 줄이고자 하면서도 사고를 적정 수준에서 유지하고자 하는 보험업계와 유사하게, 숨바꼭질 놀이는 술래를 피해 숨지만 '적절한 시점에 발견될 정도로만 잘 숨는' 놀이이다. 결국 숨바꼭질은 아이들이 '들키기 위해 숨는' 패러독스적 객체이다. 그리고 '못 찾겠다, 꾀꼬리~'는 놀이가 그러한 패러독스적 객체성을 상실하는 지점에 도달했음을 선언하면서, 패러독스적 객체의 판을 새로 짜보자고 제안하는 행위다.

때로 좋지 않은 방향으로 객체의 패러독스성이 활용되기도 한다. 얼마 전부터 우리 사회에서 한창 문제가 되고 있는 학교의 집단 따돌림(이지메) 현상은, 따돌림의 대상이 되는 학생이 버텨주어야 성립한다. 학교 폭력의 가해자는 가해를 하면서 사실은 피해자가 버텨주기를 바란다. 가해자가 때릴 때, 그는 피해자가 맞아서 완전히 무너지기를 원하지 않는다. 피해자는 적절히 고통스러워해야 하고, 적당하게 아파하다가, 다음 날 다시 자신의 가해를 받아줄 정도로 회복되어야 한다. 심지어 아동 학대 등의 가정 폭력 역시 유사한 측면이 있다. 폭력의 가해자는, 피해자가 폭력으로 인한 고통을 받되 그것이 사회 문제화되지 않도록, 해당 관계가 그들 사이에서만 유지되도록 감내할 것을 기대한다. 학교 폭력·집단 따돌림·가정 폭력 등의 가해자들은 자신의 가해 행동이 갖는 이러한 패러독스성을 본능적으로 인지하고 있는 악마적인 존재들이며, 이에 충실하게 자신의 동료나 아이를 꾸준한 고통과 사지로 몰아넣고 그 현상을 유지시키려는 자들이다.

지금까지 살펴본 패러독스적 객체는, 그 존재 자체로 우리에게 질문을 던지고 우리가 당연시해 온 것들에 대해 다시 생각하게 하는 효과를 갖는다. 모든 것을 보는 '사우론의 눈'[36]은 왜 정작 자기 자신은 보지 못하는가? 모든 것을 삼키는 모래 괴물인 '샤이 훌루드'[37]는 왜 정작 자기 자신은 삼키지 못하는가? 주변의 환경을 모두 관찰하고자 하는 우리 안구 속의 맹점(盲點)은 왜 아무것도 보지 못하도록 진화했는가? 클라인 병의 안은 내부인가, 외부인가? 뫼비우스 띠의 한 면은 안쪽인가, 바깥쪽인가? 이러한 논제들은 모두 패러독스적 객체의 성질과 연관된 질문들이다. 패러독스적 객체는 얼핏 보면 모순 같지만 사실 '해당 지점에 그것이 있어야 주변의 맥락들이 모두 활성화되는' 존재이다. 비유하자면 흰색의 종이 위에 검은색 사각형들이 인쇄되어 있을 때, 그 교차점들에 착시로서 존재하는 회색의 점 같은 것이 패러독스적 객체이다. 이 착시점들은 실재하면서도 실재하지 않는 객체들이다.[38]

우리가 청소년기에 한 번쯤 고민했던 질문 중에 "전능(全能)한 신(神)은 스스로의 존재를 중지하는 일을 할 수 있는가?"와 같은 논제가 있다.[39] 스스로

36 John R. R. Tolkien, *The Lord of the Rings (a Trilogy)*(London: Allen & Unwin, 1954).

37 Frank Herbert, *Dune*(Boston: Chilton Books, 1965).

38 엄밀히 말하면 감각 객체로서 존재할 뿐 실재 객체로서는 존재하지 않는다.

39 다소 조악하고 불경스럽지만 '신은 자살할 수 있는가?'로 표현되기도 한다. 박찬홍, 『신은 인간의 땅을 떠나라』(서울: 문학출판공사, 1987).

존재하기를 멈춘다면, 즉 더 이상 존재하지 않는다면 그것은 '신'이 아니고, '스스로 존재함을 멈춘다'는 행위를 할 수 없다면 그것은 정의적으로(by definition) 전능하지 않기 때문이다. 결국 신은 스스로의 존재를 소멸시킬 수 있을 정도로 전능하면서도 동시에 자신의 존재를 영속시킬 수 있어야 한다. 신이라는 개념은 이 상반된 두 속성을 모두 포함해야 한다. 이 문제를 더 논하는 것은 훨씬 깊은 신학적 논의가 필요하므로 이 글의 범위나 역량을 벗어날 것이다. 하지만 적어도 우리는 이제 신이 전능하면서 동시에 전능하지 않다는 패러독스적 객체로서 존재할 수 있다고 말할 수 있게 되었다. 이렇게 표현하면 위 질문은 해결이 아니라 해소되어진다.

코로나19 바이러스의 본질도 패러독스적 객체이자 나노객체이다. 바이러스 입장에서 만일 모든 숙주를 죽이게 된다면 곧 자신도 없어질 것이기에 이들은 인간을 모두 죽이려 하면서도 모두 죽일 수 없는 패러독스적 객체성을 갖고 있다. 마치 폭력을 행사하면서 피해자가 버텨주기를 바라는, 그래서 자신의 가혹 행위를 계속 지속할 수 있기를 바라는 가해자와 같은 속성을 바이러스는 갖는다.

5) 보조 객체(auxiliary object; auxOBJ 혹은 αOBJ)

지금부터 짧게 살펴보려는 것은 패러독스적 객체의 특수한 예라고도 할 수 있는 '보조 객체'의 사례들이다. 보조 객체는, 어떤 문제를 해결하기 위해서는 반드시 필요하지만 그 문제가 해결된 다음에는 소멸되어야 하는 객체다. 특수한 상황에서 문제를 해결하기 위해 한시적으로 존재하는 것이 보조 객체의 역할이다. 널리 알려진 다음 동화를 살펴보자.

어느 장자가 유산으로 열한 마리의 당나귀를 아들 셋에게 남겨주면서, 첫째는 2분의 1을 갖고, 둘째는 4분의 1을 갖고, 막내는 6분의 1을 가지라는 유언을 남겼다. 11이라는 숫자를 이렇게 나눌 수가 없어서 아들들이 고민을 할 때, 지나던 현자가 자신의 당나귀 한 마리를 이들에게 빌려주면서 다시 계산을 하게 했다. 첫째는 11+1인 열두 마리의 반이므로 여섯 마리를 가졌고, 둘째는 열두 마리의 4분의 1이므로 세 마리를, 막내는 6분의 1이므로 두 마리를 가졌다. 6+3+2는 도합 열한 마리이므로 한 마리가 남았고, 이것은 원래 현자가 타고 온 자신의 당나귀이기에 그가 다시 타고 떠났다.

이 이야기에서 처음에 아들들은 유산을 제대로 배분할 수 없어 고민을 하고 있었다. 가령 첫째 아들은 당나귀 열한 마리의 반을 받아야 했는데, 당나귀를 자를 수 없으므로 다섯과 반 마리를 가질 수는 없다. 다른 아들들도 비슷한 문제에 봉착해 있던 와중에 지나가던 현자가 자신의 당나귀를 빌려주고 문제를 깔끔하게 해결했다. 더욱이 문제를 해결한 다음에는 원래 자신이 빌려준 한 마리의 당나귀가 남게 되어, 마치 영화 속 한 장면처럼 뒷모습만 남긴 채 현자는 나귀를 타고 계속 가던 길을 갈 수 있었다. 이 이야기 속에 등장하는 현자의 당나귀가 바로 보조 객체다. 보조 객체로서 현자의 당나귀는 재산의 배분 과정에 개입되지만, 실제로 주거니 받거니 한 대상은 아니다. 그렇지만 이 문제를 해결하기 위해 현자의 당나귀는 꼭 필요했고, 문제가 해결된 다음에는 존재가 다시 소멸되어야 하는 보조 객체의 역할을 끝까지 충실히 수행해 내었다.

우리는 보조 객체가, 마치 화학 반응에는 직접 소모되지 않지만 그것이 있으면 반응을 촉진시켜 주는 촉매와 같은 역할을 한다고도 말할 수 있을 것이다. 촉매 자체도 보조 객체의 범주에 들어간다. 기하학에서 문제를 풀기 위해 그리는 보조선 또한 보조 객체의 사례가 될 수 있다. 그 자신은 아상블라주가 가진 문제를 변용하지는 않으면서, 문제의 해결에 필요한 객체이기 때문이다.

〈그림 2-4〉를 보자. 〈그림 2-4〉는 중학교에서 학생들이 배우는 기하학

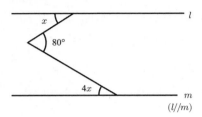

〈그림 2-4〉 x의 값을 구하는 문제

l

x

$80°$

$4x$

m

$(l//m)$

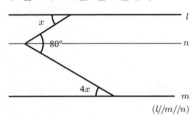

〈그림 2-5〉 보조선 n을 그린 상태

l

x

$80°$

n

$4x$

m

$(l//m//n)$

문제의 하나이다. 그림에서 직선 l과 m은 평행하다. 이때 직선 l과 x의 각으로 만나는 선분이 있고, 직선 m과 4x의 각으로 만나는 선분이 있을 때, 이 두 선분이 서로 만나는 각은 80도이다. 이 그림에서 각 x의 값을 구하는 것이 문제이다. 직관이 뛰어난 사람이라 하더라도 주어진 그림의 상태로 x의 값을 구하는 것은 쉽지 않다. 따라서 학생들은 직선 l 및 m과 평행하면서 80도 각도로 두 선분이 만나는 점을 지나는 직선

인 보조선 n을 그리도록 훈련받는다. 보조선 n을 그리면 〈그림 2-5〉와 같이 된다. 이 그림에서는 80도라는 주어진 각이, 보조선 n을 놓고 볼 때 직선 l과 직선 n이 그리는 엇각 x와, 직선 n과 직선 m이 그리는 엇각 4x의 합이라는 것을 알게 된다. 즉, x+4x인 5x가 80도이므로, x의 값은 16도라는 것을 알 수 있다. 이 문제를 풀기 위해 학생들이 해야 하는 행위는 보조선 n을 그리는 것이었다. 보조선 n은 〈그림 2-4〉의 객체 아상블라주를 변용시키지도 않고 원래 주어진 객체도 아니었지만, 이 문제를 풀기 위해서는 반드시 필요한 수학적 도구였다. 우리는 이러한 객체를 보조 객체라고 부를 수 있다.

도로 표면의 안내 글씨를 페인트로 쓰기 위해 작업자들이 붙여놓는 글씨의 틀, 혹은 줄금 페인트를 칠하기 위해 임시로 붙여놓는 테이프 등은, 작업이 완료된 후에는 떼어내서 폐기되어야 하는 보조 객체이다. 이는 작업을 잘 수행하기 위해 꼭 필요한 객체이지만, 작업이 완료된 이후에는 더 이상

의 존재 의미를 상실하는 객체이며, 오히려 떼어내서 폐기되어야만 그 존재의 의미가 완성되는 보조 객체이다.

새로 이사 간 집의 벽에 페인트를 칠하는 사람을 생각해 보자. 그는 칠하고자 하는 벽면을 제외한 방바닥이나 몰딩 등에 원하지 않는 페인트가 묻는 것을 방지하기 위해서, 모서리 등에 비닐과 테이프를 붙인 다음 작업을 시작할 것이다. 이 비닐과 테이프는 원하는 공간에만 페인트칠이 이루어지도록 돕는 객체이며, 페인트칠이 끝나면 떼어져서 철거되어야 하는 보조 객체이다. 짝짓기 이후에 암컷 사마귀에게 먹혀서 사라져야만 짝짓기라는 행위를 완성할 수 있는 수컷 사마귀의 경우도 짝짓기 행위에서는 보조 객체화된다고 할 수 있다. 주체적인 보통의 감각 객체로 존재하던 수컷 사마귀는 종족 번식의 본능을 수행하기 위해 짝짓기 단계에서 스스로를 보조 객체로 전락시킨다.

이러한 보조 객체는 우리 주변에서 흔히 볼 수 있다. 〈그림 2-6〉은 주상복합 2층 건물을 건설하는 대구 테크노폴리스의 한 공사장에서 찍은 사진이다. 이러한 집을 짓는 과정을 보면 우선 가설 공사 이후에 본공사가 이루어진다. 가설 공사라 함은 본공사를 위해 임시로 필요한 가설치물들을 세우는 작업을 뜻하며, 이 가설치물들은 공사가 끝나는 시점에 다시 해체된다. 가설 공사의 대상이 되는 대표적인 객체에는 비계(scaffold)와 분진 방지막, 동바리(support)와 거푸집 등이 있다. 〈그림 2-6〉의 사진을 보면 건물 외부 1층에서 2층으로, 그리고 2층에서 옥상으

〈그림 2-6〉'보조 객체'로서의 비계(飛階)

자료: 대구 달성군에서 필자 촬영(2020.11).

로 올라가는 임시로 가설된 계단이 있다. 마치 사다리를 비스듬히 걸쳐놓은 듯한 이미지인데, 그것들을 고정하기 위해 쇠파이프들을 얼기설기 엮어 그 림처럼 건물 외부 전체를 감싸며 설치한다. 이를 우리는 '비계(飛階)'라 부르 며, 공사장에서 인부와 자재가 이동하는 통로가 된다. 도심에서 건설·철거 작업 등을 하는 경우 분진 방지막이나 가림막을 설치하기도 하는데, 이 역 시 건물 외부의 비계에 부착된다. 비계는 건물의 외벽 공사가 끝날 때까지 유지되다가 외벽 공사 이후에는 철거된다. '동바리'는 타설한 콘크리트가 굳을 때까지 천장과 기둥을 지탱해 주는 보조 장치들인데 외형은 비계와 유 사하지만 콘크리트가 굳은 다음에는 본공사를 위해 철거된다. 동바리의 존 재 의의는 콘크리트가 굳도록 도와주는 것이며, 콘크리트가 굳은 이후에는 철거되어야 그 존재 가치가 성립한다. 또한 '거푸집'은 콘크리트를 타설해 건물의 기본 골격을 만드는 데 사용하는 객체이다. 건설 인력은 먼저 거푸 집을 조립한 다음 이곳에 콘크리트를 부어 기둥과 외벽 등을 만들며, 타설 한 콘크리트가 굳으면 거푸집은 제거된다. 이처럼 비계·분진 방지막·동바 리·거푸집 등은 건축을 하기 위해서는 반드시 필요한 객체들이지만, 건물 이 완성되기 위해서는 해체되어야 하는 보조 객체성을 갖는다. 이들은 집의 일부가 되지는 않지만 집을 조금이라도 짓기 위해서는 반드시 필요한 보조 객체들이다.

  인간도 보조 객체가 될 수 있다. 하지만 사람이 보조 객체가 되는 것은 본 인이 원해서 희생하는 경우가 아니라면 일반적으로 바람직하지 않다. 필요 할 때 다른 사람을 이용하고 나서 목적을 달성한 이후에는 그를 잊는다는 '득어망전'(得魚忘筌: 물고기를 잡은 이후에는 통발을 잊는다)이나 '토사구팽'(兔死狗烹: 사냥감인 토끼를 잡으면 사냥개를 삶아 먹는다) 등의 고사는 상대방을 보조 객체화하 는 행위라고 볼 수 있다. 과거의 노비나 환관, 혹의 첩의 삶들은 각각 주인 과 왕, 그리고 양반의 삶을 위한 보조 객체였다고 할 수 있는데, 순장(殉葬) 의 풍습에서는 이런 점이 강하게 부각된다. 가령 남편이 죽으면 부인이 순장되는 풍습은, 해당 여성을 남편과 함께 소멸시킴으로써 남편의 소유를 완성시키는 문화라고 할 수 있다. 이는 곧 부인의 존재를 온전히 보조 객체로 만드는 행위이다. 순장되는 부인의 삶은, 남편의 삶을 만들어가는 데 꼭 필요했지만 그것을 완성시키기 위해서는 철거되어야 하는, 남편 삶에서의 인간 비계와 같다고 할 수 있다.

넷플릭스에서 상영되어 전 세계적 히트를 친 한국 드라마 〈오징어 게임(Squid Game)〉에는 익숙한 아이들의 놀이 문화가 많이 등장한다. 그중에서 해외에 잘 존재하지 않는 특이한 문화 하나가 종종 언급되는데, 바로 '깍두기'라는 게임 참가자의 개념이다. 어째서 김치의 이름으로 명명되었는지는 불분명하지만, 잘 알려졌다시피 '깍두기'는 게임 참가자의 수가 나누어떨어지지 않는 상황에서 한두 명을 '덤'으로 참가하도록 허용하는 개념이다.[40] 이는 '모두가 참가하는 놀이'라는 게임성의 완성을 위해서는 필요하지만, 팀 구성상 꼭 필요하지는 않다는 의미다. 특히 해당 인물의 게임 수행 능력이 그다지 뛰어나지 않아서, 그를 참여시켜도 전체 게임의 밸런스에 크게 영향이 없을 때 한두 명을 더 참여시키는 것이 깍두기 문화이다. 예를 들어 초등학생 고학년들이 노는데 어떤 아이가 자신의 유치원생 동생을 데리고 나왔다고 해보자. 이때 아이를 봐야 하는 형이나 언니의 입장에서는 자신의 동생도 해당 놀이에 같이 참여시키는 것이 바람직하다. 또 그의 친구들도 그 필요성을 인정해 주면서 너그럽게 어린 동생을 놀이에 동참시킨다. 이때 인원수의 불균형이 생길 수 있지만 자신들보다 훨씬 어린아이가 어떤 팀에 참

---

40 작중에서는 오징어 게임의 212번 참가자인 '한미녀'가 도중에 '깍두기'가 된 적이 있다. 이 깍두기는 보통 팀의 밸런스를 붕괴시킬 정도의 능력을 보유한 자는 될 수 없다. '덤'으로 게임에 참여하는 자라는 의미가 강하기 때문이다. 그렇지만 우연과 상황, 그리고 뜻밖의 실력이 겹쳐져서 깍두기가 중요한 점수를 낸다거나 게임의 터닝 포인트를 만드는 경우도 있다. 이는 게임의 진행에 예기치 못한 사건을 불러일으킴으로써 더 흥미를 돋우는 우발성의 요인이 된다.

여한다 해도 밸런스는 대체로 유지될 것이기에, 그 아이를 깍두기로서 게이머 구성에 포함시키는 것이다. 이때 깍두기의 존재는 '모두가 참여하는 경기라는 공동체의 게임성'을 완성시키기 위해서는 필요하지만, 있으나 없으나 경기의 흐름에 별 영향을 주지 못하기에, 게임성이 완성된 이후에는 불필요해져도 된다. 가령 같이 노는 와중에 부모가 불러서 밥을 먹기 위해 갑자기 집에 들어간다고 해도 해당 경기는 그대로 수행될 수 있다. 즉, 한국의 놀이 문화에 등장하는 깍두기는 보조 객체에 해당한다.

수술이 끝나고 외과 의사가 상처를 봉합하는 데 사용하는 실은, 수술 부위가 잘 아문 다음에는 실밥을 뽑아서 제거되어야 한다. 녹아서 없어지는 실을 사용하는 경우에도 스스로 소멸되는 객체를 사용하는 것이기에 동일한 과정이라고 볼 수 있다. 외과 의사가 사용하는 봉합사는, 수술을 성공시키기 위해서는 꼭 필요하지만 수술의 전체 과정이 성공적으로 완성되기 위해서는 어느 시점에서 사라져야 하는 보조 객체라고 할 수 있다.

『금강경』에서 설하는 석가모니의 말 중에는 자신의 설법이 뗏목과 같다고 언급하는 부분이 나온다. 소위 '사벌등안'(捨筏登岸: 뗏목을 버리고 언덕에 오르다)의 비유인데, 이는 불법(佛法)을 통해 고해를 건너간 다음에는, 즉 해탈한 다음에는 자신의 설법이 더 이상 필요치 않다는 말이다. 부처는 자신이 설한 바가 중생을 얽매기 위함이 아니라 해탈시키기 위해 필요한 것이며, 그 단계를 건넌 다음에는 자신의 설법조차 보조 객체로 만들 것을 주문하는 것이다. 불법의 추구 단계를 열 개의 그림으로 나타낸 '심우도(尋牛圖)'[41]의 마지막 단계에서, 자신의 잃어버린 소(=佛性)를 찾아 헤매던 구도자는 다시 찾은 소와 자신마저 잊고 결국 '입전수수'(入廛垂手: 저잣거리에 들어가 손을 드리

---

41 불교의 널리 알려진 비유인 '심우도'(尋: 찾을 심)는, 인간의 본성인 불성(佛性)을 소에 비유해 수행자인 동자가 이를 찾아 헤매는 비유로 많이 그려진다. 심우도에는 열 단계가 있기에, 종종 십우도(十牛圖)라고 표현되기도 한다.

우고 중생을 제도하다)해 다른 사람들의 공진화를 유도한다. 이 구도자에게 부처의 가르침은 보조 객체가 된 것이다. 그는 충실하게 '사벌등안'을 행한 자이다.

비트겐슈타인(Ludwig Wittgenstein)이 『논리철학논고』를 7절로 마무리하기 직전 6.54절에서 "사다리를 딛고 올라간 후에는 그 사다리를 던져버려야 한다"라고 말한 것 역시, 그간의 작업을 독자가 이해한 이후에는 자신의 명제들이 더 이상 필요 없는 보조 객체가 되어야 함을 천명한 것이다. 건물을 짓는 동안 필요했지만 건물이 완성된 후에는 해체되어야 하는 비계처럼, 그가 해온 말들도 사벌등안되어야 비로소 그의 전기 철학이 완성된다고 보았다.

6) 연기적 객체(interdependent object; interOBJ 혹은 ~OBJ)

이 절에서 살펴보고자 하는 특수한 종류의 행위자네트워크는 '연기적(緣起的) 객체(interdependent object)', 혹은 '상관적 객체(correlational object)'라 부를 수 있는 객체들이다. 연기적 객체라 함은, 사건 A가 발생할 때 사건 B도 함께 수반되면서 연기적·상호 관계적으로 발생하는 객체들을 지칭한다. 혹은 사건 A가 발생할 때 사건 B가 수반되면서 발생하지 '않게' 되는 경우에도 이들을 연기적 객체라고 지칭할 수 있다. 예를 들어 두 행위자가 주객 관계를 구성할 때, 한쪽의 행위자가 주체가 되면 자동적으로 다른 쪽 행위자가 객체가 되는 현상은 연기적 객체라고 할 수 있다. 한쪽이 주(主)가 되면 상대적으로 다른 쪽은 객(客)이 된다.

사회에서 한 명이 권력을 소유하는 지배자가 되면 타자들은 그 즉시 상대적으로 피지배자가 된다. 이러한 '지배-피지배 관계'는 연기적으로 발생하는 객체이다. 이 연기적 객체의 구성을 깨는 방법으로는 그 한 명이 권력을 독점하는 것을 다른 사람들이 부정하거나, 항의하거나, 민주적 제도나 문화의 도입을 통해 권력을 나눔 등으로써 가능하다. 즉, '독재자의 출현'은 특정

개인이 비뚤어진 욕망을 실현함으로써 발생하는 현상이 아니라, 그것을 허용하는 주변인들의 자세가 함께 작용해 발생하는 연기적 객체이다.

우리의 혀가 느끼는 '미각' 역시 연기적 객체가 될 수 있다. '맛'이라는 것이 과연 독립적으로 존재하는가를 생각해 보면, 어떤 것의 '맛'은 세상에 독립적으로 존재하는 객체가 아니다. 특정한 맛을 느끼게 하는 요소로서의 성분이나 분자 구조는 존재하는 것이지만, '맛'이라는 현상 내지는 객체는, 해당 분자 구조가 혀의 미뢰(味蕾)와 상호 작용함으로써 비로소 연기적으로 발생하는 것이다. 즉, '맛'은 감각 객체이기는 하지만 홀로 존재할 수 없고, 음식이라는 객체와 그것을 맛보는 사람의 미뢰라는 두 객체 사이에서 창발적으로 생겨나는 연기적 혹은 상관적 객체이다. 비슷하게 '냄새' 역시 우리의 후각 세포를 자극해 연기적으로 발생하는 연기적 객체라고 할 수 있다.

그런데 '맛'이 연기적 객체라는 것이 무엇을 말해주는가? 맛이 만들어지는 과정을 살펴보면 특정한 분자 구조가 혀에 위치한 미각 수용체를 자극하고, 그 자극에서 발생한 전기적 신호가 뇌의 안과 전두 피질로 전달되어 맛이 구성된다. 이는 '맛'이 우리의 뇌가 만들어낸 환상은 아니지만, 실체가 없어도 구성하는 것이 가능하다는 의미이다. 싱가포르 국립 대학의 옌칭추안(Yen Ching-Chiuan) 교수는 가상 맛 프로젝트(The Virtual Taste project)의 책임자이다. 옌 교수팀이 연구하는 것은 미세 전류를 활용해 혀의 감각을 자극함으로써 특정한 맛을 형성하는 방법이다. 현재 짠맛, 쓴맛, 신맛의 재현이 가능하다고 한다. 이는 연기적 객체로서의 맛의 속성을 잘 활용한 사례라고 할 수 있다. 맛은 그 자체 스스로 존재하는 객체가 아니기에, 해당 현상 내지는 객체의 발생을 연기적으로 얼마든지 만들어낼 수 있다.

혹자는 'UFO'나 '유령' 등의 현상도 실재하는 객체가 아니라 연기적 객체라고 주장할 수 있는데, 그렇다면 '맛'과 마찬가지로 '연기적 작용'을 통해 만들어내는 것이 가능할 것이다. 다만 UFO나 유령 등의 경우에는, 그것을 창발시키기 위해 전기적 자극이 아니라 '문화적 자극'이 필요하다는 점이 다를 뿐이다. 그리고 그렇게 생성된 UFO, 유령과 귀신, 연금술, 인체 부양, 텔레키네시스 초능력 등은 사회를 구성하는 행위자들의 네트워크에서 문화적 자극을 통해 창발된 연기적 객체라고 할 수 있다.

위에 언급한 주객 관계에 대해 조금 더 살펴보기로 하자. 듀크 대학교(Duke University)의 문화인류학 교수인 앤 앨리슨(Anne Allison)은 대학원생 시절, 시카고 대학교(University of Chicago) 인류학과에서 박사 학위 논문을 작성하기 위해 일본 도쿄(Tokyo)의 호스티스 클럽에서 일을 했다. 그녀는 4개월간 호스티스로 자원해 일을 하며 참여 관찰을 행했는데, 그 경험을 토대로 앨리슨은 다음과 같이 말한다. "[도쿄 호스티스 클럽에서는] … 호스티스가 주인이 아니라, '아소비'(놀다)하러 온 '살라리맨'(샐러리맨의 일본식 발음)들이 그날의 서비스를 받아야 할 주인이다."[42] 이러한 주객전도 현상은 주인과 손님, 주체와 객체의 관계가 개체에 결부된 속성이 아니라 사람 사이에서 관계적으로 생겨나는 연기적 객체이기에 가능하다.

앨리슨의 사례를 구조적인 관점에서 보면 다음과 같다. 가게의 소유자이자 고용주인 마담은 주체이며 피고용인인 호스티스는 마담에게 객체인 1차적 주객 관계, 혹은 갑을 관계가 성립한다. 그러나 마담과 호스티스는 다시 하나의 아상블라주 내지 행위자네트워크를 형성해 호스티스 클럽을 만들고, 이들이 주체가 되면서 해당 클럽에 방문한 손님이 객체가 되는 2차적 주객 관계가 형성된다. 그러나 이를 서비스라는 측면에서 다시 보면, 이 시스템을 누리는 진짜 주인은 그날 방문한 손님이 된다는 의미일 것이다. 손님이 주체가 되어 향유하는 것이며, 이때의 호스티스 클럽(혹은 마담과 호스티스 등이 구성한 아상블라주)은 객체가 된다는 의미다. 결국 서비스업은 '객체('을')인 손님들로 하여금 주체성('갑')을 느끼게 하는 업종'이라고도 할 수 있다.

---

42 Anne Allison, *Nightwork: Sexuality, Pleasure, and Corporate Masculinity in a Tokyo Hostess Club* (Chicago: University of Chicago Press, 1998[1994]), p. 43.

적어도 앨리슨의 사례에 언급된 업종에서는 연관 행위자들의 주객 관계가 상대적으로 발생하는 연기적 객체인 듯하다. 그렇기 때문에 손님이 접대받는 시간 중에는 일시적으로 주객 관계가 전도(顚倒)되거나, 혹은 전도된 것처럼 느끼게 만드는 것이 가능하다.

연기적 객체의 또 다른 사례로는, 우리 몸 안에서 길항적(拮抗的)으로 작동하는 신체의 기전을 생각해 볼 수 있다. '길항 작용(antagonism)'은 자극 하나가 올라가면 다른 하나가 내려가면서 서로의 효과를 상쇄하는 메커니즘을 의미하고, 생물은 길항 작용을 통해 항상성을 유지한다. 이러한 길항 작용에 연루되어 있는 상대적인 자극, 호르몬, 신경 작용, 수치의 변화 등은 따라서 연기적 객체이다. 가령 췌장에 위치한 랑게르한스섬의 알파 세포에서는 글루카곤(glucagon)이, 베타 세포에서는 인슐린(insulin)이 분비되는데 이둘은 길항 작용을 하는 호르몬들이다. 글루카곤은 간에 저장된 글리코겐〔glycogen, 당원(糖原)〕을 포도당(glucose)으로 분해해 혈당량을 높이는 반면, 혈중 포도당 농도가 지나치게 높으면 인슐린이 분비되어 포도당을 간·지방 조직·근육 등에서 글리코겐과 지방으로 합성시켜 혈당을 낮춘다. 이처럼 글루카곤과 인슐린의 두 호르몬은 길항 작용을 통해 서로의 효과를 견제하며 체내 혈당 수치를 일정한 수준으로 유지한다. 글루카곤과 인슐린은 연기적 객체이다. 그리고 이들의 길항 작용으로 발생하는 '일정한 정도를 유지하는 혈중 포도당 농도'라는 객체는 연기적 작용으로 생겨나는 객체이다. 인슐린 분비에 이상이 생긴 1형 당뇨병이나 인슐린 저항성을 갖게 되는 2형 당뇨병은 우리의 몸이 연기적 객체의 형성에 실패해서 발생하는 질환이다. 추후 살펴보겠지만 연기적 객체를 만드는 작업에서 실패가 일어나는 까닭은, 주요 행위소들이 적절한 네트워크의 구성에 실패했기 때문인 경우가 많다.

18세기 프랑스의 계몽주의자 볼테르(Voltaire)는 알지 못하고 있었고, 그래서 그가 '팔을 자유롭게 움직일 수 있는 이유도 모르면서 세계 창조의 이유를 안다고 말하는' 사제들을 『캉디드』(1759)에서 공격할 수 있었지만, 지금

대부분의 사람들은 우리가 팔을 자유롭게 움직일 수 있는 이유를 안다. 우리가 팔을 자유롭게 움직일 수 있는 이유는 이두근의 수축과 삼두근의 수축이 길항적으로 작용하기 때문이다. 우리의 몸에는 약 640개의 골격근이 있는데 근육은 오직 수축 작용만 하기에, 근육들은 대개 쌍을 이루어 길항적으로 작동하며 몸의 복잡한 동작을 구성한다. 갓난아이가 걷고, 뛰고, 움직이는 각종 동작들을 배우는 데 몇 년이나 걸리는 이유는 이러한 길항근의 '연기적' 사용 방법을 배우는 데 오랜 시간이 걸리기 때문이다. 따라서 우리가 몸을 자유롭게 움직이는 것은 연기적 객체의 구성에 성공한 결과이다. 발레리나 또는 발레리노가 〈백조의 호수〉 공연에서 팡세나 푸에테 등의 고난도의 동작을 선보이는 것이나, 최강 무술의 하나로 알려진 팔극권(八極拳)의 창시자 이서문(李書文)이 '진각'(震脚: 지진처럼 강한 발 굴림)을 통해 몸통의 회전을 전진 운동으로 바꾸면서 상대의 몸 안으로 파고들며 '정주'(頂肘, 팔꿈치)로 명치를 가격하는 동작 등은, 길항적으로 작동하는 근육의 연기적 작용을 무수한 반복을 통해 수련한 결과물이다. 아름다운 발레의 움직임이나 강렬한 무술의 동작 들도 따라서 연기적인 객체라고 할 수 있다.

우리 몸에는 교감 신경과 부교감 신경이 작동한다. 교감 신경은 투쟁-도피(fight or flight) 반응을 야기하는 신경계로, 혈압을 상승시키고 맥박을 증대시켜 뇌와 각 근육으로 가는 혈액의 양을 늘린다. 또 동공을 확장시켜 사건 및 환경의 변화를 잘 관찰하도록 하고 기관지가 확장되어 산소의 흡입량을 증대시킨다. 비상 상황에 맞춰 대응하기 위한 몸의 기제들이다. 이에 반해 부교감 신경은 교감 신경계와 길항적으로 작동하며, 혈압과 맥박을 낮추고 소화를 촉진하는 등 정반대의 작용을 한다. 우리의 자율 신경계는 교감 신경계와 부교감 신경계가 연기적으로 작동하며 우리의 생존을 돕는 연기적 객체이다.

베이식(BASIC) 언어로 작성된 〈표 2-1〉의 간단한 컴퓨터 코드를 살펴보자.[43] 이는 1부터 10까지의 합을 구하는 프로그램이다. 10번과 20번 행에서

<표 2-1> 조건문을 사용해 1부터
10까지 더하는 베이식 코드

```
10 LET A=0
20 LET SUM=0
30 LET A=A+1
40 LET SUM=SUM+A
50 IF A=10 THEN GOTO 70
60 GOTO 30
70 PRINT SUM
80 END
```

는 더해지는 값인 A와 합산 값인 SUM이라는 변수를 0으로 정의하고 있다. 실행 직후 30번 행에서 A에 1을 더해 A의 값을 1로 만들고, 40번 행에서 기존의 합산 값(현재는 0)에 A를 더해 1부터 1까지 더한 합산 값을 구했다. 50번 행이 이 코드의 핵심인데, 이는 더해지는 수인 A의 값이 10인지 아닌지를 판별하는 조건문이다. 만일 A의 값이 10이 되었다면 SUM의 값은 1에서 10까지 더해준 값이 되므로 GOTO 70이라는 명령문에 의거해 70번 행으로 가서 이후의 명령을 수행한다. 하지만 50번 행에서 A의 값이 아직 10이 아닌 경우, 즉 A의 값이 1부터 9까지의 경우에는 그다음 줄인 60번 행으로 가게 된다. 60번 행에서는 GOTO 명령에 의해 30번 행으로 가게 되므로, 30번 행으로 돌아가서 기존의 A 값에 1을 더한 값을 A에 넣는다(이제 A는 2가 되었다). 다시 다음의 40번 행에서 합산 값인 SUM(현재까지 1)에 A의 값인 2를 더하면, SUM은 이제 1+2의 값이 된다. 다음 50번 조건문에서 A 값이 10이 아니므로 다시 60번, 30번, 40번 행을 차례로 수행하며 A=3, SUM=1+2+3의 값을 갖는다. 한 번 더 이 루틴을 수행하면 A=4, SUM=1+2+3+4가 된다. 이 과정을 반복하다가 30번 행에서 A가 10이 된 경우는 조금 달라진다. 이제 40번 행에서 SUM의 값은 1+2+3+4+…+9+10이 된다. 이후 50번 행에서는 A=10이라는 조건을 충족시키므로, 이제 70번 행

---

43 요즘은 파이선(python)이나 C 언어를 사용하겠지만, 여기서는 가장 기본적인 베이식 문법을 사용했고 분석을 위해 한 줄씩 풀어서 작성되었다. <표 2-1>과 동일한 작업을 다음처럼 한 줄로 수행하는 것도 가능하다.
10 LET SUM=0: FOR A=1 TO 10: LET SUM=SUM+A: NEXT A: PRINT SUM: END

으로 가게 되어 SUM이라는 변수의 값 '55'를 출력하고, 80번 행에서 프로그램이 종료된다.

우리가 관심을 갖는 것은 50번 행의 조건문이다. 50번 행에서는 A의 값에 의해 이후 실행되는 루틴이 정해지게 된다. A의 값이 10이 아닐 때와 10일 때를 각각 생각해 보자. A의 값이 10이 아니라면, 50번 행에서 60번 행으로 가게 된다. 그리고 70번 행으로 가는 작업은 이루어지지 않는다. 하지만 A의 값이 10인 경우 50번 행 다음 70번 행으로 가게 되며, 이때에는 60번 행을 거쳐 30번 행으로 되돌아가는 루틴이 작동하지 않는다. 결국 조건문에서 분기되는 이 두 가지 루틴들은, 1번 루틴이 실행되면 2번 루틴이 실행되지 않고, 2번 루틴이 수행되면 1번 루틴이 수행되지 않는 구조를 갖는다. 이 두 가지 조건에 의해 실행되는 루틴의 결과물은 연기적 객체이다. 마치 길항 작용을 하듯 조건에 의한 한 루틴의 실행 여부가 다른 루틴의 실행 여부에 달려 있다고 볼 수 있기 때문이다.

이화여대 무용과 조기숙 교수는 EBS 특강 〈몸 공부〉의 제6강에서 인간의 얼굴에 대해 다음과 같이 말한다. '얼굴'이라는 말은 '얼', 즉 영혼이 통과하는 '굴(tunnel)', 즉 통로를 뜻한다. 한 인간이 가진 영혼의 면면(面面)은 그의 얼굴을 통해 다양한 형태로 드러난다. 하지만 이렇게 중요한 얼굴을 정작 자기 자신은 볼 수 없다. 얼굴은 나의 것이지만 내가 아니라 상대를 위해 존재하는 것이며, 상대만이 나의 얼굴을 보아줄 수 있다. 그래서 개발한 것이 거울이다. 거울은 나를 타자의 위치에 놓는 도구이다.[44] 따라서 인간은, 적어도 인간의 얼굴은, 독존하는 객체(solitary object)일 수 없으며 또 다른 인간을 필요로 한다. 인간의 얼굴 모습들은 서로가 서로를 필요로 하는 연기적 객체이다.

44　조기숙, "제6강: 얼굴, 영혼의 거울", 〈EBS 특강: 몸 공부〉(2020.11.30. 방영).

아기 기저귀 등에 사용되는 수변(水變) 잉크라는 제품이 있다. 이는 친수성 비가역 유성 잉크를 뜻하며, 물에 접촉했을 때 변색이 일어나는 잉크이다. 가령 새 기저귀에서는 보이지 않다가 아기가 소변을 본 경우 글씨나 그림이 나타나 보호자에게 알려주는 용도로 사용되며, 거리 디자인에 활용하는 경우 평소에는 보이지 않다가 비가 오면 특정한 그림이 나타나도록 만들 수도 있다. 한 디자인팀이 제안한 '프로젝트 몬순(Project Monsoon)'에 따르면 서울의 북촌 한옥마을 노면에 수변 잉크로 수족관 그림을 그려놓았다가, 평소의 거무스름한 아스팔트가 비 온 다음에는 수족관처럼 보이도록 만드는 어트랙션 포인트를 고려해 볼 수 있다.[45] 이때 아기 기저귀의 그림이나 비가 왔을 때 드러나는 노면의 수족관 그림은 물과 반응해 생성되는 연기적 객체이다.

비슷한 사례로 시온(示溫) 잉크를 생각해 볼 수 있다. 시온 잉크는 특정한 온도에서 색이 가역적으로 변하는 잉크를 뜻하며, 대한민국 특허 제KR20100039776A호에 따르면 '온도감응색변화조성물'이라 불리기도 한다.[46] 시온 잉크는 하이트 맥주의 맥주병 라벨에 사용되어 맥주가 가장 맛있는 온도라는 섭씨 7도에서 색이 변하는 열 감지 인디케이터로 활용된 적이 있다. 테팔(Tefal) 프라이팬의 중앙에는 'T' 자 로고가 새겨져 있는데, 평소에는 보이지 않다가 조리하기에 적당한 온도로 가열되면 빨간색으로 변하도록 되어 있다. 또 우리가 자주 사용하는 머그컵에 시온 잉크를 활용해, 뜨거운 음료가 담기면 히든 메시지가 드러나도록 하는 아이디어 제품도 많이 등장했다. 이처럼 온도와 염료(시온 잉크)의 상호 작용으로 드러나는 객체들은 모두 연기적 객체라고 할 수 있다.

---

45 https://blog.naver.com/cyxl0217/220527501236(검색일: 2022.5.1).
46 "온도감응색변화조성물"(2008년 한국 특허). https://patents.google.com/patent/KR201000
39776A/ko(검색일: 2022.5.1).

사실 우리 세계의 많은 것들은 서로 연결되어 있으며, 상호 관계를 통해 그 존재가 성립하는 예들이 매우 많이 있다. 소립자의 입자성과 파동성, 남성과 여성, 양과 음, 선과 악 등의 객체들은 단독 개념으로써 하나만 존재한다고 보기 어렵고, 상대에 대한 부정의 개념으로써 존재한다고 할 수 있다.[47] 가령 악이 존재하므로 그 부정으로써 선이 존재한다는 식이다. 이러한 관계적 사유는 결국 만물이 연기적 객체로 환원될 수 있음을 뜻한다. 불교의 화엄 사상에서는 모든 존재와 현상들이 끊임없이 연결되어 있음을 설파하고 있으며, 이들을 '인드라의 망'이라 지칭하기도 한다. 만물이 상호 연계되어 있음을 보여주는 연기적 객체성은 우리가 어떤 삶을 살아가야 하는지 그 방향성을 제시해 주는 개념이기도 하다. "내가 갖는 생각이나 취하는 행동의 행위력(agency)이 나와 연결된 자연문화 속의 모든 행위소에게 영향을 미칠 수 있다"라는 연기적 객체의 사유는 그에 걸맞는 윤리적·정치적 함의를 요청한다. 나와 당장은 연결되지 않는 것처럼 보이는 행위소도 사실은 '플라스마(plasma)'[48]처럼 자연 문화 속에 존재하며,[49] 미래에 나의 네트워크에 연결될 수 있는 잠재적 행위소로서 존재한다. 라투르의 플라스마라는 관점을 받아들이면 모든 행위소가 나와 무관하지 않으며, 과거에 나와 연결된 적이 있거나, 아니면 현재 연결되어 있거나, 그도 아니면 미래 어느 시점에는 연결될 행위소이다. 나와 그 행위소는 서로가 연기적으로 존재한다.

---

47 신(神)에 대해 이러한 관점을 전적으로 취하는 입장으로 '부정 신학'이 있다. 신이 무엇인지 정의할 수는 없으나 신이 무엇이 아닌지는 이야기할 수 있다는 관점이 부정 신학의 기본적 입장이다.

48 Bruno Latour, *Reassembling the Social: An Introduction to Actor-Network-Theory* (New York: Oxford University Press, 2005).

49 문자 그대로 플라스마 속의 분자처럼, 다른 분자(구성원)들과 특별히 견고한 결합(네트워킹)을 하지 않은 채 자연 문화 속에서 둥둥 떠다니며 존재한다고도 할 수 있다. 플라스마는 고체, 액체, 기체에 이어 물질이 갖는 네 번째 상태이다.

3. 행위자네트워크 이론의 관점에서 본, 물질 혐오가 수행되는 객체들의 구성 방식

1) 하이퍼객체의 행위자네트워크

우선 첫 번째 하이퍼객체의 행위자네트워크에 대해 생각해 볼 수 있다. 하이퍼객체는 그 특성상 시공간에 매우 넓게 퍼진 형상으로 존재한다. 하이퍼객체는 공간적으로는 국소성을 잘 갖지 않으며, 시간적으로도 페르낭 브로델(Fernand Braudel)의 '장기 지속'에 준할 정도의 매우 긴 시간대에 걸쳐 존재하는 것이 일반적이다. 이는 해당 하이퍼객체의 행위자네트워크 아상블라주가 국소적인 공간이나 특정한 시간대에 속하지 않고 우리 주변에 넓게 퍼져서 형성되어 있음을 의미한다. 작가 모건 마이스(Morgan Meis)는 이러한 특성을 지칭해 "하이퍼객체의 문제점은 우리가 그것을 '완전히' 경험할 수 없다는 것이다. 또한 그것을 경험하지 '않을' 도리도 없다. … 객체들은 항상 무엇인가를 드러내며, 항상 무엇인가를 감춘다. 이는 단순히 그들이 타자이기 때문에 그렇다"라고 말했다.[50]

일반적으로 행위자네트워크 이론은 거시와 미시 등 분석 단위의 크기와 관련되는 구분을 부정하지만, 행위자네트워크 자체의 크기에 대해서 논하는 것은 가능하다. 이는 네트워크에 연결된 행위소(노드)의 수와, 행위소가 결합하고 있는 네트워크의 복잡도 등을 통해 논의될 수 있다. 가령 우리는 현미경 등의 도구와 세균학 이론, 동료 연구자 커뮤니티, 그리고 실험체로

---

50 원문은 다음과 같다. "The problem with hyperobjects is that you cannot experience one, not completely. You also can't not experience one. … Objects are always revealing something, and always concealing something, simply because they are (the) Other." Meis, "Timothy Morton's Hyper-Pandemic."

서의 가축 및 백신과 결합하고 있는 과학자 파스퇴르(Louis Pasteur)의 행위자
네트워크를, 병든 가축하고만 연결되어 있는 탄저균의 행위자네트워크와
비교할 수 있다.[51] 파스퇴르와 탄저균의 대결을 행위자네트워크 간의 '힘의
대결(trial of strength)'[52]의 관점에서 바라보면, 파스퇴르의 행위자네트워크가
탄저균의 행위자네트워크보다 훨씬 크고 강했으며, 그 결과 파스퇴르가 탄
저균에 대해 승리한 것이라고, 즉 백신을 만들고 대규모 접종을 가능케 한
것이라고 볼 수 있다.

  같은 맥락에서 하이퍼객체들의 행위자네트워크는 모든 행위자네트워크
중에 가장 크고, 잘 해리(解離, depunctualization)[53]되지 않는 특징을 갖는다고
할 수 있다. 때로는 전 지구적 규모로 거대하고, 지질학적 시간을 걸쳐 존재
하는 하이퍼객체들의 행위자네트워크는 같은 공간과 같은 시간대에 존재하
는 대부분의 행위자네트워크들보다 일반적으로 월등히 크고 방대하며 오래
지속된다. 우리가 사용하는 과학 기술이 특정한 사회적 배치가 영속성을 갖
게 된 것이듯("Technology is society made durable"),[54] 하이퍼객체의 행위자네트

---

51 Bruno Latour, *The Pasteurization of France* (Cambridge: Harvard University Press, 1988);
    Reassembling the Social.

52 Anders Blok and Torben Jensen, *Bruno Latour: Hybrid Thoughts in a Hybrid World*
    (London: Routledge, 2011); Graham Harman, *Prince of Networks: Bruno Latour and
    Metaphysics* (Melbourne: re.press, 2009); Bruno Latour, *Science in Action: How to Follow
    Scientists and Engineers through Society* (Cambridge: Harvard University Press, 1987); *We
    Have Never Been Modern* (Cambridge: Harvard University Press, 1993).

53 해리는 행위자네트워크 이론에서 말하는 결절의 반대 개념이다. '결절'이 특정한 행위자네
    트워크를 집속시키면서 하나의 마디(節)로 맺어서(結) 끊는 블랙박스화의 작업을 의미한
    다면, '해리'는 반대로 결절된 행위자네트워크를 풀어 헤쳐서(解) 행위소들을 분리시키는
    (離) 작업이다. 해리는 블랙박스 열기(to open the blackbox)라고 부를 수도 있다.

54 Bruno Latour, "Technology Is Society Made Durable," in John Law(ed.), *A Sociology of
    Monsters: Essays on Power, Technology and Domination* (London: Routledge, 1991), p.
    103.

워크는 준영속성(quasi-durability)을 갖는 행위자네트워크라고도 볼 수 있다. 앞서 살펴보았듯 자본주의의 상품과 바닷속 생물 및 우리 몸 안에 방대하게 걸쳐 존재하는 미세 플라스틱의 아상블라주, 방사능을 띤 원전 사고의 결과물들, 이제 세계 어디에나 존재하는 코로나19 바이러스 오미크론 변이체, 지표면과 성층권 모두에 걸쳐 존재하며 온난화를 야기하는 이산화탄소와 육불화황 분자 등은 잘 사라지지 않는(해리되어 없어지지 않는) 하이퍼객체로서, 준영속적인 행위자네트워크라고 할 수 있다.

2) 나노객체의 행위자네트워크

둘째, 나노객체의 행위자네트워크는 네트워크를 형성하기 이전의 비가시성과 산존성 등으로 특징지을 수 있었다. 몇십 년 만에 비로소 목소리를 갖게 된 위안부 할머니들의 경험, #미투 운동 이전에 피해자들이 혼자 삭이던 고통, 상아 때문에 멸종 위기에 처한 코끼리들의 죽이지 말아달라는 절규, 산 채로 난도질해서 초장에 찍어 먹지 말아달라며 낙지가 발하는 생의 의지, 전복된 배에서 탈출하지 못하고 익사해 가는 순간 익사자들의 머리를 흐르는 마지막 생각들, 말기 암으로 생명이 꺼져가는 젊은 엄마가 고통을 이기려고 의사가 투약한 모르핀 때문에 흐려졌던 정신[55]이 잠깐 맑아지는 순간 갖게 되는 남겨두고 떠나는 아이에 대한 걱정·우려·미안함·희망과 기대 등의 마지막 감정, 가습기 살균제를 흡입하고 폐가 굳어져 숨을 쉬지 못한 채 죽어가는 자들의 들리지 않는 목소리, 정보기관에 의해 폴로늄이 들어간 차를 마시고 하나씩 기능을 상실해 가는 장기들을 온몸으로 느끼며 죽어가는 반체제 인사의 마지막 경험, 샤워실인 줄 알고 들어간 방에서 갑자

---

55 고혜진 외, 「호스피스 병동의 암환자에서 섬망 발생 위험 요인」, ≪한국 호스피스·완화의료학회지≫, 17권, 3호(2014), 170~178쪽.

기 나오는 치클론 B 가스를 들이마시며 죽어가던 홀로코스트 피해자들의 기억, 터무니없는 인체 실험의 대상이 되어 인간의 역사상 유례없는 고통과 공포를 경험한 관동군 731부대의 마루타나 나치 멩겔레(Josef Mengele) 박사의 환자들이 느껴야 했던 고통-완화-고통-완화-고통-완화-고통이 죽을 때까지 이어지는 사이클들, 바로 앞에 죽어간 자들의 뒤를 따라 곧 단두대나 밧줄, 총칼 등으로 죽임을 당하게 될 것을 알면서도 그 상황에서 벗어날 길이 없는 무력함을 자신의 전 존재로 체험하며 죽음을 기다리는 사형수의 존재적 체험, 말라리아와 기아로 30초에 한 명씩 죽어가면서도 제대로 된 목소리조차 내지 못하는 아프리카 어린이의 생명, 나일론 그물에 목이 걸려 움직이지 못한 채 아사해 가는 돌고래나 코에 박힌 플라스틱 빨대 때문에 고통받는 거북이의 경험 등은 모두 나노객체의 사례들이었다. 이 경험들은 일반적으로 비가시적이고, 주류 사회에서 잘 감지되지 않으며, 심지어 정치적 목적으로 전유되면서 이중의 착취로 경험되기도 한다.

이러한 나노객체들은 서로의 네트워크를 형성해 충분한 크기의 아상블라주를 만들거나 강한 권력을 가진 행위자 내지는 행위력(agency)을 위임받는 대리인(delegate)과 행위자네트워크를 구성하면 가시화된다. 아론 랍(Alon Raab)은 흥미로운 생태적 에피소드를 소개하며 다음과 같이 말한다. "동물들이 함께 무리를 이루면 엄청난 힘을 발휘할 수 있다. 몇 년 전에는 둥근부리 갈매기들이 매사추세츠주 스프링필드(Springfield, Massachusetts) 교외의 황무지 한가운데에 새로 건설된 골프장에서 골퍼들을 골프공으로 공습했다. 혼비백산한 골퍼들은 그들이 좋아하는 골프를 몇 주 동안이나 할 수 없었고, 그제야 오랜 세월 동안 이 지역이 새들의 보금자리였다는 사실을 깨닫게 되었다."[56] 인용된 이 문구의 첫 문장은 나노객체들이 네트워크를 구성하면서 힘

---

56 Alon Raab, "Revolt of the Bats," in John Zerzan(ed.), *Against Civilization*(Port Townsend, WA: Feral House, 1995). 존 저잔 엮음, 『문명에 반대한다: 인간, 생태, 지구를 생각하는 세계

을 갖고, 가시성을 획득하는 과정을 묘사한다.

이 글의 도입부에서 언급한 '압구정 미꾸라지', '목포 세발낙지', '일산 가물치'의 개미 투자자들 역시 처음에는 존재가 미미한 나노객체였다. 하지만 이들은 발전된 정보 통신 기술을 통한 정보의 습득과 투자자들 간의 정보 공유, 그리고 좋은 판단력을 잘 발휘해 슈퍼 개미가 될 수 있었다. 비가시적인 나노객체가 적절한 네트워킹을 통해 가시성을 갖는 존재가 된 것이다.

나노객체에 대한 이전 연구에서 벼 이삭들로 거대한 회화를 그리는 일본의 단보아트(田んぼアート)가 언급된 적이 있다.[57] 일본 아오모리(青森)현 이나카다테(田舍館)에서 만들어진 단보아트는 농작물 판매 증대 및 관광객 유치를 위한 목적의 일환으로 시작되었고, 서로 다른 색의 곡식들을 심어 논과 밭 크기의 거대한 회화를 만드는 작업이다.[58] 단보아트를 위해 사용되는 한 줄기 한 줄기의 벼 이삭들은 나노객체이다. 그리고 이 나노객체들이 적절한 방식으로 네트워킹을 할 때 완전히 새로운 감각 속성이 창발되어 의미 있는 큰 그림의 한 구성 요소가 된다. 개별자로서의 행위자일 때 나노객체는 가

〈그림 2-7〉 일본 아오모리현 이나카다테의 단보아트

자료: Wiki Commons. https://commons.wikimedia.org/wiki/File:Tanbo_art_in_Inakadate_2012_B.jpg.

지성 55인의 반성과 통찰』, 정승현·김상우 옮김(서울: 와이즈북, 2009), 421쪽에서 재인용.
57 이준석, 「하이퍼객체와 '나노객체'의 세계」, 81쪽.
58 관련 영상은 다음을 참고. https://youtu.be/o2_Li7tntE4(검색일: 2022.6.1).

시성이 낮고, 존재의 의미가 미약하다. 특이한 색을 가진 벼 이삭 한 줄기에 누가 큰 관심을 갖겠는가. 하지만 이들이 행위자네트워크를 형성하고 조직화된 아상블라주를 만들 때, 관광객을 유치하는 행위력이 창발되며 세계적인 명소가 되기도 한다. 이 사례도 나노객체의 행위자네트워크가 작동하는 방식을 잘 보여준다.

3) 파사드 객체의 행위자네트워크

셋째, 파사드 객체의 행위자네트워크에 대해 생각해 보자. 55쪽의 각주 25에도 언급되었지만 파사드 객체는 블랙박스화 내지는 결절된 하나의 행위자네트워크가 외부의 다른 행위자네트워크와 연결되는 '작은 행위자네트워크' 혹은 '노드'를 의미한다. 이는 앞서 살펴본 〈그림 2-1〉의 개념도와 〈그림 2-2〉의 일본 '데지마' 묘사도에 확연히 드러나며, 〈그림 2-8〉에도 표현되어 있다. 좌측의 큰 행위자네트워크 아상블라주가 개화기 일본 열도의 자연 문화 전체를 의미하고, 이것이 타자로서의 서구 열강과 만나는 접점인 가운데 작은 동그라미가 파사드 객체로서의 데지마섬이다. 외부이자 타자인 서양은 데지마섬을 통해서만 일본을 파악하고 교류할 수 있었다. 개화기 일본의 데지마섬이라는 작은 시공간 아상블라주는 세계 혹은 서양과 만나는 일본의 접점(노드)이자 파사드 객체였다.

아울러 신체의 종합적 상태를 단적으로 외부로 표현하는 객체로서의 체온과 혈압 등의 수치들도 우리 몸의 파사드 객체였

〈그림 2-8〉 개화기 일본의 파사드 객체로서의 데지마섬(56쪽의 〈그림 2-1〉과 60쪽의 〈그림 2-2〉 참조)

일본의 행위자네트워크
(actor-network of Japan itself)

서구 열강(the West)

데지마섬(Dejima Island)

다. 이들은 간호사·의사·병원·의학 지식·의료법 등이 결절되어 있는 행위자네트워크를 향해 나라는 행위자네트워크의 상태를 표출하는 작은 접점이자 객체이다. 만일 어떤 회사원이 종합 건강 검진을 받기 위해 채혈을 했다면 이는 의사를 향한 자기 몸의 파사드 객체들을 수십 가지로 늘리는 작업을 한 것으로, 아마도 이 작업이 저렴하지는 않을 것이다.[59]

말이나 행동, 글이나 그림, 안색이나 표정, 걷거나 먹고 마시는 습관 등도 그 사람의 내면을 외부로 표출하는 파사드 객체였다. 물론 그 정확도는 어떤 파사드 객체인가에 따라, 그리고 분석자에 따라 달라진다. 프랜시스 골턴(Francis Galton)의 골상학은 두개골의 형태를 보고 해당 인물의 내면을 파악하려는 과학적 시도였으나, 지금 그의 주장은 사실보다는 인공물로서 취급된다. 골턴이 파사드 객체를 잘못 선정했기 때문이다. 부부 싸움이나 이웃 간의 다툼 등에서 갈등을 직접적으로 촉발한 작은 사건도 파사드 객체일 수 있다. 당장은 그 문제로 인해 다툼이 발생한 것 같지만, 사실은 그 뒤에 오랜 알력의 더 큰 행위자네트워크가 자리하고 있을 수 있다. 그 외 건축에서 이야기하는 입면 혹은 파사드도 당연히 해당 건축물의 파사드 객체이다. 나스닥이나 코스피 등의 주가 지수는 그 나라의 경제 상황을 표현하는 파사드 객체이며, 상한 음식의 색이나 냄새는 해당 음식물의 상태를 식사하는 사람에게 드러내는 파사드 객체이다. 이처럼 파사드 객체가 되는 행위소는 더 큰 본체인 행위자네트워크의 노드로서 작동하며, 외부 혹은 타자와 네트워킹하는 접점으로 기능한다.

---

59 신유물론의 관점에서 본다면 우리 사회에서 가장 간단하게 몸 상태를 파악하는 첫 번째 방법으로 체온 측정이 선호되는 이유는, 즉 체온이 우리 몸의 가장 흔한 파사드 객체로 선택된 배경에는 체온 측정이 저렴하고 빠르다는 단순한 물질적 제약이 크게 작용했을 것이다.

4) 패러독스적 객체의 행위자네트워크

넷째, 패러독스적 객체의 행위자네트워크에 대해 살펴보자. 카프카(Franz Kafka)의 작품 「가장의 근심」[60]에는 '오드라덱(Odradek)'이라는 객체가 등장한다. 여러 인문 사회학자의 글에 단골로 등장하는 카프카의 오드라덱은, 명확한 실체가 없고 무엇인지 불분명하며 전체보다 큰 파편으로 존재하는 패러독스적 객체이다. 다음은 오드라덱에 대한 민승기의 설명이다. 조금 길지만 잘 서술되어 있어서 인용해 본다.

〔카프카의〕「가장의 근심(The Cares of a Family Man)」에 등장하는 오드라덱은 기원도 목적도 분명치 않은 피조물이다. 아리아드네의 실을 불가능하게 하는 '끊겨진 채 서로 엉키고 매듭지어진 실타래 조각'. 그러나 두 다리로 곧추 서고 언어를 말하는 오드라덱은 인간과 실타래의 혼합물처럼 보인다. 유난히 움직임이 많아 온전히 포착할 수 없으며 어디에나 있고 어느 곳에도 없는 존재. 그것은 부서진 조각이지만 나름대로 온전해 보이는, 다시 말해 전체에서 떨어져 나온 부분이 아닌 전체를 능가하는 파편 또는 틈이다. 목적과 행위를 갖는 것만이 죽을 수 있다면 오드라덱은 충분히 죽지 못해 여전히 살아 있는 존재이다. '나보다 더 오래 살아남아 내 아이들과 손자들의 발 앞에서도 실타래를 질질 끌면서 계단 아래로 굴러 내려갈 것'이라는 생각이 가장을 고통스럽게 한다. 목적과 행위를 가진 '일'로 규정될 수 없는 무위의 존재, 나보다 더 오래 살아남아 내 집에서 출몰하는 결코 제거할 수 없는 틈이 오드라덱이다.[61]

---

60   Franz Kafka, "Die Sorge des Hausvaters," In: *Ein Landarzt. Kleine Erzählungen* (München/ Leipzig: Kurt Wolf, 1920).

61   민승기, 「'쉽'-일(하지 않을) 가능성」, ≪한국예술연구≫, 24호(한국예술연구소, 2019), 340쪽.

오드라덱에 대한 설명에서 어디에나 있다는 부분은 하이퍼객체의 특성처럼 보이기도 한다. 티머시 모턴도 오드라덱의 편재성을 부각시키며 이를 하이퍼객체로서 논의한 바 있다.[62] 하지만 '어디에나 있고 어느 곳에도 없다는' 특성은 오드라덱이 모턴의 견해처럼 단순한 하이퍼객체가 아님을 뜻한다. 우리는 이 글에서 이러한 특성을 갖는 객체를 패러독스적 객체로 지칭했다. 또 '전체를 능가하는 파편'이라는 특징도 이것이 패러독스적 객체임을 보인다. 만일 혹자가 평소에 잘 보이지 않는 오드라덱의 산존성을 강조하고자 한다면 이를 나노객체로 볼 수도 있을 것이다. 이처럼 하나의 객체는 단 하나의 범주에만 포함되지 않는다. 객체는 항상 우리가 보는 것 이상의 것이기 때문이다. 객체들의 이러한 속성을 가리키며, 신생기론을 주장하는 제인 베넷(Jane Bennett)[63]은 "객체들은 수줍어한다… 객체들은 [우리와] 숨바꼭질을 한다"라고 표현하기도 한다.[64]

드라마로도 만들어진 중국 소설 『장야』(將夜, Ever Night)에는 '지수관 관주'라는 직책을 가진, 세계관 서열 2위의 강자가 등장한다. 이전에는 '부자(夫子)'라는 인물이 인간계의 최강자였으나, 신급의 능력을 갖춘 부자가 승천해 하늘의 달이 된 이후로는 지수관 관주가 인간계에서 가장 강한 존재가 된다. 이때까지 지수관 관주의 이름은 잘 알려져 있지 않았는데, 어느 날 여성 부주인공인 '묵지원(墨池苑) 산주' 막산산이 밝힌다. "그[지수관 관주]는 아주 평범한 이름을 갖고 있다. '진모(某)'. 그처럼 특별한 사람에게 어울리지 않는 이름. 인간 세계에서 그를 누를 수 있는 사람은 없다"라고 독백을 한다.[65]

---

62 Morton, *Hyperobjects*, p. 126.

63 Jane Bennett, "Systems and Things: A Response to Graham Harman and Timothy Morton," *New Literary History*, Vol. 43, No. 2(2012).

64 Ian Fleishman, "The Rustle of the Anthropocene: Kafka's Odradek as Ecocritical Icon," *The Germanic Review: Literature, Culture, Theory*, Vol. 92, No. 1(2017)에서 재인용. 원문은 다음과 같다. "Objects are coy. … Objects play hide-and-seek [with us]."

여기서 '진'은 성씨이고 '모'는 이름인데, 영어의 'John Doe'나 우리말의 '철수', 혹은 '무명씨' 정도의 의미를 갖는다. '모처에서 만나다'라고 말할 때의 '모'이다. 너무 특별한 존재이기 때문에 아무 의미가 없는 이름이 붙은 존재. 지수관 관주의 이름은 패러독스적 객체이다.

넷플릭스의 2021년 미니시리즈 〈오징어 게임〉은 현대 사회의 극한 경쟁 상황을 비유적으로 잘 묘사한다고 많이 언급되어진다. 극중에는 동물의 왕국 같은 생존 경쟁을 인간이 하고, 동물의 탈을 쓴 부자들이 그것을 TV로 지켜보는 장면이 나오는데 이도 패러독스적 객체성을 통한 묘사라고 할 수 있다. 또 극중에는 마을의 골목길을 재현해 구슬 놀이 등을 하는 장소가 등장한다. 이곳은 엄연히 닫힌 공간임을 극중 참가자들도 모두 알고 있는데, 세트에 하늘의 노을 등을 잘 묘사해 놓아 닫혀 있는 가상의 공간이지만 실제의 열린 공간처럼 보이도록 하는 기묘함이 있다. 이곳은 내부에 만들어진 외부이며, 외부를 체험하는 내부이다. 이곳에는 패러독스적 객체성이 존재하며, 극중 게임의 참여자나 드라마의 감상자 들은 이 장면에서 언캐니(uncanny)함을[66] 경험한다.

이처럼 다양한 특성을 갖는 패러독스적 객체의 행위자네트워크는 한두 가지의 특징으로 정의하기 쉽지 않다. 가령 오드라덱의 행위자네트워크적 특성을 분석하려 해도 해당 객체가 자신의 모든 행위자네트워크를 분석자

---

65 드라마 〈장야 2〉 제32화.

66 언캐니함이란 프로이트(Freud) 심리학에 등장하는 '운하임리히(Unheimlich)'를 영어로 번역한 말이며, 우리의 경험에서 마주하게 되는 무언가 설명할 수 없는 기묘함과 딱히 찍어서 설명할 수 없는 이상한 감각 내지는 정동을 뜻한다. 언캐니함은 '낯익은 낯설음'으로 번역되기도 하는데, 가장 유명한 사용례로 너무 인간을 닮았으면서도 완전히 인간 같지는 않은 로봇과의 마주침에서 경험하는 기묘한 느낌을 나타내는 '불쾌한 골짜기(uncanny valley)'가 있다. 이 '낯익음과 낯설음이 공존'한다는 속성 내지는 '실제 같지만 실제 같지 않다는 속성'도 패러독스적 객체성이라고 할 수 있다.

에게 노출하지 않기 때문이다. 소설이나 드라마 등의 문화에서 관찰된 여러 패러독스적 객체성들 역시, '상반된 가치를 하나의 대상에 집약시켜 드러나게 만듦' 정도로만 정리할 수 있을 듯하다. 결국 패러독스적 객체는, 'A'라는 가치를 갖는 언어나 사물 등의 행위소와, 'not A'라는 가치를 갖는 언어나 사물 등의 행위소가 하나의 행위자네트워크를 구성하고 있다는 점이 가장 큰 특징이다.

5) 보조 객체의 행위자네트워크

다섯째, 보조 객체의 행위자네트워크는 그 구성이 비교적 자명하다. 보조 객체는 목적 달성을 위해서는 필요하지만 최종 목표를 이루기 직전에 해리되어서 떨어져 나가야 하는 행위자네트워크를 의미하며, 호스트 감염과 은닉을 위해 자기 소멸의 명령 코드를 내재한 채 작동하는 컴퓨터 바이러스나 박테리오파지 등이 이에 해당한다.

이 글에서는 건물을 짓는 데 사용되는 비계를 대표적인 보조 객체의 사례로 살펴보았다. 비계를 설치하고 건물을 지은 다음 비계를 다시 해체하는 과정은, 목표가 되는 건물의 행위자네트워크에 그것의 구성을 돕는 비계라는 행위소가 잠시 결절되었다가, 건물이 완성되기 직전 최종적인 아상블라주에서 다시 해리되는 과정으로 이해할 수 있다. 우리가 함께 살펴본 열한 마리의 당나귀 문제에 등장하는 현자의 열두 번째 당나귀, 기하학 문제를 해결하기 위한 보조선, 사벌등안의 비유로 설법되는 부처의 가르침이나 비트겐슈타인의 언술 등은 모두, 최종적인 아상블라주를 이루기 위해서는 필요했지만 그것의 완성을 위해서는 행위자네트워크에서 해리되어야 하는 행위소들이었다. 그리고 이것이 보조 객체 행위자네트워크의 특징이다.

6) 연기적 객체의 행위자네트워크

마지막으로 살펴볼 연기적 객체의 행위자네트워크는, 객체 A와 A'가 연기적으로 수행되면서 객체 B가 창발되는 것을 지칭했다. 이 글에서는 미각 등의 감각, 신체의 여러 길항적 작용들, 컴퓨터 언어의 조건문 등을 예로써 살펴보았고, 이들은 객체 A-A'의 행위자네트워크와 객체 B의 행위자네트워크가 연기적으로 작동하는 시스템을 의미했다. 가령 글루카곤의 행위자네트워크와 인슐린의 행위자네트워크는 길항적으로 작동하며 생체의 항상성을 연기적으로 창발시켰다. 한쪽의 행위자네트워크가 지나치게 활성화되면 다른 쪽의 행위자네트워크가 활성화되며 평형을 유지시키는, 행위자네트워크 간의 연기적 작용도 관찰되었다. 교감 신경계와 부교감 신경계를 포함한 다른 길항 작용 시스템들도 이와 같았다.

연기적 객체의 행위자네트워크를 좀 더 거시적 관점에서 보면 또 다른 측면이 발견된다. 김용규[67]에 따르면, 모턴은 (과학 기술적 인공물을 포함한) "모든 존재자들이 중심도 가장자리도 없는 열려진 시스템 속에서 … 차이적으로 서로 연결되어 있다는 사실"에 대해 논했으며,[68] 특히 이런 맥락에서 "우리에게 모든 존재자들이 연결되어 있음을 보여주는 상호연결성에 대한 사유가 곧 생태학적 사고"라고 말했다.[69] 이 인용문에 묘사된 것처럼 상호 연결된 행위자네트워크들이 연기적 작용을 이루는 것이 연기적 객체의 특성이다. 그리고 우리의 자연 문화를 구성하는 지구적 생태 시스템은 연기적으로 존재하는 궁극적인 행위자네트워크라고 할 수 있다.

---

67 김용규, 「역자후기」, 295~296쪽.

68 Timothy Morton, *The Ecological Thought*(Cambridge: Harvard University Press, 2010), p. 39.

69 Morton, 같은 책, p. 7.

4. 물질 혐오, 물질 애착, 그리고 행위자네트워크 아상블라주

행위자네트워크 이론의 관점에서 보면 '물질 혐오'란, 특별한 종류의 물질 혹은 객체가 연결망을 구성하고 있는 행위자네트워크에 대한 염오(厭惡) 내지 배제를 뜻한다. 따라서 그 반대의 경우도 있을 텐데 이를 우리는 '물질 애착'으로 부를 수 있다. 물질 혐오와 물질 애착은 모두 행위자가 특정한 물질적 행위자네트워크 혹은 물질 객체(material object)에 대해 갖는 반응 내지는 정동이다. 행위자네트워크 이론과 신유물론의 관점에서 보면, 물질 혐오는 대상 행위소·객체와 네트워크를 구성하지 않고자 하는 의도를 지칭하고, 물질 애착은 대상 행위소·객체와 네트워크를 구성하고자 하는 의도를 지칭한다.

우리는 지금까지 다양한 종류의 행위자네트워크 아상블라주들을 살펴보았다. 이제 각각의 행위자네트워크 유형들과 결부된 물질 혐오의 속성을 살펴보자.

첫째, 하이퍼객체의 행위자네트워크에 대해 생각해 보겠다. 하이퍼객체에 대한 물질 혐오 사례로는 지구 온난화에 대한 염오나 기피 등을 언급할 수 있을 것이다. 지구 생태계에 고르게 퍼져 산존(散存)하는 방사능 물질에 대한 배제의 노력이나, 글로벌 위험 사회에서 우리 주변에 산포되어 있는 위험(risk)에 대한 기피의 노력도 이에 해당한다. 글로벌 위험 사회에서는 '위험' 자체도 인류 주변에 항존(恒存)하는 하이퍼객체이기 때문이다. 인간의 인식을 벗어나는 거대하고 기괴한 하이퍼객체의 행위자네트워크에 대해 우리는 대체로 물질 혐오를 수행하는 듯하다.

둘째, 나노객체의 행위자네트워크에 대해 살펴보자. 나노객체야말로 인간이 혐오하고 배제를 원하는 대상이다. 혹시 아직 나노객체에 대해 물질 혐오를 수행하지 않고 있다면, 그것을 고려해 보는 것도 좋을 것이다. 대개의 경우 나노객체는 너무 왜소(nano)해 인간의 인식을 벗어나는 행위소들인

데, 위에 언급된 많은 사례에서 살펴보았듯 대체로 이들은 정치적·문화적·보건적으로 인간에게 위해한 경우가 많았다. 따라서 우리는 나노객체의 행위자네트워크에 대해 규범(norm)적으로 물질 혐오를 이행하는 것이 바람직할 수 있다.

셋째, 파사드 객체의 행위자네트워크를 생각해 보자. 파사드 객체는 특정 행위자네트워크의 파사드 내지 노드가 되어주는 행위소이다. 따라서 우리가 파사드 객체에 대해 물질 혐오를 수행한다면, 그것은 해당 행위자네트워크 전반에 대해 접근을 거부하는 일이 될 것이다. 예를 들면 입구에서부터 들어가기 싫어지는 건물이나 공간, 도입부 몇 초를 듣고 나머지는 듣기 싫어지는 음악, 외모나 언행을 보고 왠지 접근하기 꺼려지는 사람이나 그룹, 포스터를 보고 재미없을 것 같아서 흥미가 사라지는 영화나 공연에 대한 정동 등이 모두 파사드 객체의 단계에서 물질 혐오가 수행된 결과이다.

넷째, 패러독스적 객체의 행위자네트워크를 고려해 보자. 우리는 포함적 배제나 혐오적 사랑 등에 대해 생각해 볼 수 있다. 이 글에서 이에 대해 많은 사례를 살펴보았는데, 상반된 감각 속성을 갖는 행위소에 대한 거부가 패러독스적 객체에 대한 물질 혐오가 될 것이다.

다섯째, 보조 객체의 행위자네트워크란 특정한 아상블라주를 만드는 과정에는 꼭 필요하지만 그것의 완성을 위해서는 제거·탈각·소멸되어야 하는 네트워크 아상블라주를 의미했다. 그 사례로는 건물을 짓는 데 필요한 비계나, 남편과 함께 과부가 매장되는 순장의 풍습 등이 있었다. 이 두 사례만 보아도 보조 객체의 경우 일반적인 물질 혐오를 논하기 어렵다는 것을 알 수 있다. 비계의 경우에는 건물을 완성하기 위해 반드시 해체되어야 한다. 건물을 완성한 이후에도 비계를 철거하지 않는다면 건물에 대한 접근성이 떨어지고 그 주변을 지나는 행인에게도 위험할 것이기 때문이다. 따라서 비계에 대한 물질 혐오(행위자네트워크의 해체)는 당연한 일이 된다. 하지만 또 다른 보조 객체의 사례였던 순장의 풍습은 윤리적으로 바람직하지 못하므로 수행되지 않아야 마땅하다. 즉, 과부를 보조 객체로 만드는 일(과부의 생명이라는 행위자네트워크의 해체)은 지양되어야 한다. 이 경우에는 역사가 발전하며 순장이라는 문화 자체에 대해 물질 혐오가 수행되었다고 볼 수 있다. 그러므로 보조 객체의 행위자네트워크의 경우 일반화시켜 논하기가 어렵고, 사례마다 물질 혐오가 수행되는 방식이 달라진다고 할 수 있을 것이다.

여섯째, 마지막으로 연기적 객체의 행위자네트워크에 대해 살펴보자. 연기적 객체가 속한 행위자네트워크는 두 개 이상의 행위소가 서로 연기적으로 상호 관계하며 작동하는 것으로 특징지어졌다. 대표적인 사례로는 두 행위소가 연계되어 작동하는 신체의 길항적 메커니즘들과, 조건문으로 분기되어 루틴A가 실행될 때 루틴B가 실행되지 않거나, 루틴B가 실행되면 루틴A가 실행되지 않는 베이식 코드의 사례 등을 보았었다. 이 사례들은 두 개의 행위자네트워크가 연결되어 있고, 하나의 행위자네트워크가 작동하면 다른 행위자네트워크가 연계되어 작동하거나 작동하지 않는 구조를 갖는다. 두 행위자네트워크들은 연기적으로 작동하는 아상블라주를 구성한다. 따라서 이것을 물질 혐오라고 묘사할 수 있는지는 분석자의 관점에 따라 달라지겠지만, 연기적 객체의 작용에는 그 자체로 물질 혐오가 작동한다고 볼 수 있다. 가령 글루카곤의 네트워크가 작동하는 경우 인슐린에 대한 물질 혐오가 시행된다고 할 수 있으며, 이두박근이 작용하며 상완을 접는 경우 삼두박근에 대한 물질 혐오가 이루어진다고 할 수 있다. 컴퓨터 조건문의 경우 루틴A가 시행되는 순간 루틴B에 대한 물질 혐오가 자동적으로 수행되며, 루틴B가 수행되면 루틴A에 대한 물질 혐오가 수행된다고 할 수 있다. 여기서의 '혐오'는 싫어한다는 의미가 아니며 위에서 정의한 대로 특정 행위자네트워크에 대한 배제를 지칭한다.

5. 나가는 글: 물질 혐오와 누리 정치

라투르에 따르면 과학 혁명 이후 우리의 자연 문화는 점점 더 많은 하이브리드 행위자네트워크를 양산해 왔다. 근대성보다는 비근대성(amodernity)을, 그리고 자연과 사회의 이분법이 작동하는 정화 작용(purification)보다는 하이브리드적 생태화(ecologization)를 주장하는 라투르는 세계에 대한 새로운 이해 방식을 우리에게 요청하고 있으며, 나아가 가이아 2.0으로 표현되기도 하는 새로운 통치성과 레짐의 구성을 역설하고 있다.[70] 이 새로운 세계는 하이브리드 행위자네트워크로 충만한 인류세의 레짐이며, 그 안에서 새로운 누리 정치(cosmopolitics)가 이루어져야 한다.[71]

행위자네트워크 이론 관점에서 볼 때, 라투르가 이야기하는 누리 정치는 다양한 종류의 객체 아상블라주들로 구성된 세계다. 우리의 세계를 구성하게 될, 혹은 구성하고 있는 다종의 아상블라주들을 살펴보고 이들의 특성을 논하는 것은 더 좋은 누리 정치를 구성하는 데 도움이 될 것이다. 가령 나노객체 행위자네트워크의 정치적 문제나, 연기적 객체 행위자네트워크가 함축하는 행동의 윤리성 문제, 보조 객체 행위자네트워크에 속한 인간의 지위에 대한 논의 등은 대표적인 사례가 된다. 특히 특정한 행위소를 배제한다는 측면에서 물질 혐오의 주제가 갖는 다양한 함의와, 반대로 특정한 행위

---

70 Latour, *We Have Never Been Modern*; *Politics of Nature: How to Bring the Sciences into Democracy*(Cambridge: Harvard University Press, 2004); *Reassembling the Social*; *Facing Gaia: Eight Lectures on the New Climatic Regime*(Cambridge: Polity, 2017); *Down to Earth: Politics in the New Climatic Regime*(Cambridge: Polity, 2018); Timothy Lenton and Bruno Latour, "Gaia 2.0," *Science*, Vol. 361, Iss. 6407(2018).

71 Latour, *Politics of Nature*; Timothy Lenton, Sebastien Dutreuil and Bruno Latour, "Life on Earth is Hard to Spot," *The Anthropocene Review*, Vol. 7, No. 3(2020); Isabelle Stengers, *Cosmopolitics*(Minneapolis: University of Minnesota Press, 2010).

소에 집착한다는 의미에서 물질 애착이 갖는 다양한 함의를 더 연구하는 것은 우리의 누리 정치를 구성하는 데 중요한 참조점이 되어줄 것이다.

참고문헌

고혜진·윤창호·정승은·김아솔·김효민. 2014. 「호스피스 병동의 암환자에서 섬망 발생 위험 요인」. ≪한국 호스피스·완화의료학회지≫, 17권, 3호, 170~178쪽.

김보영. 2020. 『역병의 바다』. 서울: 알마.

김수현. 2019. 「개인투자자는 왜 실패에도 불구하고 계속 투자를 하는가?: 서울 매매방 개인 전업투자자의 꿈과 금융시장 간파」. 서울대학교 인류학과 석사학위논문.

김연철·이준석. 2016. 「행위자-연결망 이론(ANT)과 사변적 실재론(SR)의 접점: '해석적 유연성' 개념으로 본 '책임 있는 연구와 혁신'」. ≪사회와 이론≫, 28호, 105~152쪽.

김용규. 2021. 「역자후기」. 티머시 모턴. 『인류: 비인간적 존재들과의 연대』. 부산: 부산대학교출판문화원, 294~310쪽.

김환석 외. 2020. 『21세기 사상의 최전선』. 서울: 이성과감성.

라투르, 브뤼노(Bruno Latour). 2021. 『지구와 충돌하지 않고 착륙하는 방법: 신기후체제의 정치』. 박범순 옮김. 서울: 이음.

모턴, 티머시(Timothy Morton). 2021. 『인류: 비인간적 존재들과의 연대』. 김용규 옮김. 부산: 부산대학교출판문화원.

민승기. 2019. 「'쉼'-일(하지 않을) 가능성」. 한국예술연구소. ≪한국예술연구≫, 24호, 325~345쪽.

박찬홍. 1987. 『신은 인간의 땅을 떠나라』. 서울: 문학출판공사.

보커(Geoffrey Bowker)·스타(Susan Leigh Star). 2005. 『사물의 분류』. 주은우 옮김. 서울: 현실문화연구.

송은주. 2017. 「초과물로서의 유독물질: 『화이트 노이즈』의 생태비평적 읽기」. ≪영어영문학연구≫, 59권, 1호, 49~71쪽.

스와 구니오(諏訪邦夫). 2018. 『마취의 과학』. 손영수 옮김. 서울: 전파과학사.

앨리슨, 앤(Anne Allison). 1998. 『일본의 밤 문화』. 허창수 옮김. 서울: 문학세계사.

와크, 매켄지(McKenzie Wark). 2019. 『21세기 지성: 현시대를 대표하는 사상가 21인』. 한정훈 옮김. 파주: 문학사상.

이동신. 2017. 「좀비라는 것들: 신사물론과 좀비」. ≪영미문학연구: 안과 밖≫, 43호, 36~60쪽.

_____. 2020. 「지구온난화는 자연의 문제인가?」. 김환석 외. 『21세기 사상의 최전선』. 서울: 이성과감성, 247~257쪽.

이재현. 2020. 『사물 인터넷과 사물 철학: 초연결 사회의 기술 비평』. 서울: 커뮤니케이션북스.

이준석. 2020. 「행위자-네트워크 이론(ANT)을 통한 다중공간(space multiple)의 이해: 코로나19 사태에서 관찰되는 다중공간성」. ≪공간과 사회≫, 73호, 278~318쪽.

_____. 2021. 「하이퍼객체와 '나노객체'의 세계: 염지혜와 네트워크화된 객체들」. ≪미학예술학연구≫, 63집, 66~95쪽.

_____. 2022. 「신유물론의 새로운 개념들: 행위자-네트워크 이론과 객체지향존재론으로 보는 과학기술적 인공물의 구성방식 분류」. ≪사회와 이론≫, 42호, 133~202쪽.

이준석·김연철. 2019. 「사회이론의 물질적 전회(material turn): 신유물론(new materialism), 그리고 행위자-네트워크 이론(ANT)과 객체지향존재론(OOO)」. ≪사회와 이론≫, 35호, 7~53쪽.

저잔, 존(John Zerzan) 엮음. 2009. 『문명에 반대한다: 인간, 생태, 지구를 생각하는 세계 지성 55인의 반성과 통찰』. 정승현·김상우 옮김. 서울: 와이즈북.

조기숙. 2020.11.30. "제6강. 얼굴, 영혼의 거울". ⟨EBS 특강: 몸 공부⟩.

주은우. 2005. 「옮긴이의 글: 분류에 대해 사유하기」. 제프리 C. 보커·수전 리 스타. 『사물의 분류』. 서울: 현실문화연구, 9~19쪽.

카프카, 프란츠(Franz Kafka). 1998. 「가장(家長)의 근심」. 『변신』. 전영애 옮김. 서울: 민음사, 191~196쪽.

홍성욱. 2016. 『홍성욱의 STS, 과학을 경청하다』. 서울: 동아시아.

≪경향신문≫. 2004.1.8. "옵션고수된 '일산 가물치'". https://www.khan.co.kr/article/2004 01082319591(검색일: 2021.8.1).

≪뉴스핌≫. 2019.5.31. "주식·채권 선물옵션 '슈퍼 메기' 선경래 대표는 누구". https://www.newspim.com/news/view/20190111000230(검색일: 2021.8.1).

≪동아일보≫. 2006.9.18. "슈퍼개미 '공격 앞으로'". https://www.donga.com/news/Economy/article/all/20060918/8351877(검색일: 2021.8.1).

≪문화일보≫. 2019.12.10. "지구 온난화는 자연의 문제인가?". http://www.munhwa.com/news/view.html?no=2019121001031412000001(검색일: 2021.8.1).

≪조선일보≫. 2017.10.15. "수퍼 개미 1세대 지금 뭐 하나: '압구정 미꾸라지' 투자 아카데미 운영, '목포 세발낙지' 사기혐의로 징역 1년". https://biz.chosun.com/site/data/html_

dir/2017/10/15/2017101501875.html(검색일: 2021.8.1).

≪한국경제≫. 2008.12.4. "선경래씨는 누구? …… 미래에셋 주식운용본부장 출신". https://www.hankyung.com/finance/article/2008120377251(검색일: 2021.8.1).

"온도감응색변화조성물(2008년 한국 특허)". https://patents.google.com/patent/KR201000 39776A/ko(검색일: 2022.5.1).

질병관리청 감염병 포털. "중동호흡기증후군(MERS)". https://www.kdca.go.kr/npt/biz/npp/ portal/nppSumryMain.do?icdCd=NA0014&icdgrpCd=01&icdSubgrpCd=(검색일: 2022.6.1).

질병관리청 감염병 포털. "중증급성호흡기증후군(SARS)". https://www.kdca.go.kr/npt/biz/ npp/portal/nppSumryMain.do?icdCd=NA0013&icdgrpCd=01&icdSubgrpCd=(검색 일: 2022.6.1).

"특별한 날에만 '변신'하는 북촌한옥마을". https://blog.naver.com/cyxl0217/220527501236 (검색일: 2022.5.1).

Allison, Anne. 1994. *Nightwork: Sexuality, Pleasure, and Corporate Masculinity in a Tokyo Hostess Club*. Chicago: University of Chicago Press.

Bennett, Jane. 2012. "Systems and Things: A Response to Graham Harman and Timothy Morton." *New Literary History*, Vol. 43, No. 2, pp. 225~233.

Bennett, Tony. 1995. *The Birth of the Museum: History, Theory, Politics*. London: Routledge.

Blok, Anders and Torben Jensen. 2011. *Bruno Latour: Hybrid Thoughts in a Hybrid World*. London: Routledge.

Bowker, Geoffrey and Susan Leigh Star. 1999. *Sorting Things Out: Classification and Its Consequences*. Cambridge: The MIT Press.

Brooks, Terrence. 2000. "Book Review: Sorting things out: Classification and its Consequences." *Journal of the American Society for Information Science*, Vol. 51, No. 12, pp.147~148.

Fleishman, Ian. 2017. "The Rustle of the Anthropocene: Kafka's Odradek as Ecocritical Icon." *The Germanic Review: Literature, Culture, Theory*, Vol. 92, No. 1, pp. 40~62.

Fuentes, Agustin. 2010. "Naturalcultural Encounters in Bali: Monkeys, Temples,

Tourists, and Ethnoprimatology." *Cultural Anthropology*, Vol. 25, pp. 600~624.

Galison, Peter. 1997. *Image & Logic: A Material Culture of Microphysics*. Chicago: The University of Chicago Press.

Haraway, Donna. 2003. *The Companion Species Manifesto: Dogs, People, and Significant Otherness*. Chicago: Prickly Paradigm Press.

_____. 2018(1997). Modest_Witness@Second_Millennium.FemaleMan_Meets_*OncoMouse: Feminism and Technoscience*. London: Routledge.

Harman, Graham. 2009. *Prince of Networks: Bruno Latour and Metaphysics*. Melbourne: re.press.

Herbert, Frank. 1965. *Dune*. Boston: Chilton Books.

Kafka, Franz. 1920. "Die Sorge des Hausvaters." In: *Ein Landarzt. Kleine Erzählungen*. München/Leipzig: Kurt Wolf.

Lamberts, Koen and David Shanks(eds.). 1997. *Knowledge, Concepts and Categories*. Cambridge: The MIT Press.

Latour, Bruno. 1987. *Science in Action: How to Follow Scientists and Engineers through Society*. Cambridge: Harvard University Press.

_____. 1988. *The Pasteurization of France*. Cambridge: Harvard University Press.

_____. 1991. "Technology Is Society Made Durable." in John Law(ed.). *A Sociology of Monsters: Essays on Power, Technology and Domination*. London: Routledge, pp. 103~130.

_____. 1993. *We Have Never Been Modern*. Cambridge: Harvard University Press.

_____. 2004. *Politics of Nature: How to Bring the Sciences into Democracy*. Cambridge: Harvard University Press.

_____. 2005. *Reassembling the Social: An Introduction to Actor-Network-Theory*. New York: Oxford University Press.

_____. 2013. *An Inquiry into Modes of Existence*. Cambridge: Harvard University Press.

_____. 2017. *Facing Gaia: Eight Lectures on the New Climatic Regime*. Cambridge: Polity.

_____. 2018. *Down to Earth: Politics in the New Climatic Regime*. Cambridge: Polity.

Law, John. 2002. "Objects and Spaces." *Theory, Culture & Society*, Vol. 19, No. 5/6, pp. 91~105.

Law, John and Anne-Marie Mol. 2001. "Situating Technoscience: an Inquiry into Spatialities." *Environment and Planning D: Society and Space*, Vol. 19, No. 5, pp. 609~621.

Layne, Linda. 2000. "The Cultural Fix: An Anthropological Contribution to Science and Technology Studies." *Science, Technology, & Human Values*, Vol. 25, No. 3, pp. 352~379.

Lenton, Timothy and Bruno Latour. 2018. "Gaia 2.0." *Science*, Vol. 361, Iss. 6407, pp. 1066~1068.

Lenton, Timothy, Sebastien Dutreuil and Bruno Latour. 2020. "Life on Earth is Hard to Spot." *The Anthropocene Review*, Vol. 7, No. 3, pp. 248~272.

Margulis, Lynn. 2008. *Symbiotic Planet: a New Look at Evolution*. New York: Basic Books.

Meis, Morgan. 2021. "Timothy Morton's Hyper-Pandemic: For the philosopher of "hyperobjects" — vast, unknowable things that are bigger than ourselves — the coronavirus is further proof that we live in a dark ecology." *The New Yorker*, June 8, 2021. https://www.newyorker.com/culture/persons-of-interest/timothy-mortons-hyper-pandemic(검색일: 2022.6.1).

Morton, Timothy. 2007. *Ecology without Nature: Rethinking Environmental Aesthetics*. Cambridge: Harvard University Press.

_____. 2010. *The Ecological Thought*. Cambridge: Harvard University Press.

_____. 2013. *Hyperobjects: Philosophy and Ecology after the End of the World*. Minneapolis: University of Minnesota Press.

_____. 2016. *Dark Ecology: For a Logic of Future Coexistence*. New York: Columbia University Press.

_____. 2017. *Humankind: Solidarity with Non-Human People*. London: Verso.

_____. 2018. *Being Ecological*. Cambridge: The MIT Press.

Proust, Marcel. 1913. *In Search of Lost Time*. Paris: Grasset.

Raab, Alon. 2005. "Revolt of the Bats." in John Zerzan(ed.). *Against Civilization*. Port Townsend, WA: Feral House, pp. 122~123.

Randall, David. 2001. "Book Review on Geoffrey Bowker and Susan Leigh Star, Sorting

Things Out." *Computer Supported Cooperative Work*, Vol. 10, No. 1, pp. 147~153.

Stengers, Isabelle. 2010. *Cosmopolitics*. Minneapolis: University of Minnesota Press.

Tolkien, John R. R. 1954. *The Lord of the Rings (a Trilogy)*. London: Allen & Unwin.

Wark, McKenzie. 2017. *General Intellects: 21 Thinkers for the 21st Century*. London: Verso.

Zerzan, John(ed.). 2005. *Against Civilization: Readings and Reflections*. Port Town-send, WA: Feral House.

Oxford English Dictionary. "auxiliary verbs." https://public.oed.com/how-to-use-the-oed/glossary-grammatical-terms/#partition-18(검색일: 2021.10.21).

"PFOA and PFOS Detected in Newborns." https://publichealth.jhu.edu/2007/goldman-pfoa-pfos(검색일: 2022.6.1).

"These Murals Were Grown from Rice." https://youtu.be/o2_Li7tntE4(검색일: 2022.6.1).

"U.S. Patent #US4736866A: Transgenic Non-human Mammals." https://patents.google.com/patent/US4736866(검색일: 2022.6.1).

제3장

레비 브라이언트의 객체지향 존재론에서 물질 혐오*

이재준

1. 혐오 사건

전라북도 익산의 한 시골 마을에 언젠가부터 참기 힘든 악취가 진동하기 시작했다. 2019년 6월 현재 100여 명 남짓인 주민의 20% 이상이 암으로 투병하거나 죽었다.[1] 10여 년 전 마을에서 500m쯤 떨어진 곳에 비료 공장이 처음 들어섰다. 그곳에서는 사용이 금지된 연초박(담뱃잎찌꺼기) 폐기물을 수년간 유기질 비료 생산에 사용했다. 이때 가공 과정에서 기화한 고농도 오염 물질이 그 어떤 처리도 없이 마을로 방출되었다. 장점마을 주민들은 정체를 알 수 없는 역겨운 냄새를 맡기 싫었다. 눈에 보이지 않던 오염 물질이 마을 주민들의 혐오 정동으로 가시화되었다. 주민들은 그 시설을 마을로부

---

* 이 글은 이재준, 「객체들의 관계 외부성과 물질 혐오」, ≪사회와이론≫, 43집(2022)을 개고한 것이다.
1 "장점마을서 집단 발병한 암, 일부는 비료공장 영향", ≪한겨레≫, 2019년 6월 20일 자.

터 가능한 한 멀리 밀어내고 싶었다. 수많은 진정서를 관리 기관에 보냈는데, 그 사이 암 발병자들이 늘어갔다. 같은 해 11월 환경부의 공식적인 조사 발표는 그 역겨운 물질이 주민들의 몸에 암을 만들었다는 것을 확인해 주었다.[2] 결국 오염 물질을 뿜어내던 그 비료 공장은 문을 닫고 폐허가 되었다. 하지만 주민들에게 냄새의 물질적인 흔적과 트라우마가 남았다.

우리는 혐오라는 말에서, 저 인간에 대한 이 인간의 환멸과 증오를 떠올린다. 저 인간은 배신자다. 저 인간은 멍청해서 우리에게 도움을 주지 못할망정 오히려 피해를 준다. 저 인간은 피부색이 다른데 역겨운 냄새까지 난다. 저 인간은 혐오스럽다. 그래서 누군가는 혐오와 증오를 구분해야 할뿐더러 혐오는 너무 포괄적인 의미를 지닌 말이므로 우리는 사회적인 증오에 더 주목해야 한다고 말한다. 맞는 말이긴 하지만, 그렇다고 그것에 제한되는 것만은 아니다. 혐오는 인간들만이 아니라 비인간들과도 관련된다.

장점마을 사건은 이런 특징들이 뒤엉켜 있음을 보여준다. 어느 부분에서는 환멸과 증오가 들끓고, 다른 부분에서 눈에 보이지도 않는 것에 역겨운 느낌으로 힘들어한다. 무엇보다도 그 사건에서는 악덕 기업인 금강농산의 대표에 대한 증오가 있다. 그는 처벌받아야 하고, 폐기 연초박을 제공한 한국담배인삼공사는 배상과 보상을 위해 애써야 한다. 또한 유해 시설은 폐쇄되고 마을 바깥으로 치워져야 한다. 미시 세계로 들어가면 상황은 더 복잡해진다. 주민들에게 암을 유발한 다환방향족탄화수소(PAHs)와 담배특이니트로사민(TSNAs)이라 불리는 물질들이 있다. 이것들의 성분 중에는 국제암연구소(IARC)가 1군 발암 물질로 분류해 놓은 벤조에이피렌이 있고, NNN과 NNK가 있다. 그렇지만 장점마을 주민들에게 이 물질들은 눈에 보이지 않았을뿐더러 그것들이 무엇인지도 전혀 알 수 없었다. 그러나 이것들은 주민

---

2 "환경 참사 '장점마을' 그 후… 일상 회복 기대한 희망 커질까", ≪환경일보≫, 2021년 12월 22일 자.

들의 코와 목구멍과 피부와 폐를 강렬하게 자극한 물질이었다. 그들은 불쾌하고 역겨운 혐오의 느낌이 사라지길 원했다. 그래서 그 냄새를 없애기 위해 냄새를 일으킨 물질을 찾아내고 비료 공장을 찾아가 그것들을 밀어내려 애썼다. 그런데 이러한 과정에서 사실상 주민들에게 위험한 상황임을 깨닫게 해주고 눈에 보이지 않는 물질을 밀어내야 한다고 말해준 것은 그 혐오의 느낌이었다. '밀어냄'은 혐오의 정동적인 힘이다. 주민들이 밀어내고 싶은 것은 싫은 냄새, 냄새를 일으키는 연초박 연소 물질, 벤조에이피렌이고, NNN과 NNK이고, 비료 공장, 공장장, 사업주이다. 그래서 결국 그들은 그 모든 것들을 혐오했다. 혐오가 증오와 구별되기는 하지만 그것은 언어적이고, 의미론적인 차이일 뿐, 그것들은 모두 무언가에 대한 비언어적·비기표적인 물질 경험과 연루되어 있다.

언어적이고 사회적인 내용을 한쪽으로 놓고 신체, 물질, 느낌 등을 다른 쪽에 놓고 보면, 장점마을 사건에서 혐오는 어떤 무엇/누군가를 주민들 자신에게서 강하게 밀어내려는 행위이고 또한 이 과정에서 느껴지는 감각-지각적이고 정서적인 경험이다. 신체적·물질적 차원과 사회적 의미 차원을 관통하는 혐오의 경험과 행위는 비인간을 포함한 서로 다른 존재자들 사이의 부정적인 관계의 효과로 볼 수 있다. 그렇지만 이 두 가지 차원이 공평하게 연결되지는 않는다. 무엇보다도 물질 소비의 자본주의 프로세스는 비인간 차원을 자동화의 스펙터클 속에서 쉽게 망각하게 만들거나 혹은 아예 은폐한다. 사실상 장점마을 사건에서 쉽게 잊힌 것들은 지역 문화 공간으로 다시 상품화된 폐공장, 연초박에서 변형된 수많은 물질, 주민들의 두뇌에 기입된 전기 화학적 패턴(역겨운 냄새의 트라우마), 특정 물질 들이 주민들의 신체를 횡단할 때 변형 발생한 암세포 등등 너무도 많다. 그것들은 여전히 존재하지만, 증오의 사회적 프로세스에서는 2선으로 밀려나기 쉽다.

다시 말해서 그 비인간들은 장점마을 주민들, 사업주, 공공 기관의 공무원들, 환경 단체 운동가들, 기자들 등의 인간 행위자의 연결에서 그저 사회적인 삶의 매개체이거나 도구로 배치된다. 가령 이 배치의 지형도에서 연초박의 연소에서 변형된 물질은 그저 혐오 대상이고 불행을 안겨준 원인의 자리에 놓인다. 그리고 인간주의의 인과성 논리에 따라 그 원인이 제거되면 문제는 해결된다고 여긴다. 그러나 삭제되지 않고 저쪽으로 밀려난 것들이 여전히 있다. 일군의 이론들은 '저기 떨어져 있는 것들'이 포함된 거대한 정치-생태주의적인 지형도를 제안한다. 그런 이론적 시도들 가운데 레비 브라이언트(Levi Bryant)의 존재론이 있다. 소위 사변적 실재론으로 향하는 그의 존재론은 인간주의적 사고로부터 독립적인 존재의 실재성을 '객체지향'이라는 용어로써 증명하려 한다. 객체지향 존재론(object-oriented ontology)을 주장하는 브라이언트는 '객체'와 더불어 '기계' 개념을 들뢰즈(Gilles Deleuze)로부터 빌려와 객체들, 즉 존재자들 자체의 가변성을 관계로부터 해명한다. 그는 이렇게 관계 존재론의 중요성에 주목하지만 다른 한편으로는 객체들이 관계성으로 환원되어서는 안 된다고 주장함으로써 객체들의 고유성을 보존하려 한다. 물론 객체들의 일원에는 비인간들만이 아니라 이미 근대가 주체로 자기 규정한 인간도 포함된다.

아래에서는 브라이언트의 존재론을 통해 존재자들의 연결로부터 물질 혐오의 의미를 헤아려보고자 한다. 그 과정에서 그가 실체, 객체, 기계 등으로 명명한 존재자들의 권리가 존재의 평면 위에서 재배치된다. 그런데 물론 그것들이 항상 '잘' 배치되는 것은 아니다. 혐오의 정동은 언어적으로든 사회적으로든 구조화된 관계가 포획하지 못하는 객체들의 실재를 보여준다. 줄리아 크리스테바(Julia Kristeva)의 혐오 이론은 브라이언트 존재론의 이런 측면을 부분적으로 보완할 수 있을 것이다.

2. 혐오스러운 것들

장점마을 사건은 인간적인 것들의 네트워크로만 발생하고 해소되지 않는다. 거기에는 담론적이고 언어적인 것들, 그리고 사회적인 것들과 연루된 존재자들인 비인간이 있다. 그리고 장점마을을 감쌌던 혐오스러운 냄새는 인간적인 것들 너머에 알 수 없는 물질이 있다는 사실을 체험으로 보여준다. 그리고 동시에 혐오는 인간의 의미 구조 안에 있는 것처럼 보인다. 이는 혐오가 정서 관념이고 언어적으로 소비될 수 있는 의미 담지체라는 점에서 볼 때 그것은 분명히 그리고 지극히 인간적이기 때문이다. 그러나 반면에 브라이언트의 관점에서 혐오에 관한 논의는 마치 "모든 것이 인간들의 소외된 거울이 되었기에, 우리가 사물에서 찾아내는 것은 바로 우리가 거기에 집어넣은 것임을 증명하는 일"에 불과하다.[3]

혐오 연구의 역사에서 빠질 수 없는 인물인 폴 로진(Paul Rozin)은 혐오를 이해할 때 이러한 두 가지 상황의 충돌이 있음을 주목한다. 그의 물질 지향적인 관점은 혐오가 직접적으로 음식 섭취와 연관된다고 전제하는데, 혐오는 사람이나 동물에서 배출된 물질을 입으로 먹을 때 이것을 거부하려는 심리적 경향이라고 정의된다. 혐오의 표정은 배설물을 먹었을 때 나타날 수 있는 모습의 재현이다. 로진은 기본적으로 혐오가 네 가지 특징을 지닌다고 본다. 무엇보다도 혐오스러운 것들은 그것들이 풍기는 냄새나 나타내는 질감과 외관 등과 관련된 강한 감각적인 특성이 있다(감각 작용). 또한 혐오는 섭취했을 때 직접적으로 가해진 위협이나 위협을 불러올 수 있는 관념들과 관련된다(위해 관념). 위협적이거나 위해를 준 것들은 대개는 특정 사회 문화의 맥락에서 보면 부적절하다. 마지막으로 혐오는 직간접적으로 오염될 수

---

3   레비 브라이언트, 『존재의 지도』, 김효진 옮김(서울: 갈무리, 2020), 20쪽.

있는 것들과 연관된다(오염). 이 역시 오염될 수 있다는 관념을 떠올리는 것만으로도 무언가를 혐오스럽게 만든다.[4]

로진은 혐오를 인간 신체의 생리적 구조에 의한 것일 뿐만 아니라 특정한 물질성을 표출하는 사물에서 발생하는 것으로 규정한다. 무엇보다도 혐오는 위해를 끼칠 사물의 섭식과 관련된 것으로 생리적 구조물로 구강, 혀 등에 직접적이다. 그는 이렇게 말한다. "입의 특별한 역할은 간단한 해부학적인 사실에서 비롯된다. 그것은 본질적으로 위장 체계로 연결된 진입 지점이다. 그것은 가장 가까이에서 음식을 식별하고 받아들이는 기본적인 기관이다. … 입은 몸 안으로 들어가면 더 이상 되돌릴 수 없는 과정의 마지막 식별 지점이다. … 입은 자아와 타자(nonself) 사이에서 고도로 예민한 경계(highly charged border)의 기능을 하는 듯하다. … 혐오의 강도는 이미 먹은 것들보다 입 안에 있는 것들에 더 현저히 반응한다."[5] 또 다른 측면에서 혐오는 신체의 배설과 관련된다. 인간으로부터 나온 침, 피, 대소변 등이 가장 1차적인 혐오 물질들이다. 로진은 다섯 가지 대상을 거론한다.[6] 첫째로 동물이다. 인간의 일반적인 섭식 특성은 잡식이며 따라서 동식물을 포함해서 다양한 사물을 먹는다. 잡식 동물은 안전한 음식을 반복적으로 섭취하는 동물에 비해 기본적으로 중독 위험에 더 많이 노출된다. 특히 음식에서 자기 신체의 일부나 자기를 공격할 수 있는 동물을 떠올리게 만드는 것들은 기본적으로 혐오스러운 것이 된다. 둘째로 상한 것들은 질병을 낳는 원인이 되며 이러한 사물들의 섭취는 대부분 자아 보존을 위협한다. 이런 것들은 혐오스러운 것이 된다. 셋째로 인간과 멀리 떨어져 있는 것들은 혐오스러운 것으로 여겨

---

4 Paul Rozin and April E. Fallon, "A Perspective on Disgust," *Psychological Review*, Vol. 94, No. 1(1987), p. 24.

5 Rozin and Fallon, 같은 글, p. 26.

6 Rozin and Fallon, 같은 글, pp. 28~29.

진다. 이 거리는 물리적인 것일 수 있을 뿐만 아니라 심리적인 것일 수도 있다. 심리적으로 먼 것들, 즉 낯선 것들은 기본적으로 혐오스러운 것이 되기 쉽다. 반면 가까운 것들은 섭식 대상에서 제외된다. 가깝고도 먼 것은 혐오스러운 것이 될 수 있다. 다시 말해서 자기가 바라볼 수 있는 자신의 주검이 있을 수 있다면 그것은 매우 혐오스러운 존재가 될 것이다. 프로이트(Sigmund Freud)는 이것을 억압된 자아를 발견할 때의 트라우마라고 분석하면서 언캐니[das Unheimliche]라고 불렀다. 혐오의 대상이 되는 네 번째 특징은 예외 혹은 이례성(anomaly)이다. 이것은 위상학적으로 다섯 번째 것과 관련된다. 요컨대 내부의 바깥은 혐오스러운 것으로 여겨진다. 로진은 신화를 연구한 인류학자 메리 더글러스(Mary Douglas)의 주장을 가져오는데, 괴물로 불린 기형 인간, 희생 제물, 질병 감염자, 이단자 등 내부로부터 금기시된 존재들은 혐오스러운 것이 된다. 내부로부터 배제된 외부라는 논리는 다섯 번째 혐오스러운 것에 적용된다. 그것은 피나 침, 대소변처럼 신체에 있던 것이지만 바깥으로 배출된 것들이다. 이것들은 내부에 있을 때는 혐오스러운 것이 아니었다는 점이 공통된다. 또한 배출된 것은 기본적으로 죽어서 움직이지 않거나 혹은 부패한다. 그런데 신체로부터 배출된 것이 죽지 않고 꿈틀거리며 움직이거나 살아 있는 것처럼 느껴진다면, 그것들 또한 혐오스러운 것이 된다.

로진의 이러한 논의는 혐오를 인간과 비인간의 관계 항에 배정하고 비인간의 특성에 대응하는 인간 신체의 변화를 설명한다. 그런 점에서 그것은 혐오에 대한 추상적인 논의를 비판하는 주요 입장 중 하나일 수 있다. 하지만 이처럼 도전적인 걸음에도 불구하고 그는 다른 한편으로 혐오를 인간주의적으로 재구성한다.[7] 예를 들어 사향고양이를 먹는 것은 누군가에게는 혐

---

7   예를 들어 혐오 정서나 표현은 물질적인 공속성이 있지만, 다른 한편으로 시대와 지역에
     따라 사회 문화적인 차이가 있으므로 개인의 주관에 귀속될 문제가 아니라고 주장한다.
     Jonathan Haidt, Paul Rozin, Clark Mccauley and Sumio Imada, "Body, Psyche, and Culture:

오스럽지만 다른 누군가에게는 혐오스럽지 않다. 로진이라면 이런 상황이 사향고양이 자체가 아니라 인간의 문화적인 차이 때문이라고 주장할 것이다. 사향고양이 자체는 혐오의 원인이 아니고 인간들이 문제라는 것이다. 혐오가 마치 해석학으로 빨려 들어가는 듯한 인상을 남기는 로진의 논의에서, 인간과 너무 먼 관계에 있는 동물의 특성이 혐오의 원인이라는 주장과 정서의 차이는 사회 문화적인 습관이나 학습의 결과라는 주장은 화해되지 않는 듯 보인다. 그런데 2002년 중증급성호흡기증후군(SARS)의 사례에서, 사향고양이를 숙주로 삼았던 코로나바이러스는 그 동물을 먹은 인간에 의해 다른 인간에게로 전파되었다. 그 당시 사향고양이만이 아니라 그 동물을 먹은 인간들도 혐오 대상이 되었다. 이러한 감염 경로가 과학적으로 참이든 아니든, 사향고양이의 몸에서 변형되어 살던 바이러스는 인간의 몸에 들어와 인간과의 관계에서 변이종 바이러스가 되었다. 그리고 서로 다른 숙주에서 같으면서도 다른 그 바이러스가 인간의 생존을 위협하게 되었다. 로진의 생각을 따라가면, 사향고양이는 혐오스러운 것이다. 이유는 사향고양이가 인간과 멀리 있는 동물이기보다는 오히려 사향고양이를 먹는 행위가 위해를 가할 바이러스에 노출되는 것이기 때문이다. 사향고양이에 대한 혐오는 사향고양이 자체의 어떤 부분과 관련된다. 그것들은 눈에 보이지 않는 미시 세계의 객체들이다.

따라서 로진의 혐오 이론을 비판적으로 그리고 또한 생산적으로 살펴볼 수 있다면, 인간에게 혐오의 느낌을 낳는 존재자 자체, 혐오스러운 것 자체에 대한 이해의 관점으로 옮겨 갈 수 있을 것이다. 물론 여기서 혐오스러운 것 자체라는 말은 하나의 문제이다. 이는 혐오가 인간과의 관계에서만 이해될 수 있는 존재 양상이지 그것 자체를 규정할 만한 성질이 아니기 때문이

The Relationship between Disgust and Morality," *Psychology & Developing Societies*, Vol. 9, No. 1(1991), p. 111.

다. 무엇보다도 로진은 '혐오 대상들의 본성(the nature of objects of disgust)'을 분석하는데, 인간 의식에서 구성된 혐오스러운 것, 즉 혐오의 대상성이 다섯 가지의 특징으로 드러난다. 그래서 결국 그의 혐오 분석이 목표로 하는 것은 어떤 것들이 왜 이런저런 대상인지, 다시 말해서 결과적으로 그것들이 왜 인간에게 그런 의미로 이해되는지에 관한 설명이다. 그렇지만 위에서 사례로 든 사향고양이의 경우처럼 분석 과정에서 로진은 혐오스럽게 느껴진 것들, 혐오라는 관념으로 생각된 것들, 소위 '주어진 것들'을 인간에게서 분리해 낸다. 인간 주체와 대상의 관계성으로부터 혐오를 설명하는 것에서 이렇게 괄호로 묶인 혐오스러운 것들, 사실상 혐오와 연루된 존재자 자체가 제시되는 것이다.

이것은 다음과 같은 물음과 관련된다. 혐오의 대상인 어떤 것들은 온전히 전적으로 혐오스러운 것인가? 또는 혐오 기표들로 소비되는 그/그녀/그것이 마땅히 배제되어야 할 정당한 근거가 있는가? 혐오의 관계 항으로서 혐오스러운 것들을 괄호로 묶는 작업은 인간과의 관계, 인간의 사유 바깥에서 존재자를 구명하려는 사변적 실재론의 이론적 경향과 비슷하다. 아래의 두 절에서는 브라이언트가 존재자들의 존재론, 즉 온티콜로지(onticology)라 부른 객체지향 존재론에서 객체 자체와 그것들이 맺는 존재론적 관계론을 설명함으로써 그 해결의 실마리를 찾아보기로 한다.

3. 객체들

마음속에서 혐오의 느낌이 일어났다는 의식적인 사실은 저 너머에 우리와 관계 맺은 어떤 것이 있음을 알게 해준다. 그렇지만 외부 존재자에게는 인간적이든(의식, 지성 등) 아니면 인간적이지 않든(신적 지성) '알고자 하는 단일한 의식'이 소거되지 않는다. 권력관계에서 그런 인간적인 것은 대상화된 모든 것들을 자기 쪽으로 빨아들이는 존재론적 중심성의 정치를 구현한다. 그리고는 '알려질 것들'을 넘어서서 그것들의 주인 자리에 앉는 것이다. 여기서 우리는 탈근대성의 주요 비판적 논지를 보게 된다.

그런데 이런 의식 지향성이나 대상성의 존재론적 권력에 대한 비판과 다른 한편에서, 혐오의 정동은 '알 수 없는' 신경 세포들을 즉각적으로 발화시키는 물질성을 폭로하고 또한 의식을 위축시킬 만큼 강렬하다. 장점마을 주민이 "독해가지고 뭔 썩은 냄새 비슷하게, 숨을 쉬면 여기 〔목〕이 찢어질 정도로 그렇게 독하게 났어"라고 말할 때, 그녀의 목소리가 비가시적인 물질을 기록한 것처럼,[8] 혐오는 사물들의 존재에 대한 형언할 수 없는 경험을 낳는다. 그것은 존재자들을 대상성에 따라 구획하려는 시도를 의심하기에 충분한 조건이다. 대상성이 표명하는 관계성을 상관주의적이라 부를 수 있다면, 퀑탱 메이야수(Quentin Meillassoux)는 모든 사고와 모든 주체성에 착종된 상관주의로부터 벗어나라고 말한다.[9] 그리고 그를 포함한 사변적 실재론자들은 인간 의식의 초월성만이 아니라 의식의 관계성마저 비판하면서 그 한계 너머의 존재 자체를 증명하고자 한다.[10] 그레이엄 하면(Graham Harman)과 브라이언트 같은 이들은 초월성과 본질에 대한 거대한 인간주의적인 충동을 극렬히 비판하면서 상관주의를 일소하고 남은 실재를 '객체'라 부른다. 그리고 이들은 객체의 복권을 주장하는 철학 혹은 존재론을 '객체지향 존재론', 혹은 '객체지향 철학'이라 부른다. 하면은 객체지향 철학자이기 위해서라면 "우주의 궁극적인 질료가 바로 다양한 스케일의 개별 단일체라는 것을 지지하기만 하면 될" 뿐이라고 말한다.[11] 이들에게 객체는 주체 혹은 또 다

---

8 주민 인터뷰, "익산 장점마을의 비극", 〈KBS 생로병사의 비밀〉, 749회(2020.10.14. 방영).

9 퀑탱 메이야수, 『유한성 이후』, 정지은 옮김(서울: 도서출판 b, 2010), 16쪽.

10 스티븐 샤비로, 『사물들의 우주』, 안호성 옮김(서울: 갈무리, 2021), 200쪽.

11 Graham Harman, "brief SR/OOO tutorial"(July 23, 2010), https://doctorzamalek2.word-press.com/2010/07/23/brief-srooo-tutorial/.

른 객체 관계성에서 물러나 있는 존재자이다.

브라이언트와 하먼은 많은 부분에서 하나의 노선을 추구하는 것처럼 보인다. 하지만 결정적인 몇몇 지점에서 서로 결별한다. 무엇보다도 하먼은 비유물론자로서 사변 철학을 옹호하기를 바라는 반면, 브라이언트는 유물론자이자 생성 철학의 옹호자로 남아 있다. 물론 그가 지지하는 유물론은 전통적인 환원주의적 유물론이 아니다. 유물론이 물질의 근원을 설명하기 위해 그 자신인 물질을 가져가는 것은 정신을 설명하기 위해 정신을 가져가는 것과 다를 바 없기 때문이다. 그것은 그저 근원을 찾아 자기 지시적인 퇴행을 거듭하는 환원주의일 뿐이다. 브라이언트에게 물질이란 불가 침투적인 원자 물질 정도가 아니다. 그런 것은 지나치게 소박하다.

브라이언트는 비상관주의적인 실재, 즉 객체를 설명하려는 기획에 '코페르니쿠스주의의 아바타(avatars of Copernicanism)'라는 표현을 사용한다.[12] 상관주의의 주요 기획자인 칸트(Immanuel Kant)는 '코페르니쿠스적인 변혁(Kopernikanische Wende)'을 자기 철학의 이념상으로 삼았다. 그는 인간적인 인식론을 통해 형이상학을 엄밀하게 만들고자 했다. 칸트는 데카르트(René Descartes)의 에고 코기토를 제련해야 하는 임무 앞에서 이렇게 말한다. "이것은 코페르니쿠스의 최초 사상이 처해 있는 상황과 똑같다. 전체 별무리가 관찰자를 중심으로 회전한다는 가정에서는 천체운동에 대한 설명이 잘 진척되지 못하게 된 후에, 코페르니쿠스는 관찰자를 회전하게 하고 반대로 별들을 정지시킨다면, 그 설명이 더 잘되지 않을까를 시도했다."[13] 칸트의 이 말을 다르게 표현하면 '객체에서 주체로 눈을 돌리라는 것'이다.

---

12 Levi Bryant, "Onticology — A Manifesto for Object-Oriented Ontology Part I"(January 12, 2010), https://larvalsubjects.wordpress.com/2010/01/12/object-oriented-ontology-a-manifesto-part-i/.

13 이마누엘 칸트, 『순수이성비판』, 백종현 옮김(서울: 아카넷, 2011), 182쪽(KrV. BXVI).

브라이언트는 에고 코기토, 즉 인식-존재 자체를 순수한 자기 규정적인 존재로 증명하려는 칸트의 시도가 현상과 물자체 모두 인간-세계의 관계론적인 형식 속에 속박한다고 비판한다. 그리고 그는 칸트의 기획 전체를 송두리째 비판하는 대신 그 방법론을 차용해서 칸트가 기획한 객체의 주체 관계성을 다시 한 번 더 뒤집는다. 거기서 주체(의식)가 욕망하는 인간-세계의 관계는 힘을 잃고 반면 객체 그 자체가 부각된다. 그러나 이 객체는 이미 초월적 세계가 해체된 이후 남은 돌아갈 고향이 없는 존재자이다. 그것은 신학적 세계의 일원이 아니다. 객체 그 자체로 있는 존재이다. 하먼 또한 이러한 비상관주의적인 존재 설명을 긍정한다. 하지만 그의 긍정은 여기까지로만 보이는데, 이는 그가 객체는 그 자체로 증명되어야 하며 그것의 가변성은 도리어 상관주의로의 위험한 복귀일 수 있다고 보기 때문이다.[14] 반면 그의 이런 입장은 세계와 그 일원인 객체들의 변화를 설명하지 못하는 한계가 있다. 객체를 포함해서 그 무엇도 '없음'으로부터 생성되지 않을뿐더러, 나아가 그런 객체가 '왜 저렇게 있지 않고 이렇게 있는지'가 설명되어야 하기 때문이다. 이것은 브라이언트에게는 매우 중요한 논제이다. 그래서 하먼과 달리 객체의 생성 변화를 설명하기 위해 그에게는 객체들의 관계 문제를 해명해야 하는 과제가 생긴다.

여기서 브라이언트의 전략은 잠재성 개념을 객체에 도입하는 것이다. 그는 객체를 두 가지 국면의 여럿임 혹은 다양체로 본다. 요컨대 객체는 실체적인 차원으로서 잠재적으로 고유한 존재(virtual proper being)이면서 동시에 그것의 성질 측면으로서 국소적 표현(local manifestations)으로 정의된다.[15] 존재의 잠재성은 객체의 내부성, 국소적 표현은 객체의 외부성에 상응한다. 이 내부/외부의 측면들은 객체들의 관계에서 잠재적인 것의 다양한 현실화

---

14 그레이엄 하먼, 『쿼드러플 오브젝트』, 주대중 옮김(서울: 현실문화, 2019), 246쪽.
15 레비 브라이언트, 『객체들의 민주주의』, 김효진 옮김(서울: 갈무리, 2021), 91쪽.

로 제시된다. 브라이언트는 객체가 존재의 생성 운동을 표현한다고 보는 것이다. 반면 객체의 생성 변화에 대한 그의 설명은 하먼을 격렬히 자극하는데, 그는 "브라이언트가 객체를 끊임없는 유출의 현상으로 여길 때, … 대다수 존재자가 오랜 기간에 꽤 안정한 상태를 유지하고 중요한 변화는 단지 간헐적으로 일어날 뿐이라는 사실을 설명하지 않고 방치함으로써, … 오류를 어떤 형태로든 반복"한다고 보기 때문이다.[16]

그런데 브라이언트는 객체가 다른 객체로부터 구분되어 물러나 있는 존재자일뿐더러 객체의 내부와 외부, 잠재적인 것과 현실적인 것도 서로 구분되어 물러나 있다는 주장을 통해 하먼의 비판을 해소하려 한다. 여기서는 객체의 구분 행위가 결정적이며 이것은 사실상 지속을 포함하는 차이 생성으로 볼 수 있다. 그렇지만 구분을 보지 못하는 것은 객체지향 존재론에 있는 어떤 불가피한 맹점 때문이다. 브라이언트는 칸트적인 코페르니쿠스주의를 뒤집는 과정에서 나타난 반전 이미지에서 맹점을 확인한다. 그런 존재론적 맹점은 이미 에고 코기토가 탄생한 전후로 인식론을 장악했다. 무엇보다도 초월론적 형이상학에서 칸트는 선험적 원리들에 따라 질료로 주어진 것들에 대한 현상적 인식의 가능성을 정초한다. 그리고 다시 인간주의적 경험의 한계 너머로 물 자체를 배치한다. 이러한 과정에서의 맹점은 존재를 구별하는 구별이다. 칸트는 맹점을 보여주는 대신 이성을 두 번째 구별의 자리에 가져다 놓는다. 그렇지만 숭고 분석에서도 드러났듯이 현상과 물자체는 조화로운 세계가 아닌 분열된 세계의 이미지로 나타난다. 물론 경험적인 것이기는 하지만 심지어 코페르니쿠스에게도 또 다른 맹점이 있다. 천체 물리학자인 그는 다른 학자들처럼 기존의 천체 지식이 새로이 관찰한 것과 일치하는지를 확인하려 애썼다. 이를 위해서 그의 눈은 관찰 도구들과 연결

---

16 그레이엄 하먼, 『비유물론』, 김효진 옮김(서울: 갈무리, 2020), 12쪽.

되었다. 도구들이 보여주는 밤하늘의 밝은 점들은 시간에 따라 종이에 기입된다. 기입된 선들은 관찰 이전과 이후, 관찰된 부분과 그렇지 않은 부분을 구분한다. 그러나 코페르니쿠스에게 이 도구들과 선들, 이전과 이후, 이 부분과 저 부분은 은폐되고 결국 남은 것은 자신의 이론적 설명에 포함된 '지구가 회전한다'는 명제뿐이다.

이는 우리 눈의 맹점으로 객체들이 빠져나간다는 것을 우리가 알지 못하는 것과 같다. 두 명의 위대한 신경 과학자들은 우리의 맹점을 여실히 보여주는데, 그들은 객체들의 찬란한 이미지들에 취한 채로 인간인 "우리는 우리가 보지 못하는 것을 보지 못한다"라고 말한다.[17] 이 문장은 니클라스 루만(Niklas Luhmann)의 사회 체계 이론에서 참조한 조지 스펜서브라운(George Spencer-Brown)의 구분(distinction) 개념을 관통해서 브라이언트에게 다시 인용된다.[18] 그는 이렇게 말한다. "어떤 구분의 무표 공간에 덧붙여 그 구분 자체가 맹점이다. 어떤 구분을 사용하는 경우에, 지시가 이루어지려면 그 구분을 '통해서' 이루어지는 한에 있어서 그 구분 자체는 보이지 않게 된다."[19] 구분과 구분 행위에 내재된 맹점을 통해서 스펜서브라운은 존재의 생성을 설명하고 있다. 다시 말해서 표시된(marked) 것과 표시되지 않은(unmarked) 것 사이의 구분은 객체가 왜 이렇게 되지 않고 저렇게 되는지를 결정한다. 그래서 "지시되는 것이 구분에 선행하는 것이 아니라, 어떤 구분이 이루어짐으로써 지시되는 것이 그 구분을 하는 체계에 대하여 생겨나기에 구분이 지

---

17 움베르또 마뚜라나·프란시스코 바렐라, 『앎의 나무』, 최호영 옮김(서울: 갈무리, 2013), 26쪽.
18 스펜서브라운이 1969년 쓴 책 『형식의 법칙들』은 의미심장하게도 본문 맨 앞장을 "無名天地之始"로 시작한다. 노자의 『도덕경』에서 인용된 것으로, 세계가 이름 없음에서 시작한다는 말이다. 그리고 그 대응 구절은 "有名萬物之母"인데, 마찬가지로 모든 것이 이름 있음에서 시작한다는 말이다. George Spencer-Brown, *Laws of Form* (New York: E.P. Dutton, 1979), p. xxxii.
19 브라이언트, 『객체들의 민주주의』, 23쪽.

시되는 것의 생성조건이다".[20] 맹점은 보이지 않지만, 보는 것에 작용하고 있다는 것이다. 차이는 차이를 생성하지만, 차이를 만드는 차이는 보이지 않는 것이다. 이러한 구분 행위는 브라이언트가 말하는 객체에게서 잠재성의 운동이다. 그러한 한에서 그 운동으로부터 발생하는 객체의 가변성은 차이 생성이다. 이 때문에 하먼은 객체에 개입하는 이러한 차이 생성을 보지 못한 것이거나 아니면 그것을 부정하려는 것으로 보인다. 그러나 브라이언트의 이러한 주장은 궁극적으로 메이야수가 상관주의에서 철저히 물러나지 못한 것처럼 상관주의에 대한 완전한 거리 두기에 실패한 듯 보인다.

4. 객체들의 관계 외부성

상관주의는 존재자가 인간의 인식과 상관적으로 이해되는 사유 역사의 경향이다. 상관주의를 비판하는 사변적 실재론은 이러한 관계에서 분리된 존재자에 대한 이해를 추구한다. 상관주의에서 벗어나야 하는 임무 앞에서 하먼은 객체 자체를 규정하는 모든 관계성을 강하게 부정한다. 하지만 객체가 '물러나 있는 것'이라면 어떻게 그것이 그렇게 있는지는 모호하다. 그렇다면 예정된 조화의 기획 안에서 모나드처럼 창이 없는 실체인 객체가 거대한 연결 위에서 아름답게 또 다른 객체와 조화를 이룰 것이라고 설명할 수 있는가? 그것도 아니면 '주어진 것'에 관한 고전적 존재론으로 회귀해야 하는 것인가? 브라이언트는 이런 신학적 프레임과 함께 '주어진 것'으로서의 존재를 가정하지 않는다. 그러나 결국 '관계에서 벗어나 자체로 있는 것'이라는 주장만으로는 '객체'를 온전히 구명할 수 없는 문제가 생긴다. 그리고

---

20 브라이언트, 같은 책, 194쪽.

객체지향 존재론은 관계성을 강하게 거부할 때마다 어떤 식으로든 그 관계성을 다시 포용해야 하는 상황에 놓인다. 하먼이 저지하려 한 것이 이것이고, 브라이언트에게 우려를 표명한 것도 이런 상황과 관련된다.

하먼과 달리 브라이언트에게 객체는 실체로서 다른 객체들로부터 '물러나 있으면서' 보존하는 동시에 특정한 때와 장소에서 관계하면서 다르게 표현된다. 이와 반대로 객체가 가변적인 외부성에 대비되는 불변하는 독립적인 실체라고 주장된다면 이는 본질주의로의 회귀일 뿐이다. 누구나 예상할수 있듯이 그 경우 객체지향 존재론이란 그저 의식(주체)의 자리에 객체를 대체하는 것과 다를 바 없다. 브라이언트는 당연히 거부할 것이다. 그래서 '관계하지 않으면서 어떻게 관계하는가'의 문제에 대한 그의 해법은 객체를 이중 구조로 설명하는 것이다. 그는 객체를 관계하지 않는 내부와 관계하는 외부로 존재의 층을 구분한다. 객체들은 외부와 외부가 분리되어 있을 뿐만 아니라, 내부와 외부도 분리되어 있다. 그래서 『객체들의 민주주의』의 '객체의 내부성' 장에서 객체의 물러나 있음은 존재의 고유한 잠재성의 위상학에 의해 규정된다. 무엇보다도 잠재적인 힘으로서 객체의 내부성은 그것의 표현인 외부성보다 더 크다. 그리고 외부성의 표출이란 내부성과의 관계, 객체들의 외부성과의 관계가 만든 효과이다. 그리고 여기서 정동이 강조되는데, 그것은 바로 이러한 객체들의 접속과 영향 관계를 말한다.[21]

거대한 사물들의 세계로부터 비가시적인 미시 존재자들의 세계까지 객체들은 근본적으로 관계에서 물러나 있으면서 관계 맺는다. 차이는 어떤 존재자의 독립적인 행위 자체에 의한 것이 아니라 "다양한 객체 또는 행위 주체가 상호작용하여 현상을 산출하는 방식"에 의한다.[22] 그리고 관계는 어떤 관통하는 원리에 의해 규정되지 않는데, 기표들이 작동하는 촘촘한 헤게모니

---

21 브라이언트, 같은 책, 161쪽.
22 브라이언트, 같은 책, 186쪽.

적 연결망에 의해 결정되지 않는 것이다. 그래서 관계는 서로 다른 객체들의 미결정적인 만남과 같다. 관계의 이러한 우발성은 캐런 버라드(Karen Barad)가 말한 존재자들의 얽힘(entanglement)과 같다.

잠재적인 것들의 현실화와 비슷한 객체의 가변성은 객체들의 외부적 관계로 보인다. 나아가 브라이언트는 내부가 외부로부터 물러나 있음을 설명하고 이 과정에서 들뢰즈의 생성 이론과 자기의 사유를 구별한다. 객체지향 존재론에서 객체의 변화는 대부분 그 외부(국소적 표현들)의 변화에 따르고, 그러한 변화에 따라 내부가 변할 수도 있지만, 근본적으로 내부, 즉 잠재적으로 고유한 존재는 유지된다. 이는 다른 개체와의 상호 작용을 통해서 자기 생성하는(autopoietic) 개체의 존재 이해와 비슷하다. 무엇보다도 개체화에서 존재자들은 서로 다른 층위 존재로 구분된다. 물론 이 구분은 우발적이다. 하위 존재들의 상호 작용은 어떤 규칙들을 창발시키는데, 이 규칙들이 상위 존재를 규정한다. 하위 존재자들로부터 표출된 상위 존재는 역으로 하위 존재자를 규정하지 않는다. 브라이언트에게서 하위 존재자들은 표출될 잠재적 힘이며, 힘들의 상호 영향에 의해 실현된 상위 질서는 객체들의 국소적 표현들이다. 그래서 그 힘들과 표현들은 다르다. 내부성과 외부성이 구분되는 것이다. 그런데 들뢰즈의 생성 철학에서라면 개체화 과정에서 이 잠재적인 것들은 전개체적일 것이다.[23] 반면 브라이언트는 개체의 내부성이 전개체적이지 않다고 주장하려 한다. 이는 실체로서 객체는 저것이 되기 위한 이것이 아니므로, 다른 객체가 되기 위한 이 객체를 '전객체'라고 할 수 없기 때문이다. 그런데 브라이언트의 이러한 견해는 하나의 오해로 보인다. 왜냐하면 전개체적인 것의 개체화는 비개체/개체의 이원성을 뜻하는 것이 아니기 때문이다. 다시 말해서 개체화의 어떤 시점에서 개체들은 개체이고

---

23 질 들뢰즈, 『차이와 반복』, 김상환 옮김(서울: 민음사, 2005), 526쪽.

다른 시점에서는 전개체적인 것이기 때문이다.

최근 소개된『질 들뢰즈의 사변적 실재론』에서 클라인헤이런브링크(Arjen Kleinherenbrink)는 브라이언트의 이 딜레마를 몇 가지 점에서 보완하려 한다. 그는 우선 객체를 힘들과 그것들의 작동으로 전제하고, 브라이언트가『존재의 지도』에서 객체를 기계로 설명한 것을 긍정적으로 평가하면서 그의 객체지향 존재론을 기계 존재론으로 해석한다. 그는 또한 들뢰즈의 세 가지 수동적 종합을 복기함으로써 브라이언트의 객체를 생성 과정에 있는 존재자로 재구성한다. 이를 통해서 객체의 발생이 조금 더 상세히 설명된다.[24] 브라이언트는 이미『객체들의 민주주의』에서 라캉(Jacques Lacan)의 욕망 기계를 언급했고, 라투르(Bruno Latour)의 행위자들 사이에서 생성되는 번역 개념을 설명할 때는 '매개자'라는 말을 사용하면서 이렇게 말한다. "모든 객체는 서로에 대해서 매개자이기에 자신이 수용한 것을 변환하거나 번역함으로써 결과적으로 새로운 무언가를 산출한다."[25] 객체들의 가변성을 낳는 이러한 관계 지향적인 운동은 존재자들의 평평한 위상학을 통과하면서 기계 개념을 예고한다. 이것은 들뢰즈의 기계 개념을 수용함으로써 더 확장되는데, 그래서 브라이언트가 말하는 기계란 흔히 알고 있는 어떤 기술적인 기계가 아니다. 오히려 "자연 또는 존재는 단지 공장들, 즉 미시기계들과 거시기계들로 구성되어 있을 따름이다. 종종 서로 둘러싸는 이 기계들은 다른 기계들에서 물질의 흐름을 끌어들여서 자신의 조작 과정을 거쳐 그 생산물로서 새로운 형태의 흐름을 산출한다. 요약하자면 존재는 기계들의 집합체(ensemble) 또는 회집체(assemblage)이다."[26] 들뢰즈처럼 말한다면, 기계들은 잠재적인

---

24 아연 클라인헤이런브링크,『질 들뢰즈의 사변적 실재론』, 김효진 옮김(서울: 갈무리, 2022), 92쪽.

25 브라이언트,『객체들의 민주주의』, 253쪽.

26 브라이언트,『존재의 지도』, 36쪽

것으로서 '기관-없는-신체'를 가지며, 차이 생성인 그 힘들은 다른 힘들의 표현과 맺은 관계에서 표현된다. 그래서 객체들 혹은 기계들의 잠재성은 다른 객체들이나 기계들에 대한 표상이 아니며, 또한 그것은 미리 전제된 원인으로서 언제 어디에서 결과로서 실현되길 기다리는 존재 가능성도 아니다.

그러므로 객체들 혹은 기계들 그 자체는 떨어져 있으면서 '의미-사건'이나 성질로서만 관계한다. 관계의 항인 그것들은 관계의 바깥에 있다. 실재는 비연속적이다.[27] 이처럼 객체들, 실체들, 기계들이 관계 바깥에 있다는 '관계의 외부성 테제'는 상관주의로부터 객체를 구명하려는 매우 중요한 논거이다. 브라이언트는 이 테제를 들뢰즈의 경험주의 분석에서 가져온다. 들뢰즈는 흄(David Hume)의 경험주의를 분석하면서 "주체가 주어진 것들에서 어떻게 구성되는가?"라고 묻는다. 이것은 이상한 물음인데, 근대인들에게 에고 코기토인 주체는 주어진 것들, 즉 감각 재료들과 인상들을 통합하기 위해 선험적으로 전제된 의식적 존재이기 때문이다. 반면 들뢰즈는 흄의 연합주의를 진지하게 살펴보면서 주체가 주어진 것들로부터 구성된 것, 즉 주체는 주어진 것들로부터 주어진 것이라고 주장한다. 여기서 관계성의 이중적 양상, 즉 관계와 항들 사이의 구별이 드러난다. 들뢰즈는 이렇게 말한다. "관계와 항, 주체와 주어진 것, 인간본성의 원리와 자연의 힘 사이에서 같은 종류의 이원성이 가장 다양한 형식으로 드러난다."[28] 결국 브라이언트에게서 객체들의 관계는 객체들을 규정하는 사물의 본성이나 주체의 원리가 아니다. 관계는 주체와 사물의 바깥에 있다. 그는 다시 이렇게 말한다. "〔관계의〕 항들은 당연히 기계들이고, 관계는 기계들 사이의 접속이다. 관계 또는

---

27 클라인헤이런브링크, 『질 들뢰즈의 사변적 실재론』, 483쪽. 관계의 외부성 테제는 존재의 분리된 두 층을 만든다. 클라인헤이런브링크가 이중체라고 부른 그것이다. 이중체를 통해서 브라이언트는 실재를 단지 기표의 기표일 뿐이라고 본 지젝(Slavoj Žižek)를 비판한다.

28 질 들뢰즈, 『경험주의와 주체성』, 한정헌·정유경 옮김(서울: 난장, 2012), 220쪽.

접속이 외재적이라는 사실을 강조하는 것은 접속이 단절될 수 있고 새로운 접속이 생산될 수 있는 방식을 강조하는 셈인데, 그 두 가지 사태는 모두 해당 존재자들에게서 국소적 표현과 되기를 발생시킨다."[29]

관계의 외부성 테제로부터 혐오의 어떤 측면들이 옹호될 수 있는 것인가? 무엇보다도 브라이언트는 객체로서의 한 존재자가 다른 객체들과의 접속에서 관계 자체로 포획되지 않는다고 주장한다. 그리고 이와 더불어 객체가 또한 관계의 다른 항(객체)으로도 환원될 수 없다는 것을 논증한다. 객체 자체의 존재론적 값을 옹호하려는 그의 논의에서 혐오스러운 것들은 어디에 배치되는가? 그리고 이때 정동은 혐오스러운 객체들의 관계에서 어떻게 기능하는가? 아래에서는 객체들과 그것들의 관계 외부성 개념을 통해 혐오스러운 객체들을 다루면서 이러한 물음에 답하고자 한다.

5. 혐오스러운 객체들

객체들의 관계 외부성은 존재자들, 기계들, 사물들의 접속이 사실상 우연한 국면이며, 그렇게 연결된 그 항들은 불연속적임을 말한다. 불연속성은 객체를 그 자체로 고유한 존재자로 존재하게 하는 요소이다. 그리고 불연속적인 관계성은 고유한 존재자들의 되기, 즉 생성과 변화를 가능하게 한다. 객체는 잠재성과 표현, 실체와 성질, 내부와 외부라는 이중적 측면에서 복잡하게 상호 작용함으로써 고유한 존재자 되기에 참여한다. 그런 객체들은 결국 회집체일 것이다. 그 결과 객체지향 존재론은 인간과 비인간의 평평한 존재론적 배치에서 고유한 객체들의 횡단성 내지는 상호 변형을 시사한다.

---

29 브라이언트, 『존재의 지도』, 83쪽.

그리고 그것은 결국 인간적인 것들에 포획되지 않는 비인간들의 존재론을 방어한다.

브라이언트는 관계의 외부성을 '구조적인 접속과 이항기계'라는 말로 다시 표현한다.[30] 생성과 변화에 있는 실체로서 객체들과 기계들은 접속한다. 그런데 이 접속은 관계된 객체들이 '떨어져 있음'을 함축할 뿐만 아니라, 객체들 혹은 기계들이 구조에 따라 고유한 방식으로 연결된다는 것을 뜻한다. 이러한 구조적 고유성과 차이가 접속의 연결망에서 객체들 혹은 기계들을 항들로 배치한다. 그것들은 가변적인 이항 기계이다.

브라이언트는 이러한 사례로 어머니와 젖먹이 아기의 관계를 짧은 문장으로 설명한다. 젖가슴에서 분리되거나 젖병에서 떨어진 아이는 불안하고 비뚤어진다. 이유기에 젖가슴과 젖병은 아이에게 강하게 접속되어 있으며, 힘들의 상호 작용은 그 강도에 따라 아이를 변형시킨다. 물론 아이만이 아니라 젖을 주는 어머니, 수유기를 마친 어머니도 변형시킬 것이다. 그러나 그렇다고 해도 아이 객체(기계)와 어머니 객체(기계) 자체가 변화된 것은 아니다. 그는 또 다른 예를 든다. 수유로 접속된 이 거대한 객체들보다 더 미시적인 세계에서 가임기 여성의 몸은 칼륨 등 특정 물질이 포함된 다량의 비타민을 섭취할 때 남아를 출산할 확률이 높아진다. 그런데 여기서는 특정 비타민 객체가 어머니와 아이에 접속함으로써 어머니와 아이, 특히 아이의 발생 구조에 영향을 미치는 잠재적인 힘으로 작용하는 것이다. 이런 두 가지 사례는 아이와 어머니의 불연속적 관계가 이루는 위상학적 배치의 양상이 서로 다르다는 것을 보여준다.

브라이언트는 이것을 비인간 객체들의 문제로 확장한다. 그는 스테이시 앨러이모(Stacy Alaimo)가 논의한 횡단-신체성(trans-corporeality)을 객체들의 관

---

30 브라이언트, 같은 책, 85쪽.

게 외부성과 비교한다. 우선 앨러이모는 이렇게 말한다. "인간이 언제나 인간 이상의 세계와 맞물려 있는 횡단-신체성으로서의 인간 신체성을 상상하는 것은 인간을 구성하는 물질이 궁극적으로 '환경'과 분리될 수 없음을 잘 보여준다. … 사실상, 몸들을 가로질러 사유하다 보면 비활성적이고 텅 빈 공간 혹은 인간이 사용할 자원으로 너무나 흔히 여겨지는 환경이 사실은 독자적인 필요, 요구, 행위를 지닌 살된 존재자들의 세계임을 인식하게 된다."[31] 객체지향 존재론에서 보면 이러한 언급은 인간 객체와 멀리 떨어져 있는 비인간 객체의 자리를 지시한다. 브라이언트는 이것을 존재자들의 생태주의적 세계로까지 확장하는데, 무엇보다도 그 자리는 인간에 접속한 비인간 객체의 이중성으로부터 설명된다. "횡단-신체성은, 저쪽에 있어서 우리와 떨어져 있는 것처럼 보이는 사물들이 우리의 국소적 표현과 되기에 중대한 영향을 미치는 방식으로 우리와 맞물려 있는 세계에 관해 가르쳐 준다."[32]

하지만 이러한 설명을 피상적으로 보지 말아야 한다. 여기서 더 결정적인 것은 객체의 잠재성이 현실적인 관계들과 변형들보다 더 크다는 사실이다. 객체지향 존재론에서 객체의 고유한 잠재적 존재는 언제나 그것의 외연, 즉 현실태보다 크다. 비인간 객체의 접속은 사실상 그것들의 세계에 잠재된 것들의 다양성, 그리고 나아가 거기 접속한 인간 객체의 다양한 현실들을 포함한다. 따라서 인간적인 것들에 접속된 비인간들의 잠재성은 인간이 생각하거나 사용하거나 제작한 그 모든 인간적인 것들을 초월하는 것이다. 알려진 것보다 더 큰 비인간들이 저기에 있다. 그리고 다른 한편 외부성 테제는 비인간을 가이아론에서와 같이 거대한 관계성 아래서 사유하지 않는다. 객체들의 외부성은 '인간의 환경'이라는 관계에서 비인간을 인간에게 '주어진 것'으로 보는 시각을 오히려 비판한다. 그래서 횡단하고 변형되는

---

31 브라이언트, 같은 책, 84쪽에서 재인용.
32 브라이언트, 같은 책, 85쪽.

접속의 흐름에서 마치 인간이 주체의 자리를 점유하는 듯 보이지만, 사실상 이러한 헤게모니란 그저 주어진 것들에 의해서 주어진 것일 뿐이다. 인간은 비인간의 구성물이다.

이로부터 이해할 수 있는 또 다른 사실은 고유한 객체들의 접속과 상호 변형이 무한히 조화로운 분위기 속에서 이루어지지 않는다는 것이다. 무엇보다도 객체지향 존재론에서 객체의 고유성이란 항상 '관계로부터 멀어지려는 관계'에서 유지되고, 브라이언트가 '분열된 객체'라 부른 것들의 양상을 보이기 때문이다. 근본적으로 이런 존재론적 양상으로 인해 객체들의 관계는 객체로서의 평면성과 달리 민주적이든 폭력적이든 아니면 분열적이든 정치적이다. 브라이언트는 되기 과정에서 객체들이나 기계들의 이러한 구조적 접속을 상호 작용의 또 다른 표현으로 호혜적이라고 말한다. 이유는 간단하다. 미시 객체들의 경우에서처럼 접속은 객체들에게 구조적인 변형을 가할 수는 있지만, 그렇다고 해서 그것이 완전히 객체들의 존재를 소거하지는 않기 때문이다. 반면 이러한 접속은 서로에게 그저 호혜적인 것이 아니다. 즉, 그야말로 '수평적인' 것이 아니다. 이는 객체들의 '작동적인 폐쇄성(operational openness)'이 사실상 변화에 대한 자기 부정을 감내해야 하는 과정일 수도 있기 때문이다. 더욱이 객체들의 접속은 정동적인 상호 영향 관계일 것인데, 객체들이 실현하는 정동적인 힘들로부터의 변형은 강도의 차이에 따라 긍정에서 부정에 이르기까지 다양하다.[33] 앞서 언급한 예에서처럼, 젖가슴과 젖병에서 분리되어야 하는 접속, 이것은 사실상 젖을 밀어내야 하는 (혹은 혐오하는) 접속일 것이다. 브라이언트는 그런 흐름에서 아이 기계가 비뚤어진다고 말하려 했던 것이다. 혐오의 정동은 객체들의 불편하고 불안한 양상을 보여준다. 특히 인간과 비인간의 배치는 상징계의 논리에

---

33 이재준, 「혐오의 정동」, ≪현상과 인식≫, 45권, 4호(2021b), 42쪽.

서 자연스러운 것으로 재현되는 반면, 이 객체들의 관계 자체는 분열적이다. 더욱이 연속적이고, 이접적이며, 연접적인 관계에서 객체들은 근본적으로 "중단들과 단절들, 고장들과 결함들, 단속들과 합선들, 거리들과 분산들 속에서, 결코 그 부분들을 하나의 전체로 재통합하지 않는 총합 속에서" 작동한다.[34] 따라서 객체들의 외재적인 변화의 가능성에 집중하면서 브라이언트가 설명하지 못한 것과 달리, 혐오 사건들은 기계들, 사물들, 객체들의 불연속성을 극명하게 보여준다. 요컨대 그러한 접속들에는 '객체로서의 혐오스러운 것'이 있다.

위에서 폴 로진이 예로 든 침, 피, 배설물 등이 '객체로서 혐오스러운 것'에 해당할 것이다. 그리고 이것들은 크리스테바가 자신의 이론에서 아브젝트(abject)라고 불렀던 것들과 유사한 객체들이다. 아브젝트는 "음식물이나 더러움, 찌꺼기, 오물"과 같은 것이다. 그것은 되돌릴 수 없는 상태의 사체, 피고름으로 엉겨 붙은 상처, 썩은 것들에서 나는 냄새와 같은 것이다. 그것은 "나를 보호하는 근육의 경련이나 구토"와 같은 것들이기도 하고 "나로 하여금 오물이나 시궁창 같은 더러운 것들에게서 멀어지게 하고 피해 가게 만든다". 그것은 "거짓 없고 가식 없는 생생한 드라마처럼 시체와 같은 쓰레기들이야말로 끊임없이 내가 살아남기 위해 멀리해야 할 것들을 가르쳐준다."[35] 크리스테바에 따르면 아브젝트는 젖먹이 시기 어머니와 분리되지 않은 아기가 자아의 이미지를 획득하는 고통스러운 과정에서 밀려난 것들이다. 그래서 그것은 자기로부터 배제된 자기 아닌 존재이다. 그래서 '비객체'라는 말처럼 읽히는 아브젝트는 특정한 발달 시기에 어머니 객체와 횡단된 아기 객체의 외부적 표현이다. 물론 크리스테바에게 아브젝트는 상상계의 일원이었던 '나'가 상징계로의 문턱을 넘는 매우 불안한 과정에서 생성된 혐오스

---

34 질 들뢰즈·펠릭스 가타리, 『안티 오이디푸스』, 김재인 옮김(서울: 민음사, 2018), 83쪽.
35 줄리아 크리스테바, 『공포의 권력』, 서민원 옮김(서울: 동문선, 2001), 23~24쪽.

러운 것들인데 근원적인 억압과 금기의 트라우마에 의해 성장한 인간들에게서 강박적으로 회귀한다.

그래서 '객체로서의 혐오스러운 것'으로부터 두 가지를 확인할 수 있다. 첫째로, 혐오의 정동으로부터 관계 외부적인 횡단 혹은 변형은 객체들 자체의 변형이나 소멸을 의미하지 않으므로 혐오는 인간과 비인간의 뒤엉킨 중간 영역을 뜻한다. 그리고 그것이 접속된 항들에 어떤 변형된 흔적으로 남아 있는 회집체이다. 말하자면 혐오는 로진의 생각과 달리 우리 마음속에 재구성되거나 표상된 관념만이 아니라, 기억에 남은 그 관념을 포함해서 비인간 객체들과의 영향에 의한 현실 효과이다. 혐오는 타자와 함께 인간에게서 이루어진 변화, 즉 혐오 정동의 효과, 즉 정동 작용(affection, 혹은 변용)이다.[36] 앨러이모에게서는 그것이 혐오의 정서 표상과 함께 상호 영향을 주고받은 객체들의 존재론적인 신체 변형이다. 그녀가 사례로 든 화학 물질에 오염된 신체에서 그 오염 물질은 혐오스러운 객체라고 말할 수 있는데, 그것에 직접 노출된 몸은 치료된다고 해도 이전과는 다른 변형된 몸이다.[37] 또한 앞서 예로 든 인수 공통 감염병 또한 많은 부분 혐오 정동의 이러한 과정을 보여준다. 지난 3년 동안 상당수 인구가 감염되면서 인간의 몸은 혐오스러운 객체들인 바이러스 변이종들과 함께 변형되었다고 말할 수 있다.

다른 한편으로, 객체지향 존재론에서 혐오의 정동은 사회적인 차원에서 인간-인간의 차별적 관계만이 아니라 근본적으로는 인간-비인간의 차별적

---

36 질 들뢰즈, 「정동이란 무엇인가」, 질 들뢰즈·안토니오 네그리·마우리치오 랏자라또·마이클 하트·조정환·승준, 『비물질 노동과 다중』, 서창현·김상운·자율평론번역모임 옮김(서울: 갈무리, 2014), 97쪽. 그리고 또한 이재준, 「혐오의 정동」, 46쪽. 들뢰즈는 타인을 혐오함으로써 내가 얻는 긍정적인 충족 상태란 양면적이라고 본다. 그런 긍정적인 상황은 사실상 또 다른 부정적인 정서나 행동을 낳을 것이다. 이것이 혐오의 정동과 관련된 윤리적인 상황을 말한다.

37 스테이시 앨러이모, 『말, 살, 흙』, 윤준·김종갑 옮김(서울: 그린비, 2018), 302쪽.

관계에 주목하게 한다. 그리고 '혐오스러운 객체'라고 부른 '혐오받은 비인간 존재자들'의 자리를 재고하게 한다. 객체들의 접속을 통해서 현실적으로 표출된 효과는 더하기가 아니라 빼기이다. 예를 들어 상징계의 논리가 상상계의 그것보다 작거나 적다. 의식은 이성의 노동을 통해서 정합적인 설명과 깔끔한 대상성을 획득하지만, 주어진 것들의 복잡성이 제거된 상태로 가능하다. 칸트의 숭고론에서도 마찬가지인데, 크기와 위력에서 숭고의 현기증 나는 경험에도 불구하고 불안하고 불쾌한 것들이 인간의 마음에게서 배제됨으로써 물자체에로의 안전한 비약이 이루어진다. 하지만 숭고론을 뒤집으면 더 많은 불쾌하고 불안한 것들이 저 바깥에 실재한다. 그런데 이와 달리, 내적인 위협 요인을 외부로 밀어냄으로써 내부 질서를 유지하려는 혐오의 정동은 빼기의 뒤집힌 상태를 보여준다. 위에서 크리스테바가 설명한 것처럼, 혐오스러운 것들과의 대면은 상징계의 논리에 안착하려는 욕망이 좌절될 수 있다는 두려움과 함께 회귀한다. 그것은 그 자체로 모호함과 무질서, 죽음을 감내하는 힘든 노정이다.[38] 그래서 비인간 객체에 대한 인간의 강렬한 혐오 경험은 빼기의 어려움과 불가능함을 보여준다. 그리고 이러한 과정에서 비인간 객체의 '떨어져 있음'이 중시되는 것이다.

6. 다시 장점마을 사건으로

다시 익산의 장점마을 사건으로 돌아가보자. 그 마을에서 혐오 물질이나 오염 물질을 방출하는 시설은 이제 작동을 멈췄고, 관련자들은 모두 철수하고 없다. 질병을 유발하는 원인 물질은 사라졌고, 공공 기관의 공식적인 처

---

38 이재준, 「아브젝트, 혐오와 이질성의 미학」, ≪횡단인문학≫, 8권, 1호(2021a), 113쪽.

리에 따라 마을 주민들은 보상이나 치료를 받게 될 것이다. 그렇다면 사건은 종결되는 것인가? 주민들은 아무런 일도 없었던 듯이 예전처럼 생활할 수 있을까? 답하기 쉽지 않다. 사실상 그들에게는 아직도 역겨운 냄새가 기억에 실재한다. 불안한 감정의 외상적 기억이 혐오스러운 것들을 그들에게 강박적으로 반복시킬 것이다. 이것보다 더 심각한 것이 있다. 그들에게는 암과 같은 가시적인 신체 변형이 있다. 그리고 다른 한편에서는 실험실에서 검사용 재료에서나 확인될 수 있을 법한 미시적인 객체들이 그들의 콧속 점막과 폐의 표면에서 정동적인 사건을 일으켰을 때, 연초박의 연소에서 분열된 비가시적인 물질들이 그들에게만 영향을 미친 것이 아니다. 주변의 다른 동식물에게도 영향을 미쳤다. 이것은 당시 환경과학원 전문가들이 환경 위험성을 측정하기 위해 비료 공장의 주변 식물들에서 발암 물질을 검출한 사실에서 확인할 수 있다. 그렇지만 이 비인간들은 인간적인 시선에서 완전히 사라져버렸다. 그래서 그들의 혐오 경험이 사건의 저편에 있는 비인간 객체들의 존재를 강렬하게 증언했지만, 그것만이 아니었다. 주민들을 포함해서 장점마을에 거주하는 인간/비인간 객체들에서 횡단과 번역은 아직도 또 다른 객체로 진행되고 있는지 모른다.

객체지향 존재론에서, 혐오의 정동으로 연결된 객체들은 불쾌한 정서 경험을 매개로 이러한 상황을 더욱 극명하게 보여준다. 무엇보다도 우리는 혐오의 경험에서 혐오스러운 것으로 감지된 객체들(소수자)의 잠재성을 이해하게 되는데, 그 잠재성은 관계의 다른 항으로 환원될 수 없을 만큼, 그리고 심지어 혐오의 느낌보다 더 크거나 많다. 이미 장점마을의 객체지향 존재론의 관점에서 장점마을의 사건이 미시적이고 거시적인 측면에서 어떻게 객체들이 서로 접속되는지를 보여준 것처럼, 혐오스러운 비인간 객체들의 잠재성은 우리가 혐오 물질로 간주하는 쓰레기를 우리 자신에게서 밀어내거나 격리하거나 혹은 불태워 소각해 버림으로써 해결할 수 있다는 사고가 허구임을 말해준다. 글로벌 북반구의 선진 청정국들은 남반구의 저개발국들로 쓰레기를 외주화해 왔다. 그렇지만 저개발국들의 저급한 재활용 기계들이 그 쓰레기를 통과시킬 때마다 더 많은 오염 물질이 지구 북반구의 대기로 퍼져가고 있다. 뛰어난 사용성 덕분에 인간들 내부에 머물렀던 그 객체들은 혐오의 메커니즘을 거쳐 외부로 밀려나면서 쓰레기 객체들이 되었다. 그리고 다른 오염 물질로 번역되어 우리 내부로 귀환하는 아브젝시옹 과정을 구현하고 있다. 그런 점에서 혐오 물질인 쓰레기는 우리와 관계 맺는 어떤 기계들, 객체들의 표면일 뿐이다. 그것들의 잠재적으로 고유한 존재는 항상 다른 무엇으로 번역될 수 있는 개방성을 지닌다는 사실을 생각해 볼 수 있다. 그러한 한에서 리사이클링(resources recycling)은 인간을 위한 유용성의 또 다른 버전이 아니라 비인간 객체들의 고유성에 답할 수 있도록 재규정되어야 할 인간-비인간의 접속 형식이다. 브라이언트의 존재론과 물질 혐오를 고려해 볼 때, 그의 객체지향 존재론 혹은 기계론은 정치 생태학으로 변형되기에 충분한 듯 보인다.

참고문헌

들뢰즈, 질(Gilles Deleuze). 2005. 『차이와 반복』. 김상환 옮김. 서울: 민음사

_____. 2012. 『경험주의와 주체성』. 한정헌·정유경 옮김. 서울: 난장.

_____. 2014. 「정동이란 무엇인가」. 질 들뢰즈·안토니오 네그리·마우리치오 랏자라또·마이클 하트·조정환·승준. 『비물질 노동과 다중』. 서창현·김상운·자율평론번역모임 옮김. 서울: 갈무리, 21~138쪽.

들뢰즈(Gilles Deleuze)·가타리(Félix Guattari). 2018. 『안티 오이디푸스』. 김재인 옮김. 서울: 민음사.

랑시에르, 자크(Jacques Ranciere). 2008. 『감성의 분할: 미학과 정치』. 오윤성 옮김. 서울: 도서출판 b.

마뚜라나(Humberto R. Maturana)·바렐라(Francisco J. Varela). 2013. 『앎의 나무』. 최호영 옮김. 서울: 갈무리.

메이야수, 퀑탱(Quentin Meillassoux). 2010. 『유한성 이후』. 정지은 옮김. 서울: 도서출판b.

베넷, 제인(Jane Bennett). 2020. 『생동하는 물질』. 문성재 옮김. 서울: 현실문화.

브라이언트, 레비(Levi Bryant). 2020. 『존재의 지도』. 김효진 옮김. 서울: 갈무리.

_____. 2021. 『객체들의 민주주의』. 김효진 옮김. 서울: 갈무리.

샤비로, 스티븐(Steven Shaviro). 2021. 『사물들의 우주』. 안호성 옮김. 서울: 갈무리.

앨러이모, 스테이시(Stacy Alaimo). 2018. 『말, 살, 흙』. 윤준·김종갑 옮김. 서울: 그린비.

이재준. 2021a. 「아브젝트, 혐오와 이질성의 미학」. ≪횡단인문학≫, 8권, 1호, 107~128쪽.

_____. 2021b. 「혐오의 정동」. ≪현상과 인식≫, 45권, 4호, 37~62쪽.

칸트, 이마누엘(Immanuel Kant). 2011. 『순수이성비판』. 백종현 옮김. 서울: 아카넷.

크리스테바, 줄리아(Julia Kristeva). 2001. 『공포의 권력』. 서민원 옮김. 서울: 동문선.

클라인헤이런브링크, 아연(Arjen Kleinherenbrink). 2022. 『질 들뢰즈의 사변적 실재론』. 김효진 옮김. 서울: 갈무리.

하먼, 그레이엄(Graham Harman). 2019. 『쿼드러플 오브젝트』. 주대중 옮김. 서울: 현실문화.

_____. 2020. 『비유물론』. 김효진 옮김. 서울: 갈무리.

환경부 국립환경과학원. 2019.11.14. 장점마을 주민건강영향조사 최종 발표회 개최. "익산

장점마을 건강영향조사 개요".

≪한겨레≫. 2019.6.20. "장점마을서 집단 발병한 암, 일부는 비료공장 영향".

≪환경일보≫. 2021.12.22. "환경 참사 '장점마을' 그 후… 일상 회복 기대한 희망 커질까".

〈KBS 생로병사의 비밀〉. 2020.10.14. "익산 장점마을의 비극".

Bryant, Levi. 2010.1.12. "Onticology — A Manifesto for Object-Oriented Ontology Part I." https://larvalsubjects.wordpress.com/2010/01/12/object-oriented-ontology-a-manifesto-part-i/.

Haidt, Jonathan, Paul Rozin, Clark Mccauley and Sumio Imada. 1991. "Body, Psyche, and Culture: The Relationship between Disgust and Morality." *Psychology & Developing Societies*, Vol. 9, No. 1, pp. 107~131.

Harman, Graham. 2010.7.23. "brief SR/OOO tutorial." https://doctorzamalek2.wordpress.com/2010/07/23/brief-srooo-tutorial/.

Rozin, Paul and April E. Fallon. 1987. "A Perspective on Disgust." *Psychological Review*, Vol. 94, No. 1, pp. 23~41.

Spencer-Brown, George. 1979. *Laws of Form.* New York: E.P. Dutton.

제4장

인류세를 혐오할 때

티머시 모턴의 거대사물과 인류세

이동신

1. 들어가며: 인류세라는 기묘한 사물

어찌 보면 인류세는 참 기묘한 것이다. 지질학적인 사실이고, 따라서 과학적이고 객관적인 연구 대상이지만 인류세에 대한 논의는 거기서 그치지 않는다. 오히려 그런 내용은 인류세 논의에서 주변적인 얘기다. 더 주목받는, 그래서 더 중요해 보이는 얘기는 인류세에 어떤 함의가 따르는지 대한 질문에서 시작한다. '인류세, 그게 뭔데?'라는 질문보다 '인류세라고 하자. 그래서 뭐가 문제인데?'라는 질문이 더 관심을 끌고, 당연히 그래야만 한다고 여겨지는 것이다. 인류가, 그저 하나의 종이, 너무도 광범위하고 지속적인 변화를 초래해 결국 지질학적인 규모의 변화를 이끌었다는 사실만으로도 인류세는 기묘하겠지만, 그런 인류세에 어떤 함의가 있는지 따져보는 일은 그보다 훨씬 더 기묘하다. 함의를 만들어내는 관점이나 체계가, 혹은 그런 일을 하는 인간 자체가 기묘해서 그렇겠지만, 그보다는 인류세라는 것이 애초에 그런 것이기 때문이다. 한마디로, 인류세는 기묘한 사물이다.

무언가의 기묘함이 가장 두드러지는 상황은 아마도 모순일 것이고, 인류세의 경우도 별다르지 않아 보인다. 인류세의 다양한 함의를 다루는 무엇보다 흥미로운 이야기는 종말론에 관한 이야기다. 그래서 데보라 다노브스키(Déborah Danowski)와 에드아르두 비베이루스 지 카스트루(Eduardo Viveiros de Castro)는 주저 없이 "인식론적이고 종말론적인 의미에서 모두 인류세는 아포칼립스다. 정말 흥미로운 때다"라고 말한다.[1] 그런데 무엇이 끝나는가에 대해서 상반된 이야기가 전개된다. 우선 인류세가 자연의 종말을 말한다고 하는 사람들이 있다. 야생 동물의 멸종 위기, 기후 위기, 지구 온난화, 자원 고갈 등 자연이라고 하는 것들, 혹은 자연에 속한다고 하는 것들을 위협하는 종말의 기운이 인류세로부터 전해진다. 물론 자연의 종말은 궁극적으로 인류에게도 그 폐해가 온다는 뜻이기도 하다. 자연도 죽고, 인간도 죽게 된다는 말이다. 이런 이유로 자연의 종말은 인류세 논의를 적극적 혹은 실용적 방향으로 이끄는 데 매우 효과적이다. 자연을 살리고자 하는 이들과 인류를 살리고자 하는 이들이, 종종 상반된 입장을 가진다고 알려진 두 집단이, 서로 함께 일할 수 있는 공감대를 형성하기 때문이다. 전자는 인류에게 자연을 구할 능력과 책임이 있다고 주장하며, 자연을 이 상태로 만든 죄를 갚으라고 인류에게 요구한다. 반면 후자는 인류가 자기 자신을 구할 능력과 권리가 있다고 주장하며, 자연을 보호함으로써 그 권리를 행사하라고 인류에게 요청한다.

1　Déborah Danowski and Eduardo Viveiros de Castro, *The Ends of the World*, Trans. Rodrigo Nunes(Cambridge: Polity Press, 2017), p. 22.

2. 인류세에 대한 다양한 입장들

인류세에 대한 짧은 안내서인 『인류세: 매우 짧은 입문서(Anthropocene: A Very Short Introduction)』에서 얼 C. 엘리스(Erle C. Ellis)는 인류세라는 말이 "인간의 시대"를 의미한다는 점에서 "인간의 시대가 자연의 끝을 의미하는가?"라고 묻는다.[2] 그러면서 인류세가 "환경적 재난이자 인류의 종말"이지만, 동시에 "깊은 미래에서 인간과 자연이 같이 번영하는 '좋은 인류세'가 가능"할지 한 번 더 질문을 던진다.[3] 엘리스는 "기후변화에 대한 최초의 대중적 책"인 빌 매키번(Bill McKibben)의 『자연의 종말(The End of Nature)』을 언급하며, "이제 인간의 손이 닿지 않는 자연은 인간이 변화시킨 기후의 전 지구적 영향 속에서 사라졌다"고 적는다.[4] 물론 인류세가 "자연의 종말"이라고 주장하는 것이 과하다는 점을 인정하면서도, 엘리스는 인간에 의한 지구적 변화가 분명한 사실이라고 역설한다. 그러면서 그는 "인간의 시대에 자연이 도대체 무슨 의미인가?"라고 묻는다.[5] 엘리스에게는 이 의미는 결정된 것이 아니라 이제 신중하게 고민해 볼 사안이고, 어떻게 고민하는가에 따라 종말이 아닌 "좋은 인류세"가 가능할 거라고 그는 상상한다. 즉, "인류세의 이야기가 단지 방금 시작"했기에, "우리에게 좀 더 나은 미래를 쓸 기회가 여전히 남았다"고 기대한다.[6]

사실 "좋은 인류세"라는 엘리스의 희망스러운 상상에 공감하기에는 21세기의 상황이 너무도 참담하기만 하다. 엄청나게 심해진 기후 위기에 빙하는

---

2   Earl C. Ellis, *Anthropocene: A Very Short Introduction*(Oxford: Oxford University Press, 2018), p. 3.
3   Ellis, 같은 책, p. 4.
4   Ellis, 같은 책, p. 14.
5   Ellis, 같은 책, p. 15.
6   Ellis, 같은 책, p. 160.

사라져가고, 가뭄은 극심해지고, 홍수는 급격히 발생하고, 동식물은 더 죽어가는 등등. 재난의 명단은 줄어들 조짐을 보이기는커녕 급속도로 길어지기만 한다. 어쩌면 "좋은 인류세" 대신 '최악이 아닌 인류세'를 바라는 게 더 현실적일지 모른다. 물론 좋고 나쁜 것은 상당히 주관적인 판단일 수도 있다. 인간에게 좋은 인류세가 자연의 비인간 존재에게 좋지 않을 수 있고, 반대의 경우도 가능하다. 모두에게 좋은 인류세가 있을 수 있다고 반박할 수 있겠지만, 그건 지금 현실에 비추어 보면 너무도 이상적인 생각이다(사실 인간들 사이에서도 그런 합의는 불가능해 보이니, 비인간까지 포함하면 더 불가능하다고 판단하는 게 맞을 듯하다). 그렇다면 인간에게 최악인 인류세는 무엇일까? 두말할 것 없이 인류의 종말이다. 하지만 이 경우에 인류라는 종의 종말인지, 인류라는 문명의 종말인지는 고민해 볼 필요가 있다.

분명 인류세가 인류 문명의 종말을 의미한다고 말하는 사람들이 있다. 자연이 아니라 인류가 쌓아온 문명, 자연을 극복하고 통제하고 사용하면서 인간을 상대적(혹은 누군가에게는 절대적) 우위에 올라서게 만들었던 문명, 바로 그 문명이 종말을 맞이하는 것이라고 말한다. 따라서 문명의 우수함, 그리고 그에 따른 인간의 우월함은 깊은 의심을 받는다. 스스로를 종말에 빠지게 하는 역설적 결과를 낳은 문명을 우수하다고 하기는 힘들 것이다. 반면에 따지고 보면 자연은, 어떤 형태일지는 모르지만, 인류세에서 다음 세대로 넘어가도 남아 있을 것이다. 이전의 지질학적 시대의 변환에서도 항상 그래왔지 않은가? 현재 우리가 여섯 번째 멸종을 맞고 있다고 하지만, 결국 그 말은 이전의 다섯 번의 멸종에도 지구상의 무언가는 항상 남았었다는 뜻이기도 하다. 이번에도 수많은 동식물이 멸종하고, 인간도 마찬가지로 사라질 가능성이 농후하지만, 자연이라는 큰 범주로 생각하면 완전히 다 사라질 정도는 아닐 것이다. 이전에도 그래왔고, 그래서 이번에도 그럴 거라고 예상할 만하다. 결국 종말을 고하는 것은 인류세를 초래한 인간의 문명이다. 인간은 이 역설적인 숙명을 받아들일 태도를 갖춰야만 한다. 만일 인류가 인류세 후에도 간신히 생존하게 된다면, 그건 문명이 없는 인간, 아마도 인간이라고 할 수 없을 어떤 존재가 된다는 의미일 것이다.

로이 스크랜턴(Roy Scranton)의 『인류세에서 죽기를 배우기(Learning to Die in the Anthropocene)』라는 책의 부제는 "문명의 종말에 대한 고찰(Reflections on the End of Civilization)"이다. 스크랜턴은 인류세가 새로운 세계이고, 그렇기에 우리에게 새로운 것들이 필요하다고 강조한다. "새로운 아이디어", "새로운 신화와 새로운 이야기, 현실에 대한 새로운 개념적 이해" 등이 필요하고, 궁극적으로는 "우리의 집단적인 존재를 생각하는 새로운 방식", 즉 " '우리'가 누구인지에 대한 새로운 비전", "새로운 휴머니즘"이 필요하다고 주장한다.[7] 우리가 가진 것, 우리가 하는 것, 우리가 아는 것 전부를 새롭게 해야만 한다는 주장은 옳으면서도 사실 불가능할 정도로 힘든 일이다. 그런 변화를 이끌 만한 추동력은 윤리나 정치적인 차원에서 나오지 않는다. 생을 완전히 바꾸는 그런 추동력은 오직 죽음을 직면해서만 가능하다. 그렇기에 스크랜턴은 "우리의 필연적인 죽음의 그림자에서 어떻게 의미 있는 결정을 내릴 것인가?"라고 묻는다.[8] 여기서 그는 "철학을 하는 것은 어떻게 죽는지 아는 것이다"라는 몽테뉴(Michel de Montaigne)의 말을 인용하면서, 인류세를 통해 "우리는 인류의 가장 철학적인 시대로 접어들었다"고 진단한다.[9] 그리고 이 진단에 따른 결과는 "개인들로서가 아니라, 문명으로서" 소멸하는 것일 수밖에 없다고 스크랜턴은 주장한다.

---

7   Roy Scranton, *Learning to Die in the Anthropocene: Reflections on the End of Civilization*(San Francisco: City Lights Books, 2015), p. 19.
8   Scranton, 같은 책, p. 20.
9   Scranton, 같은 책, p. 21.

3. 인류세라는 모순을 넘어서: 모턴의 마술적 세계

한편으로는 자연의 종말이고, 다른 한편으로는 문명의 종말이라고 얘기되는 것이 인류세다. 그저 종말을 다른 방식으로 바라보는 것뿐이라고 할 수도 있지만, 사실 두 입장은 매우 모순적이다. 적어도 자연과 문명을 대칭적 관계로 삼고, 그런 관계를 바탕으로 발전해 왔던 근대 사회의 틀에서 보면 극명한 모순이다. 물론 그런 관계가 근대 사회 이전부터 만들어져 있었던 것도 알려진 사실이지만, 근대 사회에서처럼 둘의 구분이 중요한 적이 없었던 것도 사실이다. 브뤼노 라투르(Bruno Latour)가 애초에 그런 구분이 불가능했음을 지적하면서 우리가 단 한 번도 근대적이지 않았다고 했지만, 그래서 결국 근대 사회가 때로는 자연에, 때로는 문명(문화)에 속하는 기묘한 존재들인 하이브리드를 양산했다고 하더라도, 여전히 그 구분이 근대 사회의 가장 굳건한 토대로 작동했다는 것은 명백한 사실이다. 어쩌면 라투르 입장에서 보면, 인류세는 근대 사회에 내재한 모순이 본격적으로 드러나는 시기라고 할 수 있을지 모르겠다. 다노브스키와 지 카스트루는 그래서 문명과 자연의 규합으로 이루어진 "근대성의 아름다운 사회우주론적(sociocosmo-logical) 단층이 바로 우리 눈앞에서 내파(implode)하기 시작한다"라고 진단한다.[10] 그러한 내파가 끝나기 전까지, 즉 우리가 근대 사회의 단층 사이에서 살아가는 한, 인류세는 모순으로 가득한 기묘한 사물일 수밖에 없다.

모순으로서 인류세는 해결할 수 없는 난제처럼 보인다. 하지만 티머시 모턴(Timothy Morton)은 여기에 동의하지 않을 것이다. 모순 자체를 거부하기 때문이다. 모턴은 『사실주의적 마술(Realist Magic)』에서 아리스토텔레스(Aristoteles) 이래로 논리학 법칙으로 전해져, 데카르트(René Descartes)에게는 감각에 속

---

10 Danowski and de Castro, *The Ends of the World*, p. 15.

는 것을 막는 법칙이고, 퀑탱 메이야수(Quentin Meillassoux)에게는 이성과 믿음을 구분하기 위해 사용된 법칙인, 이른바 "비모순율(the law of noncontradiction)"을 정면으로 반박한다. 논리적으로는 같은 사물이 동시에 긍정되면서 부정되는, 혹은 존재하면서 부재하는 것이 불가능하다는 명제를 내세우는 것이 비모순율이다. 앞서 언급된 철학자들은 모두 비모순율을 통해 감각적 혹은 주관적 판단을 걷어내고 실재를 명확하게 인지할 수 있다고 믿었다. 하지만 모턴은 여기서 양자 역학으로 설명되는 실재를 근거로 "항상성의 겉모습은 우연성의 기능이다"라고 지적한다.[11] 있고 없고가 불분명한 양자의 상태는 비모순율을 따르지 않는다. 그 의미는 바로 우리가 "우주에 '확률적 사고'를 적용할 수 있"다는 것이고, 이에 모턴은 "확률적 사고는 '의미 없는' 것이 전혀 아니고, 오히려 매우 기본적인 사물들이 작동하는 것처럼 보이는 방식이다"라고 설명한다.[12] 따라서 "객체(object)는 객체인 동시에 비객체이다"라는 명제가 가능해진다고 모턴은 주장한다.[13]

비모순율이 부정되고, 대신 "확률적 사고"로 우주를, 실재를 파악할 수 있다는 말은 그 무엇도 확실하게 알 수 없다는 의미다. 모턴이 이런 주장을 바탕으로 도전하는 것은 '인과율'이다. 원인과 결과의 관계를 아무런 의심 없이 설정할 수 있는 이유는 그 관계에 참여하는 대상들이 명확하게 파악되기 때문이다. 하지만 모든 "객체는 객체인 동시에 비객체이다"라는 모턴의 말이 맞으면, 객체를 명확하게 파악하는 것은 불가능하고 결국 인과율도 성립 불가능하다. 물론 모턴이 객체끼리의 인과적인 관계 자체를 부정하는 것은 아니다. 그런 세상에서 어떻게 무슨 일이 일어날 수 있겠는가? 모턴이 부정

---

11 Timothy Morton, *Realist Magic: Objects, Ontology, Causality*(Ann Arbor: Open Humanities Press, 2013), p. 25.
12 Morton, 같은 책, p. 25.
13 Morton, 같은 책, p. 27.

하는 것은 인과율이라는 틀로 객체를 고정된 무언가로, 겉으로 보이는 모습이 전부인 것으로 한정하는 태도다. 모턴이 따르는 철학 사조인 객체지향 존재론(OOO: Object-Oriented Ontology)의 입장에서 바라본다면, 그러한 태도는 엄청난 가능성이 존재하는 객체들의 '내면세계'를 부정하는 것이기 때문이다. 그러한 '내면세계'를 인정하면서도 인과 관계를 유지하기 위해서 모턴은 인과율을 논리적 혹은 과학적 차원에서 "예술적 차원"으로 옮기고자 한다.[14] 예술 작품을 보고 어떤 감정을 느낄 때, 이를 논리적이거나 과학적인 방식으로 설명하는 시도가 가능하기는 하다. 하지만 그런 설명은 감정을 설명하기에는 언제나 부족하다. 그렇다고 설명이 되지 않는 감정을, 그리고 그런 감정을 유도하는 작품을 거짓이라고 부정할 수는 없다. 이제 모턴은 예술 작품뿐만 아니라 세상이 전부 그렇다고 말한다. 그에게 세상은 (전통적) 인과율로 설명되기에는 너무도 복잡하고, 너무도 놀랍다. 마치 기적처럼, 마치 마술처럼.

기적처럼, 마술처럼 논리나 과학으로 설명할 수 없는 객체들이 세계에 존재한다. 설명하기는 힘들지만 분명 우리에게 영향을 주고, 우리를 변화시키는 인과 관계를 형성하면서 존재한다. 세계의 모든 사물이 다 그런 존재이지만, 사실 우리는 주변의 사물들에 너무도 익숙해져서 기존의 인과율을 벗어나 생각하거나 상상하지 못한다. 물론 그런 사물들을 "예술적 차원"에 위치시키면 그런 상상이 가능하다. 하지만 예술과 과학, 혹은 문화와 과학의 구분이 명확한 상황에서 예술적 상상이 과학적 세계에서도 효력을 발휘할 거라는 기대는 그다지 믿음이 가지 않는다. 자연과 문화라는 근대적 구분이 여전히 강력하기 때문이다. 그런데 20세기 후반부터 전혀 새로운 사물들이 등장하면서 그러한 구분을 명백하게 위협하고 있다. 모턴은 이러한 사물을 하이퍼오브젝트(hyperobject), 혹은 거대사물이라고 지칭한다. 거대사물에 대

---

14 Morton, 같은 책, p. 31.

해서는 나중에 자세히 논의하고, 우선은 거대사물이 등장하게 된 세계를, 즉 모턴이 보는 세계를 좀 더 살펴보자.

마르틴 하이데거(Martin Heidegger)의 철학에 따르면 세계는 하나다. 그런데 인간만이 세계를 변화시키고 숨은 가능성을 실현할 수 있는 능력이 있고, 반면 동물은 본능적으로만 살아가기에 "빈약(poor)"할 수밖에 없다고 하이데거는 구분한다. 하나의 세계이고, 그 세계에서 누가 우위에 있는지 정확히 규정하는 것이다. 그리고 하이데거에게 세계가 중대하고 고귀하기에, 그 세계를 책임질 수 있는 존재는 인간뿐이다. 하지만 모턴은 "세계가 매우 싸다"라고 주장한다.[15] 너무도 싸기 때문에 고양이도 세계를 가질 수 있고, 심지어는 폭포도 세계를 가진다고 모턴은 말한다.[16] 세계가 하나가 아니라 너무 많기에 쌀 수밖에 없는 것이다. 사실 뒤집어 보면 하이데거에게도 세계는 비싸기보다는 저렴한 곳이다. 그가 전제하는 고귀한 세계는 가능성의 영역에 있고, 현실의 세계는 항상 그 가능성에 못 미치는 곳이다. 고귀한 세계가 비싸고 완벽한 곳이라면 현실의 세계는 "본질적으로 부족하고, 본질적으로 너덜너덜하고 실수투성이"인 곳이다. 묘하게도 하이데거에게도 그리고 모턴에게도 "*세계*는 구조적으로, 더 이상 돌이킬 수 없을 정도로 구멍이 송송 뚫려 있는" 곳이다.[17]

현실의 세계가 싸다고 해서, 현실을 구성하는 사물들이 싼 것은 아니다. 각각의 사물에는 무한에 가까운 가능성이 있고, 그런 가능성이 있기에 하이데거처럼 고귀한 세계를 상정할 수 있기 때문이다. 하지만 하이데거는 사물의 숨은 가능성과 그것이 드러나는 세계의 연결점을 인간에게만 허용했다.

---

15 Timothy Morton, *Humankind: Solidarity with Nonhuman People* (London: Verso, 2019), p. 91.

16 Morton, 같은 책, p. 91.

17 Morton, 같은 책, p. 91.

그에 반면 모턴은, 객체지향 존재론적 입장에서, 모든 사물이 스스로 연결점이 되고 있다고 말한다. 싸게 보임에도 불구하고, 각각의 사물들은 그 안에 잠재된 가능성이 있기에 절대로 싼 것이 아니라는 의미다. 그렇기에 수많은 소중한 세계들이 가능한 것이다. 고양이에게도, 폭포에게도, 돌에게도 그런 세계가 존재한다. 이런 식으로 생각해 보면 세계의 종말이라는 개념은 우스운 것이 된다. 모턴의 입장에서 보면, '도대체 무슨 세계가 끝나는 거지?'라고 물을 수밖에 없다. 왜냐하면 "사람들이 말하는 규범적 개념으로서의 세계의 막다른 골목"은 수많은 세계 중 단 하나의 종말일 뿐이기 때문이다.[18] 따라서 "세계의 종말은 자기 자신을 일관되고 유연하고 최상이라고 여기는 서구 백인의 규범적 세계의 종말"이라고 단정할 수 있다.[19]

부분은 전체보다 항상 더 크다. 모턴을 포함한 객체지향 존재론자들은 모두 그렇게 말한다. 전체는 싸고 구멍이 숭숭 뚫린 것이며, 부분은 전체를 통해 보이는 것보다 더 많은 무언가가 숨기는 존재다. 같은 논리로 21세기의 위기를 따져보면 어떨까? 우선 기후 위기가 있다. 여기서 모턴은 물론 "기후는 존재론적으로 날씨보다 더 작다"라고 말한다.[20] 덧붙여 설명하길, "날씨는 기후의 징후지만, 날씨에는 단순히 기후의 징후 말고도 훨씬 더 많은 것이 담겨 있다. 소나기는 이 새에게는 목욕이다. 그건 이 두꺼비들에겐 알을 낳는 웅덩이다. 그건 내 팔 위의 부드럽고 미세한 재잘거림이다. 그건 내가 몇 문장을 쓴 것이다".[21] 소나기가 모여 우기가 되고, 더 모여서 홍수가 되고, 결국 기후가 되면서 이렇게 다양한 면모들이 숨겨지고 무시된다. 그리고 기후 위기에 사는 우리는, 인간뿐만 아니라 모든 존재는, 순간의 날씨

---

18 Morton, 같은 책, p. 92.
19 Morton, 같은 책, p. 92.
20 Morton, 같은 책, p. 103.
21 Morton, 같은 책, p. 103.

에서 경험할 수 있는 이 모든 것들을 박탈당한다. 날씨라는 미학적 경험이 줄어들고, 기후라는 과학적 사실만이 점차 중요해지는 것이다.

그렇다면 인류세는 어떤가? 우선 모턴은 인류세와 근대성을 동일시하는 듯하다.[22] 왜냐하면 근대 사회부터 "개인의 물질적 조건을 넘어서려는 추동력"이 가속화되면서 결국엔 역설적으로 "이전보다 훨씬 더 크고 더 개입된 물질적 조건을 만들어냈"기 때문이다.[23] 이 역설이 의미하는 바는 인류가 물질적 조건을 넘어서는 특별한 존재가 아니라 그 조건에, 즉 다른 사물들과 같이 환경에 속한 존재라는 사실이다. 그러한 환경의 결정체가 바로 지금 우리가 사는 인류세고, 그래서 모턴은 "인류세가 처음으로 진정한 반-인간 중심주의적 개념 중의 하나"라고 판정한다.[24] 왜냐하면 "인류세에 대해 생각함으로써, 우리는 '종'의 개념을 정말 그대로 — 종을 불안정하고 일관성이 없는, 반초월적인(subscendent) 거대사물로 — 보게 되기 때문이다".[25] 덧붙여 모턴은 "인류세는 종을 비형이상학적 방식으로 생각할 수 없는, 그렇기에 인류가 엄격하게 비인간을 제외할 수가 없는 순간이"라고 설명한다.[26] 인류세가 정말로 문명의 종말을, 어쩌면 인류의 종말을 신호한다면, 역설적으로 인류는 자신의 끝자락에서 처음으로 스스로를 되돌아볼 기회가 생긴 것이다.

22 Morton, 같은 책, p. 111.
23 Morton, 같은 책, pp. 111~112.
24 Morton, 같은 책, p. 113.
25 Morton, 같은 책, p. 113.
26 Morton, 같은 책, p. 113.

4. 낯설고 낯선 인류세: 모턴의 거대사물

모턴에게 기후 위기와 인류세는 모두 "거대사물"이다. 간단히 말하자면 거대사물은 "인간과 비교해 시공간에 엄청나게 분산된 것들"이다.[27] 너무나도 크고 다채로운 존재이기에 인간과의 관계로만 생각하기 불가능하다. 즉, 거대사물을 제대로 이해하거나 정의하는 일은 불가능한 것이다. 그래서 모턴은 거대사물이 마치 외계인처럼 "낯설고 낯선 이(strange stranger)"와 같다고 말한다.[28] 하지만 그렇다고 해서 외계인처럼 요원한 존재라는 의미는 아니다. 거대사물이라는 "낯설고 낯선 이"는 이미 우리 곁에 와 있기 때문이다. "인간에 의해 직접적으로 제조되었든 아니든 상관없는" 거대사물의 예로는 기후 위기와 인류세뿐만 아니라, 블랙홀에서부터 에콰도르의 라고 아그리오(Lago Agrio) 유전, 플로리다(Florida)의 에버글레이즈(Everglades), 지구상의 핵물질들, 스티로폼, 플라스틱 봉지까지 다양하다고 모턴은 얘기한다.[29]

"낯설고 낯선 이"인 거대사물을 기존의 사고 체계로 설명하거나 이해하기는 불가능하다. 결국 거대사물은 '느껴야' 하는 존재이고, 그렇기에 논리적이나 과학적 인과론이 아닌 미학적 차원에서 파악될 수밖에 없다. 이렇게 느껴진 거대사물은 다섯 가지 특징을 가진다고 모턴은 말한다. 차례로 끈적거림(viscosity), 비지역성(nonlocality), 시간적 파동(temporal undulation), 페이징(phasing), 상호 사물성(interobjectivity) 등이다.[30] 거대사물은 특정한 의지나 행

---

27 Timothy Morton, *Hyperobjects: Philosophy and Ecology after the End of the World* (Minneapolis: University of Minnesota Press, 2013), p. 1.

28 Morton, 같은 책, p. 6.

29 Morton, 같은 책, p. 1.

30 거대사물의 특징을 포함한 이 문단의 내용은 이동신, 「티머시 모턴: 지구 온난화는 자연의 문제인가」, 김환석 외, 『21세기 사상의 최전선: 전 지구적 공존을 위한 사유의 대전환』(서울: 이감, 2020)의 내용을 발췌하고 수정한 것이다.

동만으로 떼어낼 수 없이 끈적거리며 붙어 있는 존재이고, 그 광범위한 영향력은 특정 지역에만 해당하지 않는다. 또한 거대사물이 언제 어떻게 시작하고 끝나는지 분명하지 않기 때문에, 공간뿐만 아니라 시간상으로도 특정 시간대에 속하지 않는다. 이렇듯 측정이 가능한 3차원 세계 밖에 있는 듯이 존재하기에, 거대사물은 마치 있다가 없는 것처럼 보이기도 한다. 결국 거대사물은 전체적으로 단일하게 인식될 수가 없고, 다른 사물과의 상호 작용을 통해서만 부분적으로 감지될 뿐이다. 이상의 다섯 가지의 특징으로 우리는 거대사물을 존재를 느낄 수 있다고 모턴은 설명한다.

거대사물로서 인류세도 위의 다섯 가지 특징을 보인다. 다른 곳에서 일어나는 일이 아니라 우리의 일상에 끈적거리며 붙어 있고, 특정 국가나 지역만 해당하는 현상도 아니다. 인류세의 역사는 가늠하기 힘들 정도로 유동적이며, 지금 일어나는 일이면서도 먼 미래의 일이기도 하기에 그 정체를 알아볼 수 없다. 그렇지만 여러 사물을 통해, 예를 들어 길거리에 날아다니는 비닐봉지에서도, 인류세의 흔적을 찾아볼 수 있다. 이렇듯 거대사물이 분명하지만, 동시에 인류세는 다른 거대사물, 즉 기후 위기나 방사선 등의 모여서 나온 결과이기에 거대사물이란 말이 협소하게만 느껴지는 점도 있다. 최근에 학자들이 인류세의 시작을 핵 실험이 일어난 20세기 중반으로 정했지만, 모턴에게 인류세의 시작은 산업 혁명, 특히 증기 엔진의 발명으로 시작된 석탄 산업이다. 이후 과학 기술의 발전은 이 변화를 가속화시켰고, 결국 인류세라는 역사적이 아닌 지질학적 시대가 만들어졌다. 여기서 모턴은 산업 혁명과 자본주의의 함의를 예리하게 포착한 마르크스(Karl Marx)도 이 차이를 간과했다고 지적하기도 한다.[31] 결국 인류세는 역사를 인간에만 국한된 것으로 생각할 수 없게 만들었고, 그 때문에 인류세라는 말

---

31 Morton, *Hyperobjects*, p. 5.

이 "이상한 이름"이라고 모턴은 지적한다.[32] 왜냐하면 이제 "비인간들이 인간들과 결정적 관계를 맺고" 있으며, 결국 둘 사이에서 하나만 가리키는 "인류세"라는 말로 이 시대를 말하는 것은 적확하지 않기 때문이다.[33]

어쩌면 "인류세"라는 말은 다른 의미에서도 적확하지 않을지 모른다. 인류세라는 말 자체는 지질학적 시대를 지칭하는 말이지만, 그 함의는 분명 "세상의 종말"을 담고 있다. 물론 모턴은 여기서 어떤 "세상"을 말하는지 의문을 제시한다. 앞서 언급했듯이 "세상"을 하나의 단일한 개념인 것처럼 생각하는 것은 우리의 착각이고, 거대사물들은 이미 다양한 방식으로 단일 개념의 "세상"을 파괴했다는 것이 모턴의 주장이다.[34] 모호한 단일 개념의 "세상"을 유지함으로써 오히려 특정한 "세상"의 종말이 가져오는 충격과 그에 대한 대응이 줄어들 수가 있다. 예를 들어, 모턴은 "지구 온난화" 대신에 "기후 변화"라는 용어가 통용되는 상황을 비판한다. 기후는 항상 변하는 것이고, 온난화는 현재 일어나고 있는 급격한 변화를 말한다. 세상의 종말을 자연적 순환의 일부처럼 여기게 만드는 기후 변화라는 용어보다는, 지금 우리의 특정한 세상의 종말을 강조한다는 점에서 지구 온난화가 더 적절한 용어라고 할 수 있다. 왜냐하면 "우리가 필사적으로 필요한 것은 특정한 생태적 트라우마 ― 바로, 우리 시대의 생태적 트라우마, 인류세를 인류세로 정의하는 바로 그것 ― 에 대한 적절한 수준의 충격과 걱정"이기 때문이다.[35] 그렇지만 인류세를 사용하게 되면 지구 온난화가 주는 "충격과 걱정"이 상쇄되지는 않을까? 인류세가 밋밋한 지질학적 개념이나 혹은 우리가 겪는 수많은 재난의 보편적 원인인 듯, 즉 '인류세라서 그래'라는 말로 모든 게 설명된

---

32 Morton, 같은 책, p. 5.
33 Morton, 같은 책, p. 5.
34 Morton, 같은 책, p. 6.
35 Morton, 같은 책, pp. 8~9.

154 제1부 물질 담론들과 혐오

다는 듯이 통용되는 걸 막으려면 어떻게 해야 할까?

답은 바로 사변적 실재론 혹은 OOO의 가장 중요한 주장에 있을 듯하다. 바로 부분은 전체보다 크다는 주장이다. 이 주장을 바탕으로 본다면 역설적으로 거대사물은 거대하지 않다. 바다 위를 떠다니는 빙산의 일각처럼 거대사물은 보이거나 느껴지는 것보다 훨씬 더 크고 복잡한 부분들을 그 아래 감추고 있고, 그 부분들은 각각 더 크고 복잡한 가능성을 가지고 있다(빙산은 모턴의 책 표지 사진이기도 하다). 물론 그렇다고 그 빙산의 일각이 아무것도 아니라는 뜻은 아니다. 그 많은 부분을 한데 모으는 기능을 하기 때문이다. 다만 그 일각만 보고 모든 걸 판단하고 설명하려 들지 말라는 의미다. 어쩌면 거대사물은 복잡한 부분의 세계로 우리를 이끄는 출입구라고 할 수 있지 않을까? 그렇기에 출입구에서 모든 해답이 있을 거라고 판단하는 실수를 저질러서는 안 된다.

'인류세라서 그래'라는 말도 그런 오판을 유도한다. 인류에 의해서 만들어진 상황이자 재난이기 때문에 인류에게서 답을 찾을 거라는 오판을 하는 것이다. 하지만 모턴은 인류세를 "이상한 이름"이라고 하면서 인류만 쳐다보지 말라고 경고한다.

> 인류세의 시대에 지금까지 일어난 일은 자신들이 모든 걸 지배하는 것이 아니라는 점을, 행성의 규모에서 그들의 가장 강력한 기술적 지배력을 행사하는 지금 이 순간마저도 그렇다는 점을, 인간들이 점진적으로 깨닫는 것이다. 인간은 의미의 지휘자도 아니고 현실의 연주자도 아니다.[36]

모턴은 우리가 "점진적으로 깨닫는" 상황이라고 말하지만, 실제로 얼마

---

36 Morton, 같은 책, p. 164.

나 그런지는 모르겠다. 여전히 여러 가지 이유로 인류세를 인간에 관한 것이라고 보기 때문이다. 인류의 멸망이나 인류 문명의 종말을 걱정하는 이들만 그런 것은 아니다. 자연의 종말을 걱정하는 이들도 그 해결책으로 인간이 좀 더 적극적으로 개입하고 통제해야 한다고 말하기 때문이다. 이처럼 인간이 문제라고 생각하고 인간만 없으면 된다고 주장하는 이들도, 여전히 인간과 자연을 이분법적으로 나눠놓고 인류세를 생각하는 것이다. 결국 글머리에 언급한 인류세를 둘러싼 모순은 사라지지 않는다.

반면 모턴에게 인류세라는 시대는 비인간에게 고개를 돌려야 하는, 즉 인간과 비인간의 관계가 인간이 설정한 인과율보다 훨씬 더 복잡하면서도 다방향으로 진행되고 있음을 깨닫는 때이다. 인류세라는 빙산의 일각 아래 혹은 너머에 존재하는 비인간들을 보고 느끼라는 의미다. 그렇다면 어떻게 그럴 수 있을까? 어떻게 하면 인류세라는 거대사물을 파헤쳐 그 안의 있는 놀라운 비인간 존재들의 세계들을 살펴보게 될까? 기후 위기나 지구 온난화라는 거대사물의 위협에 압도당해 대처하기를 포기하거나 혹은 좀 더 능력이 있는 듯이 보이는 집단(예를 들어, 선진국)에만 의존하지 않도록 할 수 있을까? 기후가 아닌 매일매일의 날씨에 대처하는 것이 중요하다고 알릴 방법은 없을까?

5. 나가며: 인류세를 혐오하기

이런 질문을 고민하다 보면 혐오, 특히 물질 혐오를 조금 다르게 생각해볼 이유가 생긴다. 메리 셸리(Mary Shelley)의 『프랑켄슈타인』에서 프랑켄슈타인은 오랫동안 공을 들여 완성한 작업을 바라보는 순간 "공포와 혐오(horror and disgust)"를 느끼며 주저 없이 괴물이라고 부른다. 괴물의 "추한(ugly)" 모습이 그런 판단의 근거인데, 이때 "공포와 혐오"를 유발하는 '추함'은 겉으로 보기에 그저 아름답지 못하다는 미학적 판단으로 설명되지 않는다.[37] 만약에, 단순히 아름다움을 판단하는 일이라면 불쾌한 감정은 들겠지만 "공포와 혐오"가 유발되지는 않을 것이다. 그래서 어떤 학자는 '추함'이 미학적 범주가 아니라고 했고, 또 다른 학자는 그것이 나름대로 새로운 미학적 범주를 구성한다고 주장하기도 했다. 미학적 범주인지 아닌지에 대한 논쟁에서 어느 쪽이 옳은지는 모르겠지만, 적어도 확실한 점은 '추함'에 대한 반응에서 공포가 유발된다는 것이다. 따라서 '추함'은 칸트(Immanuel Kant) 미학에서 말하는 "숭고미에 대한 판단과 무언가 공통점을 가진다"고 추측할 수 있다.[38] 이 말은 '추한' 괴물이 거리를 두고 감상하는 대상이 아니라 생명의 위협을 느낄 정도로 밀접한 무언가로 느껴진다는 의미다. 그리고 혐오는 괴물이 자신과 전혀 다른 존재임을 내세우면서, 근접성을 도덕적 판단으로 상쇄시키는 기능을 한다. 이처럼 "공포와 혐오"는 미학적이면서 도덕적인 판단이 뒤섞인 반응이다.

물질 혐오를 얘기하면 꼭 인용되는 줄리아 크리스테바(Julia Kristeva)의 "비체(abjection)" 논의에서도 비슷한 구조를 발견한다. 내 자신이 내 몸에서 토해낸 무언가를 혐오하는 것은 나와 그처럼 밀접했던 것이 그렇지 않다고 부정하는, 즉 거리를 만들어내는 심리적/육체적 반응이라고 할 수 있다. 그리고 크리스테바는 비체가 그처럼 혐오스러운 이유는 생명체인 인간의 본질적인 '물질성'을 드러내기 때문이라고 설명하기에, 따라서 모든 혐오는 기본적으로 물질 혐오라고 할 수 있다. 그렇다면 인류세라는 거대사물도 당연히

---

37 『프랑켄슈타인』에 대한 내용은 Dongshin Yi, *A Genealogy of Cyborgothic: Aesthetics and Ethics in the Age of Posthumanism*(Burlington, VT: Ashgate, 2010)에서 발췌하고 이 글에 맞게 번역하고 수정한 것이다.

38 Hud Hudson, "The Significance of an Analytic of the Ugly in Kant's Deduction of Pure Judgments of Taste," Ralf Meerbote(ed.), *Kant's Aesthetics*(Atascadero, CA: Ridgeview Publishing Company, 1991). Yi, 같은 책, p. 53에서 재인용.

혐오의 대상이어야만 한다. 하지만 다른 사물들과는 달리 거대사물을 혐오하기보다는 그것에 압도당하는 경우가 대부분이다. 모턴의 설명처럼 끈적이며 우리에게 딱 달라붙어 있으면서, 어디에 그리고 얼마나 있는지를 알수 없기에 그런 것인지도 모르겠다. 이미 어찌할 수 없는 상황이라는 인식이 깔려 있어서 그런지도. 어쨌거나 기후 위기나 방사능과 같은 거대사물 앞에서 죽음이나 종말의 공포를 넘어서기는 힘들어 보인다. 만일 혐오가 있다면 원인이 된 인류 자신에 대한 자기혐오만이 가능해 보인다.

그렇지만 그렇게 공포에 질려 압도당하고 있을 수만은 없다. 혹은 공포에 질려 눈을 감고 있어서도 안 된다. 이상하게 들리겠지만 거대사물을 혐오할 때가 된 것이다. 끈적거리며 붙어서 피할 수 없다고 해도, 혐오로서 거대사물과의 거리를 만들어야만 한다. 기후 위기도 방사능도 그리고 인류세도 혐오함으로써, 그래서 비록 그 안에 갇혀 있음에도 그렇지 않다는 점을 깨달아야 한다는 말이다. 물론 그렇다고 그저 혐오만 하거나 혹은 혐오를 통해 도덕적으로 우월하다는 착각에 빠져서는 안 된다. 지금 필요한 것은 인간 중심주의적인 혐오의 내용이 아니라 거리를 만들어내는 혐오의 구조이기 때문이다. 그런 거리를 통해 인류세를 다시 보기 시작한다면, 미학적인 대상인 듯 찬찬히 무엇이 그토록 혐오스러운지 살펴본다면, 모턴이 얘기하듯 인류세라는 거대사물 뒤에 숨은 부분들을 보게 될 것이다. 그리고 어쩌면 인류세가 아무리 거대하더라도, 그 공포가 아무리 압도적이라도, 그보다 더 크고 더 압도적일 수 있는 부분들에서 인류세라는 거대사물에서 빠져나오게 될지 모른다. 빙산 아래쪽에서 빙산을 빠져나갈 틈새를 발견하듯이 말이다. 그렇기에 이제는 인류세를 혐오할 때다.

참고문헌

이동신. 2020. 「티머시 모턴: 지구 온난화는 자연의 문제인가」. 김석환 외. 『21세기 사상의 최전선: 전 지구적 공존을 위한 사유의 대전환』. 서울: 이성과감성.

Danowski, Déborah and Eduardo Viveiros de Castro. 2017. *The Ends of the World*. Trans. Rodrigo Nunes. Cambridge: Polity Press.

Ellis, Earl C. 2018. *Anthropocene: A Very Short Introduction*. Oxford: Oxford University Press.

Morton, Timothy. 2013a. *Hyperobjects: Philosophy and Ecology after the End of the World*. Minneapolis: University of Minnesota Press.

_____. 2013b. *Realist Magic: Objects, Ontology, Causality*. Ann Arbor: Open Humanities Press.

_____. 2019. *Humankind: Solidarity with Nonhuman People*. London: Verso.

Scranton, Roy. 2015. *Learning to Die in the Anthropocene: Reflections on the End of Civilization*. San Francisco: City Lights Books.

Yi, Dongshin. 2010. *A Genealogy of Cyborgothic: Aesthetics and Ethics in the Age of Posthumanism*. Burlington, VT: Ashgate.

제5장

물질이 물의를 빚고 우리가 실재와 만날 때*

캐런 버라드의 행위적 실재주의로 본 물질과 실재

이지선

1. 버라드: 신물질주의, 여성주의, 양자 역학의 조합

물질이 귀환하고 있다. 물질을 "인간 정신의 외부의 (유일한) 실재"로 보는 사상은 때로는 노골적/강압적으로 때로는 은밀한 방식으로 명맥을 이어왔다. 만물의 근본 원리가 물, 불, 흙, 공기, 또는 원자와 같은 '물질'에 있다고 본 고대 그리스 사상이 그 시작점이었다면, 헤겔(G. W. F. Hegel)의 관념적 변증법을 물구나무 세운 마르크스(Karl Marx)의 사적 유물론과 변증법적 유물론은 그 정점이었다. 그러나 20세기 포스트모더니즘의 이른바 "언어적 전회"가 이루어지고 21세기 디지털 전환으로 정보화가 가속화되면서는 사상사 아니 역사의 무대에서 사라지는 것처럼 보였다. 그러던 것이 "물질적 전

---

* 이 글은 이지선, 「물질과 의미의 물의(物議) 빚기: 캐런 버라드의 행위적 실재론에 관한 예비적 고찰」, ≪시대와 철학≫, 32권, 1호(2021)와 이를 확장한 논문 「캐런 버라드의 행위적 실재주의에서 물질과 실재」, ≪한국여성철학≫, 38권(2022)을 수정·보완한 것이다.

160 제1부 물질 담론들과 혐오

회"라는 이름으로 되돌아오고 있는 것이다. 한편으로 이것은 물질의 부활이기도 하다. 데카르트(René Descartes)가 연장 실체로 정의한 이래 수동적이고 외부의 힘에 의해서만 움직이며 비활성적인, 말 그대로 죽어 있는 것으로 간주되었던 물질이 다시 능동성, 생명성, 운동성을 부여받게 된 것이다. 다른 한편으로 이것은 전복이기도 하다. 신물질주의(new materialism) 혹은 물질(주의) 여성주의(materiel/materialist feminism)는 과거의 유물론을 인간 중심적이라 비판하며 물질 그 자체를 표방하고 물질을 중심으로 인간의 질서를 재편하는 진정한 물질주의를 천명하고 있다.[1,2]

캐런 버라드(Karen Barad)는 로지 브라이도티(Rosi Braidotti), 제인 베넷(Jane Bennett) 등과 더불어 "물질적 전회"를 주도하고 있는 이론가 중 한 명이다. 대표작인 『우주와 중간에서 만나기: 양자 물리학, 그리고 물질과 의미의 얽힘(Meeting the Universe Halfway: Quantum Physics and the Entanglement of Matter and Meaning)』은 양자 역학에 대한 새로운 해석과 이에 기초한 새로운 물질 이론(theory of matter)으로 가장 많이 인용되는 신물질주의 저서 중 하나다.[3] 이러

---

1   이 글에서 필자는 "materialism"의 역어로 통용되고 있는 "유물론" 대신 "물질주의"를 쓸 것이다. 장하석은 이론적이고 체계적인 속성을 함축하는 접미사 "-로지"(-logy: 주지하다시피 'logos'에서 왔다)와 이데올로기적 속성을 갖는 "-이즘(-ism)"을 구분할 것을 주장한다[장하석, 『장하석의 과학, 철학을 만나다』(서울:지식플러스, 2014)]. 실제로 이것이 훨씬 일관적이고 원래 단어의 개념에도 충실한 용법이다. 이에 따라 'materialism'은 물질주의로, 'realism'은 실재론이 아닌 실재주의로, humanism은 인간주의로 쓰고, 인식론(epistemology), 존재론(ontology), 양자론(quantum theory) 등은 기존의 용례를 그대로 따른다.

2   여성주의 내 물질적 전회에 대해서는 황희숙, 「물질의 귀환과 페미니즘」, ≪철학사상문화≫, 27호(2018) 참조. 신물질주의에 대한 가장 최근의 개괄적인 논의로는 계간 ≪문화과학≫의 특집호 "신유물론"(2021년 가을) 및 몸문화연구소 엮음, 『신유물론』(서울: 필로소픽, 2022) 참조.

3   Karen Barad, *Meeting the Universe Halfway: Quantum Physics and the Entanglement of Matter and Meaning*(Durham: Duke University Press, 2007). 이후 이 책을 인용하는 경우 인용문 말미에 괄호 안 쪽수로 표기하도록 한다. 번역은 필자.

한 뜨거운 관심은 어디에서 비롯되는가? 물리학이 물질에 관한 학문이라면, 전자 이하 소립자로 구성된 미시 세계를 다루는 양자 역학은 고전 역학, 통계 역학 등과 더불어 물리학의 기초를 이루는 이론인 한편,[4] 물리학의 역사에서 가장 성공적이면서도 가장 난해한 이론으로 꼽힌다. 버라드는 난공불락으로 보이는 이 분야에 대한 전문적 식견과 독자적 견해뿐 아니라, 이론을 단순히 이해하고 "응용"하는 데 그치지 않고 새로운 해석을 제시하는 등 적극적인 개입으로 물리학이나 물리 철학 진영의 주목을 받고 있다.[5] 그러나 신물질주의 이론이 일찍부터 버라드의 논의에 관심을 가졌다면 이는 양자 역학을 다루었다는 사실 자체보다는 양자 역학에 기반한 물질에 대한 새로운 관점으로써 신물질주의에 이론적인 토대를 제공했기 때문일 것이다.

---

4   '양자 역학'과 '양자 물리학'은 구분 없이 쓰이는데 그렇다 해도 대체적으로는 큰 무리가 없다. 그러나 엄밀하게는 구분할 필요가 있다. 사전적 정의에 따르면 "양자 역학(量子力學)"은 "입자 및 입자 집단을 다루는 현대 물리학의 기초 이론"으로, "입자가 가지는 파동과 입자의 이중성, 측정에서의 불확정 관계 따위를 설명"하며, "1925년 하이젠베르크(Werner Heisenberg)의 행렬 역학과 슈뢰딩거(Erwin Schrödinger)의 파동 역학이 통합된 이론"을 말한다. 한편 "양자 물리학"은 "양자 역학을 기초로 하는 물리학을 통틀어 이르는 말"로, "소립자의 미시적인 계(系)의 연구에서 고체의 물성 연구에 이르기까지 현대 물리학의 많은 분야를 포함"한다. 양자 역학은 고전 역학과 마찬가지로 물리학에 입문하는 과정에서 익히게 되는 기초 이론 또는 방법론에 가깝다면, 양자 물리학은 원자, 핵 등 양자적 현상이 나타나고 양자 역학의 원리와 결과 들이 직접적으로 적용되는 물리학 분야를 지칭한다. 물리학의 개관 및 분류에 대해서는 다음 참조. 최무영, 『최무영 교수의 물리학 강의』(서울: 책갈피, 2019).

5   Jan Faye and Rasmus Jaksland, "Barad, Bohr, and quantum mechanics," *Synthese*, Vol. 199, No. 3(2021); Kathryn Schaffer and Gabriela Barreto Lemos, "Obliterating thingness: an introduction to the 'what' and the 'so what' of quantum physics," *Foundations of Science*, Vol. 26, No. 1(2021). 특히 주목할 것은 최근 권위 있는 옥스퍼드 핸드북 시리즈의 "양자 역학의 해석의 역사" 편에 버라드의 해석이 다른 주류 및 대안 해석과 나란히 소개되고 있다는 점이다. Karen Barad, "Agential realism: a relation ontology interpretation," in Olival Freire Jr. et al.(eds.), *The Oxford Handbook of the History of Quantum Interpretations*(Oxford: Oxford University Press, 2022).

이것이 물질과 혐오를 비롯한 여러 감응들의 관계를 다루는 이 저서에서 버라드가 다루어질 수 있고 또 어쩌면 다루어져야 하는 이유이기도 하다.

　아래에서 필자는 버라드 철학을 개괄적으로 논의하면서 특히 실재와 물질 개념에 초점을 맞출 것이다. 먼저 보어(Niels Bohr)가 양자 역학의 여러 결과들을 정합적으로 설명하는 해석을 제시하는 과정에서 어떻게 기존 개념들을 재정의하고 실재를 재개념화했는지, 그리고 이로부터 어떻게 고유한 실재 개념과 실재주의 입장을 정립하는지 보일 것이다. 마지막으로는 물질 개념을 상술하고 이것이 갖는 물질주의적 함축을 살펴볼 것이다.

2. 물질의 실재성, 실재의 물질성: 물질적 전회의 두 가지 계기

1) 표상주의 비판: 첫 번째 물질적 계기

　버라드의 철학에 주목해야 하는 한 가지 중요한 이유는 물리 실재주의와 사회 구성주의 논쟁에서 흥미로운 지점을 제공한다는 데서 찾을 수 있다. 이 논쟁은 물질주의와 관념주의, 합리주의와 경험주의 등 과학 나아가 인식의 본성을 둘러싸고 벌어진 철학사의 중요한 논쟁들의 계보에서 이어지는 것으로, 1990년대 언어적 전회를 통해 고전적이고 실증주의적인 관점(실재주의)과 여성주의나 탈식민주의를 포함 포스트모더니스트 관점(구성주의) 사이의 대립 구도를 따른다. 실재주의가 인식의 대상인 세계가 인간과 분리되어 있고 과학은 이 세계를 있는 그대로 표상한다고 보는 입장이라면, 구성주의에서는 그 세계가 실은 인간의 산물이라 본다. 버라드는 실재주의 노선을 표방하면서도 여성주의와의 친연성을 유지함으로써 여성주의와 구성주의의 상호 함축을 가정하는 일반적인 접근과는 다른 방향을 취하는 한편, 무엇보다도 실재주의와 구성주의 양 진영의 공통적인 전제와 그에 따른 공통적인 한계를 극복하고자 한다.

구성주의자들이 존재론에 대한 인식론의 우선성(또는 우월성)을 주장한다면(41), 고유한 존재론적 논의가 여전히 가능하고 또 유효하다는 것이 버라드의 입장이다. 그러나 이것은 기존의 소박한 실재주의는 물론 물리적 실재주의와는 다르다. 존재는 물질적인 것과 문화적인 것의 상호 역할(interplay)에 의해 만들어지고, 이에 따라 "세계의 존재론에 대한 우리의 직접적인 참여가 가능"하다는 것이다. 그런가 하면 구성주의는 인간, 특히 언어에 독립적인 실재의 부정 나아가 "언어적 나르시시즘(linguistic narcissism)"으로 귀결되기 쉽다. 이를 경계하며 캐서린 헤일스(Katherine Hayles)는 "우리가 알 수 있는 것 말고는 아무것도 없다. 그렇지만 (알 수 있는 것의) '경계는 존재한다'"고 말한 바 있다(42에서 재인용). "알 수 있는 것"(인식/표상)과 "있는 것"(존재/실재) 중 어느 하나가 다른 하나를 일방적으로 결정하지 않는다는 점은 분명하다. 또 하나 분명한 것은 "있는 것"이 "알 수 있는 것"에 대해 일정한 제약(constraint)을 갖는다는 것이다. 버라드는 헤일스의 "제약된 구성주의(constrained constructivism)" 입장에서 실재가 갖는 구속력을 인정하고 있음에 주목한다(42). 그렇다고 해서 인식과 존재, 표상과 실재 사이의 대응을 기대하는 소박한 실재주의를 택할 수는 없음은 물론이다. 그러한 종류의 대응 관계를 부정하고, 대신 그러한 관계를 만들어내는 조건, 즉 담론적 실천과 물질적 현상의 관계를 인과적으로 규명할 필요가 있다(44~45, 139).

버라드는 실재주의와 구성주의 모두 표상주의(representationalism)를 전제함을 지적한다. 표상주의에 따르면 인식은 인식의 주체, 인식의 대상, 그리고 양자를 매개하는 과학과 지식, 이렇게 세 가지 요소로 구성된다. 양자 모두 인식을 하나의 표상으로 본다는 점에서는 공통적이다. 실재주의에서 인식이 세계를 표상한다면, 구성주의에서는 사회를 표상하는 것이다. 이언 해킹(Ian Hacking)에 따르면 표상주의는 고대 원자론에서 왔다. 실제로 철학은 만물의 근원을 물, 불, 혹은 물, 불, 공기, 흙의 4원소로 파악한 데서 시작되었지만, 이 근원은 모두 눈에 보이는 것이었다. 이와 달리 원자론은 눈에 보이는 표상과 눈에 보이지 않는 실재를 분리하고 후자를 통해 전자를 설명하는 기획이었다. 이로부터 실재와 표상의 구분이 나왔고 이것이 이후 서양 철학의 기초가 된다는 것이 해킹의 주장이었고, 버라드는 이에 동조한다(48).

이에 따르면 과학도 이론과 경험, 그중에서도 특히 이론이 핵심이고 경험마저도 이론의론적/적재적인 것으로서 포함되는 표상이다. 그런데 실험은 어떠한가? 베이컨(Francis Bacon)이 실험의 전통을 만든 이후 물리학에서 "표상하기(representing)"에서 "개입하기(intervening)"로의 전회가 있었다는 것이 해킹의 설명이다. 실험은 저 멀리 있는 실재를 표상하는 것이 아니라 도구와 조작을 통해 실재를 생성하거나 적어도 실재에 개입해서 일정한 변형을 가하는 과정이다. 그것은 문화와 자연 어느 한쪽으로 귀속되지 않는 복합적인 실천이다(56). 실재가 개입과 조작(operation)을 통해 실험적으로 구축되는 것일 때 물리적이고 독립적인 실재/사회적이고 인간 의존적인 구성물, 존재론/인식론, 자연/문화 등의 이분법은 낡은 것이 되고, 실재주의와 사회 구성주의 사이의 논쟁은 사실상 무의미해진다. 이 점에서 버라드의 입장은 해킹의 (존재물) 실재주의와 통한다. 그렇지만 단지 "실험실"의 개별 "존재물"에 머물지 않는, 이를 넘어서는 행위적 실재주의(agential realism)로 확장된다.

행위적 실재란 무엇인가? 실재가 "행위적"이라는 것은 어떤 의미인가? 이를 위해 우선 버라드가 근대 철학의 주체성을 극복하고 주디스 버틀러(Judith Butler)의 수행성(performativity) 개념을 비판적으로 수용하면서 차용한 개념인 행위성(agency)을 중점적으로 살펴볼 필요가 있다. 그 구체적인 의미는 4절에서 본격적으로 물질의 문제, 특히 버라드의 'matter'라는 단어의 문법적·의미론적 이중성에 착안해 주조한 개념인 "물의 빚기(mattering)" 개념을 통해 밝혀질 것이다.

2) 수행성에서 행위성으로: 두 번째 물질적 계기

자기의식을 가진, 즉 자기를 인식/의식하고, 인식 및 도덕 규칙을 담지하며, 행위를 주관하는 토대이자 기체(基體, substratum)로서 근대적 주체 개념은 데카르트의 코기토에 의해 확립된 이후부터 지난 세기까지 가능한 모든 종류의 비판을 거쳤다 해도 과언이 아니다. 주체의 죽음 또는 해체 또한 이미 여러 차례 선언된 바 있다. 그런데 주체는 과연 죽었는가? 명칭만 달라졌을 뿐 여전하거나 다시 살아난 것이 아닌가? 어떤 행위(act/action)에 대해서든 그 행위의 배후에 주축이자 구심점으로서의 어떤 실체를 상정하는 경향이 우리에게는 여전히 있지 않은가? 그 이름을 '주체'가 아닌 '행위자(actor)'나 아니면 '행위자' 개념이 가진 인간 중심주의를 경계하기 위해 라투르(Bruno Latour)가 언어학에서 끌어들인 개념 '행위소(actant)'와 같은 말로 대체한다고 해서 사정이 크게 달라지는지도 의문이다.

버라드가 상기하듯이(142), 버틀러는 『젠더 트러블(Gender Trouble)』(1990)에서 "'행위 뒤에 행위자'가 꼭 있을 필요가 없"으며, "'행위자'는 행위에서, 행위를 통해 그때마다 다르게 구성된다"고 말한 바 있다. 푸코(Michel Foucault)가 주체 특히 인간 주체가 철저하게 주체화 과정을 통해 형성된 것임을 보였다면, 버틀러는 반복적 수행이라는 메커니즘을 통해 젠더 정체성이 형성되는 과정을 보인다. 그런데 정체성이 한 번 형성되고 나면 그뿐이고 "실체성 있는 언어의 무력한 조각으로" 남는 것은 아니다(144). 그것은 일상적 행위의 반복적 수행을 통해 매번 다르게 구성된다. 이것은 시간에 따라 반복적으로 수행되면서 "우리가 물질이라 부르는 경계, 고정성, 표면의 효과"를 생산하는, "물질화(materialization) 과정"이다. 그리고 거기에는 이 과정에 참여하는 몸이 있다. 그리하여 젠더는 성화된 몸이 하나 혹은 여럿의 섹스로 물질화되는 과정의 결과물이라는 것이 버틀러의 논지였다.

버틀러가 물질("신체")을 담론("의미")에 종속시키고 담론적 실천과 물질적 현상의 생산을 전자에 한정하고 후자를 환원함으로써 "물질의 역동성" 그리고 물질과 담론 사이의 역동적인 관계를 제대로 규명하지 못하고 있다는 것이 버라드를 위시한 신물질주의자들의 비판이다(64, 150~151). 버틀러의 『문제로서의 몸: "섹스"의 담론적 경계에 관하여(Bodies That Matter: On the Discursive Limits of "Sex")』(1993)에서 젠더는 물론이고 섹스와 성화된 몸까지도 담론적으로 구성되는데, 버라드가 보기에 이는 물질을 의미로, 물질적인 것을 담론적인 것으로 환원하거나 적어도 후자를 전자에 비해 우선적이고 우월한 것으로 본 구성주의의 오류를 반복하는 것이다. "그 어느 자연적 가정에 대해서든지 구성주의적 함축을 찾아내고" 또 "자연"에 대해서는 괄호를 치는 반면에, "문화"에 대해서는 자명하고 선험적인 어떤 것으로 간주하고 있다는 것이다. 마치 "문제"가 되는 것은 오직 "몸"이고, 이에 경계를 부여하는 "담론"은 문제가 되지 않는다는 듯이.

이와 관련해서 아네마리 몰(Annemarie Mol)이 남기는 관찰은 흥미롭다.[6] 인간 주체의 정체성이 버틀러가 설명하는 대로 반복적이고 대조적인 수행을 통해 구성되는 것이라 하자. 그렇다면 인간 아닌 존재물이나 사물 등은 어떠한가? 비인간뿐 아니라 인간의 일부로서 정체성 수행에 개입/참여하기도 하는 신체 부위 같은 것은 어떠한가? 버틀러는 정체성 수행에서 언어적이고 문화적인 행위를 강조하고 신체나 물질적인 측면은 부차적인 것으로 간주한다. 그러나 몰이 말하듯 "정체성을 수행하는 것은 물질성 없이 생각과 상상만으로 될 일이 아니다. 많은 '사물'이 연관된다".[7] 몰에 따르면 정체성 수행에 참여하는 사물로는 검은 타이, 노란 드레스, 가방, 안경과 같은 "무대 소도구"들이 있고, "물리적 신체"도 그러한 소도구 중 하나다. 몰은 생식기가 정체성 수행에 필수적인 것은 아니지만 상황에 따라서, 이를테면

---

6 아네마리 몰, 『바디 멀티플』, 송은주·임소연 옮김(서울: 그린비, 2022).
7 몰, 같은 책, 75쪽.

공용 샤워실 같은 공간에서는 필수적인 역할을 하게 된다고 지적한다. 맥락에 따라서 몸과 물질이 정체성 수행에서 필수적이고 거의 본질적인 역할을 하기도 하는 것이다. 요컨대 정체성 수행은 사회적인 것 이상으로 물질적인 과정이요, 사람뿐 아니라 수많은 사물들이 참여하는 집합적인 과정이다.

앞서 말한 것처럼 버라드가 이 "주목할 만한 변동", 즉 물질적 전회의 중심에 위치한다면, 이는 어떻게 물질이 자연 과학의 대상이자 "실천의 일부"로서 "실행"되고 그럼으로써 실재를 이루는지를 근본적인 차원에서 보여주기 때문일 것이다. 버라드는 "문제로서의 몸"을 겨냥해서 말한다. "언어가 문제다. 담론이 문제다. 문화가 문제다. 오직 물질만이 더 이상 문제가 되지 않는 유일한 것처럼 보인다. 거기에는 중요한 의미가 있다"(132).[8] 기존의 실재주의나 표상주의에서는 정신과 물질, 말과 사물을 고정된 것으로 보고 이들 사이의 관계를 탐색하는 데 주력했다. 바로 이들 사이의 경계와 관계가 어떻게 생겨나는가 하는 것이 핵심적인 문제다(139). 버라드는 버틀러가 담론적 실천과 물질적 현상 사이의 관계성, "물체 생산의 장치와 생산된 현상 사이의 인과적 관계"(139)를 보다 엄밀하게 규정하는 과제를 남긴다고 보고 이를 신체-물체의 물질화를 통해 접근하고자 한다(32, 66). "버틀러의 '물질화'와 해러웨이(Donna Haraway)의 '물질화된 재배치' 개념에서 수행성이 주체의 형성뿐 아니라 몸과 몸을 이루는 물질의 생산과도 연결되어 있다는 점"을 받아들이고, 이러한 몸과 물질, 신체와 물체의 생산으로서의 물질화 과정을 보다 상세하게 고찰함으로써 물질 나아가 실재의 본성을 밝히는 것이 버라드의 과제다.

이러한 관점에서 유용한 것이 행위성 개념이다. 행위성은 가장 단순하게

---

8   이것이 신물질주의 혹은 물질(주의적) 여성주의의 기존 여성주의 비판의 핵심이다. 이를 둘러싼 논쟁에 관해서는 임소연, 「신유물론과 페미니즘, 그리고 과학기술학」, 《문화과학》, 107호(2021년 가을호) 참조.

는 단순하게 행위를 할 수 있는 능력을 뜻하는데,[9] 원래는 행위 이론 또는 철학(philosophy of action)에서 어떤 행위에 있어서 주체와 그 의도라는 구도에서 탈피하기 위해 주체(성)를 대체한 개념으로 쓰였다. 그러던 것이 이후에는 약자와 소수자 등 "하위 주체", 그리고 최근에는 AI와 동물 등 비인간에 대한 정치 철학과 윤리학의 논의에서 정체(성)와 주체(성)의 대안으로 쓰이는 경향이 관찰된다. 이러한 접근에서는 주체 또는 행위자가 행위 이전에 주어지거나 행위를 통해 구성되는 대신, 행위와 행위자 사이의 특별한 구분 없이 행위 자체와 그리고 행위들 사이의 관계와 연결이 핵심이 된다. 이러한 관계를 버라드는 독립된 항들 사이의 관계인 상호 작용(interaction)과 구분해 "내부-작용(intra-action)"이라 부른다. 이에 따라 " '행위 뒤에 행위자'가 꼭 있을 필요가 없"고, " '행위자'는 행위에서, 행위를 통해 그때마다 다르게 구성된다"는 버틀러의 말은 바로 그 " '행위자'가 그때그때 다르게 구성되는 방식"에 관한 버라드의 말로 부연될 수 있다(178).

이처럼 행위적 실재주의는 실재주의와 구성주의의 표상주의 전제를 극복하는 한편으로 관계주의적 존재론을 바탕으로 물질 나아가 실재의 역동성을 포착한다. 이것은 물질적 전회만큼이나 중요한 관계론적 전회를 함축하는 것이기도 하다. 개별자인 관계 항과 양자의 속성을 주어진 것으로 보고 그에 부차적인 것으로서 양자의 관계를 다루는 개별(자)주의(particularism)에서 가장 기본적이고 원초적인 것으로서 관계가 선재하고 관계 항은 그 이후에 설정되는 것으로 보는 관계론적 존재론(relational ontology)으로의 전회. 버라드의 기여가 더더욱 흥미롭고 또 중요한 것은 이러한 실재주의 존재론의

---

9 원 단어의 뜻에 충실하게 "행위 능력"이나 "행위 역량"으로 번역되기도 한다. "행위"에 성질이나 속성이라는 뜻의 접미사 '성(性)'을 붙여 만든 "행위성"이라는 역어는 완벽하다고 볼 수는 없지만 어떤 본질주의나 인간 중심주의로부터 최대한으로 거리를 두게 만든다는 장점이 있다. 여기에서는 주로 "행위성"이라 번역하되 경우에 따라서는 "행위력"이라 쓸 것이다.

이론적 토대를 양자 역학에서 찾음으로써 고전적 원자론을 기본 전제로 삼으며 과거의 논증을 답습하고 있었던 기존 실재주의-구성주의 논쟁에서 활로를 모색하고 있다는 점에서다.

3. 행위적 실재주의의 세 가지 요소: 전체, 현상, 장치

앞서 말한 것처럼 양자 역학이 난해한 이론의 대명사로 남아 있다면, 이 이론이 파동-입자 이중성처럼 반직관적이고 비정합적으로 보이는 현상을 다루는 한편, 이 현상을 설명하기 위해 결정주의(determinism)와 연속주의(continuitism) 등 가장 자명하고 직관적인 것으로 여겨졌던 고전 역학 및 물리학의 원리들에 도전하는 가설과 원리 들을 제시하기 때문일 것이다. 1920년대 닐스 보어, 베르너 하이젠베르크(Werner Heisenberg), 볼프강 파울리(Wolfgang Pauli), 에르빈 슈뢰딩거(Erwin Schrödinger) 등 일군의 물리학자들에 수학적 형식화가 완성된 이후에도 해석을 둘러싼 논쟁은 계속되었고, 이 때문에 양자 역학의 역사는 이 논쟁의 역사라 해도 과언이 아니다.[10] 그중에서 보어와 하이젠베르크를 주축으로 한 이른바 "코펜하겐 해석"이 대체로 정통적이고 지배적인 해석으로 받아들여져왔는데, 이 해석이 갖는 정확한 의미나 심지어 이 해석 자체의 정의까지도 논쟁에서 자유롭지 않다. 이 해석을 비롯해서 양자 역학 해석은 오늘날에도 물리 기초론이라는 이론 물리학의 한 분야와 더불어 물리 철학에서 중요하게 다루어지고 있으며 여전히 열려 있는 문제다. 버라드의 "행위적 실재주의" 해석도 하나의 대안적인 해석으로서 논의할 가치가 있지만, 여기에서는 행위적 실재주의의 응용 사례보다는 양자 역

---

10 양자 역학의 역사와 철학, 특히 보어의 해석과 이를 중심으로 전개된 논쟁에 관해서는 김유신, 『양자역학의 역사와 철학』(서울: 이학사, 2012) 참조.

학 철학의 응용 사례로서의 행위적 실재주의의 특성을 전체, 현상, 장치의 세 가지 요소로 나누어 살펴본다.

1) 비결정성 원리와 양자적 전체

코펜하겐 해석은 통상적으로 하이젠베르크의 불확정성 원리(principle of uncertainty)와 통상 보어에게 부여되는 상보성 원리(principle of complementarity)를 주축으로 기술된다. 불확정성 원리에 따르면 빛이나 전자 같은 양자적 현상에 대한 기술에서 입자의 위치와 운동량을 동시에 정확하게 측정하기란 불가능하다(23, 106). 또한 입자와 파동처럼 두 가지 양립 불가능한 속성을 동시에 관찰하는 것은 불가능하다. 각각의 개별적인 관찰에서는 관찰의 조건에 따라 둘 중 하나만이 관찰된다. 이를테면 이중 슬릿을 통과한 전자에서는 파동과 같은 간섭무늬가 관찰되지만, 단일한 전자의 궤적을 추적하면 입자처럼 한 점을 그리게 되는 것이다. 이처럼 한 대상이 두 가지 양립 불가능한 속성을 보여줄 때 이 속성들 사이에 어떤 연관성을 수립하는 것은 불가능하다. 그러나 각각에 대한 기술(description)은 서로에 대해 상보적이다. 달리 말해, 대상에 대한 기술은 양립 불가능한 두 행태를 포함한 모든 속성, 그리고 상호 배타적인 장치를 포함해서 이 속성의 관찰에 필요한 모든 조건을 다루는 것이어야 한다. 이것이 상보성 원리다. 이렇듯 상보성 원리는 불확정성 원리와 마찬가지로 관찰 대상이 실험 장치 및 환경 전반에 대해 독립적이라는 고전 물리학의 존재론, 그리고 그 대상이 내재적으로 가지고 있는 본성을 드러낸다고 보는 인식론적 가정에 재고를 요청한다(106).

버러드는 상보성이 사실은 비결정성(indeterminacy)을 전제하고 있으며, 이 비결정성이야말로 양자 역학의 근본 원리라고 본다(261). 불확정성 원리가 측정 행위와 대상 간의 구분 가능성 및 독립성을 전제한 인간 인식의 한계에 관한 인식론적 원리라면, 비결정성 원리는 대상이 측정 이전에는 비결정

상태에 있으며 측정 과정에서 사용되는 기구에서부터 측정을 담당하는 행위자로 구성되는 일련의 행위에 의해 결정된다고 보는 존재론적 원리다. 하이젠베르크나 보어 모두 측정 행위가 측정의 결과에 영향을 미친다고 본다는 점에서는 같다(106). 다만 영향을 미치는 방식과 범위에 대해서는 근본적으로 다른 견해를 보여준다. 하이젠베르크에 따르면 측정은 측정 대상, 정확히는 그 대상의 특정한 속성에 대한 인식을 방해하는 요인이다. 그렇지만 측정 대상 자체가 측정으로 인해 달라지는 것은 아니다. 다만 그 대상에 대한 측정 행위에 개입한다. 그리고 그렇기 때문에 그에 대한 우리의 인식은 한계를 노정한다. 반면에 보어는 대상 자체가 측정 행위 전까지는 비결정 상태에 있다고 본다. 속성은 대상에 내재적으로 고유하게 선재하는 것이 아니라 비결정되어 있다가 측정을 통해 정의/의미를 부여하는 물질적 배열에 의해 결정된다. 빛이 이중 슬릿을 통과하면 파동처럼 간섭무늬를 보여주고, 이 빛을 금속 표면에 쏘면 입자처럼 표면의 전자들과 반응해서 그 전자들이 방출되는 것이 그 예다.

측정 대상, 측정 주체(장치), 그리고 측정의 행위 자체는 "분리될 수 없는 현상의 부분"으로서 "대상과 장치 사이의 상호 작용"을 이룬다. 대상과 장치가 이루는 하나의 전체로서 "관찰의 대상과 행위성 사이의 내재적 구분의 불가능성"(196)은 양자적 전체성(wholeness) 혹은 비분리성(inseparability)의 근거가 된다.

1920년대까지 보어의 비결정성 또는 비분리성으로서의 전체 개념은 하나의 특정한 대상의 측정에 관한 국소적인 논의에 국한되어 있었다. 그러나 후에 이 개념은 이러한 '부분적인' 차원을 넘어서 서로 구분되는 (것으로 보이는) 두 대상, 나아가 전 우주적인 범위로 확장된다. 그 계기가 된 것이 양자 역학의 이론적 지위와 실재주의/반실재주의에 관해 아인슈타인(Albert Einstein)과 벌인 이른바 EPR 논쟁이었다.[11]

우주 반대편으로 떨어져 있는 두 개의 입자 혹은 계 A, B가 양자 역학이

기술하는 대로 얽힘의 상태에 있다고 하자(270). 여기에서 얽힘이란 A의 속성에 대한 측정이 B의 속성에 의존하고 그 역도 성립하는 현상을 말한다. 이러한 상태는 A와 B가 각자의 상태에 대한 정보를 빛보다 빠른 속도로 전달했다고 가정하지 않으면 설명되지 않는데, 이는 특수 상대성 이론에 위배된다. 만약 양자 역학의 설명이 완전하다면 A와 B의 현상은 비국소적(non-local)이다. 그렇지 않고 이 현상이 다른 현상과 마찬가지로 국소적이라면, 이를 양자 역학과는 다르게 설명할 숨은 변수가 존재한다고 가정해야 한다. 만약에 그렇다면 양자 역학의 설명은 불완전하다. 이것이 아인슈타인의 주장이다. 이에 보어는 앞서의 비결정성 원리에 따라 A와 B에 대한 측정이 측정 대상인 물리량을 규정하는 조건에, 그리고 각 계의 행동에 대한 기술과 예측을 가능케 하는 조건에 영향을 미친다고 답한다. A와 B의 상태는 측정 장치로 측정되기 전에는 실제의 존재를 갖지 않는다. A의 상태를 측정하는 순간 A의 상태도 결정되고 그에 따라 B의 상태도 결정된다. 측정 전의 A와 B는 두 가지 다른 사물이나 상태의 혼합이 아니라 그 자체로 단일한 존재물(single entity)이다(271).

아인슈타인은 시공간적 분리성을 개별화 기준으로 제시하는 반면, 보어는 관측 대상과 관측자의 개별화는 시공간적 분리성(그러한 분리는 불가능하다)의 결과가 아니라 비분리적 전체로서의 실재의 특정한 물질적 배치의 작용이고 시공간의 분리도 그러한 배치의 작용의 결과라 본다. 즉, "물리적 실재"는 그 자체로 비국소적 또는 비분리적이며 그에 대한 "양자 역학적 기술"도 그러해야 한다는 것이다(320). 이때 전체에 대한 기술의 대상이자 조건으로서 주어지는 것이 현상(phenomena)이다.

---

11 보어의 전체성에 대한 실증주의적 해석과 전일주의적인 해석에 대해서는 김유신, 『양자역학의 역사와 철학』 참조.

2) 현상

전체로서의 실재는 "실험적 배치 전부를 포함해서 특정된 환경에서 획득된 일련의 관찰들"(119)로 잘 규정된 현상으로서 주어진다. 전체가 하나의 특정한 현상으로 나타나기 위해서는 전체에서 그 현상의 출현하기 위한 조건과 양립할 수 없는 부분에서 변화가 일어나야 하고, 현상에 대한 기술은 이 모두를 포함해야 한다. 이를테면 한 입자의 위치를 측정할 때(196), 비결정성 원리에 따라 위치의 측정 및 기술은 입자의 측정 장치와 측정된 속성으로서의 위치를 포함해야 한다. 이때 위치의 측정은 대상과 장치 외부의 어떤 독립적인 대상이 아니라 장치 내의 고정된 부분을 가지고 기준점으로 기능하는 장치를 통해 이루어진다. 그것은 그 자체로 " '현상'의 속성 — '관찰된 대상'과 '관찰 행위성들'의 비분리성(inseparability of observed object and agencies of observation)"이다(196). 이때 위치는 관찰 대상인 입자가 아니라 대상과 장치를 포함하는 하나의 전체로서의 현상의 속성 또는 양태로서 드러난다.

이렇게 실재는 행위성들이 얽힌 상태에서 있으면서 내부-작용하는, "내부-작용하는 '행위성'의 존재론적 비분리성(ontological inseparability of intra-acting agencies)"인 현상으로서 주어진다. 이때 현상은 가장 기본적인 존재론적 단위가 된다(33). 고대 원자론에서 원자가 차지했던 근본적인 지위가 양자 역학에서는 현상에 부여되는 것이다. 그 이유는 같다. 더 이상 분할 불가능하고 절단 불가능하다는 이유가 그것이다. 대상과 행위성들이 현상 안에서 얽힌 비분리성으로 주어져 있다가 대상과 장치로 분리되는 것은 행위적 절단(agential cut)이라고 하는 특정한 내부-작용을 통해서다. 이로부터 주체와 대상, 장치에서부터 시간과 공간, 인과성에 이르기까지 고전 물리학에서 우리의 일상적인 인식을 지배하던 범주들이 분리되어 나온다.

3) 장치

하이젠베르크는 코펜하겐 해석에 대한 반발이 물질주의에 기반한 실재주의에 있다고 본다.[12] 돌과 나무처럼 인간에 독립적인 물체들만을 실재하며 원자 또한 이러한 실재 기준에 부합해야 비로소 실재성을 가지며, 원자가 실재한다면 그것은 돌과 나무와 같은 종류의 실재라는 것이다. 말하자면 소박한 실재주의의 입장인데, 이를 직접적인 관찰이 불가능한 원자나 그 이하의 입자들에 대해 관철시키기는 어렵다.

보어는 비분리성 논제에 입각한 양자적 전체의 개념을 통해 물질주의적 실재주의에 도전한다(318). 이 논제는 앞서 말한 것처럼 상보성 원리의 토대로서 작용할 뿐만 아니라, 실재주의의 전제로서의 물질주의에 대해서도 재고하고 새로운 종류의 물질주의적 실재주의를 뒷받침한다. 보어가 양자 역학적 기술의 조건 중 하나로서 제시하는 장치 개념을 통해서다.

버라드가 예로 드는 슈테른·게를라흐(Stern-Gerlach) 실험은 장치의 특성을 잘 보여준다(161~168). 은 원자로 만든 빔을 불균일한 자기장을 통과시킨 뒤 건판에 만들어지는 간섭무늬를 관찰한다. 빔이 자기장을 지나면 은이 지닌 자기 모멘트로 인해 경로가 바뀐다. 고전 역학에 따르면 이 모멘트는 연속적인 값이므로 직선을 형성해야 하지만 실험 결과 두 개의 점이 형성하는 것이 관찰된다. 이는 원자 안에서 자기 모멘트를 결정하는 원자의 스핀이 두 가지 양자화된 다른 값을 가진다는 사실을 나타낸다. 문제는 건판의 무늬가 너무 희미해서 육안으로 관찰하기가 쉽지 않았다는 사실이었다. 그러다가 무늬가 가시화된 것은 슈테른이 피우던 값싼 시가에 포함되어 있는 황이 건판 위의 은과 반응해서 검은 색깔의 황화은으로 만든 덕분이었다. 이

12　베르너 하이젠베르크, 『부분과 전체』, 유영미 옮김(서울: 서커스, 2016).

실험에 대한 해석에서 핵심은 시가라는 우연적인 요소와 그 우연적 요소가 상징하는 '사회적' 요인들, 이를테면 젠더(여성의 시가 흡연 비율은 상대적으로 낮았다), 계급(당시 조교수 신분이라 경제적으로 여유롭지 않았다), 인종(통상적으로 유럽 내 비백인의 시가 흡연 비율도 상대적으로 낮다) 등의 인자들을 선별하는 데 있지 않다. 실험을 구성하는 것은 그러한 요소들이 원자, 은, 빔, 마그넷 등 물리적인 실험 기구와 더불어서 만들어낸 물질성, 행위성, 인과성이다.

이렇듯 장치는 특정한 실험 도구에 머물지 않고 물리적인 것과 개념적인 것을 포함하면서 한편으로 이를 통해 개념과 사물, 주체와 객체 등이 분화되는, 광범위하고 역동적인 물질적-담론적 실천을 지칭한다. 측정 장치의 목적은 대상의 본질적인 속성을 드러내는 데에 있는 것이 아니다. 장치는 대상과 측정이라는 행위 사이에 분리("행위적 절단")를 실행하고 그럼으로써 속성의 규정을 가능케 하는 조건을 부여한다. 위치와 운동량, 그리고 양자역학적 단위 고유의 속성인 스핀 등은 고전적 의미에서의 개별 입자에 귀속되는 속성이 아니라 차라리 행위성이다. 이 행위성이 행위적 절단에 의해서 비로소 "위치", "운동량", "스핀" 등의 속성 또는 개념으로 규정되며, 그 의미는 반드시 배경이 되는 이론과 다른 물리적 조건에 의존해서 획득된다.

특히 개념은 현상을 인위적으로 특정한 상황에 놓은 절단의 결과이며, 그 자체로 물질적인 배치로서 물리적 도구와 마찬가지로 장치의 일부를 이룬다(334). 이로써 현상은 관찰 주체와 대상 사이의 이분법적 구분을 전제로 했던 데카르트적 절단에서 벗어나 물질적 장치 및 언어적 장치인 개념이 비분리적으로 "공-구성적"인 역할을 하는 하나의 실재를 형성한다. 이때 개념은 언어적이고 관념적 차원에 머물지 않고 물질적-담론적 실천으로서 행위적 내부-작용이 된다(334~335). 그 점에서 개념의 작용은 단순한 언어 현상, 발화 행위와는 다르다(335). 그것은 세계의 특정한 물질적 배치로, 의미를 만들기 위한 조건이다. 언어는 인간에 근거하지만 의미는 인간에 근거하지 않는다고 버라드는 말한다. 분명한 것은 여기에서 인간의 개념과 물리적 장치, 현상 그리고/또는 실재 사이에 그 어느 신비로운 연결이나 대응도 가정되지 않는다는 점이다. 행위적 실재주의는 이에 주목하고 또 물질적 실천의 역동성을 살리되 보어에게 남아 있었던 일말의 관념주의 또는 반물질주의를 걸어낸다.

이렇듯 장치는 현상 나아가 실재의 일부를 구성하는 일부로, 실재의 물질성을 보임으로써 물질주의적 실재주의를 말할 수 있는 근거가 된다. 한편으로 보어-버라드의 행위적 실재주의는 물질의 행위성과 행위의 물질성을 말할 근거가 된다. 그렇다면 이제 물을 차례다. 물질이란 무엇인가?

4. 물질의 행위성, 행위의 물질성

베냐민(Walter Benjamin)은 번역가의 과제를 "외국어 속에 마법으로 묶여 있는 저 순수 언어를 자기 언어를 통해 풀어내고, 작품 속에 갇혀 있는 저 순수 언어를 작품의 재창조를 통해 해방"하는 일이라 말한 바 있다. 고도로 현대화되고 추상화된 언어의 경우에는 그것이 음성과 문자로 구성된 것으로 또한 담론적인 만큼이나 물질적인 현상이라는 점이 쉽게 은폐되곤 한다. 번역은 "순수 언어"를 해방시키는 대신에 "자기 언어"는 낯설게 하고 "남의 언어"는 한층 더 낯설게 하는 동시에 언어 일반이 갖는 물질적인 속성이 개시되고 또 실험되는, 그 자체로 하나의 물질화 과정이다. 아래에서는 물질의 개념을 단어 "matter"를 경유해, 특히 이 단어의 구문론적 및 의미론적 맥락을 고려해서 역어를 찾는 과정에서 "의미와 물질의 얽힘"이 어떻게 드러나는지 보일 것이다.

1) 물질이라는 명사와 문제화하다라는 동사

명사 'matter'는 크기와 형태를 가지며 접촉할 수 있는 '어떤 것'에서부터 실물, 실질, 질료, 실체, 소재, 물질 등 다양한 파생적 의미를 갖는다는 점에서 흥미롭다. 그러나 특히 흥미로운 것은 동사 'matter'이다. 그것은 목적어 없이 쓰이는 자동사다. 어떤 것이 'matter'한다는 것은 그것이 하나의 '실물' 혹은 '실질'로서, 즉 실질적으로 여겨진다는 뜻이다. "문제가 되다, 중시되다"로 번역되는데, 주로 비인칭 주어 it을 취해서 쓰인다. 『케임브리지 사전 (Cambridge Dictionary)』에 따르면 이 동사의 사용 빈도가 높은 용례는 부정문 ("It doesn't matter")으로, "중요하지 않다", "나는 개의치 않는다", "큰 문제는 아니다" 등을 의미한다. 다음으로는 의문문의 형태("Does it matter?")인데, 'if' 절과 더불어 "~한들 그게 문제인가?"의 의미로 쓰인다("Does it matter if it rains?"). 세 번째 용례는 긍정문으로 위에서 언급한 뜻을 갖되, 주로 보조 용언 'to'와 더불어 "~에게 중요하다, 소중하다"라는 뜻으로 쓰이는 경우가 많다("It matters to Sally"). 그런데 최근 이 동사를 둘러싼 의미론적 변화가 관찰된다.

2020년 미국에서 경찰이 무고한 한 시민을 단지 흑인이라는 이유로 용의자로 몰아 폭력을 행사하다가 심지어 죽음에 이르게 한 사건이 일어났다. 이에 항의하고 차별에 저항하는 대대적인 운동이 일어났다. 이 운동에서 쓰인 구호 "흑인의 생명은 소중하다"(BLM: Black Lives Matter)는 동사 matter가 통상적인 용법과 다르게 쓰일 수 있다는 사실을 각인시켰다. 흑인의 생명이 비인칭 주어(it)를 대체해 주어로 쓰이면서 이 동사가 전복적인 의미를 획득한 것이다. 그런데 이 의미는 이 운동에 반대하는 쪽에서 내세운 구호 "모든 생명은 소중하다(all lives matter)"에서 다시금 전도된다. "흑인의 생명은 소중하다"는 외침은 모든 생명이 소중하다는 것을 부정하거나 간과해서 하는 말이 아니라 오히려 이를 부정하고 간과하는 듯 흑인의 생명을 소중하게 다루지 않는 사회를 고발하고 이들의 생명'도' 소중함을 각성할 것을 촉구하는 말일진대, 이 외침에 "모든 생명이 소중하다"고 응수하는 것은 이 동사의 과 거의 부정적이고 기만적인 내연으로 회귀함으로써 엄연히 존재하는 인종차별의 현실의 은폐에 복무한다.[13] 이렇듯 BLM은 말 그대로 "흑인의 생명이 소중함"을 새삼 일깨운 한편으로 동사로서 matter가 갖는 의미를 재고하고 또 긍정적으로든 부정적으로든 재전유하는 계기가 되었다.

니체(Friedrich Nietzsche)가 말하던 대로 진리가 문법의 효과라면, 문법의 변화는 진리 체계와 주장의 변화로 이어질 수 있다. 흥미롭게도 이러한 의미론적 변화와 더불어 기존의 문법을 파괴 그리고/또는 재창조한 구문론적인 변화도 관찰된다. "물의 빚기"가 그것이다.

2) 물질의 행위성으로서의 물의 빚기

이전까지 동사 'matter'는 현재 진행형이나 그로부터 파생된 명사, 즉 동명사인 'mattering'의 형태로는 여간해서는 쓰이지 않았다. 이 단어는 아직까지 대부분의 사전에 등재되어 있지 않다. 가장 덜 보수적인 사전이라 할 수 있는 "위키사전(wiktionary)"이 거의 유일한 예외라 할 수 있다.[14] 여기에서 'mattering'은 "'matter'의 현재 분사"로서 "(드물게) 중요한 어떤 것의 성질"로 정의되고, 유사어로 "유의미성(significance)"과 "중요성(importance)"이 제시되며, 예문으로는 2015년에 출간된 한 심리학 논문이 인용되어 있다.[15]

---

13 2016년 강남역 화장실 살인 사건에서 한 여성에게 가해진 폭력과 살인이 사회에 만연한 구조적인 차별에 기인한 여성 또는 젠더 혐오/증오 범죄(hate crime)임을 고발하는 목소리 앞에서 그 사건이 정신 질환에 기인한 개인의 일탈적이고 무차별/무작위적인 범죄 행위일 뿐 젠더와는 무관하다고 주장하는 경우도 비슷하다고 할 수 있다.

14 https://en.wiktionary.org/wiki/mattering(검색일: 2022.10.22).

15 "But not all matterings matter the same: you value your daily respite at the coffee shop

예문이 전하는 것처럼 이제까지 나의 모든 아침을 함께해준 카페는 소중하다. 만약 이 카페가 문을 닫는다면 아쉽고 또 어쩌면 슬프기도 할 것이다. 나의 아침에도 적어도 당분간은 작게든 크게든 파문이 일 것이다. 그러나 "실존적 위협에 직면"할 정도는 아닐 것이다. 실제로 모든 문제가 같은 방식으로 문제가 되지 않으며, 모든 문제화가 같은 방식으로 문제화되지는 않는다 ("not all matterings matter the same").

명사 혹은 동사 'matter'와 우리말 '물의(物議)'의 비교는 여러 가지 점에서 흥미롭다. 현대 국어사전에서 물의는 명사로 "어떤 사람 또는 단체의 처사에 대하여 많은 사람이 이러쿵저러쿵 논평하는 상태"로 정의된다.[16] 이렇게만 보면 물의 자체에는 부정적인 함의가 없다. 그런데 관용적으로 "빚다"나 "일으키다"와 같은 동사와 결합해서 쓰이면서 여러 사람들의 입에 오르내리며 구설(口舌)에 오른다는 부정적인 의미를 갖는다.[17] 여기에서 '物'은 물질이나 물건보다는 '세상 만물의', '온갖 것의' 등의 뜻으로 쓰였으며, '議'는 올바른(義) 결과에 나오도록 여러 사람들이 말하는(言), 즉 논의와 담론의 과정을 뜻한다. 조선의 태조 이성계가 조선 건국 전 고려의 마지막 왕인 공양왕에 올린 글에 나오는 다음의 구절은 "물의"의 "행위성"을 여실히 보여준다.

---

that's long brightened your mornings, but if that shop goes under, you wouldn't — I hope — be facing existential threat."

16 한편 『문세영 조선어 사전』에서는 "물론(物論)과 같음", 물론(物論) "여러 사람의 평판" 등으로 풀이하고 있으며, 1920년대 뉴스에서 "물의가 유한다", "물의의 전도를 매타하야", "물의를 양하얏스며", "물의를 초래할 듯한 점이", "물의를 야기함은" 등의 표현을 찾아볼 수 있다. 국립국어원 "온라인 가나다"의 질문과 답변 참조. https://www.korean.go.kr/front/onlineQna/onlineQnaView.do?mn_id=216&qna_seq=114273(검색일: 2022.10.22).

17 서완식, "사람들이 이러쿵저러쿵하는 '물의(物議)'", ≪국민일보≫, 2019년 6월 15일 자, http://news.kmib.co.kr/article/view.asp?arcid=0924083414&code=11171416(검색일: 2022. 10.22).

신이 맨 먼저 대의(大義)를 주창하여 군사를 돌이킨 일이 있어서 다시 종사(宗社)를 편안하게 했는데, 이것을 사람들이 군사를 마음대로 부렸다고 하며, 다시 기사년에 황제의 조칙을 받들어 위성(僞姓)을 멸망시키고 진성(眞姓)을 회복시켜 능히 종사를 바로잡았는데, 이것을 사람들이 국가의 실권(實權)을 잡았다고 하며, 지금은 통제군사(統諸軍事)가 되어 군사를 기르(養兵)고 가만히 지키고 있으면서 간웅(奸雄)을 진압 굴복시키고 외구(外寇)를 몰래 소멸시켰는데, 이것을 사람들이 군자(軍資)를 소모시켰다 하여 물의(物議)가 분분(紛紛)하니, 변명하기 어렵게 되었습니다.[18]

여기에서 이성계는 자신의 대의를 위해 감행한 군사 행동에 대해 번번이 "군사를 마음대로 부렸다"거나 "국가의 실권을 잡았다"는 사람들의 말에 방향을 수정하는 처지에 놓이고, 마침내 "군자를 소모시켰다 하여 물의가 분분"한 상황에 부딪혀 결국 왕에게 사직을 요청한다. 이에 왕은 이성계의 치적을 치하하면서 답한다. "일이 모두 천리에 합하는데, 마음이 어찌 남의 말을 돌보겠는가?" 왕이 말하는 천리가 무엇이었는지는 알 수 없다. 그러나 이성계가 "군사를 마음대로 부"리고 "국가의 실권을 잡"는다던 "남의 말"은 이후에 현실이 되었고 역사를 바꾸었다.

이렇듯 '물'(물질)은 '의'(담론)에 대해서 논의의 주체로서 '행위력(agency)'과 동시에 논의의 대상으로서 '감수력(patiency)'을 발휘한다. 여러 사람들의 논의를 거친 물질은 더 이상 이전의 물질과 같을 수 없고 사람들 또한 이전과 같을 수 없다. 물질은 담론을 일으키고, 그렇게 일으켜진 담론은 다시 물질에 변화를 일으키고 차이를 빚어낸다. 이렇게 보면 "물의"란 실로 버라드가 말하는 물질적-담론적 실천을 가장 정확하면서도 그 의미를 풍부하게 살리

---

18 『조선왕조실록』, 「태조실록」, 1권, 총서 117번째 기사. "사직을 청하는 태조의 전문과 윤허치 않는 비답이 오가다." https://sillok.history.go.kr/id/kaa_000117(검색일: 2022.10.22).

는 어휘가 아닐 수 없다.

명사에서 동사 그리고 동명사로의 품사 변화는 무엇을 의미하는가? 동명사는 실체화와 사물화에 저항하면서 완료되지 않고 계속해서 진행 중인, 현재 진행형(ongoing)의 역동적인 상태이면서 가장 근원적인 사태라 할 수 있다. 어떤 것이 의미하면서(mean) 또는 의미하는(meaning) 무엇으로부터 의미(meaning)가 나오듯이, 물의 빚기의 가장 최종적이고 추상화된 심급이자 이 모든 과정의 최종 결과물은 물의, 나아가 물질이다. 물의 빚기를 물질화와 구분하는 것도 가능하다. 물질화가 물질로 되거나 물질이 생성되는 과정에 관한 것이라면, 물의 빚기는 물질과 의미가 얽힌 상태이자 내부-작용으로 새로운 물질과 의미를 만드는 과정이다. "물의 빚기로서의 물질은 반복적인 물질화 과정에서 행위적인 역할을 수행한다"(177). 어떤 개별적 실체가 선재함을 전제하고 그 실체가 상호 작용을 통해 속성이 변화한 결과라면, 물질화는 그러한 선제적 조건 없이 이루어지는 행위성의 담론적-물질적 실천이자 내부-작용이다. 여기에서 주체와 객체의 분리는 전제가 아니라 결과다. 그 결과는 현상으로 현시된다. 이때 물질은 물질적인 측면과 담론적인 측면을 포함하는 물의, 아니 물의 빚기로 재개념화된다. 이렇듯 물의 빚기는 물질 개념은 물론, 존재와 인식이 물질과 맺는 관계에 대한 근본적으로 새로운 성찰을 보여준다(146 이하).

3) 물질의 포스트휴먼 행위성

버라드에 따르면 보어는 인간주의적 한계로 인해 양자 역학과 그에 대한 자신의 철학이 갖는 보다 급진적인 함축을 이끌어내지 못했다. 우선 장치를 고전적인 의미에서 실험실의 장비로 한정함으로써 그 못지않게 중요한 역할을 하는, 이를테면 앞서 예로 든 슈테른·게를라흐 실험에서 시가와 같은 비인간 행위성들을 간과했다. 다른 한편으로 보어는 아인슈타인과 마찬가지로 인식 주체로서의 개별 인간의 존재에 대한 믿음을 간직한 탓에 인식의 가능성을 인간 사이의 재현 가능성과 소통 가능성으로 보고, "인간을 양자 이론의 기초에 박제시켰다"(143). 그러나 인식은 인식적 행위자나 인식 능력으로서 인간을 필요로 하지 않는다.

"행위적 실재"가 그리는 세계는 수동적으로 인식을 기다리는 대상이 아니다. 반복컨대 세계를 이루는 것은 현상이고 관계이지 실체나 사물이 아니다. 내부-작용하는 행위성, 행위성의 내부-작용을 통해 경계와 속성들이 규정되고 이로부터 사물과 주체 등등이 규정된다. 인간도 예외가 아니다. 인간은 인식의 행위 앞에 선재하면서 이를 주관하는 주체나 행위자가 아니라 오히려 행위성의 내부-작용으로부터 출현한 결과물이다.

그런 점에서 사르트르(Jean-Paul Sartre)가 말하던 대로 실존주의가 휴머니즘이라면, 행위적 실재주의는 포스트휴머니즘이다. 버라드가 말하는 포스트휴머니즘이란 "일상적인 사회적 실천, 과학적 실천, 인간을 포함하지 않는 실천 등을 포함하는 자연 문화적 실천에서 비인간이 중요한 역할을 함을 근본적으로 인정"(32)하는, 보다 근본적으로 혹은 일반적으로는 "인간"과 "비인간"처럼 같이 고정되고 본질적이라 여겨졌던 범주들을 비판적으로 검토하고자 하는 입장을 일컫는다. 행위적 실재주의는 인간주의 혹은 인간 중심주의에 머물러 있었던 개념들을 확장한다(177~178). 그렇다고 단순히 행위성을 인간뿐 아니라 비인간에게도 배분하자는 것은 아니다. 그것은 대상의 단순한 확장이 아니라 "내부-작용성의 동역학을 통한 특정한 실천으로의 반복적 변화의 실행"을 통한 "인간, 비인간, 사이보그 혹은 다른 형상들의 물질성의 반복적인 재배열하기(reconfiguring)의 가능성"이다(178).

5. 그리하여 다시, 실재와 만나기 위하여

행위적 실재주의에 따르면 물질은 본래적으로, 고정적으로 주어져 있지 않고 계속해서 구체화되고 물질화되는 과정에 있다. 여기에 담론적 실천도 개입하는데 이는 구성주의자들이 말하는 것처럼 순수하고 순전하게 담론적인 과정이 아니라 그 자체로 물질적인 과정이다. 이 과정은 여러 행위성들의 내부-작용으로 이루어진다. 자연과 문화, 물질과 담론은 선험적으로 주어진 두 항이 아니라 전체로서의 실재로부터 내부-작용을 통해 사후적으로, 행위적으로 분리된 혹은 절단된 결과물이다. 물질과 의미가 얽혀 있으면서 어느 한쪽으로도 환원될 수 없다면, 이는 양자 역학이 밝힌 자연과 물질의 가장 궁극적인 본성으로 뒷받침된다. 이러한 실재는 자연과 문화, 물질과 담론 중 한쪽의 관계 항만으로 설명될 수 없는 관계성 혹은 내부-작용성을 갖는다. 관계 항들 자체도 사실은 서로 얽혀 있는 행위성이다. 따라서 그 자체로 선험적으로 주어지는 것이 아니라 사후에 물의 빚기를 통해서 행위적으로 분리된 혹은 절단된 결과물이다. 이처럼 행위적 실재주의는 실재주의와 구성주의의 표상주의 전제를 극복하는 한편으로 관계주의적 존재론을 바탕으로 관계 또는 내부-작용들로부터 관계 항들이 생성되는 계기들을 기술함으로써 물질 나아가 실재의 행위성과 역동성을 드러낸다. 이 모든 내용이 버라드가 인용한 미국의 시인 앨리스 풀턴(Alice Fulton)의 시에 나오는 다음 구절에 압축적으로 잘 드러나 있다.

사실 믿음은 그러한 사실들을 창조하는 데 도움이 될 수 있기 때문에,

전자가 측정될 때에만 존재하고,

수줍음 많은 사람들이 파티에서 혼자 있으면서,

누구의 관심도 받지 못하고 있다가, 집에 가서는 더더욱 수줍어지는 것처럼,

나는 우선 우리가 별보다 빠르게 소모되지는 않는다고 전제할 것인데, 마치 전

자가

벽의 한쪽에서 사라졌다가 다른 한쪽에서 나타나면서,

어떤 구멍도 남기지 않고 또 그 사이 어딘가에 있지도 않는 것처럼, 영혼의 분열 (decoupling)은

눈으로 볼 수 있는 것처럼

바깥쪽으로는 아무것도 없이 안쪽을 향한 진동이니

…

우리가 의심하지 않는 진리는

우리에게 느끼도록 하기 힘들기 때문에, 마치

오직 암컷만 존재하는 13종의 채찍꼬리 도마뱀이

그런 것의 존재에 대한 편견으로 인해

발견되지 못했던 것처럼,

우리는 반걸음 앞으로 다가서서 우주와 만나야 하리.

우리에게 아무것도 아닌 것처럼 보이는 것을 향해

나아가지 않는다면 우리 앞에 펼쳐지는 것은 아무것도 없으리니

믿음은 폭포이어라.

높고 견고한 하늘에 아무것도 없고

지는 해 꿈쩍 하지 않아도, 그러나

죽음이 자아를 앗아 간다면

그것이 자연에서 유일한 사건이며

보이는 바로는 분명히 그러하니.

어떤 것이 진리라는 믿음이

바로 그 진리를 가져다줄 수 있고,

그리고 당신은 수줍음 많은 사람, 또는 도마뱀이나 전자처럼,

존재를 가정하면서 앞으로 나가야만 알려질 수 있을지도 모르니,

나의 시선이 우주와 당신을 향한 열정으로 넘쳐나기를.[19]

"우주와 중간에서 만나기"라는 버라드 저서의 제목도 바로 이 시에서 따온 것이다. "meet halfway"라는 숙어는 양쪽이 상대방이 원하는 바를 조금씩 들어줌으로써 자신이 원하는 바도 어느 정도 관철시키는 경우에 대해 쓰인다. 통상적으로는 "협상하다", "타협하다"의 뜻으로, 때로는 일정 거리로 떨어져 있는 상대방과 "중간 지점에서 만나다"의 뜻으로도 쓰인다.[20] 우리말의 "반씩 양보하다"에 가깝다. 버라드는 여기에서 쓰인 "중간(halfway)"이 물질과 의미, 물질과 담론, 실재주의와 구성주의 등 이원론적 구도에서 대립항들 사이의 산술적 혹은 기하학적 평균을 말하는 중도와 같은 것은 아니라고 말한다(408, note 1). 이것은 "물질과 의미의 얽힘"으로부터 어떻게 "이것"과 "저것", "여기"와 "저기", 그리고 마침내 "우리"가 "우주", 즉 실재가 분화되고 다시 만나게 되는지를 함축적으로 설명한다. 실재는 우리와 떨어져 있지 않고 얽혀 있다. 그래서 역설적으로 "만나기" 위해서는 먼저 떨어져야 한다. 떨어져서 각자 반걸음씩 앞으로 디딘 후에 뒤를 돌아보면 그때 나처럼 반걸음 뒤로 돌아간 실재를 "만날" 수 있다. 이때 실재와 내가 얽혀 있던 원래의 자리는 이제는 우리 사이의 중간 지점, 그리고 실재와 나 사이에 만남의 가능성을 여는 순간이자 장소가 된다.

---

19 Alice Fulton, "Cascade Experiment" 일부. Barad, *Meeting the Universe Halfway*, pp. 397~398에서 재인용. 번역은 필자.

20 https://www.theidioms.com/meet-halfway/(검색일: 2022.10.22).

참고문헌

김유신. 2012. 『양자역학의 역사와 철학』. 서울: 이학사.

몰, 아네마리(Annemarie Mol). 2022. 『바디 멀티플』. 송은주·임소연 옮김. 서울: 그린비.

박신현. 2022. 「캐런 버라드의 『우주와 중간에서 만나기』: 관계와 얽힘으로 만들어지는 몸」. 몸문화연구소 엮음. 『신유물론』. 서울: 필로소픽.

임소연. 2021. 「신유물론과 페미니즘, 그리고 과학기술학」. ≪문화과학≫, 107호(가을호).

조주현. 2018. 『정체성 정치에서 아고니즘 정치로』. 대구: 계명대학교출판부.

장하석. 2014. 『장하석의 과학, 철학을 만나다』. 서울: 지식플러스.

최무영. 2019. 『최무영 교수의 물리학 강의』. 서울: 책갈피.

페란도, 프란체스카(Ferrando, Francesca). 2021. 『철학적 포스트휴머니즘』. 이지선 옮김. 파주: 아카넷.

하이젠베르크, 베르너(Werner Heisenberg). 2016. 『부분과 전체』. 서울: 서커스.

황희숙. 2018. 「물질의 귀환과 페미니즘」. ≪철학사상문화≫, 27호.

Barad, Karen. 2007. *Meeting the Universe Halfway: Quantum Physics and the Entanglement of Matter and Meaning*. Durham: Duke University Press.

_____. 2022. "Agential realism: a relation ontology interpretation." in Olival Freire Jr. et al.(eds.). *The Oxford Handbook of the History of Quantum Interpretations*. Oxford: Oxford University Press.

Faye, Jan and Rasmus Jaksland. 2021. "Barad, Bohr, and quantum mechanics." *Synthese*, Vol. 199, No. 3.

Schaffer, Kathryn and Gabriela Barreto Lemos. 2021. "Obliterating thingness: an introduction to the "what" and the "so what" of quantum physics." *Foundations of Science*, Vol. 26, No. 1.

제**2**부

물질 혐오의 현실

제6장

'인류세'적 신체 변형 서사와 휴먼의 임계점*

도리시마 덴포의 『개근의 무리』를 통해

신하경

1. 아인(亜人)에서 포스트휴먼으로

이 글은 2000년대 들어 전 세계 대중문화에서 활발하게 표현되고 있는 인간 신체의 변형 서사를 통해 그 의미하는 바를 추적하고자 한다. 인간 신체 변형 서사를 다루는 대표적인 대중문화 장르는 '좀비물'일 것이다.[1] 〈워킹 데드〉(2010~2022)가 직접적으로 추동한 이 좀비물의 세계적인 유행은 이미 대중문화의 일반적인 현상이 되었다. 일본에서도 〈아이엠히어로〉(2009) 등의 히트 이후, 〈키리시마가 동아리활동 그만둔대〉(2012)나 〈카메라를 멈

---

* 이 글은 신하경, 「인류세적 신체변형서사와 휴먼의 임계점」, ≪일본학보≫, 130집(2022)을 일부 수정·보완한 것이다.

1 '좀비물'에 대한 한일 양국의 최근 연구서로, 岡本健, 『ゾンビ学』(人文書院, 2017); 藤田直哉, 『新世紀ゾンビ論: ゾンビとは, あなたであり, わたしである』(筑摩書房, 2017); 김형식, 『좀비학: 인간 이후의 존재론과 신자유주의 너머의 정치학』(서울: 갈무리, 2020) 등을 열거할 수 있을 것이다.

추면 안 돼!〉(2017) 등으로, 한국에서도 〈부산행〉(2016)의 히트 이후 현재까지 전면적이건 부분적이건 좀비물은 더 이상 고어물이나 서브 컬처 영역이 아닌 팝 컬처로서의 시민권을 획득했다고 말할 수 있다. 이러한 좀비물의 유행은 인간이 생존하기 위한 환경(신자유주의라는 경제 환경 및 과학 기술의 영향 등)의 변화와 일상성의 붕괴, 그리고 그로 인해 추동되는 아포칼립스적인 위기의식, 재해 의식, 서바이벌 감각 등과 관련되어 있을 것이며, 이러한 의식을 다루는 대중 서사적 상상력은 인간의 해석을 넘어서는 '경계적 존재'로 타자화해 온 상상의 역사 가운데 쉽게 '좀비물'에서 새로운 서식지를 발견할 수 있었을 것이다.

이러한 좀비물과 상상력의 기반은 공유하면서도 다소 결이 다른 인간 신체의 변형 서사들도 다수 나타난다. 대중문화 영역에서, 예를 들어, 〈진격의 거인(進擊の巨人)〉(2009~2021)은 정체불명의 압도적인 힘을 가진 거인과 그에 저항하는 인간의 서바이벌 서사 속에서, 인간종과 거인종 사이의 다양한 교섭/정복 관계, 즉 '거인이 되는 약'이나 인간과 거인의 '혼종' 등 종 간 변형의 양태를 그린다. 〈아인(亜人)〉(2012~2021)은 인간 가운데에서 인간과 외형은 같으나 결코 죽지 않는 신종족 '아인'이 출현하게 되고, 그들과 인간 사이에 지배종의 자리를 두고 경합하는 모습을 그리며, 〈도쿄 구울(東京喰種: トーキョーグール)〉(2011~2018)은 인간의 모습을 하고 있지만 인육을 먹어야 생존할 수 있는 '구울'과 인간의 대립을 그린다. 이 만화의 주인공 가네키 겐(金木研)은 구울의 습격을 받아 빈사 상태에 빠지지만 구울의 장기를 이식받아 생존하게 되면서 '반(半)구울'의 상태로 혼종된다. 한국의 대중문화 속에서도 이 계열의 상상력은 나타난다. 예를 들어 〈스위트홈〉(웹툰: 2017, 드라마: 2020)은, 인간이 원인을 알 수 없는 병에 전염되어 괴물화하고, 그 가운데 일부는 인간의 한계를 초월하는 능력을 가진 '신인류'로 진화하는 플롯을 보여준다.

이러한 서사들은 일단 '아인'적 상상력이라고 명명할 수 있을 것이다. 사전적 정의로 '아인(亜人)'이란 "인간과 닮았으되 인간과는 다른 전설적 생물"[2]

을 지칭한다. 아인은 그 모습은 인간과 비슷하지만 인간과는 다른 특징을 가진 생물들로서, 그리스 로마 신화에 등장하는 미노타우로스나 켄타우로스, 혹은 늑대 인간, 인어, 드라큘라, 혹은 보다 넓게는 판타지 소설에 등장하는 엘프나 히어로물의 영웅들을 넣을 수도 있을 것이다. 하지만 인류의 역사와 더불어 존재해 왔던 인간과 비인간의 혼종이라는 아인적 상상력 속에 위치하면서도, 위에서 언급한 최근의 흐름은 그와는 본질적인 차이도 지적할 수 있을 것이다. '아인'이 '데미 휴먼(demi-human)'으로 불리거나 '이인(異人)'이라고 표현되는 경우에서 알 수 있듯이, 기존의 '아인'적 상상력은 '반인반수'의 반수적 부분, 즉 '인간'의 관점에서 '인간'을 넘어서는 특징을 타자화함으로써 그는 결과적으로는 인간의 기호-가치 체계에 포섭한다는 의미에서 인간 중심주의는 흔들리지 않는 상상력인 데 비해, 위에서 언급한 서사들은, 그것이 변화하는 자연(바이러스)에 맞선 인간의 자연 진화이건, 과학기술의 영향(괴물이 되는 약)에 의한 인위적인 것이건, 혹은 자연과 과학의 공진에 의한 결과이건, 기존 인간의 한계를 넘어서는 '신인류'의 지향을 나타낸다고 할 수 있다. 이러한 점에서 최근의 아인적 상상력은 인간 이후의 인간, 즉 포스트휴먼적 상상력과 공명한다.

이 글에서는 '포스트휴먼'의 개념을 로지 브라이도티(Rosi Braidotti)에 따라 다음과 같이 정의하고자 한다. 즉, 브라이도티는 "인간이라는 개념은 현대의 과학적 진보와 지구적 경제 문제라는 이중의 압력으로 파열되고 있다"고 전제하면서, 그러한 포스트휴먼의 조건이 "우리 종과 우리 정치체 그리고 지구행성의 다른 거주자들과 우리의 관계를 위한 기본적인 공통의 참조 단위가 정확히 무엇인지에 대한 우리의 생각을 질적으로 전환시키고 있다"[3]고 주장하는데 이 글에서는 이 정도의 포괄적 개념으로 정의하고자 한다. 즉,

---

2   健部伸明, 『知っておきたい伝説の魔族・妖族・神族』(西東社, 2009), 9~10쪽.
3   로지 브라이도티, 『포스트휴먼』, 이경란 옮김(파주: 아카넷, 2015), 8쪽.

이 글에서 다루게 될 인간 신체의 변형 서사는 기존의 아인적 상상력의 계보를 따르는 것이라기보다는 '인간'이라는 개념 그 자체의 질적 전환을 향하고 있다.

　이러한 '포스트휴먼'적 신체 변형 서사의 의미를 보다 초점화하기 위해 그러한 서사의 역사적 계보를 간략하게 짚어두고자 한다. 인간 신체의 변형 서사는 역사적으로 볼 때 과학/기술의 발전 과정과 긴밀하게 연관되어 있으며, SF의 효시로 일컬어지는 작품이 메리 셸리(Mary Shelley)의 『프랑켄슈타인』(1818)이었다는 점에서도 상징적으로 나타나듯이 SF와의 친화성이 대단히 높다. 지면 관계상 상술할 수는 없지만, 필자는 신체 변형 서사가 집중적으로 나타나는 시기를 세 시기 정도로 파악한다. 첫 번째, 광의의 모더니즘. 시기적으로는 특히 제1차 세계대전기에서 제2차 세계대전 발발 사이에 집중된다. 이 시기는 아인슈타인(Albert Einstein)의 상대성 이론을 시작으로 X선, 전화, 자동차, 망원경, 현미경, 배양 기술 등의 과학적 발견이 발표되거나 기술의 상용화가 집중되었으며, 프로이트(Sigmund Freud)의 정신 분석이나 마르크스·레닌주의에 입각한 사회주의 혁명조차도 '과학'으로서 담론화되었다. '과학주의'라는 광의의 모더니즘은 이 시기의 시대정신이라고 할 수 있으며, 그 요점은 인간에 의한 역사 발전의 믿음에 놓여 있었다. 인간의 시공간은 확장되고, 초현실주의 사조에서 대표적으로 나타나듯이 인간 신체에 대한 해부/변형적 시선은 강화되었다.[4] 제2차 세계대전 이후, 냉전과 실존주의의 맥락 속에서 신체 변형 서사는 '인간의 비인간화'(『바디 스내처』적인 세뇌이든 카뮈(Albert Camus)의 '벌레'이든)에 대한 공포로서 그려진 이후, 두 번째 시기, 1980년대 이후의 '사이버펑크' 속에서 신체 변형 서사는 다시 집중적으로 나타난다. 필립 딕(Philip Dick)이나 윌리엄 깁슨(William Gibson)의 소

4　핼 포스터, 『강박적 아름다움』, 조주연 옮김(파주: 아트북스, 2018)은 초현실주의 미학 분석을 통해 이를 집중적으로 다루고 있다.

설로 대표되듯이, 인간이 육체성이라는 한계를 벗어나 정보체로 전환될 (수 있을) 때, 그 유토피아/디스토피아 속에서 살아가는 존재에게 '인간' 및 '생명'의 본질에 대한 철학적 질문은 필수적인 것이었다. 일본에서도 〈아키라〉(1988)나 〈공각기동대〉(1995) 등의 작품에서 그 맥락은 역력하다. 하지만 필자는 사이버펑크의 작품이 아무리 '인간' 경계의 탈각을 그린다고 해도 그 방점은 여전히 '인간' 개체에 한정되어 있다고 생각한다. 데이비드 크로넨버그(David Cronenberg)의 〈비디오드롬〉(1983)이나 〈더 플라이〉(1988) 속의 그로테스크한 이미지가 아무리 외부 정보와 교섭한 결과의 것이라 할지라도, 〈공각기동대〉의 인공 생명 '인형사'가 네트워크에서 생성된 '생명'이고, 주인공 구사나기 모토코가 마지막 부분에서 아무리 '네트워크는 광대하다'고 선언할지라도, 주인공들은 엄연히 '인간'의 물리적 신체의 경계 속에 머물 뿐이다. 세 번째, 위의 두 흐름과 긴밀한 연속선상에 위치하면서, 2000년대의 신체 변형 서사는, 신경/인지 과학, 생명 공학, 로보틱스, 정보 통신 기술 등의 과학 기술의 발전이 제기하는 '인간' 개념에 대한 본질적인 문제 제기를 전면적으로 다룬다. 이 세 번째 시기의 포스트휴먼적 신체 변형 서사의 가장 중요한 특징은 앞선 시기들에 비해 '인간(휴먼)' 개념이 더 이상 소여의 근거로 기능하지 않는다는 데에 있다. '휴먼'은 임계에 다다른 것이다.

이 글에서는 이와 같은 포스트휴먼적 신체 변형 서사의 사례로서 도리시마 덴포(酉島伝法)의 『개근의 무리(皆勤の徒)』(東京創元社, 2013)를 다룰 것이다. 이 작품집은 도리시마의 데뷔작으로서 표제작 「개근의 무리」가 '소겐(創元) SF단편상'을 수상했으며, 이 작품집은 '제34회 일본SF대상'을 수상했다. 그 내용의 개요는 나노 기술의 폭주로 인류 문명이 절멸한 '포스트휴먼' 지구를 배경으로 인간종이 외계 생명체의 가축(노예)으로 전락하는 과정을 그린다. 그 과정에서 인간이 거주하는 환경(에콜로지와 과학 기술)의 변화는 인간종의 생존을 위해 그 신체에 근본적인 변형을 요구하고, 그 과정에서 인간과 비인간(유기/무기 생명체 및 물질)과의 관계에서 근본적인 변화가 나타남을 그려내게 된다. 따라서 이 글에서는 이『개근의 무리』의 분석을 통해 우선 이와 같은 '인류세(Anthropocene)'적인 상상력이 나타나는 기반을 확인하고, 그 포스트휴먼적 신체 변형 서사가 의미하는 바에 대해 고찰할 것이다. 또한 그를 바탕으로 현재의 인류세 담론과 접목시킴으로써 이러한 신체 변형 서사가 지니는 현재적 의미에 대해 평가하고자 한다.

2. '지구' 테라포밍과 생태적 다양성

이 장에서는『개근의 무리』가 그리는 포스트휴먼적 신체 변형 서사의 특징을 고찰하기에 앞서, 그 이해를 위해 작가 도리시마 덴포의 작풍 및『개근의 무리』의 세계관에 대해 설명해 두고자 한다.

작가 도리시마 덴포는 1970년생으로, 오사카(大阪)미술전문학교를 졸업해, 디자이너와 일러스트레이터를 겸하면서 SF 소설을 집필하고 있으며, 앞에서 말한 바와 같이 2011년 중편「개근의 무리」가 제2회 '소겐SF단편상'을 수상하면서 등단하게 된다. 이후 첫 작품집『개근의 무리』로 제34회 '일본SF대상'을 수상하게 되며, 제2작인『기숙의 별(宿借りの星)』(東京創元社, 2019) 또한 제40회 '일본SF대상'을 수상한다. 그 후에 출간된 작품집으로,『오쿠토로그 도리시마 덴포 작품 선집(オクトローグ 酉島伝法作品集成)』(早川書房, 2020)과『룬〔るん(笑)〕』(集英社, 2020)이 있다. 다소 늦은 나이의 등단임을 감안하더라도 매우 과작에 속하는 작가라는 점을 알 수 있다.

하지만 도리시마의 이러한 과작의 특성은 작가의 작품 생산력이 떨어진다기보다는 그 작풍의 특성에 기인한다고 보인다. 그 중요성에 비해서 선행 연구는 단행본에 수록된 SF 평론가 오모리 노조무(大森望)의 작품 해설 이외에는 발견되지 않지만, 오모리의 해설은 도리시마의 스타일을 이해하는 데 일정 정도 도움이 된다. 오모리는 "권두에 배치된 표제작「개근의 무리」첫

쪽을 보는 것만으로도 보통의 SF와는 다르다는 것은 한눈에 알 수 있다. … 어휘와 이미지가 너무나 독특해, 얼핏 이(異)세계 판타지 혹은 우화적 환상 소설 같지만, 사실은 그 배후에 면밀한 SF의 설정이 있음을 점차 알게 된 다"[5]고 지적하며, 도리시마의 스타일이 매우 독특하며 인간과는 다른 종들 의 묘사로 넘쳐나는, 게다가 작가의 조어로 구성되는 그 세계의 묘사가 매 우 이색적임을 설명하고 있다. 그렇기에 "너무나 개성적이어서 독자를 가릴 것 같으며 (누가 읽어도 재미있을 것이라고는 도무지 말하지 못하겠다), 읽기에 상당한 시간과 노력을 필요로 한다. 하지만 SF에 스토리나 캐릭터 이상의 것을 요 구하는 독자들에게는 최상의 흥분이 기다리고 있다. 한 줄 한 줄 아이디어 가 가득 차 있다는 점에서 이 책처럼 독자의 노력에 응답하는 소설은 좀처 럼 없다. 게다가 한 번 읽는 것만으로는 도저히 그 전모를 파악할 수 없기에 두 번 세 번 반복해서 읽게 된다"(337)고 지적한다. 오모리의 해설은, 작가의 조어와 독특한 이미지로 가득 찬, 게다가 치밀하지만 친절하지는 않은 SF의 설정으로 독서의 속도는 떨어지고 한 번의 독서로는 이해하기조차 힘들다 는 말이다. 도리시마의 과작의 이유는 이와 같은 작품 세계의 밀도와 작가 본인에 의한 일러스트, 그리고 오모리가 '최상의 흥분'이라고 표현한 'SF적 사유'의 깊이에 있다고 생각되며, 이 글은 그와 같은 작품의 특성을 설명하 는 데에 주안점이 있다.

『개근의 무리』의 서지를 열거하면 다음과 같다. 「개근의 무리」는 『결정 은하(結晶銀河)』(東京創元社, 2011.7)가 초출, 「동굴 마을(洞の街)」은 『원색의 상상 력 2(原色の想像力 2)』(東京創元社, 2012.3), 「진흙바다에 떠 있는 성(泥洋の浮き城)」 은 단행본 초출, 「모몬지 행상(百々似隊商)」은 ≪미스터리즈!(ミステリーズ!)≫ 57호(東京創元社, 2013.2) 초출. 이처럼 열거한 서지 사항에서 유추할 수 있듯

---

5   大森望, 「解説」, 酉島伝法, 『皆勤の徒』(東京創元社, 2013), 335~336쪽. 이하 『개근의 무리』에 서의 인용은 본문 속에 쪽수만을 표기한다. 번역은 필자.

이, 『개근의 무리』에 실린 네 편의 중·단편은 '동일본 대지진'(2011.3.11)과 '후쿠시마(福島) 원전 사고' 직후 집중적으로 발표되었으며, 이 작품들에는 그 직접적인 영향이 나타난다. 이러한 의미에서 '진재 후 문학(震災後文学)'이라고 할 수 있으며, 『개근의 무리』는 인류에 대재앙이 일어난 이후의 세계를 그린다는 점에서 일종의 포스트아포칼립스 소설이라고도 할 수 있다.

그렇다면 『개근의 무리』는 어떠한 세계를 그리고 있는지 그 줄거리와 세계관 설정을 살펴보자. 작품 세계의 시간 순서로 설명하면 다음과 같다. 먼저 「모몬지 행상」에서는 근미래를 배경으로 인류에 닥친 대재앙과 그 후의 생존 과정이 그려진다. 인간은 뇌에 특수한 인터페이스(玉匣, たまくしげ. 대괄호 안의 표기는 작품 내의 명명이며, 이하 동일)를 매립해 가상 현실(VR) 환경(仮粧, かしょう)에서 생활한다. 이 세계에서는 나노 머신(塵機, じんき)의 발달에 따라 그 가동 프로그램(形相, けいそう)만 있으면 어떠한 것이든 만들어낼 수 있다. 하지만 나노 머신이 인간의 컨트롤을 벗어나 폭주하는 사고(塵禍, じんか)가 다발하게 되고, 결국 통제 불능 상태에 이르러 '대재앙'(大塵禍, だいじんか)이 발생한다. 이로 인해 나노 머신이 상호 달라붙어 물질들이 서로 융합해 버리는 상태가 전 지구의 표면을 뒤덮게 된다. 이 상태의 지구를 '메보쓰'(冥渤, '죽은 바다'라는 의미)라고 부른다. 이에 대해 인류의 일부는 우주 스테이션으로 피난 계획을 세워 탈출하게 되고, 그 필요에 따라 혹성 탐사용으로 개발된 생명체가 '모몬지(百々似)'이다. 한편 지구에 남은 인류는 생존을 위해 연약한 인간의 육체를 버리고, 갑각류를 연상시키는 '게르빔(智天使)'이라 불리는 생물 기계(인간의 유전자가 주입된 일종의 서로게이트(surrogate), 후일 '소토마와리'(外回り)로 불린다)로 옮겨 가게 되고, '재생 지성체'로 살아간다. 이 과정을 '다칸(兌換)'이라 한다. 이 과정에서 중요한 역할을 하는, 인간의 생명 정보를 기억하는, 컴퓨터의 중앙 기억 장치와도 같은 연산 장치를 '마가타마(勾玉)'라고 한다. 이 '게르빔'은 정보 네트워크로 연결될 수 있는데 그렇게 연결된 세계를 '세카이(世界)'라고 하며, 인간의 육신을 유지한 채 살아가는 '비재생 지성체'

의 세계를 '세카이'(古界, 옛 세계)라고 다르게 표기해 구별한다. 「모몬지 행상」에서는 이런 '메보쓰 세카이'가 되는 위의 과정과 그 속에서 행상으로 살아가는 인간(비재생 지성체)을 그린다.

「동굴 마을」에서는 생존을 위해 지구를 탈출한 인류의 또 다른 생태계가 그려진다. 인류는 유전 데이터를 가지고 '파종선(播種船)'을 통해 지구를 탈출하지만 한 혹성 지성체에 나포되는 것으로 설정되는데, 소설은 그 과정에서 탈출한 주인공 '하니시베(土師部)'가 '모몬지'에 보존되어 있던 인류 데이터를 사용해 인간을 부활시키고, 그렇게 재생시킨 다양한 형태의 인간들을, 계산 자원으로 활용해 희생시킴으로써 그 혹성을 탈출하려 시도하는 과정을 그린다. 「진흙바다에 떠 있는 성」은 또 다른 인간 생태계를 묘사한다. 이 소설의 1인칭 탐정 소설풍의 내레이터, 라두 몬돈두는 갑각과 촉수를 가진 '곤충 인간'으로 등장하는데, 그는 '떠 있는 성'이라는 거대한 조개와 같은 생명체 속에 기생 서식하는 인간 사회에서 발생한 살인 사건을 추적한다. 이상의 설정에서도 분명하게 알 수 있는 사실은, 『개근의 무리』의 주요한 주제 중의 하나가 인간종의 유일성을 벗어나, 인간의 '생태적 다양성(ecological diversity)'을 주장하는 곳에 있다는 점이다.

또한 『개근의 무리』는 일종의 테라포밍(terraforming) 소설이라고 할 수 있다. 테라포밍이란, 지구가 아닌 다른 행성 및 위성 등의 환경을 인간이 살 수 있도록 지구의 대기 및 생태계와 비슷하게 바꾸는 작업을 말한다. 테라포밍이란 용어는 1942년 미국의 SF 작가 잭 윌리엄스(Jack Williams)의 소설 『충돌 궤도(Collision Orbit)』에 처음 사용된 이래, 과학 기술적 검토와 SF적 상상력이 축적되어 왔다.[6] 『개근의 무리』는, 폐허로 변한 지구에서 생존하기 위한 인

---

6 최근에는 리들리 스콧(Ridley Scott) 감독, 맷 데이먼(Matt Damon) 주연의 〈마션(Martian)〉 (2015)에서 화성 생존기가 그려졌으며, 일본에서도 〈테라포머즈(テラフォーマーズ, TERRA FORMAS)〉(2011~2018, 만화/아니메, 영화)가 화제를 모았다. 이 작품은 화성의 '테라포밍'

간이 환경을 개조한다는 의미에서, 그리고 외계 생명체가 지구 환경에 적응하는 과정을 그린다는 의미에서 일종의 테라포밍 소설이라고 할 수 있을 것이다.

「개근의 무리」는 시간 순서로 가장 뒤의 세계를 다룬다. 배경은 대재앙으로 황폐화된 지구이다. 전제가 되는 설정은, 인류의 파종선을 나포한 외계 생명체 '포인(胞人)'은 파종선을 분석하는 과정에서 나노 머신에 오염되고, 그 책임을 져 지구로 유배된 포인들은 지구의 대규모 환경 개조 사업을 벌이게 된다. 이 외계 생명체 관점의 지구 테라포밍이 무엇보다 중요한 소설의 특성을 구성한다. 이들 포인은 지구 환경에 적응하기 위해 인간의 '장기'를 필요로 해 장기 이식 회사를 운영한다. 이는 일종의 이종(異種) 장기 이식이라고 할 수 있을 것이다.[7] 주인공인 인간 '종업원'은 포인 사장 '교(㒼)'가 운영하는 '장기 제조 회사'에서 노역한다. '종업원'은 모몬지의 데이터를 통해 만들어진 노동용 인조인간으로 죽을 때에 반복되는 자기 복제를 통해 끝없는 노동에 종사한다. 「개근의 무리」의 영문명은 Sisyphean, 즉 시시포스인데, 이는 외계 생명체의 지구 테라포밍 과정에 노예/동물로 종속되어 끝없는 노역에 종사해야 하는 이와 같은 상황을 지시하고 있다. '소토마와리'는 이들 포인을 물리치고, 포인의 노예(가축)로 종속되어 있는 인간을 구출해 다시 '세카이(世界)'에서 부활시키고자 하기에, 소토마와리와 포인 사이에서는 전투가 벌어지게 된다. 「개근의 무리」는 한 세대의 '종업원' 시점에

을 위해 사용하게 된 바퀴벌레가 진화해 거대 지성체로 발전하게 되고, 그 '테라포머즈'를 제거하기 위해 곤충의 유전자를 도입한 인간 사이에 벌어지는 전투극이다.

7   최근의 뉴스로는 "돼지 심장 인체 첫 이식, 사흘째 정상", 〈SBS News〉, 2022년 1월 11일 자. 이종 장기 이식은 예를 들어 미니 돼지의 췌도나 각막, 심장, 피부 등을, 이종 이식 시 발생할 수 있는 면역 거부 반응이나 이종 간 감염병 전이를 방지하기 위해 이종 이식에 쓰이는 동물의 유전자를 변형하는 과정을 거쳐서 이식하는 방식을 말하며, 이 뉴스는 그 최초의 성공 사례로 주목된다.

서 이 과정을 묘사한다.

3. 『개근의 무리』의 하드 SF적 특징

『개근의 무리』는 이종적이고 다양한 형태의 생물종이 등장한다는 의미
에서 이세계 판타지로 생각될 수도 있으나, 그 배경에는 현재의 과학 기술
의 방향이 세계관의 설정으로 도입되고 있다는 의미에서 하드 SF로 분류되
어야 한다. 이 장에서는 소설 텍스트의 하드 SF적 주요 특징에 대해 간략하
게 정리해 두고자 한다.

『개근의 무리』 속 인간은 다마쿠시게(玉匣)라고 불리는 뇌에 삽입된 특수
한 인터페이스를 통해 인격 정보를 추출할 수 있고, 그렇게 추출된 인격 정
보체는 가상 현실(VR) 환경에서 생활한다. 이러한 설정은 즉각 그레그 이건
(Greg Egan)의 『순열 도시(Permutation City)』나 도비 히로타카(飛浩隆)의 '폐원의
천사(廃園の天使)' 시리즈[8]를 연상케 하는데, 『개근의 무리』는 여기에서 한 발
더 나아가 그러한 인격 정보체가 '게르빔(智天使)'이라 불리는 생물 기계로 디
지털 이행될 수 있고, 그렇게 업로드된 인격체인 게르빔들은 네트워크로 상
호 연결되어 '세카이'를 형성한다. 이러한 정보 인격체에 대해서는 도비 히
로타카의 '폐원의 천사' 시리즈에 본격적으로 전개되기에 여기서는 상술하
지 않겠으나, 이러한 방향의 정보 통신 기술은 현재 인지 과학과 신경 과학
영역에서 '인간-기계 인터페이스'(BMI: Brain-Machine Interface), VR(Virtual Reality)
등으로 활발하게 논의되고 있다는 점만 지적해 둔다.[9]

---

8 '폐원의 천사' 시리즈 제1작 『그랑 바캉스(グラン・ヴァカンス)』(早川書房, 2002), 제2작 『래
   기드 걸(ラギッド・ガール)』(早川書房, 2007)이 발표되었으며, 제3작 『공중 정원(空の園丁)』
   은 현재 ≪SF매거진(SFマガジン)≫에 연재 중이다.

『개근의 무리』의 SF적 설정의 특징은 '나노 과학'과 '인공 생명'의 설정에 있다고 생각된다. 먼저 나노 과학에 대해 살펴보자. 앞 절에서 살펴보았듯이 텍스트의 세계관은 나노 기술의 폭주로 야기된 대재앙 이후의 포스트아포칼립스적 세계이다. 나노는 10억 분의 1 단위를 말하고, 나노 기술은 분자 단위의 재배열 기술을 통칭하며, 현재 우리의 일상적 삶에 이미 광범위하게 적용되고 있다. 테슬라(Tesla)처럼 자동차가 더 적은 전기 소모로 훨씬 멀리 가도록 하기 위해 완전히 새로운 차체, 부품, 고성능 배터리가 사용되는데 이들에 나노 기술이 적용되고 있다. 우주선의 소재나 우주 엘리베이터의 개발, 병든 세포만 골라 치료하는 의약 기술, 사물 인터넷(IoT)과 연결해 미세한 환경 오염까지 감시하는 나노 센서까지 개발되고 있다. 나노 과학의 선도자인 에릭 드렉슬러(Eric Drexler)는 『창조의 엔진: 나노 기술의 미래』에서, 이 나노 과학으로 인해 물질에 의한 제약이 사실상 사라질 정도로 인류에 의해 극적으로 변화할 수 있는 물리 세계를 낙관적으로 제시한다. 또한 이 분야의 많은 과학자들이 낙관하듯이 언젠가는 공기에서 탄소와 수소, 산소 분자를 얻어 원하는 물질을 합성할 날이 올 것으로 보고 있다.

그런데 드렉슬러는 위 책의 「파괴의 엔진」이란 한 장에서 나노 기술의 위험에 대해서도 우려를 기술한다. 나노봇이나 분자 어셈블러가 필요한 에너지나 자원을 자기 조달하면서 자기 복제하는 능력을 가지도록 설계될 때는 나노 기술이 분자 단위의 재배치를 통해 물질을 생성/변화시키기에 지극히 파괴적인 성질, 즉 물질들이 분자 단위에서 재배치되면서 물체의 경계면이 서로 엉겨 붙어버릴 수 있으며, 그것은 자기 복제를 통해 재생산되기에 인간의 통제를 벗어나 지구 전체가 덮일 수 있다고 경고한다.[10] 『개근의 무

---

9   자세한 내용에 대해서는 신하경, 「포스트휴먼 과학 기술의 현재와 SF의 상상력: 토비 히로타카 〈폐원의 천사〉 시리즈를 통해」, 《日本研究》, 34집(고려대글로벌일본연구원, 2020. 8) 참조.

리』의 세계는 이처럼 나노봇이 인간의 통제를 벗어나 자기 증식을 통해 세계를 집어삼킨 후의 지구인 것이다.

『개근의 무리』의 배경적 설정이 나노 과학과 관계되는 것이라면, 인류가 유전 데이터를 가지고 지구를 탈출해, 외계에서 그 데이터로부터 인간종을 탄생시킨다는 설정은 합성 생물학, 그중에서도 '인공 생명'과 관계된다.

2000년 빌 클린턴(Bill Clinton) 미국 대통령과 토니 블레어(Tony Blair) 영국 수상의 공동 기자 회견을 통해, 인간 게놈(DNA)의 구조를 해명했다고 발표했다. 이는, '인간 게놈 프로젝트 사업단'(HGP: Human Genome Project)과 민간 기업인 셀레라 지노믹스(Celera Genomics)가 DNA에 있는 30억 개 염기 전체에 대한 게놈 구조를 규명한 것이다. 이 셀레라 지노믹스를 이끌고 있는 인물이 크레이그 벤터(Craig Venter)다. 벤터는 인간의 DNA 구조를 밝혀낸 데에 만족하지 않고 보다 큰 도전을 하게 되는데, 그것은 유전자는 비교적 단순한 화학 물질로 이루어져 있기에 생명을 발생시키는 DNA 구조가 자연 발생으로만 된다는 법이 없으며, '인공'적으로 만들어질 수 있다고 생각했다. 즉, '인간'의 손에 의해 '새로운 생명종'을 만들 수 있다고 생각했던 것이다. 벤터는 인간 게놈 계획으로부터 불과 3년 후, 일명 '파이-엑스 174(Phi-x 174)'라는 바이러스의 염기 서열을 컴퓨터상의 코드 정보로 만들어내는 데에 성공한다. 2010년 벤터 팀은 이 인공 DNA 게놈을 박테리아 세포 안에 삽입해, 자신들이 합성한 유기 생명체가 움직이고, 섭취하며, 자기 복제하는 모습을 관찰했다. 새로운 '생명'이 인간의 손에 의해 탄생하게 된 것이다. 또한 이는 디지털 코드 정보이기에 얼마든지 보존, 전송이 가능하다.[11] 이러한 합성 생물학의 현재적 발전 방향에 비추어 볼 때, 『개근의 무리』의 설정, 즉 인류의 생존을 위해 파종선에 인간의 유전 데이터를 싣고 탈출해, 그 데

---

10 에릭 드렉슬러, 『창조의 엔진: 나노 기술의 미래』, 조현욱 옮김(서울: 김영사, 2011).

11 크레이그 벤터, 『인공생명의 탄생』, 김명주 옮김(서울: 바다출판사, 2018).

이터가 외계 생태계 속의 생물에 이식되어 다양한 인간종으로 파생된다는 설정은 이와 같은 현재의 과학적 흐름에서 상상되고 있는 것이라고 할 수 있다.

이상에서 살펴본 바와 같이 『개근의 무리』는 나노 기술과 합성 생물학 등 현재의 과학 기술의 발전 방향 위에서 상상된 세계이다. 그렇다면 다음 절에서는 이러한 세계관의 설정 위에서 그려지는 텍스트의 주제 의식을 고찰해 가고자 한다.

4. 『개근의 무리』의 주제: 인류세와 인간 중심주의의 해체

1) '인류세'적 환경 의식

먼저 『개근의 무리』는 '인류세(Anthropocene)'적 환경 의식이 강하게 표현된다. 이는 다음의 인용에 대표적으로 나타날 것이다.

> 대재앙(大塵禍)【だいじんか】 지구를 파멸시킨 대규모 재난. 처음에는 야오요로즈(八百万)사의 나노 물질[塵造物]이 소규모의 재난을 각지에서 일으킬 뿐이었으나, 이는 융합과 변용을 무질서하게 반복하면서 점차 확대되어 갔고, 더욱이 쓰쿠모(九十九)사의 나노 물질이 제어를 상실한 후 급격히 가속되었다. 부교가 붕괴하면서 거대한 쓰나미와 같은 변용 파도가 출현해 지구 전토를 뒤덮으면서 대홍수처럼 30년간이나 파괴가 지속되었다. 무수한 동식물과 인명이 상실되었지만, 인류는 우주로의 이주, 소토마와리(外回り)로의 변형[兌換], 피난처로의 대피 등 모든 수단을 동원해 살아남았다. 이 대재앙의 발단이 가상 세계상의 신들 사이의 종교 전쟁이었다는 등 무수한 설이 있지만 아직 규명되지는 않았다(이하 번역 및 밑줄은 필자).[12]

이 인용은 『개근의 무리』의 오리지널 설정 자료집 『격세유전(隔世遺伝)』에서 가져온 것이며, 『개근의 무리』의 '인류세'적 환경 의식이 집약적으로 표현되어 있는 설명이라고 할 수 있다.

먼저 이 인용은 『개근의 무리』에서 '진카(塵禍)'로 표현되는 재앙이 앞에서 드렉슬러가 우려한 나노봇의 폭주로 인해 야기된 것임을 직접적으로 기술하고 있다. 그런데 특기할 만한 점은 그 대재앙이 표면적으로는 나노봇이 지표면을 뒤덮는 과정의 묘사이지만, '거대한 쓰나미'가, '지구 전토를 뒤덮어', '무수한 동식물과 인명이 살상'되었다는 묘사는 '동일본 대지진'과 '후쿠시마 원자력 발전소 사고'의 묘사와 겹친다.

그리고 지진이라는 자연재해와는 별개로, 인간(의 과학 기술)에 의해 야기된 방사능 오염(도리시마의 설정에서는 나노봇의 폭주)이 우리가 살고 있는 생태계에 심각한 타격을 가한다는 설정은 '인류세' 담론과 직결된다.

여기서 설명의 편의를 위해 '인류세'가 무엇인지에 대해 간략히 정리해 두고자 한다. 주지하는 바와 같이 '인류세(Anthropocene)'란 지구의 지질 시대를 명명하는 용어로, 현재의 공적인 지질 시대인 '홀로세(Holocene)'로부터 인류가 지구 환경에 큰 영향을 준 시기를 구별하기 위해 2001년 네덜란드 화학자 파울 크뤼천(Paul Crutzen)에 의해 처음 제안되었다. 그는 인간이 생산한 기체 화합물이 성층권의 오존층을 파괴할 수 있음을 알아내 1995년 노벨 화학상을 받았는데, 인간이 화석 연료를 대규모로 사용하면서 배출된 온실가스로 지구 온난화와 기후 변화가 시작되었다는 점을 주장하기 위해 이 용어를 제안했다. 인류세는 아직 공식적으로 인정된 지질 시대는 아니지만, 2000년대 지구 온난화와 환경 파괴에 대한 무수한 논의 속에서 빠르게 정착되어 갔다. 이 인류세의 가장 큰 특징은 인간에 의한 지구 환경의 변화이

12　酉島伝法, 『隔世遺伝』(東京創元社, 2015)에서 大塵禍【だいじんか】 항목.

며, 지구 온난화와 생물 다양성의 파괴 등 다양한 분야에서 관련 연구가 진행되고 있다. 생물 다양성과 관련한 가장 큰 문제는 인간의 활동으로 인한 멸종의 가속화다. 직접적인 수렵에 의해서는 물론이고, 기업형 목축에 의한 탄소 배출, 개발로 인해 열대 우림 등 산림의 감소, 플라스틱 쓰레기 등의 원인으로 생태 환경이 변화해 많은 생물종이 멸종되거나 멸종 위기에 놓여 있다. 이러한 설명에서, 『개근의 무리』가 나노봇이라는 과학 기술의 폭주로 지구 생명이 절멸하고, 멸종과 신체의 변형이 발생한다는 기본적인 설정은 이와 같은 동시대의 방사능 오염 및 인류세 담론과 연결되어 있는 것임을 알 수 있을 것이다.

그런데 여기서 한 가지 더 지적해야 하는 점은 『개근의 무리』가 과학 기술에 대해 결코 낙관적이지 않다는 것이다. 텍스트의 전편을 통해 지적할 수 있는 점이지만, 위 인용에서 나노 물질이 '제어를 상실한 채', '무질서하게 융합과 변용을 반복'했다는 설명에 대표적으로 표현되고 있듯이, 『개근의 무리』는 인류세적 환경 위기에 대해 과학 기술과 인류 공동체의 노력으로 그를 '통제'하고 극복할 수 있을 것이라고 보지 않는다. 오히려 현재의 위기는 (방사능 오염처럼) 통제(인지)할 수 없고 따라서 쉽게 극복되기 어려운 것이다. 이러한 인류세적 위기의식을 대표적으로 보여주는 주장으로 티머시 모턴(Timothy Morton)의 '하이퍼오브젝트(hyperobject)'론을 들 수 있다. 다음의 인용을 보자.

『생태학적 사상(The Ecological Thought)』에서, 나는 '하이퍼오브젝트'라는 용어를, 인류에 관련해 시간과 공간에 대규모로 펼쳐져 있는 사물들을 지칭하기 위해 사용했다. 하이퍼오브젝트는 블랙홀일 수도 있고, 에콰도르의 '라고 아그리오(Lago Agrio)' 유전일 수도, 혹은 플로리다의 '에버글레이즈(Everglades)' 국립 공원일 수도 있다. 하이퍼오브젝트는 생태계일 수도 있고, 혹은 태양계일 수도 있다. 하이퍼오브젝트는 지구상의 방사능 물질의 총량일 수도 있고, 혹은 단지

플루토늄이나 우라늄 물질 자체일 수도 있다. 하이퍼오브젝트는, 스티로폼이나 비닐 봉투처럼 매우 오랜 기간 동안 사라지지 않는 인간의 생산물일 수도 있고, 혹은 자본주의의 윙윙거리는 기계류 전체일 수도 있다. 하이퍼오브젝트는 그것이 인간에 의해 직접 만들어진 것이건 아니건 간에, 어떤 다른 실체와 관련되어 "하이퍼"(과잉/초과)하다(번역은 필자).[13]

모턴은 하이퍼오브젝트를 (이 책에서는 인간 존재와 관계없이, 인간의 인지를 넘어서는 초과 객체[14]로 설명하고 있지만, 이 글의 논지에서 볼 때) '지구 온난화'나 '방사능 물질' 등, 인간에 의해 야기되었으나 인간은 그 객체의 전모를 알 수 없고 따라서 통제할 수 없는 객체라는 의미에서 명명하고 있다. 유한한 시공간을 점유하는 인간에 대해 플라스틱이나 방사 능물질의 존재는 하이퍼하며, 지구 온난화는 인간의 인지 범위를 넘어서지만 인간에게 지대한 영향을 미친다는 점에서 하이퍼하다. 모턴은 이러한 하이퍼오브젝트가 "단지 정신적이거나 (혹은 관념적인) 구성물인 것이 아니라 실재적 존재이며, 그 객체의 근본적인 실재는 인간으로부터 후퇴(withdraw)"[15]해 그 전모를 파악하기 어려운 실체라고 규정한다. 이 글은 모턴의 '객체지향 존재론'(OOO: Object-Oriented Ontology) 사상가로서의 주장을 고찰하지는 않기에 여기서 상술하지는 않지만, 이는 하이데거(Martin Heidegger)의 존재론을 원용하며 재해석하고 있는 것으로, 인간은 사물의 현상으로부터 본질로 접근하려 할 때 사물의 본질은 후퇴해 결코 인간은 그 전모를 파악할 수 없다고 주장하는 맥락이다. 이처

---

13 Timothy Morton, *Hyperobjects: Philosophy and Ecology after the End of the World* (Minneapolis: The University of Minnesota Press, 2013), p. 1.

14 하이퍼오브젝트의 번역어는 현재, '하이퍼오브젝트', '초과사물', '과잉객체' 등으로 다양하게 번역되고 있지만, 이 글에서는 모턴의 주장을 따르는 의미에서 '하이퍼오브젝트'를 그대로 사용한다.

15 Morton, 같은 책, p. 15.

럼 하이퍼오브젝트는 인간의 인지에 그 전모가 드러나지 않으며, 바로 본질적으로 그러하기에 과학 기술은 지구 온난화나 방사능 물질과 같은 하이퍼오브젝트를 모든 면에서 파악하거나 통제할 수는 없다. 지구 온난화나 방사능 물질과 같은 객체, 혹은 도리시마 텍스트에서 그려지는 나노 물질(그리고 그러한 과학 기술의 통제 불가능성으로 야기된 지구 생태계의 멸절)은 애초에 인간이 그 물질을 완전히 파악하거나 따라서 본질적으로 제어할 수 없다는 점에서 『개근의 무리』는 모턴이 제시한 '하이퍼오브젝트'의 세계인 것이며, 분명한 '인류세'적인 상상력인 것이다.

지금까지의 설명은 『개근의 무리』의 SF적 설정이 현재의 인류세적 담론과 인식을 공유하고 있는 전제들에 관한 것이었다. 그런데 인류세 담론에서 논의되는 '생물 다양성'은 기후 변화에 따라 야기되는 생태계의 변형과 다양한 동식물종의 멸종을 말하는 데 비해, 이 텍스트는 지구 생태계의 거의 완전한 멸종 이후의 생태적 다양성에 관한 내용으로 채워진다. 따라서 이 텍스트는 인류세적 생물 다양성이라는 현실적 논의 지점에 발 딛고 포스트아포칼립스적 상황의 생태 다양성을 상상한다는 의미에서, 종 다양성을 보존해야 한다는 당위가 아니라 냉정한 결과의 예측에 가깝다.

텍스트가 그리는 생태 다양성에 대해 조금 더 자세히 살펴보자. 앞의 텍스트 인용에서 기술되고 있듯이, 인간은 지구 생태계의 완전한 파괴 이후 생존을 도모하기 위한 '선택' 과정에서, 당대의 과학 기술을 이용하면서, 가주 혹성으로의 이주, 재생 지성체로의 변형, 비재생 지성체(현재 인간)로서의 생존 (및 변형) 등 다양한 선택을 하게 되고, 그 존재들은 자신들에게 소여되는 환경과의 교섭 속에서 다양한 '형태'로 변형된다. 이것이 『개근의 무리』가 그리는 포스트휴먼적 신체 변형 서사의 주요한 특징이며, 각각의 중·단편은 그 생존의 다양한 양태들이라고 할 수 있다.

『개근의 무리』에는 현존하는 생명 형태는 등장하지 않는다. 사실상 대재앙 이후의 모든 유기체, 비유기체는 당대의 과학 기술을 이용하며 생존을 위

해 변형한다. 텍스트에 등장하는 중요 캐릭터의 그러한 양태만 나열해 보아
도 다음과 같다. 먼저 외계 생명체의 지구 테라포밍 스토리인 「개근의 무리」
에 등장하는 포인 '사장'은 아메바 형태의 외계 생명체로 지구에서 생존하기
위해 인간의 '장기'를 체내에 흡수한다(이종 간 장기 이식). 그리고 '종업원'은
인간의 유전자 정보를 이용해 탄생한 자기 복제하는 생명체(클론)이며, '소토
마와리'는 인간의 유전자 정보를 다른 유기체에 이식한 재생 지성체이다(인
지 과학과 정보 통신 기술 및 합성 생물학). 다음의 인용은 포인이 지구 생태계에 적
응하기 위해 행해지는 수술 장면의 묘사이다.

> 사장은 척추의 앞부분을 손에 들고 테이블에 누워 있는 고객의 몸에 깊숙이 찔
> 러 넣는다. 꼬리뼈까지 모두 집어넣고 육체의 모양을 정돈하고 있는 사이에 종
> 업원은 골반을 준비한다. … 종업원은 고객의 머리에 씌우듯이 두루마리 모양의
> 말초 신경망을 입히고는 천천히 발끝을 향해 신경망 두루마리를 펼친다. 전신에
> 입혀진 신경망이 체세포 내부에 들어가 구석구석까지 펼쳐지게 되면 사장은 손
> 가락을 여러 개로 분리시키고, 뇌나 척추와의 접촉부에 신경 섬유를 짜 넣어 간
> 다. … 마찬가지 방식으로 혈관망을 모두 넣게 되면 고객의 신체는 말미잘이 흔
> 들리는 바다처럼 보인다. 그다음에 무척추동물처럼 보이는 각종 장기를 집어넣
> 고 연결해 간다. <u>사장과 같은 중역들이 얼마나 이 땅과는 다른 환경에서 살아왔
> 는지를 알 수 있다. 근본적인 변용 없이는 생존을 지속할 수 없는 것이다.</u>(46)

이 인용은 아메바와 같은 형태의 포인(胞人)이 지구 생태에 적응하기 위해
서 신체 변형을 가하는 장면에서 가져온 것으로, 밑줄로 표시한 부분은 생
물종이 변화한 생태에 적응하기 위해 당대의 과학 기술적인 수단을 동원해
신체 변형을 이루게 된다는 인식을 직접적으로 드러내고 있다.

「개근의 무리」가 외계 생명종의 관점에서 지구 생태에 적응하기 위한 신
체 변형을 묘사하고 있다면, 「동굴 마을」과 「진흙바다에 떠 있는 성」은 지

구를 떠나 외계 생태계에 던져진 인간종이 생존을 위해 신체 변형하는 서사이다. 「진흙바다에 떠 있는 성」의 주인공은 곤충 인간으로서 "우리들 몬몬도족의 피부는 어디에 있더라도 주위 환경에 녹아드는 성질이 있다. 피식자(被食者) 시대가 길었기 때문일 것이다"(142)라는 묘사에서 보이듯이, 환경 적응(진화?) 과정에서 '위장' 능력을 가지게 된 것으로 묘사된다. 「동굴 마을」의 주인공 하니시베는 "이 땅에 처음으로 모몬지의 담낭에서 태어났던, 무척추동물과 닮았던 갓난아이 시절을 떠올렸다. 수분을 띤 점막의 촉감이나 무게감이 뚜렷하게 되살아났다. 동굴 전체가 극단적으로 변이한 인류로 가득 찰 때까지의 세월이 잠깐 사이에 회상되었다. 변이의 다양성은 존재하지 않는 세계에 적응하려 한 결과였는지도 모른다"(130)라는 기술에 나타나듯이, 파종선을 타고 지구를 탈출한 인류는 모몬지 안에 심어놓았던 인간의 유전 데이터를 통해 태어난 인간이다. 그 후 인류는 외계 생태에 적응하는 과정에서, 이종 교배 등을 통해 다양한 형태로 변이하게 되고 「동굴 마을」은 그 인류의 변이종들이 군집하는 세계이다. '변이의 다양성은 존재하지 않는 세계에 적응하려 한 결과'와 같은 묘사에 잘 드러나듯이, 변이는 유전 데이터의 잠재태가 생태 환경에 적응하는 과정에서 발현하는 것으로서 생명의 자연스런 현상[16]이며, 그에 대해 인간 세계의 가치관으로 우열을 판단할 수는 없다. 인간의 원래 형태에 가까운 모습을 한 주인공 하니시베에 대해 변이종인 친구가 부러움을 표하는데, 그에 대해 하니시베는 다음과 같이 대답한다.

"하니시베 군", 고백하는 듯한 말투로 나리카부라(鳴鏑)가 말을 꺼낸다. "우리들은 왜 이리도 한 사람 한 사람 모습이 다른 걸까?"
"다양성이 중요한 거야. 여러 모습이 있으니까 세계는 재미있어, 그렇지?"

---

16 리처드 도킨스, 『이기적 유전자』, 홍영남·이상임 옮김(서울: 을유출판사, 1993).

"하니시베 군은 좋겠어. (인간의 — 필자) 원래 모습에 가까우니까."

"지금은 이래도 처음에는 뼈가 없었어. 뼈의 종자가 자라기까지 2년이나 걸렸는
걸"(87~88).

이상에서 살펴본 바와 같이, 『개근의 무리』의 세계는 지구 생태가 대재
앙을 맞이한 이후, 인간/비인간 유기체는 '생존'을 위해, 과학 기술과의 공
진을 통해 다원적 에콜로지 속에서 적응하며 다종(多種) 군서(群棲)하는 세계
이다. 그리고 위의 인용에서도 알 수 있듯이, 이러한 인식은 생물 다양성을
주장하는 인류세 담론과 같은 맥락 속에 위치하는 것이다.

2) 인간 중심주의의 해체

앞의 소절에서는, 『개근의 무리』의 나노 기술 폭주라는 설정이 지구 온
난화, 방사능 오염 등에 대한 인류세 담론과 인식을 공유하고 있으며, 종 다
양성의 다양한 변주들인 텍스트의 플롯도 인류세적 주장과 공명하고 있음
을 밝혔다. 그렇다면 이러한 세계관의 설정을 통해 텍스트가 의도하는 궁극
적인 주제는 무엇일까? 그것은 단적으로 '인간 중심주의적 가치 체계'의 해
체라고 할 수 있다. 여기서는 이 점에 대해 고찰하고자 한다. 다음의 인용부
터 살펴보자.

序章: 銀河深淵に凝った降着円盤の安定周期軌道上に, 巨しく透曇な球體をなす千万の
胞人が密集し, 群都をなしていた. その犇めきのなか, 直径 — 万株を超える瓢形の連
結胞人,〈禦〉と〈闇〉の威容があった. 互いを呑み込もうと媒収をはじめて幾星霜, 不自
然な均衡を保つ二者の組織内部において, 数多の惑星の生物標本より詞配された隷重類
たちが, 各々属する胞人規範に基づいて働き, 落命と出生を繰り返しつつ多元的な生態
系を組み上げていた.

서장: 은하 심연에 얼어붙은 이착륙 원반의 안정 주기 궤도상에 거대한 성운 구
체를 형성하며 천만 포인이 밀집해 군도를 이루고 있었다. 그 북적거림 속에, 직
경 만 미터가 넘는 조롱박 모양의 연결 포인, '교'와 '자'의 위용이 있었다. 서로를
집어삼키려고 매수를 시작한 이래로 오랜 시간이 흘러, 부자연스러운 균형을 유
지하고 있는 양자의 조직 내부에는, 많은 혹성의 생물 표본으로부터 만들어진
예속류들이 각각이 속해 있는 포인 규범에 따라 일하면서 생과 사를 반복하는
다원적 생태계를 구성하고 있었다.(5)

이 인용은 『개근의 무리』 도입부의 '서장'을 그대로 옮겨온 것이다. 여기
서는 인간 중심주의의 해체라는 텍스트의 주제 의식을 표현하기 위해 어떠
한 스타일이 사용되고 있는가를 설명하기 위해서 일본어 원문도 병기했다.
우선 그 작품 세계를 구성하는 언어 스타일부터 살펴보자. 먼저 독특한 조
어들이 사용된다. 아메바와 같은 형태의 생명체를 '포인(胞人)'으로, 텍스트
세계의 시공간 단위를 '株'나 '星霜' 등으로 조어하거나, 심지어는 무수히 많
은 수를 표기하기 위해 '千万'을 'ちょろず'[萬(よろず)라는 일본어 표기의 변형]로 새
롭게 읽기도 한다. 또한 조어라기보다는, 한자의 이미지를 활용하는 방식,
예를 들어 구름을 뚫고 빛이 비추는 모양을 나타내는 '雲透'를 역으로 읽어,
투명한 구름, 즉 성운의 빛을 나타내거나 하는 식으로 무언가 현재와는 다
른, 다소 우주/신화적인, 혹은 이(異)세계적인 분위기를 자아낸다. 하지만
이러한 조어보다 중요한 언어 사용은 일본어 읽기에 다른 한자를 대입함[当
て字]으로써 다층적인 의미 구조를 만들어내는 데에 있다. 예를 들어 '매수'
는 '사들이다'는 의미의 '買收'이지만, 여기에 '媒收'라는 한자를 사용함으로
써 서로 달라붙어 끌어들이는 '모양'을 나타내고 있다.[17]

---

17 이처럼 이 텍스트는 극단적으로 읽기 어려운 문체이기에 번역이 불가능하다고 평가되었
    으나 영문 번역되었다. Denpow Torishima, *Sisyphean*(Haikasoru, 2018). 영문 번역은 일본

이러한 텍스트의 언어 스타일은 그 배경 묘사에 그치지 않고 본질적인 부분에서 더욱 중요한 방식으로 사용된다. 위의 인용에서, '胞人', '詞配', '隷重類'가 그 예들이다. 먼저 '포인'은 아메바적 형태의 외계 생명체라는 의미에서 명명되고 있으나, 이러한 단세포 동물은 다윈(Charles Darwin)의 진화론적 체계에서는 가장 원시적인 생명체의 기표이다. 하지만 이 포인이『개근의 무리』세계에서는 인간을 지배하는 지배종으로 군림한다. 역으로 진화론적 위계질서, 혹은 기독교적 가치 체계에서 '영장류'는 가장 고등한 생물로 위치하지만, 『개근의 무리』에서는 노예나 가축으로 전락하게 된다. 도리시마는 영장류(靈長類)의 일본어 표음 'れいちょうるい'에 '무게가 나가는 노예'라는 의미로 '隷重類'라는 한자를 대입해 사용한다. 이처럼『개근의 무리』세계에서는 인간 중심주의적 생명의 위계질서는 더 이상 통용되지 않는다. 아니 오히려 역전된다. '詞配'가 이를 나타낸다. 인간의 '언어'를 나타내는 '詞'는 텍스트에서 디지털화된 인간의 유전자 정보를 지시하는데, '포인'이 인간의 '언어/유전 정보'를 소유함으로써 '영장류/예속류'를 '지배(詞配/支配)'한다. 이처럼 텍스트는 인간의 '물질(과학)적-의미론(신화)적' 가치 체계를 전도해 해체한다.

이러한『개근의 무리』가 그리는 인간 중심주의적 가치 체계의 해체는 다음의 사례를 통해 대표적으로 알 수 있다.

> 광장의 서쪽으로는 야외 시장이 펼쳐져, 잡다한 노점상이 몇 열에 걸쳐서 늘어
> 서 있다. 그 가운데에서도 구운 고기, 뼛가루 소바, 내장탕, 꼬치구이, 월병〔血餅
> (月餅 ─ 필자)〕 등의 모몬지 상점은 아직 해가 높이 떠 있는데도 혼잡했다(246).
> 보호자(反故者)【ほごしゃ】병이나 부상으로 일할 수 없게 된 '예속류(隷重類)'가

어의 중의적 함의는 생략된다.

'무용지물(反故)'이 되어, 가축이나 생체 소재로 전락한 자들을 지칭한다. 이들은 '보호(反故)' 구역에 집합되어 방목되는데, 그들은 체내에서 생체 섬유가 수확되거나, 피부 장갑을 만들기 위해 피부가 벗겨지거나, 심장이나 폐가 적출되거나, 알코올로 변용되는 등 폭넓은 용도로 사용되고 있다.[18]

위의 인용은 「모몬지 행상」에서 대재앙 이후 인간이 그 생존을 위해 만들어낸 인공 생명인 모몬지를 이용하는 방식의 묘사 부분이며, 아래 인용은 「개근의 무리」에서 포인이 '영장류/예속류'를 이용하는 방식의 묘사이다. 텍스트에 배치된 이 두 인용의 대비는 매우 강렬하다. 대재앙 이후 지구에서 생존을 이어가는 인간은 소나 돼지와 같은 가축을 대하는 방식으로 모몬지를 다룬다. 모몬지에게 행상의 짐을 운반하게 하고 그 쓸모가 없어지면 식용으로 소비한다. 그리고 당연히 과학 기술로 인간이 만들어낸 인공 생명이기에 모몬지는 인간에게 소유된다. 하지만 「개근의 무리」에서 포인은 이와 동일한 방식으로 '종업원'(인간)을 다룬다. 포인은 인간을 유전 데이터에서 자기 복제 방식으로 만들었기에, 노동하지 못하게 된 인간을 생체 재료로서 약탈한다. 인간이 만들어낸 인공 생명이기에 모몬지를 이용하는 방식은 매우 '자연'스러운 것으로 생각될 수 있지만, 그 논리는 포인과 인간의 관계로 역전될 때 더 이상 자연스러운 것으로 받아들여질 수 없다. 이와 같은 동일한 논리의 대비는 인간에 의한 동물(가축) 학살을 고발하고 그 관계를 의미론적·이데올로기적으로 구축하는 인간 중심주의적 가치 체계를 해체한다.

「개근의 무리」는 기표 레벨에서 더욱 강한 비판을 드러낸다. '쓸모없어진 것'이란 의미로 표기되는 '反故者'는 일본어로 '호고샤(ほごしゃ)'로 읽힌다. 그

---

18 酉島伝法, 『隔世遺伝』에서 反故者【ほごしゃ】항목.

런데 일본어에서 이 발음은 일반적으로 '保護者', 즉 보호자로 인식된다. '反故者'와 '保護者'라는 중층적 의미 사용은 그 격차를 전경화한다. 즉, '보호하는 자'와 '쓸모없어진 자'를 같은 발음으로 칭한다는 것은, 인간이 소나 돼지와 같은 가축을 '보호'한다는 미명하에 인간에게 효용 없는 존재를 가차 없이 살육해 온 역사를 고발하는 것으로, 인간 중심적 가치 체계의 '위선'성을 폭로한다.[19]

『개근의 무리』가 제기하는 이와 같은 인간 중심주의의 해체는 그 제목에서도 상징적으로 나타난다. 일본어 원제 『皆勤の徒』는 한국어로 번역하자면, '근면한 노동자'(직역하면 '개근의 무리')에 가깝고, 영문 제목은 'Sisyphean', 즉 시시포스로 되어 있다. 근면한 노동자는 근대의 자본주의적 인간상이다. 그리고 그리스 로마 신화 속 시시포스는 신을 속인 대가로 산 정상에 반복해서 돌을 굴려 올리는 형벌을 받게 되는데, 이 존재는 오래도록, '앞으로 끝없이 전진하는 불굴의 근대적 인간'을 상징하는 존재로서 인식되어 왔다. 알베르 카뮈는 『시지프의 신화』에서 노동자와 시시포스를 연결한다. 카뮈는 시시포스 신화가 비극이라면 그것은 시시포스가 그 행위를 '의식'하고 있기 때문이라고 말하며, "오늘날의 노동자들은 그 삶의 매일매일을 같은 일에 종사하는데, 그 운명도 역시 부조리이다. 그러나 이것은 그들이 의식적이 되는 그 드문 순간에 있어서만 비극적"이라고 표현한다. 그렇기에 "신들의 프롤레타리아인 무력하고도 반항적인 시지프는 그의 비참한 조건의 전모를 알고 있다. … 아마도 그의 괴로움을 이루었을 그 통찰이 동시에 그의 승리를 완성한다".[20] 카뮈는 자본주의적 인간 실존의 부조리함, 즉 자본주의

---

19 수나우라 테일러, 『짐을 끄는 짐승들』, 이마즈 유리·장한길 옮김(파주: 오월의봄, 2020)에서, 인간의 동물 학살의 위선성이 철저하게 고발된다. 또한 『개근의 무리』 속 가축 묘사는, 테일러(Sunaura Taylor)가 피터 싱어(Peter Singer)의 공리주의에 가하는 본질적인 비판과 상통한다.

20 알베르 카뮈, 『시지프의 신화』, 이가림 옮김(서울: 문예출판사, 1977), 176쪽.

는 인간성을 박탈하지만, 그에 대해 '의식'하는 비극적인 순간, 결국은 신의 노예라는 운명에서 벗어나 인간의 승리를 쟁취하는 영웅이 된다는 것이라고 말하는 것이다. 즉, 한마디로 카뮈는 인간이 데카르트(René Descartes)의 코기토를 유지하는 한 결국은 '벌레'에서 벗어나 존재자의 왕좌를 유지할 수 있다고 말한다. 하지만 도리시마가 『개근의 무리』에서 묘사하는 포스트휴먼적 시시포스(인간)는 더 이상 코기토적인 인간 중심적 존재자가 아니다. 인간은 곤충(「진흙바다에 떠 있는 성」)이며, 문어(「동굴 마을」)이며, 암수 동체(「모돈지 행상」)이며, 자기 복제하는 클론(「개근의 무리」)이다. 여기서 더 이상 근대적 과학과 신화 등의 가치 체계는 인간의 승리를 보장하지 않으며, 세상의 중심에 인간은 더 이상 존재하지 않는다.

5. 인류세 대항 담론과 『개근의 무리』

지금까지는 『개근의 무리』에 나타나는 인류세적 상황 인식과 포스트휴먼적 신체 변형 서사가 지향하는 인간 중심주의의 해체에 대해 살펴보았다. 이 절에서는 이를 현재의 인류세 담론과 접목시킴으로써 이 텍스트가 지니는 현재적 의미에 대해 고찰하고자 한다.

먼저 살펴볼 내용은 도나 해러웨이(Donna Haraway)의 *Staying with the Trouble: Making Kin in the Chthulucene*[21]이다. 이 저서는 『개근의 무리』와 놀라울 만큼 유사한 사고의 지향을 보여준다. 해러웨이는 자본세와 인류

---

21 Donna J. Haraway, *Staying with the Trouble: Making Kin in the Chthulucene*(Durham: Duke University Press, 2016). 원제는, '문제와 함께하기: 툴루세에 친족 만들기'로 번역되어야 할 것이나, 도나 해러웨이, 『트러블과 함께하기: 자식이 아니라 친척을 만들자』, 최유미 옮김(서울: 마농지, 2021)으로 부분 번역되었다. 이하 인용문의 번역은 필자.

세 속에서 살고 있는 인류는 생물의 대량 학살(종 학살)이 발생하고 있는 데에 대해 사고 정지 상태에 빠져 있다는 점을 고발하면서, 한나 아렌트(Hannah Arendt)에 의한 나치 전쟁 범죄자 아돌프 아이히만(Adolf Eichmann)의 '사유 무능력' 비판을 원용한다. "이 사유의 포기에는, 강화되는 집단 학살과 종 학살과 함께, 인류세의 재앙을 초래할 수 있었던 특별한 종류의 '악의 평범성'이 놓여 있다. 이러한 위기는 여전히 현재적"[22]이라는 것이며, 그에 저항하기 위해 "우리는 생각해야만 한다(We must think!)"고 강조한다. 즉, 해러웨이는 인류세의 대량 학살에 대해 무감각한 것은 나치의 대량 학살에 눈감는 것과 같은 것이며, 인류는 그에 대한 저항 서사를 고민해야만 한다는 것이다.

그렇다면 그러한 대항 서사는 어떻게 가능할 것인가? 해러웨이는 "관계성의 세계 만들기(relational worldings)는, 자연과 사회의 이분법, 그리고 진보와 그 악마적 쌍둥이인 근대화에 대한 우리의 예속 양쪽 모두를 비웃는다. … 자본세는 물질-기호적인 SF 패턴들과 이야기들 속에서 좀 더 살 만한 무언가를 구성하기 위해 관계성에 의해 파괴되어야 한다"[23]고 말하는데, 이는 앞 절에서 설명한, 현재 진행형인 인류세가 인간의 과학 기술과 진보에 대한 근대적·인간 중심주의적인 가치 체계에 근거하고 있다는 것(시시포스 신화)에 대한 비판인 것이며, 그에 대항할 방법론으로서 새로운 관계성으로 구축되는 세계를 주장하는 것이다. 그리고 그 새로운 관계성에 대해 해러웨이는, 인간과 비인간이 인간 중심주의적 위계질서 속에서 배치되는 것이 아니라 혼종적으로 관계[실뜨기(string figure)로서의 SF] 맺는 세계를 주장하며, 그러한 새로운 관계성의 세계를 '툴루세(Chthulucene)'라고 명명한다. 다음의 인용을 보자.

---

22 Haraway, 같은 책, p. 36.
23 Haraway, 같은 책, p. 50.

포트니아 테론(Potnia Theron)/멜리사(Melissa)/메두사(Medusa)의 심오한 얼굴 모습은, 진취적이며 하늘을 바라보는 인류라는 근대적 휴머니스트(테크노휴머니스트를 포함해)의 형상화에 일격을 가한다. 그리스어 chthonios가 "땅과 바다의, 그 속에, 그 밑에"를 의미한다는 점을 상기하자. 이 말은 SF, 과학적 사실(science fact), 과학 소설(science fiction), 사변적 페미니즘(speculative feminism), 그리고 사변적 우화(speculative fabulation)를 위한 풍요로운 지구의 대지이다. 이 땅과 바다의 존재들은 정확히 말해 하늘의 신도 아니고, 올림피아드의 토대도 아니며, 인류세나 자본세의 친구가 아니며, 그리고 아직 절대 끝난 것이 아니다. 땅에 뿌리내린 존재는 힘을 낼 수 있고, 또한 행동할 수 있다.[24]

이 인용에서 잘 나타나듯이, 해러웨이는 우리는 일자인 '인간(homo)'이 아니라, 지구라는 대지 위를 다른 지구 생명들과 더불어 살아가는 존재이다. 즉, '공-산'(共-産, sympoiesis)[25]적 존재이며 서로의 부분이기에 퇴비(compost)[26]적 존재라고 주장한다. 인간과 뱀이 서로 얽혀 공생하는 메두사처럼 인간과 비인간은 서로 얽혀 들어가는 역동적 관계 맺기를 통해, 공생하고 공산해야 한다. 해러웨이는 이러한 다종적 관계 맺기의 배치들(relational worldings)을 '툴루세'라고 명명하고 있는 것이며, 이는 결코 신화적 세계에서 종식된 것이 아니라 현재의 대항 서사로서 요구된다고 주장한다. 그리고 이러한 대항 서사를 SF(string figure, science fact, science fiction, speculative feminism, speculative fabulation)로 통칭해 다양한 서사 전략으로 사용하자고 제안한다. 이상의 설명에서도 자명할 것이지만, 『개근의 무리』 속 인간은 대재앙 이후에 생존을

---

24 Haraway, 같은 책, p. 53.
25 Haraway, 같은 책, p. 58.
26 이와 동일한 인식에 근거하는 실천적 사고로, 東千茅, 『人類堆肥化計画』(創元社, 2020)를 들 수 있다.

지속하기 위해 과학 기술과 더불어 공진하고, 새로운 생태계의 대지적 존재들과 말 그대로 '공-산'을 통해 다양한 형태로 변형한다. 말하자면 『개근의 무리』는 일종의 해러웨이식 '과학 소설(science fiction)'이자 '사변적 우화(speculative fabulation)'인 것이다.

필자는 위에서 정리한 해러웨이의 '공-산'적 관계 맺기의 SF 전략에 대해 대부분 긍정하지만, 그럼에도 불구하고 일종의 의문을 지울 수 없다. 그 실천 전략은 유효한 것일까? 그 전략은 자본세의 대량 학살을 막고, 인류세의 위기를 극복할 수 있을 것인가? 성급한 실천주의라는 비판을 감수하더라도 해러웨이의 전략에 내재하는 인간의 '자율성', '통제 가능성'에 대한 일종의 낙관을 지적하지 않을 수 없다. 이는 경우에 따라 해러웨이가 그토록 주장하는 '사고'의 오류를 일으킬 수 있다. 즉, 인류세, 자본세의 폭력과 욕망 구조는 어떻게 기인하는 것이며, 어떠한 권력이 작동하는가에 대한, 또한 어떠한 저항이 가능한가에 대한 보다 본질적인 접근이 요구되는 것은 아닐까? 이에 비해 『개근의 무리』는 인간의 종말을 상정하기에 보다 솔직하다. 인간은 종말 이후에도, 생존을 위해 새로운 생명을 만들어 노역시키고 착취하며, 인간종의 연명을 위해 비인간(혹은 인간조차)을 생명 자원으로 다루며 학살한다. 사고하는 이성이라는 코기토의 권좌에서 비인간과 다름없는 물질로 격하된 이후에도 인간 중심적 가치 체계는 끈질기게 위선적으로 유지된다. 『개근의 무리』에서 생명 다양성은 해러웨이식 당위가 아니라, 냉정한 결과일 뿐이다. 이러한 점이 『개근의 무리』가 해러웨이의 인류세 담론과 차이가 나는 측면이라고 지적할 수 있을 것이다.

인류세적 위기 상황과 인간 중심주의 가치 체계를 넘어서기 위해 인간과 비인간 존재자와의 새로운 관계 맺기를 시도하는 인식 틀로, 해러웨이와 유사하지만 보다 정교한 주장을 전개하는 철학자로 레비 브라이언트(Levi Bryant)의 주장을 들 수 있다. 객체지향 철학의 주창자로 널리 알려진 브라이언트는 '에일리언 현상학'을 통해 '존재의 지도(onto-cartography)'[27]를 작성할 것을 요구한다. 브라이언트는 이러한 관계 맺기를 위한 철학적 정초로 모든 존재자는 '기계'이다라고 하는 '기계론'을 주장하는데, 그것은 들뢰즈(Gilles Deleuze)의 '기계'론을 기반으로 하면서, "'기계'는 물질적 존재자든 혹은 비물질적 존재자든, 유형(corporeal)의 존재자든 혹은 무형의 존재자든 간에, 현존하는 모든 존재자를 가리키는 이름이다. '존재자', '객체', '실존자', '실체', '신체', 그리고 '사물'은 모두 '기계'의 동의어다"[28]라고 정의한다. 이는 '객체'라는 개념 자체가 내포하는 인간 중심주의(그는 현상학적 인간 '주체'를 전제로 하기에)를 피하기 위한 중요한 전략이며, 따라서 이로부터 시작하는 '에일리언 현상학'을 통해 인간-비인간 관계가 새롭게 정립될 수 있다고 말한다. 브라이언트는 이 '에일리언 현상학'에 대해 다음과 같이 말한다.

브라이언트는 우선 '에일리언 현상학'이라는 용어가 이언 보고스트(Ian Bogost)에 의해 비인간 존재자들이 주변 세계를 경험하는 방식을 검토하는 현상학을 가리키기 위해 도입되었다고 말하면서, "전통적 현상학은 세계에 대한 우리(인간 – 필자)의 체험을 탐구하지만, 에일리언 현상학은 모기, 나무, 바위, 컴퓨터 게임, 기관 등과 같은 여타 존재자가 주변 세계를 맞닥뜨리는 방식을 탐구"한다고 말한다. 따라서 에일리언 현상학은 비인간 존재자가 그 자신과 주변과 관계하는 방식을 탐구한다고 말한다. 즉, 에일리언 현상학은 비인간 존재자라는 기계가 어떤 흐름의 구조를 가지는가, 그 기계는 그런 흐름을 어떻게 조작하는가, 또한 마찬가지로 기계의 주변 세계는 그 기계에 어떠한가, 그 결과 그 기계에는 어떤 국소적 표현이 생기는가를 탐구한다는 것이다. 그리고 브라이언트는 다시 한 번 이 시도가 "모든 경우에 에일리언 현상학은, 세계에 조작을 수행하고 세계를 마주하는 우리 자신의 인간적인 방식을 중지하려는 시도에 놓여 있다"고 강조한다.[29]

---

27   레비 브라이언트, 『존재의 지도: 기계와 매체의 존재론』, 김효진 옮김(서울: 갈무리, 2020).
28   브라이언트, 같은 책, 36쪽.

이러한 브라이언트의 주장은 들뢰즈 생성 철학의 강한 영향이 나타나는 것으로 볼 수 있고, 이 글의 논지에서 볼 때 '기계'의 자리에 '비인간 존재자'를 대입해 읽어도 무방할 것으로 생각한다. 여기서 브라이언트는 성급한 생명 공존을 주장하기 전에, (그러한 주장은 기존의 인간 중심적인 현상학과 다를 바 없으니,) 그를 포함하긴 하지만 본질적으로는 그를 벗어나는 모든 존재자의 힘과 정동을 탐구해야 한다고 주장하는 것이다. 이러한 전략은 갯가재가 인간보다 훨씬 더 넓은 범위의 전자기파에 구조적으로 열려 있다거나, 박쥐가 음파 흐름을 조작하는 방식의 언급 등에서 그 방법론적 적용을 확인할 수 있다.[30] 이러한 브라이언트가 주장하는 '에일리언 현상학'은 『개근의 무리』에 직접 적용될 수 있다. 「개근의 무리」의 주인공 "사장은 말 그대로 듣는 귀가 멀었다. 다른 방식으로 소리를 인지할 수는 있지만, 종업원들의 말은 대부분 잡음으로 제거된다"(18) 등의 묘사에서 대표적으로 확인할 수 있듯이, 모몬지나 소토마와리의 생태 묘사 등 『개근의 무리』 전체가 에일리언 현상학의 세계라는 점을 알 수 있다. 아니 사실 도리시마 덴포의 작가 세계 자체가 에일리언 현상학의 세계이다. 제2작 『기숙의 별』에서는 심지어 외계 생명체의 시점에서 다양한 생명종의 특성과 정동이 묘사되고, 그 종들 사이의 다양한 회집 방식이 묘사된다. 지금까지 살펴본 바와 같이 『개근의 무리』는 인간 중심주의를 해체하고 그 너머의 세계로 나아간다. 성급한 공생을 주장하는 대신에 냉정한 시선으로 포스트휴먼의, 혹은 문자 그대로 에일리언의 생태 묘사로 진입한다.

브라이언트의 이러한 '존재 지도학'의 주장은 인류세적 위기와 그를 구성하는 인간 중심주의적 가치 체계를 무너뜨리고, 인간과 비인간 객체 사이의 새로운 회집적 관계 맺기를 위한 정교한 사고 전략의 출발점이라고 할 수

---

29 브라이언트, 같은 책, 103~104쪽.
30 브라이언트, 같은 책, 104~105쪽.

있을 것이다. 하지만 그럼에도 불구하고 앞에서 해러웨이의 주장에 대한 의문은 브라이언트의 '에일리언 현상학'에 대해서도 마찬가지로 제기될 수 있다고 생각한다. 즉, 브라이언트의 '에일리언 현상학' 제안은 인류세, 자본세의 폭력과 욕망 구조를 어떻게 밝히고 있으며, 그것이 어떠한 방식으로 지구 위의 생명들에 힘을 가하고 있는가에 대한 얼마나 유효한 대항 전략이 될 수 있는가? 어떤 방식으로 권력이 작동하는가에 대한, 또한 어떠한 저항이 가능한가에 대한 보다 본질적인 접근이 요구되는 것은 아닐까? 물론 브라이언트는 존재자들의 '울퉁불퉁한 차이'를 인정하고 있으며, 따라서 에일리언 현상학을 적용해 존재자들의 차이를 밝히고 대항 전략을 산출하는 것은, 한 명의 철학자가 수행할 일이 아니라, 각각의 영역에서 우리 모두가 수행해야 할 일이라고 말한다. 하지만 그럼에도 불구하고 브라이언트가 에일리언 현상학을 적용하는 것은 "우리가 타자의 필요에 더 주목하는 데 도움이 되고, 그리하여 더 좋은 방식으로 공생할 가능성을 창출"하기 위함이며, "인간의 잔혹 행위 중 많은 것은 에일리언 현상학을 실천하지 못하는 데서 생겨난다. 이런 사태는, 식민지 침략자들 … 동물과 관계를 맺는 방식"에서 나타나는데, 그 주장의 요점은 "에일리언 현상학의 실천을 통해서 우리는 관련된 모든 기계에 더 만족스러운 사회적 회집체를 발달시키는 동시에 타자에 더 동정적인 삶의 방식을 전개할 수 있을 것이라는 점이다"[31]라고 말하면서 '에일리언 현상학'이 분명히 정치적 행동 강령임을 밝히고 있다. 따라서 그것이 선언에 그치지 않고 전략의 유효성을 가지는가를 묻는 것은 타당한 문제 제기라고 생각된다.[32] 물론 이 글에서 『개근의 무리』가 보여주는 에

---

31 브라이언트, 같은 책, 116~117쪽.
32 박인찬, 「세계는 평평한가?: 감염병 시대의 포스트휴먼 유물론 고찰」, ≪횡단인문학≫, 11호(숙명인문학연구소, 2022.6)는, 이러한 레비 브라이언트의 '평평한 존재론'을 '무정부적 존재론'으로 칭하며, 이는 "평면에 내재하는 다양한 차이들을 평탄하게 밀어버림으로써 (결국 — 필자) 세계에의 개입을 도리어 차단해 버린다. 현실과 절연된 만물평등 사상은

일리언 현상학이 현재의 대량 학살적 상황에 대한 대항 서사를 제공하고 있다고 말하는 것은 아니다. 반복하지만『개근의 무리』는 윤리적 당위를 그리지 않고, 냉정한 결과를 그릴 뿐이다. 이 글에서 확인하고자 하는 점은『개근의 무리』에 대한 이와 같은 해석을 통해 우리가 가닿고 있는 현재의 지점일 뿐이다. 그것은 한마디로 말하자면, 우리는 위기 극복을 위한 출발선에서 있다. 하지만 적은 거대하고 (거대해 얼마나 거대한지조차 잘 알 수 없으며 — 하이퍼오브젝트) 그 적을 쓰러뜨릴 무기는, 이것이 무기인지조차 확신할 수 없다는 것이다.

마지막으로 브라이언트의 '에일리언 현상학'과 대동소이하지만, 다소 결이 다른 티머시 모턴의 '흔들기(rocking)' 전략에 대해 간략히 언급하고자 한다. 앞에서도 언급했으나, 모턴은 지구 온난화나 방사능 물질 등을 인간에 의해 야기되었으나 인간은 그를 통제할 수 없고 그 전모를 알 수 없는, 즉 인간의 인지를 넘어선 객체라는 의미에서 '하이퍼오브젝트'로 명명하고 있으며, "하이퍼오브젝트의 발견과 (그에 대한 학문적 실천인 — 필자) OOO(object-oriented ontology, 객체지향 존재론 — 필자)는 존재의 근원적인 흔들림, 즉 '흔들리는 존재(being-quake)'의 징후들이다"[33]라고 주장한다. 즉, 모턴은 인류세 시대에 하이퍼오브젝트의 영향으로 모든 존재자는 흔들리고 있으며, 그 '징후'를 포착하는 것이 매우 중요하다고 말한다. 이러한 점에서 모턴의 하이퍼오브젝트는 거대한 위기 앞에 높인 절망적 비관주의도 아니고 위선적 냉소주의도 아닌, 강력한 실천성을 내포한 대항 전략이라고 주장한다.

그리고 모턴은 이러한 전략을 '흔들기(rocking)'라고 구체적으로 기술한다.

윤리적 강령처럼 자칫 공허할뿐더러 굴곡진 현실을 미봉하는 이데올로기가 되기 쉽다"(20~21쪽)고 주장하며, 이러한 주장이 오히려 신자유주의의 문제를 은폐하는 도구로 전락할 위험을 제기한다.

33 Morton, *Hyperobjects*, p. 19.

그는 '흔들기'를 "비인간적 존재자들을 포함하는, 즉시 이용 가능한 연대를 바탕으로 한 행위의 내적 동력"으로 정의한다. 그는 '흔들다(rock)'라는 동사는 거친 물살 위에서 움직이는 배가 흔들리고 출렁거리거나, 로큰롤에서 드럼을 치고 엉덩이를 흔들며 기타를 치는 행위를 비유로 드는데, 모턴은 이러한 동작에서 인간과 비인간 존재자 사이의 행위의 이론을 도출한다. 즉, "이 행위의 이론은 '능동적인 것' 대 '수동적인 것'이라는 유신론적 범주들, 즉 우리가 섹슈얼리티, 그리고 그런 섹슈얼리티의 문화와 정치를 사고하는 방식에 깊이 연루된 범주들을 필연적으로 퀴어화(queering)하는 것"으로서, "이런 범주들은 한 차원 더 들어가면, 인간이 사회적 정신적 철학적 공간에서 비인간들을 다루어온 방식에 폭력적으로 간섭하는 범주들"을 드러내기 위한 것이라고 주장한다.[34]

즉, 모턴의 이 '흔들기' 전략은 지구 온난화와 신자유주의와 같은 대량 학살과 종의 멸종을 야기하는 거대한 존재(하이퍼오브젝트)와 그를 내적으로 구성하는 인간 중심주의적 가치 체계(객체지향주의가 비판하는 인간 중심주의적 상관주의 철학을 포함해)에서 벗어나, '흔들리는 존재'들과 인간이 퀴어한 방식으로 회집할 수 있는 가능성의 대항 전략이라고 주장하는 것이다. 모턴의 이러한 '흔들기'라는 전략은, 흔들리면서 흔든다는 존재들의 관계라는 점에서 인간 중심주의(상관주의)를 벗어나며, 인간과 비인간(동물, 유기체, 비유기 물체를 포함해)이 얽혀 들어가는 다양한 퀴어적 교차성(intersectionality)으로 열려 있다는 점에서 높이 평가할 수 있다고 생각된다. 그리고 이는 지난하지만 끊임없는 실천 전략이라는 점에서 냉소주의나 비관주의와도 거리가 멀다. 『개근의 무리』에서 인류는 절멸한 이후에도 생존을 도모하며, 생태 환경에 맞서 인간, 비인간, 과학 등이 얽혀 들어가며 다양한 퀴어적인 방식으로 변형해 간

---

34 티머시 모턴, 『인류』, 김용규 옮김(부산: 부산대학교출판문화원, 2021), 278~279쪽.

다. 그럼에도 불구하고 『개근의 무리』에서 인간 중심적인 가치 체계는 여전히 기능하며 새로운 폭력으로 나타난다. 모턴의 '흔들기' 전략은 끈질긴 생명력을 지니는(지닐 것인) 이러한 인간 중심주의적 가치 체계에 대해, 마찬가지로 끈질기게 저항할 수 있는 대항 전략이라고 평가할 수 있지 않을까?

6. 나오며

이 글에서는 지금까지 2000년대 들어 전 세계 대중문화 영역에서 활발하게 표현되고 있는 인간 신체 변형 서사 가운데 인류세적 상상력이 잘 표현된 작품으로 도리시마 덴포의 『개근의 무리』를 선택해 그 작품 세계를 분석했다. 『개근의 무리』는 나노 기술의 폭주로 인류 문명이 절멸한 '포스트휴먼' 지구를 배경으로 인간종이 외계 생명체의 가축(노예)으로 전락하는 미래까지의 과정을 그리는데, 그 과정에서 인간이 거주하는 환경(에콜로지와 과학 기술)의 변화는 인간종의 생존을 위해 그 신체에 근본적인 변형을 요구하고, 그 과정에서 인간과 비인간(유기/무기 생명체 및 물질)과의 관계에서 근본적인 변화가 나타남을 그려낸다. 이러한 상상력은 동일본 대지진과 후쿠시마 원자력 발전소 사고를 배경으로 하면서, 지구 온난화와 생명의 집단 학살 등에 대한 인류세 담론과 연결되어 있는 것이었다.

『개근의 무리』에서 지구 생태가 대재앙을 맞이한 이후, 인간과 비인간 유기체는 생존을 위해 과학 기술과의 공진을 통해 다원적 에콜로지에 적응하며 다종 군서하는 모습으로 그려지는데, 이 속에서 인간 세계의 현재적 물질적-의미론적 가치 체계는 기능하지 않으며 폭력적이고 위선적인 인간 중심주의는 해체된다.

이러한 『개근의 무리』의 인류세적 상상력은 현재의 다양한 인류세 담론과 공명한다. 도나 해러웨이의 'SF', 레비 브라이언트의 '에일리언 현상학',

티머시 모턴의 '하이퍼오브젝트' 및 '흔들기' 전략은 이러한 인류세적 위기 상황에 대한 진단과 그 대항 전략으로 평가할 수 있으며, 『개근의 무리』가 그리는 이종 간 혼종과 변형은 인류세 담론의 종적 다양성과 공생의 윤리와 동일한 맥락에서 상상되는 것이다. 다만 『개근의 무리』는 다종 공생의 세계를 현실 세계의 윤리적 당위로 주장하지 않으며, 냉혹한 결과로서 제시할 뿐이다.

인류세는 인간에 의해 야기된 생태의 파멸을 경고하고 있고, 그 담론 속에서 인간은 더 이상 세상의 중심에 위치하고 있지 않지만, 하지만 인간을 종말로 몰아넣는 그 적의 정체(에콜로지의 변화와 인간 중심주의 모두)는 그 전모조차 가늠할 수 없고, 인간이 가진 무기는 그 실효성이 의심된다. 하지만 그럼에도 불구하고 인간과 비인간의 새로운 관계 맺기를 정초하기 위해, 티머시 모턴의 제기에 따라 '흔들리는 모든 존재자와 더불어 흔들기'를 계속해야 하지 않을까? 『개근의 무리』는 '휴먼'이 임계에 다다른 현 시점에서 포스트휴먼적 신체 변형 서사를 제시함으로써, 포스트휴먼 생태에서조차 지속되는 인간 중심주의를 고발하고 인류세적 대항 전략의 그 어렵고 지난한 미래를 예측하고 있다고 할 것이다. 그러하니, 그래도, 계속해야 하지 않을까? Rock & Roll, with Every Beings!

참고문헌

도킨스, 리처드(Richard Dawkins). 1993. 『이기적 유전자』. 홍영남·이상임 옮김. 서울: 을유
    출판사.

드렉슬러, 에릭(Eric Drexler). 2011. 『창조의 엔진: 나노 기술의 미래』. 조현욱 옮김. 서울: 김
    영사.

모턴, 티머시(Timothy Morton). 2021. 『인류』. 김용규 옮김. 부산: 부산대학교출판문화원.

박인찬. 2022. 「세계는 평평한가?: 감염병 시대의 포스트휴먼 유물론 고찰」. 숙명인문학연구
    소. ≪횡단인문학≫, 11호(6월).

벤터, 크레이그(Craig Venter). 2018. 『인공생명의 탄생』. 김명주 옮김. 서울: 바다출판사.

브라이도티, 로지(Rosi Braidotti). 2015. 『포스트휴먼』. 이경란 옮김. 파주: 아카넷.

브라이언트, 레비(Levi Bryant). 2020. 『존재의 지도: 기계와 매체의 존재론』. 김효진 옮김.
    서울: 갈무리.

신하경. 2020. 「포스트휴먼 과학 기술의 현재와 SF의 상상력: 토비 히로타카 〈폐원의 천사〉
    시리즈를 통해」. 고려대글로벌일본연구원. ≪日本研究≫, 34집(8월).

카뮈, 알베르(Albert Camus). 1977. 『시지프의 신화』. 이가림 옮김. 서울: 문예출판사.

테일러, 수나우라(Sunaura Taylor). 2020. 『짐을 끄는 짐승들』. 이마즈 유리·장한길 옮김.
    파주: 오월의봄.

포스터, 핼(Hal Foster). 2018. 『강박적 아름다움』. 조주연 옮김. 파주: 아트북스.

〈SBS News〉. 2022.1.11. "돼지 심장 인체 첫 이식, 사흘째 정상".

健部伸明. 2009. 『知っておきたい伝説の魔族·妖族·神族』. 西東社.

大森望. 2013. 「解説」. 酉島伝法. 『皆勤の徒』. 東京創元社.

東千茅. 2020. 『人類堆肥化計画』. 創元社.

酉島伝法. 2013. 『皆勤の徒』. 東京創元社.

_____. 2015. 『隔世遺伝』. 東京創元社. 大塵禍【だいじんか】, 反故者【ほごしゃ】항목.

Haraway, Donna J. 2016. Staying with the Trouble: Making Kin in the Chthulucene.

Durham: Duke University Press.

Morton, Timothy. 2013. *Hyperobjects: Philosophy and Ecology after the End of the World*. Minneapolis: The University of Minnesota Press.

제7장

'균(菌)', '음(音)', '문(文)'의 상상력과 팬데믹의 정치*

임태훈

1. 전염병의 정치적 상상력

이 연구는 1918년에서 1920년 사이에 ≪매일신보(每日申報)≫에 보도된 기사를 중심으로, 전염병과 소요 사태의 관계를 둘러싼 집단적 상상력과 담론 확산력이 식민 권력의 정치적 자산으로 전유하는 메커니즘을 분석한다.

3·1 운동은 1918년 9월을 시작으로 1920년까지 이어진 스페인 독감 유행기에 겹쳐 있다. 이 시기 ≪매일신보≫에도 소요 사태에 대한 보도와 방역 활동 기사가 함께 실려 있다. 식민지기 최악의 면역학적 위기 상황이었음에도 이 시기 전후로 발표된 소설에는 그 심각성이 선명히 묘사되지 않았다. 1918년 인플루엔자 재앙이 반영된 당대 조선 문학의 성취를 추적한 서희원의 연구에 따르면,[1] 염상섭의 『만세전』과 김동인의 「마음이 옅은 자여」,

---

* 이 글은 임태훈, 「매일신보를 통해 본 3·1의 정치와 '균(菌)', '음(音)', '문(文)'의 상상력」, ≪구보학보≫, 22호(2019)를 수정한 것이다.

전영택의 「생명의 봄」에서 약간의 암시나 분위기를 풍기는 수준으로 다뤄질 뿐, 어느 작품에서도 전염병 창궐이 충분한 분량과 밀도로 거론되지 않았다. 서희원은 이것을 집단적 망각의 사례로 해석하며, 3·1 운동의 발발을 그 이유로 들었다. 스페인 독감의 희생자가 많긴 했으나 전염병은 조선 사회에서 매해 반복되는 재난이었기 때문에, 전염병의 창궐과 사회 정치적 변동의 연관성이 새삼스럽게 인식될 여지가 부족했다는 것이다. 이 점은 동시기 영미 문학에서도 크게 다르지 않아서, 토머스 울프(Thomas Wolfe)의 『천사, 고향을 보라』와 캐서린 앤 포터(Katherine Anne Porter)의 단편 「창백한 말, 창백한 기사」 정도가 인플루엔자 재앙을 중요하게 다룬 예외적인 작품이었다.

하지만 소설과 달리 1918년에서 1920년 사이 ≪매일신보≫ 신문 지면에선 전염병과 정치의 상관관계가 뚜렷이 동궤를 그리고 있는 것을 확인할 수 있다. 당시 독자들에게는 소설보다는 신문이 이질적인 것으로 인식될 수 있었던 두 계열의 사건들을 하나로 묶는 표상 공간이었다. ≪매일신보≫는 총독부 식민 권력이 자신을 조선 사회에 드러내는 연출된 무대이면서, 이 지면을 통해 조선을 상상하는 일을 식민지인에게 훈육하는 장치이기도 했다. 수개월에 걸쳐 전염병과 소요 사태가 끊이지 않는 위기 국면에서, ≪매일신보≫는 활성화되거나 위축되는 특정한 코드의 상상력을 회로화한 미디어였다. 이 연구는 그 회로 위에서 구성되는 3·1 운동기 조선과 식민 권력의 상상적 표상을 균(菌), 음(音), 문(文)을 중심으로 분석하고자 한다.

---

1   서희원, 「1918년 인플루엔자의 대재앙과 문학」, ≪한국문학연구≫, 47호(동국대학교 한국문학연구소, 2014).

2. 식민 권력과 병균의 동맹

1910년대 말의 ≪매일신보≫는 일본어판 ≪경성일보(京城日報)≫와 더불어 총독부 정책과 식민 권력의 동향을 포괄적으로 파악할 수 있는 유력한 정보원이었다. 독자는 기사가 제공하는 직접적인 정보를 취할 뿐 아니라, 각각의 기사가 지면에 어떻게 배치되어 있고, 표현의 수위는 어떠한지를 살펴, 특징적인 맥락을 파악할 수 있다. 식민 권력이 자신을 어떤 존재로 연출하고 있는지를 알 수 있는 지면이기도 했다.

≪매일신보≫의 3·1 운동 보도가 전형적인 예다. 1919년 3월 7일부터 4월 24일까지 이 신문은, '각지소요사건(各地騷擾事件)', '소요사건(騷擾事件)의 후보(後報)', '각지(各地)의 소요(騷擾)'라는 제목으로 3·1 운동의 확산과 진압 상황을 정리한 보도를 연속 게재했다. 이 기사들에는 한 가지 공통점이 있다. 그것은 마치 '1-1=0'이라는 산술을 반복하는 것과 비슷한데, 소요 사건을 전달하는 문장의 구조와 표현이 극히 단순명료할 뿐 아니라, 해당 보도 기간 내내 철저히 그 수준에 맞춰 수위가 유지되었다.

각각의 사건은 '소요 발생-진압-해산'이라는 시간 순서에 따라 기술된다. 전국 각지에서 전달된 기사가 같은 지면에 한 묶음으로 배치되어 있지만, 3·1 운동의 전국적 확산은 지역별 성격이나 규모에 상관없이 '진압', '해산'이라는 결과로 균질화된다. '진압' 또는 '해산'되지 않고 '소요 중'인 채로 보도되는 지역은 단 한 곳도 없다.

3·1 운동과 관련된 기사는 대부분 단신이다. 그러니 사건의 디테일 또한 알 길이 없다. 이런 기사들은 일단 빨리 읽힌다. 독자는 그 속도를 진압과 해산 과정의 기민함으로 오인하기 쉽고 '소요는 결국 실패한다'는 귀결 또한 '1-1=0'의 수식처럼 당연하게 느끼게 된다. 물론 이런 식의 인지 과정이 사람에 따라 곧바로 수정 가능한 최초의 인상 차원에 지나지 않는다고도 할 수 있겠지만, 그렇다고 ≪매일신보≫의 기사를 통해 그 이상의 것을 읽어내

기도 쉽지 않다. 다음의 예를 살펴보자.

▼ 定洲(뎡쥬)

십오일의쟝날인긔회를리용ᄒᆞ야오후세시반경에 야소교도가 주축된군즁 약삼십
명의 일단이시위운동을 ᄒᆞ얏슴으로 수모자를테포ᄒᆞ고즉시희산케ᄒᆞ얏더라[2]

▼ 天安(텬안) 다섯명이총살됨

련안군직산금광의 됴선인강부 빅여명은 지나간이십칠일밤에 량됴헌병쥬ᄎᆞ소
에 몰려나서 함성을질으며 돌을던지ᄂᆞᆫ것을 희산ᄋᆞ라ᄒᆞ엿스나 돗지안음으로 련
안헌병분됴 동슈비됴가출동ᄒᆞ야 진무에로력흔바 더욱아단을치ᄂᆞᆫ고로 부득이
총을노아 다섯명을쏘아 죽이엿고 군즁은이로부터 희산되고 슈모자를검거취됴
중이더라[3]

▼ 釜山鎭(부산진) 다섯명쏘테포

지ᄂᆞᆫ팔일 오흐팔시로부터 동구시ᄭᅡ지 부산부산진에서 약이빅명군즁이 두번직
니러나셔만세를 불너서시위운동ㅁ힝ᄒᆞ얏ᄂᆞᆫ딕쳐음에ᄂᆞᆫ당디 공립보통학교졸업
싱과 현지로 수업ᄒᆞᄂᆞᆫ학성이시작흠에 그ㅁ 싸라 균중은 일시에산이 울니도록
만세를 부른단급보를 접흔즉부산경철서에서ᄂᆞᆫ 자동차 사오딕를모라 급히 현장
에 출쟝ᄒᆞ야 즉시 희산식인바 다힝이폭힝은 업셧고쥬모자다섯ᄉ름을테포ᄒᆞ얏
더라[4]

▼ 尙州(상주) 십오인을 테포

---

2   ≪每日申報≫, 1919년 3월 18일 자.
3   ≪每日申報≫, 1919년 4월 1일 자.
4   ≪每日申報≫, 1919년 4월 12일 자.

지나간구일 오젼여시 샹주군화북면즁벌리에서 약빅명의 군즁이모혀소요를 ᄒ
엿슴으로 헌병이 쫏쳐가서십오인을테포ᄒ 엿더라[5]

여기서 더 읽어내야 할 것은 보도문에 결핍된 공통점이다. 시위 군중을
향해 관계 당국이 느꼈을 당혹감과 공포는 어느 기사에도 반영되어 있지 않
다. 반대로 이 기사에 일관된 것은 총독부의 '확신'이다. 모든 소요는 결국
진압된다. 소요가 계속 발생하고 있지만, 그 어느 곳의 반발도 남김없이 진
압할 수 있다는 확신을 읽을 수 있다. 그러나 시위대와 현장에서 맞부딪쳐
야 했던 헌병과 순사들의 심정도 과연 그러했을까? 총독부는 어떤 상황에서
도 식민 권력은 지엄하게 작동된다는 것을 신문을 통해 표현해야 했다. 게
다가 이건 정치적으로 절호의 기회로 삼을 만했다.

3·1 운동을 장기간 비중 있게 보도한다는 것은 식민 권력의 위기를 총독
부가 자인(自認)하는 것이라기보다는, 오히려 통치 권력의 우월성을 가장 높
은 빈도로 미디어에 노출하는 작업이었다. 그해 4월 27일까지 ≪매일신보≫
지면에 표현된 '총독부'는 모든 소요에서 전승을 거둔 승리자였다.

애당초 '기관지'란 자신이 대변하는 '기관'을 '승리하는 주체'로 표현하는
장치이다. 그렇더라도 노골적인 프로파간다는 자제해야 한다. 인용한 기사
의 예에서 보듯, 기술 방식과 기사의 선정, 지면 배치를 통해 독자의 암묵적
동의를 유도하는 것이야말로, 훨씬 더 영악하게 독자를 공략하는 방법이다.

그런데 이 과정에서 기사의 생산과 소비의 연쇄에 폭력적으로 동원되고
가차 없이 소모되어 버리는 것은 '폭도', '불령선인' 등으로 지목되는 식민지
의 타자들이다. 승리를 위해선 싸움의 상대가 필요하고, 이들은 권력자를
결코 이길 수 없게끔 이미 운명 지어진 존재여야 한다. 폭도들이 날뛸 때라

---

5 ≪每日申報≫, 1919년 4월 15일 자.

든가, 적국과 전쟁이 한창일 때 이런 식의 표상 작업은 수월하게 진행될 수 있다. 반대로 소요도 전쟁도 없는 평시엔 '장치'의 예측 가능한 작동을 방해하는 ('장치'의 내부 모순을 포함해) 통제하기 어려운 변수가 더 많이 섞여들게 된다. 이럴 땐 누구와 싸워서 식민 권력을 승리자로 내세울 것인가? 다행히 언제라도 지면에 동원할 수 있는 '비인간 타자'가 있다. '역병(전염병)'이다.

1918년 6월에서 1920년 3월까지 ≪매일신보≫에 소재한 전염병 관련 기사는 총 335개에 이른다. 이 가운데 60%가 넘는 206개가 3·1 운동의 기세가 사그라진 뒤인 1919년 5월에서 같은 해 12월 사이에 집중되어 있다. 이 시기 콜레라가 창궐해서 전국적으로 환자가 1만 6991명이나 발생했고, 이 중 사망자만 1만 1000여 명에 달했다. 정치적인 의도를 따지지 않더라도, 신문 지면에서 전염병이 심각한 사회 문제로 다뤄지는 건 당연했다.

'전염병의 이름'은 '균'의 전염력이 아니라 사람들의 입과 글을 통해 확대 재생산된다. 그것은 차라리 사회 문화적 시스템의 바깥이 아니라 내부에 이미 탑재되어 있던 기제의 작동이다. 환자들이 병증을 통해 몸으로 실제 겪는 곤경과는 별개로, '전염병의 이름'은 온갖 의미의 사회 문화적 관계망에 엇갈리고 겹친다. 전염병이 사회적 안녕을 위협하는 '사태'로 두드러지는 순간, '전염병의 이름'은 사회 구석구석에 온갖 언설의 형태로 전이되고 사람들은 주(呪)에 들리듯 그 의미망에 전염된다.

1919년의 미디어 환경에서 신문은 식민 권력과 병균의 상징적 동맹을 매개하는 가장 유력한 장이었다. 신문에 접속하는 여러 앎의 관계망을 따라 '의미'의 전염과 변종이 연이어 생겨난다. 전염병은 사회의 여러 표현형이다. 이것은 정치적으로 기획할 수 있는 현상이다. 실제 병균의 유무는 이 기획에서 핵심 변수가 아니다.

일제는 조선을 보호국화(保護國化)하는 첫 단계에서부터 경찰에 보건 의료 업무를 집중시켰으며,[6] 이 정책이 조선인 개개인을 지배·통제하는 데 중요한 역할을 담당하리라는 것을 알았다. 경찰의 강압적인 방역 과정은 최소한의 인권마저 무시하기 일쑤였고 조선인들의 반발도 컸다. 방역 활동이 이루어지는 공간은 조선인이 일제의 지배를 구체적으로 실감하는 장소였으며 일제의 지배를 둘러싼 대립이 발생하는 지점이었다.[7] 하지만 일제는 대내외적으로 보건 의료적인 면에서의 시혜성을 강조했다.

그 대표적인 예가 1910년대 초, 만주발 페스트의 남하(南下)를 군사적 방역 활동으로 막아낸 것에 대한 자평(自評)이다. 이 시기에 조선에서는 단 한 명의 페스트 환자도 발생하지 않았다. 일제는 이를 능히 세계에 자랑할 만

---

6 1906년 1월 10일부터 경무국에서는 전염병·지방병의 예방과 종두 기타 일체 위생에 관한 사항, 검역에 관한 사항, 의사 및 제약사·약제사의 개업 시험과 약품 검사에 관한 사항 등 위생 관련 업무를 담당하게 되었다. 통감부 시기에는 경찰과 군대가 중심이 된 군사적 방역 활동이 정착되었고, 총독부가 들어선 이후로는 페스트 방역을 계기로 무단적인 군사적 방역 활동이 강화되었다. 특히 1915년 6월 '전염병 예방령'이 반포되면서, 경무부장이 방역 위생 업무의 결정권을 장악하고 '위생경찰'이 중심적 역할을 수행하게 되었다. 통감부 시기 경찰 담당자가 인정했듯이 전체적인 위생 사무를 모두 경찰이 집행하는 것은, 다만 실제적인 집행 과정에서의 편의를 위해 선택한 과도기적 제도에 불과했다. 전염병 확산을 방지하기 위한 "총검을 통한 방어"는 "아마 외국에도 없는 일일 것"이라는 언급처럼, 항시적인 방역 활동으로 이용될 수 있는 방법이 아니었다. 그러나 "비용이 들지 않는 총검의 방어"로 성공적인 방역 활동을 벌일 수 있었다는 경찰 관리의 고백에서 알 수 있듯이, 강압적인 방역 조치의 배경에는 예산 문제가 있었다. 경찰의 수뇌라고 할 수 있는 경무총장이 스스로 "위생적 시설 내용은 개발된 지 얼마 되지 않고 그 정비와 개선을 요하는 것이 결코 적지 않"지만, "경비 관계상 이상적인 시설의 실현은 그 시기가 요원"하다고 고백한 상태였다. 예산 문제로 인해 방역 시설의 정비나 개선이 곤란하다는 설명이었다. 더구나 식민지 체제하에서 경제적 잉여가 식민 본국으로 유출되는 일은 지속될 수밖에 없었다. 즉, 위생경찰 제도를 통한 청결 사업과 방역 사업의 일방적인 시행은, 잉여 유출에 따라 의료 기관의 설치나 수도 설비와 같이 예산의 계속적인 투여가 요구되는 부분에 대한 투자가 어려운 식민지 조건에서 총독부가 취한 불가피한 선택이었다. 나아가 총독부 권력은 경찰을 통해 청결 및 방역 사업의 진행 과정에서 각 개인을 동원하고 통제할 수 있었다. 위생경찰의 활동이 1945년 해방이 될 때까지 지속된 이유가 바로 거기에 있었다. 박윤재, 『한국근대의학의 기원』(서울: 혜안, 2005), 371~385쪽 참고.

7 박윤재, 「1910年代 初 日帝의 페스트 防疫活動과 朝鮮支配」, 하현강교수정년기념논총간행위원회, 『韓國史의 構造와 展開』(서울: 혜안, 2000), 776쪽.

한 일이라고 여겼다.[8] 식민 권력이 성취한 조선 근대화의 성과로 간주한 것이다. 군사적 방역 활동을 통해 일제가 얻은 것은 이뿐만이 아니었다.

1907년 일본 황태자의 방문을 계기로 대대적인 콜레라 방역 활동이 전개되었다. 방역 총장에 군사령관이 임명되었고, 평양은 계엄령까지 선포되었다. 일본 군의부장 스스로 "아무런 준비 없이 실시한 육군의 계엄령은 잔인한 것"이었다고 평가했을 만큼[9] 무자비하게 진행된 군사 활동이었다. 이 경우에도 환자 발생이 획기적으로 줄었다는 점에서만큼은 방역의 성과는 성공적이었다. 하지만 이 때문에 조선인이 겪어야 했던 고통과 불편은 극심했다.[10]

'전염병과의 전쟁'을 이용해 일제는 어떤 극단적인 조치라도 취할 수 있었다. 두고두고 참고하고 응용할 수 있는 정책적·행정적 선례였다. 식민지는 항상 통치와 동원에 용이한 '예외상태'로 유지되어야 했다. 이를 위한 명분으로 '전염병'만큼 유용한 것도 없었다. 총독부는 조선의 위생 수준이 열악하기 짝이 없어서 전염병이 쉽게 창궐할 수 있음을 통치 기간 내내 누누이 설파했다.[11]

---

8 박윤재, 「1910年代 初 日帝의 페스트 防疫活動과 朝鮮支配」, 784쪽. 원출처는 朝鮮總督府 警務局, 『朝鮮警務槪要』(1936), 111쪽.

9 박윤재, 『한국근대의학의 기원』, 202쪽.

10 준비 없이 시행된 계엄령으로 인해 주민들은 식수를 비롯해 식료품, 연료 등 제반 생활필수품의 공급이 막혀 큰 곤란을 겪었다. 서울의 경우 "필요에 따라서는 각지의 우물 사용을 금지하고 음식물 중 의심이 가는 것은 판매를 금지해 경제기관은 정지하고 성내는 갑자기 불황"에 빠졌다. 료수와 음식물에 대한 사용 금지 조치들이 갑자기 취해짐에 따라 경제활동이 마비되는 결과에 이른 것이었다. 방역 활동은 각 개인이 지니고 있는 권익에 대한 보호보다는 콜레라의 전파 방지라는 공적인 목표가 강조되었고, 따라서 심한 경우에는 콜레라 감염 여부를 검사하기 위해 경찰에 구인된 사람에게 소독의 명분 아래 다섯 차례 목욕을 시키기도 했다. 박윤재, 같은 책, 201쪽.

11 「總督指示要領 (七)」, ≪每日申報≫, 1919년 10월 25일 자. "今次虎列剌의流行은基原因이 一이 안이나鮮人의衛生思想의幼稚흔이基最大原因이될지라". 위생 의식의 고취를 위한 시리즈 기사도 있었다. 「忘却된公衆衛生 (一)」, ≪每日申報≫, 1918년 9월 10일 자. "물가등귀와쌀

정말로 조선인의 생활 수준이 그러했던 것과는 별개로 이러한 언설은 일종의 게임의 룰을 규정한다. 전염병은 해마다 반복되고 그에 대한 방역 활동도 반복될 수밖에 없다. 따라서 이 모든 악순환이 식민지적 일상의 특이성으로 구조화되기도 쉬웠다. 1945년 일제가 패망하기 전까지 경찰이 '위생경찰'로서 방역과 예방 보건 업무를 겸임했던 까닭도, 그렇게 하는 것이 식민지인의 통제와 동원에 유리하기 때문이었다. ≪매일신보≫에도 총독부의이 같은 논리가 반영되어 있다. 무엇보다도 이 신문은 '예외상태'의 조성을위해 꼭 필요한 도구였다.

3. 공포의 쓸모

1919년의 전염병 창궐은 3·1 운동 이후 식민 권력과 식민지인 사이에 생긴 감정의 골을 봉합할 수 있는 정치적 명분이 될 수 있었다. 양자의 관계를 '민족'이나 '식민', '독립'의 문제 틀이 아니라 전염병으로 말미암은 '생물학적위기'라는 다른 이슈에 프레이밍한다. 전염병과의 투쟁은 양면 모두에게 공동의 목표로 받아들여질 수 있었다. 총독부는 자신을 방역의 주체, 위생의식의 전도사로 내세우며 공공성을 내세울 수 있었다. 3·1 운동을 무력으로

갑난리에뎡신이팔녀서팔이가버벗젹느럿다"; 「忘却된公衆衛生 (二)」, ≪每日申報≫, 1918년 9월 11일 자. "뎨일큰문뎨가개천과쓰럭이등 이것은피챠에슈의ㅎ여야홀일"; 「忘却된公衆衛生 (三)」, ≪每日申報≫, 1918년 9월 12일 자. "쓰럭이통을필요ㅎ게쓰라"; 「忘却된公衆衛生 (四)」, ≪每日申報≫, 1918년 9월 14일 자. "쓰ᄂᆫ이보다어지러이지마라 쏜변소를와젼히 ㅎ여야ㅎᆫ다"; 「忘却된公衆衛生 (五)」, ≪每日申報≫, 1918년 9월 15일 자. "공동일치가안이면도더히 됴혼성적을엇을수가업다". 조선인의 온돌식 난방을 환기가 안 되는 비위생적인 생활 환경이라고 지적한 기사도 있다. 「朝鮮人에死亡者가만은리유」, ≪每日申報≫, 1918년 11월 3일 자.

진압하면서 스스로 훼손시켰던 통치의 명분을 회복하는 이점도 있었다.

호열자든 장질부사든 적리든 전염병은 매년 반복된다. 그때나 지금이나 전염병에 위협받지 않는 멸균된 사회는 어디에도 없다. 이 반복 자체에는 아무런 정치적 의미도 없다. 하지만 이 사태를, 누가, 어떻게 해석하고, 대응하느냐에 따라 전염병은 새로운 의미의 관계망을 만들어낸다.

≪매일신보≫가 '전염병'을 어떤 방식으로 기사화했는지 좀 더 살펴보자. ≪매일신보≫에 게재된 전염병 기사를 살펴보면, 전염병을 '살인군대(殺人軍隊)', '호군(虎軍)' 등으로 부르는 부분을 적잖이 찾아볼 수 있다.[12] 비단 이 신문에서만이 아니라 이전 시대의 문헌에도 자주 등장하는 관용 표현이다. 하지만 그것은 현실에 대한 직설적인 표현이기도 했다. 이 시기의 방역 활동은 군대와 경찰을 총동원해 실제로 적군(敵軍)과 대치하듯 전개되었다.[13] 전염병은 공기처럼 눈에 보이지 않는 적이면서, 눈에 보이는 모든 것의 이면에 도사린 적이었다. 방역은 사회를 신경증적으로 도착시킨다.

국경의 검색 강화는 방역 활동의 최전선이다. 전염병 관련 기사의 추이를 살펴봐도, 국경 지역의 방역이 실패하면 전염병의 전국적 확산이라는 기사가 이어진다.[14] ≪매일신보≫는 수차례에 걸쳐 전염병의 유행이 만주와

---

12 「殺人軍=虎疫이京城에襲來」, ≪每日申報≫, 1919년 8월 12일 자. "환자는만쥬봉텬에서온됴선사람 검사흔결과뎡말쥐통으로결뎡홈 ▲부민은크게경계ᄒ라 眞正虎疫患者發生 팔일슌화원에서의사호역균발견 ▲검사의결과는진정호역균".

13 「奉天營口에서南下ᄒ난 虎列剌를 防禦ᄒ라」, ≪每日申報≫, 1919년 8월 6일 자. "경성부에서비ᄒ는쥐의서를 각별히잘보고써쥬의ᄒ라"; 「滿洲京管局의防疫通牒配布」, ≪每日申報≫, 1919년 8월 7일 자. "지나의호렬자가남ᄒ함을근본덕으로방비ᄒ난계획"; 「虎疫彙報」, ≪每日申報≫, 1919년 8월 9일 자. "其後의各地 營口虎疫에 奉川에 內襲 ᄒ로에수십여명이죽어 ▲지금검역중". 전염병은 국경을 '내습(內襲)'하고, 국경에서 방역 업무를 겸임하는 헌병대에게는 '방어하라', '방비하라'고 명령한다.

14 「虎疫彙報」, ≪每日申報≫, 1919년 8월 9일 자. "其後의各地 營口虎疫에 奉川에 內襲 ᄒ로에수십여명이죽어". 이 기사가 나간 지 이틀 만에 호역은 경성에서도 발생한다. 같은 달 11

중국으로부터 유입된 것이며, 조선을 왕래하는 중국인들이 보균자라는 기사를 게재했다.[15] 전염병 기사를 지역별로 검토하면, 신의주를 비롯해 압록강 너머의 일본군 관할 지역인 푸저우(福州), 잉커우(營口)의 소식이 비중 있게 다뤄짐을 알 수 있다. 무역항 인천과 부산 역시 그에 못지않은 관심 지역이다.

특히 부산은 조선과 일본 양면으로 전염병이 전파될 수 있는 통로였다.[16] 이와 관련해 흥미로운 점을 발견할 수 있었다. ≪매일신보≫에는 일본의 전염병 발생 소식 역시 높은 비중으로 등장한다. 지역별로는 부산항과의 왕래가 잦은 오사카(大阪), 도쿄(東京)가 절반 이상을 차지한다. 그런데 일본 역시 독감이나 콜레라의 피해가 중국·만주 못지않게 극심했다.[17] 심지어 조선 총

일에는 양부양서(兩部兩署)가 총동원되어 방역을 개시한다는 기사가 게재된다(「兩部兩署 總出 防疫을 기시하얏다」, ≪每日申報≫, 1919년 8월 11일 자). 그만큼 상황이 급박하게 돌아가기 시작한 것이다. 구체적으로 전염병이 '남하(南下)'하고 있다는 표현이 등장하는 것은 8월 23일부터다. 「虎疫彙報 南下ㅎ는 虎疫」, ≪每日申報≫, 1919년 8월 23일 자. "경의선을 싸라서 남으로만연ㅎ여"; 「虎熱刺의南下」, ≪每日申報≫, 1919년 8월 23일 자. "만쥬디방에서시작된호역은 경의선을 싸라서남쪽으로".

15 「惡感의發源地 발원지는지나인 듯」, ≪每日申報≫, 1920년 1월 27일 자; 「上海를中心으로 흔 虎疫患者千名」, ≪每日申報≫, 1919년 7월 19일 자. "더욱더욱밍렬ㅎ여가 됴선에서쥬의ㅎ라"; 「虎疫中心地는果然上海」, ≪每日申報≫, 1919년 7월 16일 자. "상히에서오는배는 단체가치닌후라야". 전염병을 옮기는 중국인에 대한 기사는 다음과 같다. 「仁川의 疑似虎疫」, ≪每日申報≫, 1919년 8월 26일 자. "산동지부에서오는 지나인이슈샹ㅎ여"; 「仁川에 虎疫患者」, ≪每日申報≫, 1919년 8월 27일 자. "인천에입항흔지나인 룡산에도검역을시작"; 「支那人石手 惡感에 이십명이 걸려」, ≪每日申報≫, 1919년 11월 25일 자.

16 1918년 6월에서 1920년 3월까지의 전염병 관련 기사 가운데 세 번째로 많이 등장하는 지역이다.

17 「大版에毒感復發 민일평균이십인」, ≪每日申報≫, 1919년 1월 19일 자; 「大版에서는 每日四百名이 독감에쥭는다」, ≪每日申報≫, 1918년 11월 18일 자; 「惡性輪感復發」, ≪每日申報≫, 1919년 2월 4일 자. "동경에서는 뒤관들이만히알어 이번에는징셰가더욱험악ㅎ다"; 「流行前에豫防ㅎ라」, ≪每日申報≫, 1919년 2월 5일 자. "너디에서는이독감의두번직 류힝에쥭는사람이만타흔다"; 「유행성독감 경성에는업는모양 동경에는창궐중」, ≪每日申報≫,

독부가 방역에 성공했던 페스트가 내지(內地)에서는 종종 발생했음에도,[18] 일본인은 결코 중국인처럼 전염병의 감염원으로 이야기되는 법이 없었다. 제국의 미디어에선 조선인과 중국인만이 전염병을 옮긴다.

≪매일신보≫의 '전염병' 기사는 사태의 추이와 함께 발병의 원인, 확산 경로, 피해 규모 등을 분석하는 것처럼 보이지만, 그런 분석의 방법론까지를 포함해 '전염병 확산'이라는 사태 이전에 이미 '전염병'에 대한 인식 틀이 정해져 있었다. '식민지 조선'에서, '총독부'가, '조선'을 이해하는 인식 틀에 일치한다. 북으로는 중국과 국경을 이루고, 식민 권력의 주요 거점 도시의 현황이 곧 조선의 기본적인 현황으로 파악된다. 제국이 장차 대륙으로 확장되는 과정에서 충돌이 예정된 중국인은 혐오스럽고, 제국의 신민인 일본인은 내지에서뿐만 아니라 식민지에서도 존중받고 보호받아야 한다. '전염병'은 이러한 인식의 얼개를 총체적으로 노출한다.

'공포'의 강도 역시 효과적으로 연출되어야 한다. 간략하고 담담한 표현으로 일관했던 3·1 운동 소요 기사와는 대조적으로, 전염병 기사에는 자극적인 표현이 남발한다. "아! 동포야 주의하라",[19] "지독하게 격렬히",[20] "살이 떨리게 참혹한",[21] "폭발탄(爆發彈)보다 무서운",[22] "전쟁보다 다섯 배나 맹렬

1919년 2월 13일 자.

18 1919년 12월에 고베(神戸)에서 흑사병이 발생해, 고베를 출발해 다롄(大連)으로 입항하려던 배가 상륙을 불허받았다는 기사가 있다. 「神戸에 黑死病」, ≪每日申報≫, 1919년 12월 8일 자. "딕련에셔는 신호통과의 긔선을 샥취뎨를 혼다".

19 「惡感悽慘호 光景」, ≪每日申報≫, 1919년 12월 26일 자. "무서운이악감이젼가족을죽여뉘인 광경을볼지어다=아! 동포야주의흐라".

20 「警戒홀 惡性毒感」, ≪每日申報≫, 1919년 11월 25일 자. "서울에도임의음습흐 샷서 올감긔 도지독흐 게격렬히 코와입을단단히막으라".

21 「쓰러닉는 福州의虎疫」, ≪每日申報≫, 1919년 8월 5일 자. "각부근디에만년듸여사망쟈가 하로사쳔여 삼복쥬즁뎡슈보고에의흐 건듸동디의 호렬즈참혹히상황은 실로놀랄만흐니 … 길거리 넘어져죽는 즈를치울뿐이라 참으로 살이떨일만치 참혹흐다더라".

22 「爆發彈보ᄃ 무서운 虎疫이 如前히 猖獗」, ≪每日申報≫, 1919년 8월 1일 자. "호렬즈가시

한",[23] "사망자가 너무 많아 화장장이 비좁을 지경",[24] "네 식구가 죽고 가장은 미쳤다",[25] "신열에 들떠 칼로 목과 배를 찔러 자살",[26] "임산부는 더 주의하라"[27] 정도는 예사로 등장하고, 1919년 게재 기사를 통틀어 가장 참혹한 내용인 겸이포(兼二浦, 지금의 황해도 송림) 역병의 경우에는, 기사의 목적이 공포의 조장이 아니었을까 의심될 만큼 그 표현이 지나치다.

此生의 地獄? 虎疫의 窟=兼二浦 시톄의 힝렬은련락부절ᄒ고 시민은가마속의고 기와ᄀᄎ히 … 시톄ᄂ곳운반ᄒ야 ᄒ겠지만운반ᄒ던인부가됴즁에서턱턱쓰러짐으로 돈안이라 금을준다ᄒ야도 인부노릇ᄒᄂ 사람이업슴으로 엇지ᄒ수입시 시톄ᄂ죽은자라에몃시간식ᄂ이어바려둔다 避難ᄒᄂ 府民等 두려움이극도에 달ᄒ시민들은단벌옷을입걸으메ᄉ ᄒ보작이에다무엇을죠금식차가지고다라ᄂ다이듸로가ᄂ 방힝도업시혹은황쥬길노가고혹교방면으로도가고진남포로도가ᄂ 듸이러ᄒ 피난ᄒᄂ 빅셩들이가ᄂ곳마다병균을견파치나안이ᄒ면다힝ᄒ겠더라 … 피병원(避病院)에서 화장터(火葬攄)으로 운반ᄒᄂ시톄ᄂ별로업스나 직접죽은쟝소에서 들껏에담어ᅥ니여가ᄂ송쟝은 화장터ᄭ지 힝렬을지으며 썩ᄂ님식피

시로각디에츌몰ᄒ니우리ᄂ모라ᄂ이일연구가데일급히 … 內地에도虎疫 의ᄉ호렴ᄌ인가? 이십이일ᄅ이로복강현소장 강도현풍단균과 부산현ᄉᄉ군 등지에의 ᄉ호렬ᄌ화자가발ᅀᅳᇹᄒ얏다ᄂ던보가잇더라";「爆發彈보ᄃ 무셔운 虎疫 各地의 現況」, 《每日申報》, 1919년 7월 26일 자. "호렬ᄌ가시시로각디에츌몰ᄒ니우리ᄂ모라ᄂ이일연구가데일급히".

23 「流行感氣로 三個月間의 死亡者六百萬人」, 《每日申報》, 1918년 12월 27일 자. "이번 류힝병은 젼졍보다도 다섯곱졀이나 딍렬ᄒ 셩질을 가졌나니감긔의젼염되ᄂ분수도 ᄉ년석달을치면일억팔빅만명의ᄉ망자를ᄂ이일것이라 오백여년젼의 혹ᄉ병류힝이릭도 이번과갓치세계에엿벗셔서 다수ᄒ ᄉ망자를ᄂ이인류힝병을본일이업스니".

24 「內地에도 惡感이 창궐ᄒᄂ즁」, 《每日申報》, 1920년 1월 10일 자.

25 「毒感의産出ᄒ 悲劇」, 《每日申報》, 1918년 12월 12일 자. "네식구가죽고가댱은밋쳣다".

26 「毒感患者가 身熱에 씌여서」, 《每日申報》, 1918년 10월 25일 자.

27 「惡感의旣往及現在」, 《每日申報》, 1919년 12월 13일 자. "예방법으로ᄂ양치와마스크 ᄋ히빈부인은더욱쥬의ᄒ라".

님식약'님식'는 사람의코를썩이라호다 맛치 이세상의디옥인듯[28]

겸이포는 경성에서 지리적으로 가까운 곳이었고, 삼릉제철소(三菱製鐵所)
가 활발히 가동하고 있었던 탓에 외부 차량의 출입까지 잦은 곳이었다. 따
라서 "가마 속의 고기와 같은", "시체의 행렬", "썩은 냄새와 피 냄새가 사람
의 코를 썩히고", "이 세상의 지옥"과 같은 문구를 읽으며 경성 주민들이 느
끼는 불안은 클 수밖에 없었다.

≪매일신보≫는 앞선 9월 4일[29] 기사에서도 겸이포의 환자 수가 200여 명
에 이르렀음을 알리면서 "쥬의ᄒ라 경성에사는부민들도"라고 쓴 바 있다.
그러나 위의 기사에서 가장 예민한 파장을 불러일으킬 수 있는 내용은 '피
난민이 병균을 전파하고 있다'는 부분이다. 겸이포의 이재민들에게 이런 말
은 전염병만큼이나 치명적이다. 가는 곳마다 그들 자신이 전염병 취급을 받
게 될 것이기 때문이다. 이런 상황에서 인근 지역의 주민들 역시 외지인과
의 접촉을 두려워하게 될 게 뻔했다. 병균의 확산보다 공포가 사람들 사이
를 앞질러 간다.

소요 기사에서 단호하고도 당연하게 시위대를 진압·해산시키는 모습을
보였던 경찰과 헌병도 전염병 앞에선 약한 모습을 감추지 않는다. 순사 훈
련소와 용산의 주둔 부대에 악성 독감이 돌아 고생을 하고 있다거나[30] 동경
의 대관(大官)들까지 독감을 앓고[31] 있다는 기사가 등장한다. 이처럼 ≪매일
신보≫에는 적잖은 빈도로 전염병 앞에서 약한 모습을 보이는 식민 권력의
일면이 기사화되었다. 총독부는 이런 유의 기사에 대해 어떤 태도를 보였을

---

28 ≪每日申報≫, 1919년 9월 9일 자.
29 「猛烈혼 兼二浦虎疫」, ≪每日申報≫, 1919년 9월 4일 자.
30 「龍山의惡感漸次終熄 군대에도감소되야」, ≪每日申報≫, 1919년 12월 20일 자.
31 「惡性輪感復發」, ≪每日申報≫, 1919년 2월 4일 자. "동경에서는 디관들이만히알어 이번에
    는징세가더욱혐악ᄒ다".

까? 위에 인용한 겸이포의 사례처럼 전염병에 대한 필요 이상의 '공포'를 조장하는 일은 방역 활동에 지장을 줄 수 있었을 것이다. 총독부는 이에 대해 주의를 시키거나 지침을 하달한 적이 없었을까? 하지만 다른 이유도 아닌 바로 '전염병'이기 때문에 이런 식의 취재와 표현을 할 수 있다. 왜냐하면 총독부는 결코 '전염병'을 절멸시킬 수 없기 때문이다. 반대로 '전염병'에 일방적으로 당할 수도 없었다. 방역은 곧 치안이었고 식민 통치의 명분 가운데 하나이기 때문이다. 따라서 총독부는 '전염병'이라는 개념, 즉 가상의 비인간 타자를 정치적 자산으로 치환해야 했다. '전염병'은 항구적으로 유용한 타자로 남아 있어야 했다. 총독부를 총독부 자신이 욕망하는 완전한 상(象)으로 구성하는 것은 이 유용한 타자와의 관계에서 크게 힘을 얻는다. 그렇다면 이것은 대체 어떤 효과를 내는 정치적 자산이란 말인가?

그것은 바로 '공포'다. 식민지 조선을 통제와 동원에 유리한 '예외상태'로 조성하기 위해서는 무엇보다도 '공포'가 필요하다. 하지만 이 공포는 조선인만이 느끼는 공포여서는 곤란하다. 훨씬 더 근원적인 공포 앞에 식민 권력과 식민지인 모두가 함께 떨지 않으면 안 된다. 다시 말해, '전염병'이라는 자연을 향한 공포가 국체(國體)의 구성원을 단결하게 하는 유력한 매개로 동원된다. ≪매일신보≫의 전염병 기사는 '징후-예방-발생-방역-성과'라는 고리를 되풀이해서 맴돈다. 그리고 각각의 단계를 분석하고 평가하는 주체는 식민지 권력이다. 전염병에 대한 앎의 의미망을 장악한 것이다. 따라서 '전염병'으로 무엇이 오염되었는가를 규정하는 일은, 식민 권력이 무엇을 금지할 수 있는가의 범위를 변주하고 확장할 수 있다.

4. '균'과 '음'의 방역 활동

'방역'은 '사회적 안녕'의 상태를 규정하는 일이다. '균'뿐만 아니라 온갖 풍설이 발화 청취되는 '음'의 상태까지 총망라하는 조치다. 경찰과 헌병에 의해 수행된 방역 업무는 '전염병'만을 위해 특수하게 고안된 활동이 아니었다. 그것은 근본적으로 공간에 대한 통제였다. 식민지 조선의 '공공 이익'에 부합하지 않는다고 판정된 사람들을 감시에 용이한 장소로 분리하는 일이었다. '방역', '범죄 단속', '사상범 검거' 등등 임무 자체가 어떤 이름으로 불리건 간에 같은 작업이 반복된다. '방역'은 전염병의 아포리아가 포괄할 수 있는 정치·문화·경제 영역 전반에 대한 배타적 활동 전부로 전용될 수 있었다. 이때 '방역'과 '공안'은 접속할 뿐만 아니라 중첩된다. 다음의 기사에 등장하는 의사들도 이 사실을 잘 알고 있었다.

傳染病을申告안은病院 여러곳을발견ᄒ얏다 근릭경성시즁에 쌔라지부스가 류힝ᄒ난재문에 총독부의원과 밋슌화원의두의원을 위시ᄒ야 시즁긔업의각의원까지 전혀입원환쟈츙만ᄒᄂᆫ형세인딕 이에딕ᄒ야 엇던의ᄉᄂᆫ 전염병환쟈를 보통병실에 수용ᄒ고 경철서ᄂᆫ전염병으로 신고치안코 … 공즁위싱샹 심상치안음으로 각병원을 림검ᄒᆫ즉 … 병원의 원당몃명을 소환ᄒ야엄즁히계고톨하얏더라[32]

虎疫으로誤認ᄒ고 종로경찰서ᄂᆫ 크게소동 힛다 지나간삼십일범 열한시쯤 되야 쥬모리ᄒ난 의ᄉ로부터 종로경찰서에 뎐화ᄒ기를 … 이라는 자긔가의ᄉ호렬자에 걸닌줄로 검진ᄒ얏다고 통지ᄒ엿슴으로 갓득이나 지금엄즁경계ᄒ던 즈음임으로 그서안은별안간대소동이 되야 경성에도 호역이습릭한줄로 알고 동석위생계로부터계관과 경찰의ᄉ가현장에급힝ᄒ야 검진한 결과급성의쟝 가다루로 판명ᄒᆫ후 일동이 안심을ᄒ고도라왓다[33]

32 ≪每日申報≫, 1918년 7월 3일 자.
33 ≪每日申報≫, 1919년 8월 3일 자.

의사들은 검진에서 전염병 환자를 발견할 때마다 경찰서에 신고해야 했다. 경찰이 의사들에게 요구한 신고 내용은 매우 구체적이어서 발병 직전의 상황까지 상세히 파악해야 했다. 의사뿐 아니라 각 지역의 말단 관리들에게도 신고 의무가 부여되어 있었다. 급성 병사자를 비롯해 병세가 심상치 않은 자가 있을 때는 면장 또는 동장이 그 사항을 경찰관서에 신고하고, 경우에 따라서는 경찰의가 직접 파견되어 환자를 조사했다.[34]

일상적 감시망 속에서 전염병에 걸린 사람은 자신의 정체가 아주 낯선 존재로 뒤바뀌어 있는 것을 깨닫게 된다. 그는 정상인들로부터 격리되어야 할 사람들의 통계에 숫자로 반영된다. 그는 관할 경찰서를 발칵 뒤집어놓을 만큼 위험한 존재로 간주된다. 전염병 환자에 대한 경찰의 기본 방침은 "병독 전파 방지상의 필요로 환자가 자택 치료 또는 사립병원 입원을 금지하고 모두 총독부의원 또는 순화원"에 수용하는 것이었다.[35] 조선인은 대개 순화원(順化院)에 강제 수용되었다. 그런데 순화원이 치료는커녕 "얼음을 사용하여 전신을 냉각시키는 것을 유일한 방법으로 하는 까닭에 열의 열은 모두 사망하지 않는 자가 없다"[36]는 소문이 파다했고, 심지어 수용 환자들을 불태워 죽이고 있다는 말까지 나돌았다.[37] 한동안 집에서 안정을 취하면 될 환자도 경찰에 보고되면, 그의 치료는 공적으로 다뤄질 사건이 된다. 통계에서 그가 반영된 숫자가 환자 수의 총합에서 사망자 수의 총합으로 옮겨 갈 것인가, 아니면 역병이 소강 국면에 접어들었다는 의미로 해석될 것인가에 대한 일련의 조치가 이뤄진다.[38]

---

34 박윤재, 『한국근대의학의 기원』, 367쪽.
35 전종휘, 『남기고 싶은 이야기 醫窓夜話』(의학출판사, 1994), 38쪽.
36 박윤재, 같은 책, 368쪽.
37 「無足言」, 《每日申報》, 1915년 7월 16일 자. 전염병 환자로 판명될 경우 조선인들이 꺼리는 화장을 해야 했다. 환자를 불태워 죽인다는 소문은 화장과 연관되어 유포된 것으로 추정된다.

경찰서로 소환되어 주의를 받은 의사들 역시 경찰이 그들에게 부여한 의무의 의미를 모를 리 없었다. 하지만 이 의사들과 환자들에게는 전염병보다도 위생경찰의 활개가 더 무서운 일이었다. 경찰은 전염병의 발생 이전에 이미 징후를 판별하고 방역을 시작한다. 이 단계에서의 방역이란 전염병의 실체보다는 전염병의 의미와 대치한다. 경찰은 방역을 이유로 사람들의 일상을 종횡무진으로 간섭했다. 위생 검역을 한다며 시장의 물건들을 온통 뒤집어놓고[39] 예방 접종을 하지 않은 사람을 찾아내 구류를 살게 하거나 벌금을 부과한다.[40] 그뿐 아니라 집집마다 경찰이 직접 방문해 호구 조사를 벌였다. 이것이 이른바 악명 높은 검병적(檢病的) 호구 조사다.[41] 검병적 호구 조사는 상당히 철저히 시행되어 조사 시 집에 없었던 사람은 귀가 후에라도 조사를 마쳐야 했다.[42]

이런 상황에서 전염병에 걸리지 않았다는 이유만으로 호구 조사에 무사하기란 쉽지 않았다. 경찰이 트집을 잡으려고 들면 어느 집도 무사하기 어려웠다. '3·1' 운동 이후 콜레라와 독감이 연이어 극성을 부리자 검병적 호구 조사 또한 수시로 이뤄졌다. 여러 임무가 한꺼번에 부과되어 있는 경찰로서는 환자 색출뿐만 아니라 소요 이후 파악된 요주의 인물에 대한 감시도

38 「傳染病減少」, ≪每日申報≫, 1918년 7월 20일 자. 이 기사에서는 순화원의 수용자 수가 줄었다는 것을 근거로 전염병이 감소하고 있다는 분석을 내리고 있다. 「傳染病患者」, ≪每日申報≫, 1919년 5월 19일 자. "순화원에 수용흔 장감의류힝"; 「順化院收容患者」, ≪每日申報≫, 1919년 5월 24일 자. "쟝질부사가만타에는"에서는 전염병 유행의 추세를 순화원 환자들의 상황을 표본으로 가늠하고 있다. 순화원에서의 사망자도 기사로 자주 다뤄졌는데 이 또한 전염병의 상황이 악화하고 있는 것의 징후로 해석된다. 「入院患者死亡」, ≪每日申報≫, 1919년 11월 28일 자. "서삼은순화원에서 이십오일에죽었다".

39 「生鮮商檢疫 본뎡셔에서」, ≪每日申報≫, 1919년 11월 30일 자; 「菜蔬類의檢鏡 전염병균의 유무를」, ≪每日申報≫, 1918년 7월 19일 자.

40 「釜山의 種痘大勵行 거절흐 는자는 구류나과료에」, ≪每日申報≫, 1919년 5월 11일 자.

41 「檢疫戶口調査 독감예방을위흐야」, ≪每日申報≫, 1919년 2월 10일 자.

42 「이는 虎疫의 枚果」, ≪每日申報≫, 1916년 10월 15일 자.

동시에 수행했다. 역병의 시간이란 감시의 시간이었다. 전염병 때문이 아니더라도 경찰의 감시와 통제는 일상화된 일이었지만, 가뜩이나 병약해진 인간에게 가해지는 통제의 수위는 한층 잔인하게 체감되었다. 무사하려면 아프지 말아야 하고 입도 조심해야 했다. 인민의 입과 입으로 전해지는 '풍설'은 '3·1'을 전국적으로 확산시킨 핵심적인 원동력이었기 때문이다.[43]

1919년 9월 19일에 게재된 총독부 방역위원회의 결정 사항을 살펴보면,[44] 수인성 전염병의 감염 원인을 제거하기 위해 하천과 개천의 물 사용을 규제하고 소독을 실시하라는 조항뿐만 아니라, 수원지 부근 부락의 호구 조사와 연극장을 비롯해 사람이 모이는 곳을 단속하라는 내용이 있다. 사람들 사이의 접촉이 전염병 확산의 원인이기 때문에 연극 구경을 규제하라는 것이다. '3·1' 이후 '사람들이 모여 있다'〔群衆〕는 것에 대해 총독부는 예민하게 반응했다. '균'과 '음'은 동시에 방역되었다.

咸南北靑에 毒感猖獗 됴선인은류빅여명 닉디인은빅여명=죽은자는 칠십여명 함경남도 북청군디방에 악성감기가류흠은 임의보도흔바최근경찰서의됴ㅅ에보면 닉선인간 병에걸닌쟈칠빅팔십구명이오 사망흔자육심명의 다수에달함을보아 동경찰서에난 일반인민의집회를금지흐고본뎐공의를교협흐야 와구진주사실비 이십전양 치물약실비오전으로 일반에 시힝한다더라[45]

위의 기사에서 경찰은 방역을 위해서라며 집회를 금지시켰다. 때는 3·1 운동이 전국적으로 확산되던 시점이다. 1919년 3월 19일 3면도 살펴보자.

---

43 이 시기 '풍문'과 '풍설'의 다채로운 양상에 대해서는 다음 책을 참고. 권보드래, 『1910년대, 풍문의 시대를 읽다』(서울: 소명출판사, 2008).

44 ≪每日申報≫, 1919년 9월 19일 자.

45 ≪每日申報≫, 1920년 3월 4일 자.

한 면이 온통 소요 관련 기사로 도배된 가운데 상대적으로 큰 표제와 분량
으로 배치된 것이 「大悲劇, 大參事 악독흔돌님감긔가쏘다노은 각처의비참
흐고도비참흔일」[46]이라는 기사다. 악성 독감이 전국에 돌아 각지에서 비참
한 광경이 벌어지고 있다는 내용인데, 이 기사가 독자들의 반향을 얻는 데
성공했다면 전국적으로 소요가 확산되고 있는 상황에 맞불을 놓을 이슈로
키울 수 있었다. 이를테면 풍설로 풍설을 잡는 셈이다. 같은 해 6월 20일 기
사에는 소요 사건을 진압하느라 방역 업무에 소홀했다는 내용이 등장한다.

> 소요亽건이 일어난 째문에 방역亽무에전력흘수 업서서 그갓치 만연된모양인
> 디 이갓흔일은 다만뎐연두쑨만안이얏스나 임의소요도진졍되얏슴으로 경무관
> 현은 힘을다ᄒ야방역亽무에 죵亽ᄒ야 졈ᄎ로감퇴하기에 일으럿더라[47]

이 세 기사에서 집회와 소요가 전염병과 관련지어지는 양상에는 다분히
정치적인 의도가 반영되어 있다. 비슷한 사례를 하나 더 소개한다. 1918월
9월 10일부터 총 5회에 걸쳐 연속으로 게재된 「忘却된公衆衛生」의 첫 번째
내용은, "물가등귀와쌀갑난리에뎡신이팔녀서팔이가버벗젹느럿다"[48]로 시작
한다. 물가 폭등과 쌀값 난리를 해충의 증가와 연관 지으면서 조선인들의
공중위생 의식이 낮다고 진단하는 내용이지만, 총독부의 경제 정책 실패에
대한 민심 악화를 방역의 이슈로 전환하고 있는 기사다. 방역과 관련된 모
든 언설은 단순히 '병'과 '환자'만을 이야기하는 법이 없다. 전염병만이 아니
라 전염병의 의미망을 함께 읽어야 한다. 전염병의 의미는 사실상 그 사회
의 전부와 접속해 있기 때문이다.

---

46 ≪每日申報≫, 1919년 3월 19일 자.
47 ≪每日申報≫, 1920년 3월 4일 자.
48 ≪每日申報≫, 1918년 9월 10일 자.

5. 역병의 시간과 역사의 반복

통치 권력은 적을 필요로 한다. 적과 싸워서 실제로 이기는 일만큼이나 중요한 과업은, 그 무엇도 공략할 수 없는 강고한 권력으로 자신을 연출하는 일이다. ≪매일신보≫는 그러한 표상과 담론을 확산하는 제국의 매체였다. 3·1 운동과 전염병의 창궐 역시 위기이면서 기회였다. 전염병과 소요 사태의 관계를 둘러싼 집단적 상상력과 담론 확산력은 식민 권력의 정치적 자산으로 전유할 수 있었다.

소요 사태가 일시적인 위기라면, 전염병은 주기적으로 반복되는 사태였고 그만큼 사회 전 영역과 직간접적으로 연결된 의미망이었다. '방역'은 '사회적 안녕'의 상태를 규정하는 일로 확전된다. 그래서 멸균(滅菌)과 제독(除毒)을 넘어 '음'과 '문'의 정치적 순도를 문제 삼는 포괄적 조치가 이뤄졌다. 통치와 동원에 용이한 '예외상태'로 식민지가 운영되기 위한 명분으로 '전염병'만큼 유용한 것도 없었다.

이 연구는 '전염병'이라는 개념, 즉 가상의 비인간 타자가 정치적 자산으로 치환되는 과정을 ≪매일신보≫를 통해 추적하고자 했다. 전염병에 대한 공포는 조선인만의 것이 아니었다. 국적과 계급, 성별, 나이에 상관없이 누구나 움츠러들 수밖에 없는 근원적인 공포, '전염병'이라는 자연을 향한 공포가 국체(國體)의 구성원을 단결하게 하는 유력한 매개로 동원되었다.

3·1 운동 시기의 면역학적 위기와 정치의 역동을 ≪매일신보≫에 보도된 내용 이상으로 서술한 당대 문학 작품은 찾아보기 어렵다. 몇 안 되는 소설에서도 분위기 정도를 감지할 수 있는 수준이다. 서희원의 선행 연구는 이 점을 확인해 준 것이었다.

하지만 이 문제는 질문을 바꿔서 생각해 봐야 하지 않을까. 문학적 형상화의 수준이 지엽적인 것에 그칠지라도, 전염병과 정치를 둘러싼 상상력이 활성화되는 역사의 반복이 있지 않을까? 문제 설정의 시간적 범위를 근현대사 전체로 확장해야만 드러나는 임계점을 찾아야 한다. 상상력은 비범한 어떤 이의 내면에서 완결되는 역량이 아니라, 그가 속한 온갖 사회적 맥락이 화학 반응하는 합성물이다. 따라서 특정한 맥락의 상상력이 강렬해지는 시점은 사회적 변동과 밀접한 연관 관계에 있다. 그 강도(強度)의 변화 곡선을 읽어내는 일이 가능할까? 이 질문은 이 연구의 주제와 범위를 넘어서는 것이어서 여기서 상세히 다룰 수 없으나, 이후의 과제로 기약하기 위해 해방 이후 1946년에 발표된 3·1 운동 소재 희곡을 통해 그 의미를 간략히 정리하고자 한다.

3·1 운동과 전염병에 대한 문학적 기록은 해방 이후 김남천의 희곡에서도 찾아볼 수 있다. 그의 자전적 체험이 반영된 부분이다. 1919년 봄, 김남천은 아홉 살이었다. 평안남도 성천(成川)의 보통학교 1학년이었을 때, 수천 명의 농민이 시위에 쏟아져 나오는 광경을 목격한다.

> 내가 太極旗를 우럴어 처음 보기는 一九一九 己未年 三月 一日 普通學校一學年 나이 아홉 살 때였다. 아침 햇발이 유난히 빛나고 아름답던 그날 數千群衆의 先頭에서 편편히 퍼득이며 訪仙門 을 거쳐 고을로 고을로 行進해 들어오는 太極旗 ― 이 農民大衆이― 先頭에 선 最初의 太極旗 밑에서 내 고향 數百 同胞가 倭軍憲의 銃칼에 피를 뿌리고 쓸어졌다.[49]

그로부터 27년 후에 김남천은 『三·一運動』(1946, 이하 『삼일운동』)의 대본을 완성한다. 유년기의 체험에 매달린 자전적인 내용보다는, 1946년 해방 공간에서 '3·1'을 이야기한다는 것의 시의성을 놓치지 않으려 애쓴 작품이었다.
『삼일운동』에서 김남천이 목표로 한 것은 크게 두 가지였다. 우선 이 땅

---

49 김남천, 「獻辭」, 『三·一運動』(雅文閣, 1947), 152쪽.

의 사회주의 운동사를 1919년 3월 이전 시점으로 끌어올리고 그 연속성에서 '3·1'의 역사성을 재배치한다. 서울보다는 지방을 역사의 구심점으로 당겨 올리고, 항쟁의 핵심 주체로 농민을 부각했다. 민족 대표 33인과 서울이 중심이 된 자본가 계급의 '3·1 운동 서사'를 농민 계급의 서사로 대체하려는 시도였다. 앞서 서희원의 연구를 통해 검토되었던 염상섭, 전영택, 김동인의 예와 마찬가지로 다른 어느 맥락보다도 3·1 운동의 정치성에 집중한 작품이다.

아홉 살 소년의 '3·1' 체험담으로 읽힐 수 있는 설정은 운동에 불참한 이들의 사정이 설명될 때 특징적으로 돌출된다. 그중 창현의 '열병(熱病)'을 주목해야 한다.

> 昶賢: 제가 하나 못된 熱病에 걸려서 빠지고는 모두 왜놈의 총칼에 넘어졌거나 가쳤거나 불에 타 죽었습니다.
> ◇永九 沈痛한 얼굴로 黙想을 드린다. 한참 동안 그대로 서 있다.[50]

시종일관 투쟁적인 인물이 등장하는 연극이다 보니 창현의 열병은 뜬금없게 느껴질 지경이다. 그렇다고 개연성이 없는 설정이 아니었다. 오히려 역사의 기묘한 반복을 발견할 수 있다. 창현이 한창 병을 앓던 1918년 겨울에서 1919년 봄 사이는 전국적으로 스페인 독감이 유행했다.[51] 『삼일운동』이 발표된 1946년 역시 콜레라와 호역이 창궐한 시기였다.

1919년의 3·1 운동은 1918년에서 1920년 사이, 식민지 시기 전체를 통틀어 식민지 방역 시스템이 최대 위기에 처한 상황에서 벌어진 사태였다.[52]

---

50 김남천, 『三·一運動』, 253쪽.
51 「大悲劇, 大慘事 악독흔돌님감긔가쏘다노은 각처의비참흥고도비참흔일」, ≪每日申報≫, 1919년 3월 19일 자.

그리고 해방 공간에서 경찰력이 업무 능력을 회복하지 못했던 때에 콜레라가 창궐했다. 3·1 운동의 시간은 역병의 시간에 겹쳐 있었고, 김남천을 해방 공간의 연극 무대로 움직이게 한 3·1 운동의 정동 역시 역병의 한복판에서 추동된 것이었다.

전염병의 창궐과 사회 변혁의 에너지가 공명하는 현상은 2010년대 한국 사회의 중요한 특징 중 하나였다. 2008년 광우병 논란이 촉발한 촛불 집회로부터 수백만 마리의 가축이 살처분된 2010년대 초의 구제역 사태 그리고 메르스 사태에서 촛불 항쟁으로 이어진 흐름은, 역병의 시간과 겹쳐진 3·1 운동기를 2010년대에 겹쳐 보게 하는 역사적 유비의 동기가 되었다.

코로나19 팬데믹 기간인 지난 2020년 2월부터 2022년 8월까지의 시기는 보건 의료의 관점에서만이 아니라, 사회 시스템 전반에 닥친 면역학적 위기의 시간이었다. 전염병의 확산이 그친 뒤에도, 정권의 추문과 비리를 둘러싼 온갖 폭로와 풍문, 음모론, 격문과 댓글이 인터넷과 방송, 소셜 네트워크 등을 통해 폭발적으로 확산했다. 전염의 매개는 균(菌)만이 아니었다. 대중의 정동에 틈입하는 음(音)과 문(文)의 전염력 역시 강렬하고 치명적이었다. 앞으로도 수없이 되풀이될 사회 변화의 역학이다.

---

52 『總督府統計年報』에 따르면 1919년 전체 전염병 환자는 2만 5822명이었고, 사망자 1만 1000명 발생했다. 이듬해 1920년에는 환자 3만 9434명, 사망자는 1만 3000명이었다. 이 같은 수치는 통계가 시작된 1910년에서 해방 전 1945년까지 가장 많은 환자와 사망자가 발생한 때였다.

참고문헌

≪每日申報≫.

≪朝鮮總督府 官報≫.

朝鮮總督府. 1920.『大正8年虎列剌防疫誌』.

김남천. 1947.『三·一運動』. 雅文閣

권보드래. 2008.『1910년대, 풍문의 시대를 읽다』. 서울: 소명출판사.

김영수. 2015.「일본의 방역경험 축적을 통해 본 조선총독부의 방역사업: 1911년 페스트 유행 대응을 중심으로」. ≪한림일본학≫, 26권, 84~110쪽.

김택중. 2017.「1918년 독감과 조선총독부 방역정책」. 서울대학교 인문학연구원. ≪인문논총≫, 74권, 1호, 163~214쪽.

다다 도미오(多田富雄). 2007.『면역의 의미론: 자기(自己)란 무엇인가』. 황상익 옮김. 파주: 한울.

박윤재. 2000.「1910年代 初 日帝의 페스트 防疫活動과 朝鮮支配」. 하현강교수정년기념논총간행위원회.『韓國史의 構造와 展開』. 서울: 혜안.

＿＿＿. 2005.『한국근대의학의 기원』. 서울: 혜안.

서희원. 2014.「1918년 인플루엔자의 대재앙과 문학」. 동국대학교 한국문학연구소. ≪한국문학연구≫, 47호, 65~99쪽.

손택, 수전(Susan Sontag). 2007.『은유로서의 질병』. 이재원 옮김. 서울: 이후.

신규환. 2005.「1930年代 北平市政府의 衛生行政과 '國家醫療'」. 연세대학교 박사학위논문.

신동원. 1997.『한국근대보건의료사』. 서울: 한울.

정진석. 2006.『언론조선총독부』. 서울: 커뮤니케이션북스.

조형근. 1997.「식민지체제와 의료적 규율화」. 김진균·정근식 편저.『근대주체와 식민지 규율권력』. 서울: 문화과학사.

콜라타, 지나(Gina Bari Kolata). 2003.『독감』. 안정희 옮김. 서울: 사이언스북스.

푸코, 미셸(Michel Foucault). 1994.『임상의학의 탄생』. 홍성민 옮김. 서울: 인간사랑.

＿＿＿. 1998.『사회를 보호해야 한다』. 박정자 옮김. 서울: 동문선.

해러웨이, 도나(Donna J. Haraway). 2002. 「포스트모던 몸의 생물정치학」. 『유인원, 사이보그, 그리고 여자』. 민경숙 옮김. 서울: 동문선.

_____. 2005. 『한 장의 잎사귀처럼』. 민경숙 옮김. 서울: 갈무리.

제8장

'공해의 원점'에서 보는 질병 혐오*

유수정

1. 질병의 낙인

미나마타(水俣)병은 수은 중독으로 인해 발생하는 다양한 신경학적 증상
과 징후를 특징으로 하는 증후군이다.[1] 1954년 일본의 규슈(九州) 지방에 위
치한 구마모토(熊本)현 미나마타(水俣)시를 중심으로 시라누이(不知火)해 연안
의 어촌들에서 원인 불명의 괴질이 유행하기 시작했다. 그로부터 14년 후
인 1968년 9월, 일본 정부는 그 괴질, 즉 미나마타병의 원인이 미나마타에
공장을 두고 있는 일본질소비료주식회사(日本窒素肥料株式会社, 이하 '짓소'로 표
기)가 바다로 흘려보낸 폐수에 함유된 메틸수은임을 비로소 공식 인정하게
된다. 바다로 흘러나간 메틸수은을 물고기와 조개가 먹고, 그 물고기를 인

---

* 이 글은 유수정, 「'공해의 원점'에서 보는 질병 혐오」, ≪횡단인문학≫, 11호(2022)를 수정·
보완한 것이다.
1 서울대학교병원 의학정보, "미나마타병", http://www.snuh.org/.

간이 섭취하는 먹이 사슬의 연쇄로 인간에게 질병이 발생한다. 공해가 원인인 공해병인 것이다. 이때부터 미나마타병은 근대 일본 사회의 '공해의 원점'이라 불렸다. 미나마타병의 원인 및 책임 규명, 보상 등을 둘러싸고 기업과 행정 당국에 대한 피해 주민들의 기나긴 투쟁이 이어졌음은 어느 정도 알려져 있다. 2022년 3월 31일 현재 공식적으로 인정된 미나마타병 환자는 2283명(그중 2013명 사망)[2]이지만 이른바 최초 확인일인 1956년 5월 1일 이전 시기까지 포함해 지금까지 짓소가 배출한 유독 물질의 정확한 피해자 수는 파악할 수 없다. 1953년 이전부터 까마귀가 추락해 죽거나 고양이가 미친 듯이 춤을 추며 질주해 바다에 빠져 죽는 이변이 목격되기도 했고, 이미 1941년경부터 유사 증세를 보인 환자들이 있었다고 보도되고 있다.[3] '인정' 바깥에 '원인을 특정할 수 없는' 죽음들이 얼마나 많이 있었는지는 알 수 없고, 다만 짐작할 뿐이다. 그리고 지금도 2000명이 환자 인정을 요구하고 1300명이 재판을 통해 손해 배상을 청구하고 있다.[4] 공식 인증이 시작된 1956년 이후 66년이 지난 지금도 문제는 해결되지 않았다. 수년 전 미나마타시 국도 가두의 펜스에는 "메틸수은 중독증으로 병명 개정을 요구"하는 간판이 등장했다.[5] '미나마타병'으로 병명이 공인된 지 64년이 지난 현재의 상황이다.

의아하면서도 2022년 포스트 코로나 시대를 살아가는 우리에게는 낯설지 않은 풍경이다. WHO가 신종 코로나바이러스 감염증을 공식적으로 'COVID-19'라 명명하고 한국 정부는 '코로나19'로 하도록 정한 이유,[6] 그리고 그럼

2　水俣病資料館 홈페이지 https://minamata195651.jp/list.html.

3　栗原彬, 「水間多病という身体: 風景のざわめきの政治学」, 栗原彬·小森陽一, 『内破する知: 身体·言葉·権力を編みなおす』(東京大学出版会, 2000), 45쪽.

4　谷川雅彦, 「社会的差別の現実と差別解消の法制度」, 『令和元年度企業人権啓発セミナー講演録』(2020), 5쪽.

5　"水俣病「改称」なぜ今 チッソ子会社近く, 有志が看板設置", ≪西日本新聞≫, 2019년 6월 4일 자.

에도 불구하고 계속 '우한(武漢) 폐렴'이라는 명칭을 고수하는 사람들이 있는 이유가 이와 다르지 않다. 낙인 효과, 그리고 차별과 혐오. '우한 폐렴'이라는 명칭은 중국인 혐오, 나아가 황인종/아시아인 혐오와 직결된다. 마찬가지로 '미나마타병'이라는 이름으로 인해 아직도 차별과 혐오, 인권 침해가 일어난다는 이야기이다. 물론 코로나19의 '우한'은 팬데믹의 진원지이고, 미나마타병에서 '미나마타'는 질병의 발생과 확산에 직접적인 연관이 없다는 점에서 구별해 볼 필요는 있다. 그러나 미나마타병이 오염 물질로 인한 공해병이라는 사실이 밝혀지기 이전, 전염병으로 의심받던 발생 초기에는 사정이 다르지 않았으며, 고유 명사이자 대명사로서 미나마타병의 '미나마타'가 '질병의 진원지'로서의 낙인이 그 이후로도 불식되지 않았다는 사실은 기억해 두어야 한다. 무엇보다 질병 자체가 아닌 '지역=질병'으로 인식되는 낙인이 형성되고, 사실 관계와 상관없이 사람들의 인식 속에서 폭발적인 전파력을 보이며 확장되어 마치 사실인 것처럼 혐오와 차별의 이유로 기능한다는 점은 매우 유사하다. 실제로 미나마타에 있는 중학교에서 다른 지역으로 수학여행을 갈 때 "학생들 어디에서 왔어요?"라는 질문에 "미나마타에서요"라고 답하면 그에 대한 반응이 차별적인 경우가 많아 미나마타 소재 중학교에서는 수학여행 출발 전에 이에 대한 교육을 시키기도 한다고 한다.[7] 비슷한 예는 후쿠시마(福島) 출신 사람들에게도 일어나고 있다. 동일본 대지진 이후 후쿠시마에서 타 지역으로 전학한 학생이 '원전 왕따(原発いじめ)' 문제로 등교 거부와 자살 시도에 이르는 사태가 뉴스[8]에 보도되었다.

　미나마타병과 코로나19와 후쿠시마 원전 사태, 이 세 가지 사례는 현대

6　안현선, "[코로나19] '우한폐렴'으로 부르면 안 되는 이유", ≪세이프타임스≫, 2020년 3월 15일 자.

7　谷川雅彦, 「社会的差別の現実と差別解消の法制度」, 5쪽.

8　"絶えぬ震災いじめ 6割超が不快な経験", ≪日本経済新聞≫, 2018년 3월 16일 자.

사회에 있어서 질병 혐오의 대표적인 사례이면서 사실은 같지 않다. 코로나 19가 전염을 매개로 한 본질적인 기피·혐오에서 출발했다면, 후쿠시마와 미나마타병은 사정이 다르다. 전염성이 없는 질병에 대한 기피와 혐오는 생물학적 이유가 아니라 사회적 이유에 따른 것이기 때문이다.

혐오는 감염증을 일으키는 기생 생물인 물질, 즉 병원체를 피하고자 발달한 감각이다. 사체, 썩은 고기, 배설물 그리고 구더기와 같은 것들은 해로운 바이러스와 박테리아를 품고 있다. 이런 원초적 대상들에 대해 혐오 감각을 키우면서 눈에 보이지 않는 물질-병원체의 침입을 막을 수 있었다. 진화 심리학자들은 혐오를 "인류가 진화하면서 터득한, 가까이 하면 신체적 병해를 입게 되는 대상(물질)을 멀리하는 감정"으로 정의하며 그 역할을 "신체를 질병으로부터 보호하는 것"[9]이라고 주장한다. 혐오는 질병을 피하기 위한 본능으로 발달되었다는 것이다. 하지만 이는 '질병'에 한정된 사항이다. 마사 누스바움(Martha Nussbaum)은 혐오를 '원초적 혐오'와 '투사적 혐오' 두 갈래로 나눈다. 원초적 대상들에 대한 혐오를 '원초적 혐오', 원초적 대상에서 다른 대상으로 확장되어 사람 또는 집단을 해롭고 위험한 '오염원'으로 여기는 것을 '투사적 혐오'라 불렀다. 바꿔 말하면 생존적 혐오와 사회적 혐오이다. 또한 누스바움은 혐오의 핵심이 "자신이 오염될 것이라는 생각"이며, 혐오의 감정은 "자신을 오염시킬 수 있는 것에 대한 거부를 표현한다"[10]고 지적했다.

미나마타병 발병의 직접적인 원인은 유기 수은 화합물, 즉 메틸수은이라는 오염 물질이지만, 미나마타병 환자와 가족 들의 길고 힘든 투쟁의 역사

---

9   Valerie Curtis, "A natural history of hygiene," *Can J Infect Dis Med Microbiol*, Vol. 18, No. 1 (2007), p. 11.

10   마사 누스바움, 『혐오와 수치심』, 조계원 옮김(서울: 민음사, 2004), 166~185쪽; 『혐오에서 인류애로』, 강동혁 옮김(서울: 뿌리와이파리, 2015), 52~60쪽.

가 말해주듯, 국가적 이익, 지역 경제 활성화, 기업의 생산성 등이 가치의 위계를 결정하는 세계에서 생명 파괴의 현실은 마지막에 가서야 가시화된다. 이러한 점에서 '공해병'의 기원과 범위를 확증하려는 시도는 자칫 '공해'의 심각성과 그에 대한 책임을 축소하려는 입장을 강화할 수도 있다. 공해병은 생성에서 책임까지 단순한 '기업 범죄'의 영역을 넘어선다. 그렇다고 해서 근대 산업과 기술 문명의 불가피한 폐해로 일반화해서도 안 된다. 그보다는 미나마타병을 낳은 역사-생태적 연쇄에 주목해야 하며, 미나마타병이라는 발병 지역의 명칭으로 불리는 이 공해병의 이름에 함축된 20세기 그지역의 산업, 나아가 이를 은폐하는 지극히 '개인적'인 혐오의 정동들을 놓쳐서는 안 된다. 이 연구에서는 미나마타병과 미나마타병 환자를 다루고 있는 기념비적인 소설 이시무레 미치코(石牟礼道子)의 『고해정토: 나의 미나마타병(苦海浄土: わが水俣病)』(이하 『고해정토』)을 통해 '공해의 원점'이라 불리는 미나마타병과 이를 둘러싼 질병 혐오 문제를 살펴보는 것을 목표로 한다.

2. 공해의 '원점'을 기록한 『고해정토』

『고해정토』의 원제목은 '고해정토: 나의 미나마타병(苦海浄土: わが水俣病)'이다. 원형은 1960년 1월 ≪서클촌(サークル村)≫과 1963년 ≪현대의 기록(現代の記録)≫에 일부 발표되고, 「바다와 하늘 사이에」라는 이름으로 1965년 12월부터 1966년 한 해 꼬박 ≪구마모토 풍토기(熊本風土記)≫에 연재되었다. 1969년에는 단행본으로 간행되어 이듬해인 1970년 제1회 오야 소이치(大宅壮一) 논픽션 상에 선정되면서 화제를 불러일으켰다. 이후 2부 『신들의 마을(神々の村)』(2004)과 3부 『하늘 물고기(天の魚)』(1974)가 단속적으로 발표되면서 2004년에야 『고해정토』 3부작이 완결되었다. 1~3부 합본으로 나온 책은 전체 1000쪽이 넘는다. 제1부 『고해정토: 나의 미나마타병』은 미나마

타병이 출현한 1953년부터 미나마타병이 공해로 인한 것임이 인정된 1968년까지, 제2부『신들의 마을』은 1969년 환자 가족 29세대의 소송 제기로부터 이듬해 '짓소'의 주주 총회 출석까지, 제3부『하늘 물고기』는 1971년 '짓소' 도쿄(東京) 본사 점거를 중심으로 이야기가 전개된다. 제2부에 실린 작품 해설에서 1부를 '운동 이전', 3부는 '운동의 정점'에서 쓴 것이라고 한다면, 2부는 "운동이 분열과 혼란에 빠졌던 시기에 이르러서 그 이전의 '소송파' 환자의 활동이 더없이 화려했던 상황을 묘사"[11]했다고 설명한다. 이 글은 이 중 제1부에 해당하는『고해정토: 나의 미나마타병』을 주요 분석 대상으로 한다.

이 작품에 대한 국내 선행 연구로는 출판 50년 만에 한국어로 번역되어 나온『고해정토: 나의 미나마타병(苦海浄土: わが水俣病)』의 사회적·작품적 의미를 부각하는 서평, 소설의 내용과 실제 미나마타병 사건을 비교하며 이 작품을 근대 자본주의의 폐해를 고발하는 기록주의 문학으로 자리매김하는 연구, 여러 경계들이 중첩되는 위치에 이 작품을 두고 재난 문학이 갖는 실천적 측면에 주목한 연구, 그리고『고해정토』 시리즈를 1인칭 여성 서사 문학이라는 측면에서 서발턴이 사회에 참여할 수 있는 탈구축의 기록 문학으로 평가하는 연구 등이 있다. 일본에서의 연구는 작품이 발표된 이후 비교적 활발하게 이루어지고 있으며, 크게 지역 연구로서의 소설 텍스트 연구, 미나마타병과 관련해 의료사·의료 사회학적으로 분석한 연구, 반자본·반근대주의 텍스트로 비평적 평가를 한 연구, 내러티브와 장르 문제에 천착한 연구, 문학 텍스트 속 소수자 표상에 대한 연구, 생태 문학과 세계 문학으로서의 가능성을 타진하는 연구 등이 있고, 2018년 2월 10일 작가 이시무레 미치코의 작고로 다수의 잡지에서 추도 특집호를 발간하면서 작가에 대한

11　와타나베 교지, 「작품 해설: ≪고해정토≫ 3부작의 허리를 차지하는 작품」, 이시무레 미치코, 『신들의 마을』, 서은혜 옮김(서울: 녹색평론사, 2015), 324쪽.

평가도 재시도되었다.

이시무레 미치코(1927~2018)는 미나마타시와 가까운 구마모토현 아마쿠사 (天草)군 출신이다. 미나마타에서 소학교를 나와 미나마타 실무 학교(현 고등 학교)를 졸업한 후 16세의 나이에 대용 교사(기간제 교사)로 교편을 잡는다. 이 미 학창 시절부터 시를 짓기 시작했다. 이후 스무 살에 결혼을 하면서 퇴직 을 하고, 자식을 낳아 가정을 꾸려가면서도 시 잡지와 신문 등에 시를 계속 투고했지만, 그렇다고 정식 등단은 하지 않았다. 그러다 1958년 서클지 ≪서 클촌≫ 결성에 참가하게 된다.[12]

일본의 1950년대는 '기록 운동'의 시대이자 서클지의 시대였다. 제2차 세 계대전이 일본의 패전으로 끝나자 일본 각지에는 문학 서클이 탄생했고, 직 장과 지역에 거점을 둔 '생활 작문 운동'과 '생활 기록'이 대중적으로, 그리 고 전국적으로 전개되었다. 농촌의 학생이 아니라 농촌 여성과 도시로 집단 취직한 공장 근로자들이 자신들의 생활을 기록하고 서로 윤독하는 운동이 다. 또한 아방가르드 예술과 르포르타주가 결합한 '기록 예술 운동'도 이 시 기에 동시적으로 펼쳐졌다. 이러한 기록의 유행은 '문학'과 '미술'과 같은 전 통적인 표현 영역에 국한되지 않았다. 예를 들어 TV 방송은 새로운 다큐멘 터리의 흐름이 생겼고, 르포르타주 회화와 함께 '리얼리즘 사진'이라는 장르 도 활성화되었다.[13] 바로 이러한 활동들이 다양한 지방 서클지의 탄생과 이 를 중심으로 한 평화 운동, 미일 안보 투쟁의 전국적인 전개와도 연결되어 1956년 무렵에 정점에 이른다. 당시 발행된 서클지 중에서 이채를 띤 것이 1958년 지쿠호(筑豊)에서 결성된 ≪서클촌≫이었다. 다니가와 간(谷川雁), 모 리자키 가즈에(森崎和江), 우에노 에이신(上野英信)이 중심이 되어 규슈 지역을 거점으로 서클지를 발행했는데, 다른 서클지가 직장이나 지역을 거점으로

---

12 「石牟礼道子略年譜/主要著作一覧」, ≪現代思想≫, 46巻, 7号(青土社, 2018) 참고.
13 鳥羽耕史, 『1950年代: 「記録」の時代』(河出ブックス, 2010), 9쪽.

활동했던 데에 비해, 후발 주자인 《서클촌》은 규슈 지역 각지의 서클 운동의 연대를 목표로 문화 운동을 전개했다는 점에서 특이한 위치를 점했다. 구체적으로는 우에노 에이신이 탄광과 탄광 노동자에 대한 기록을 남기고, 여광부에 대한 모리자키 가즈에의 기록과 함께 이시무레가 시라누이 어민들의 생활과 '짓소'나 지역 사회의 알력 관계 등을 기록해 실었다. 그리고 《서클촌》의 사상적 중심에는 다니가와 간의 '원점(原点)' 사상이 있었다.

『고해정토』는 얼핏 이러한 '기록'에서 출발한 '기록 문학'의 형태를 띤다. 작중에는 미나마타병 환자를 찾아가 이 모든 상황을 관찰하고 기록하는 인터뷰어 '나'가 등장하지만, '나'는 미나마타 사람들에게 가끔 "새댁"이라 불리는 아마쿠사 출신의 '주부'라는 것 이외에는 정체가 드러나지 않는다. '나'는 작품 속에서 관찰자이자 내레이터의 위치에 있지만, 『고해정토』의 서술은 매우 독특하게 전개된다. 미나마타병 환자인 등장인물의 마음속에 들어가 심리가 묘사되기도 하고, 보고서나 신문 기사의 내용이 그대로 본문 중에 실리기도 한다. 심지어 시간을 초월해 사후적인 평가가 인용되기도 한다. 미나마타병 환자의 대사는 어눌하고 더듬더듬한 질병의 언어 그대로 발화되지만, 심리가 묘사될 때는 방언으로 유창하게 몇 쪽에 걸쳐 이어진다. 이때 인물은 노래도 부르고 시도 짓는다. 높은 확률로 언어 장애가 오는 미나마타병 환자의 증상을 생각하면, 이러한 환자의 심리는 결코 인터뷰를 통한 채록이 아니며, 작가의 상상의 산물, 픽션이라는 것을 유추할 수 있다. 즉, 『고해정토』는 르포르타주가 아니다. 일견 다큐멘터리로 보이지만 전부 리얼리티 넘치는 시나리오가 있는 극영화인 셈이다. 놀라운 점은 당사자가 아님에도 당사자의 언어로 환자가 말로 표현하지 않은 생각까지 글로 표현할 자격이 과연 작가에게 있는가라는 문제를 초월한 자신감과 감수성이 이 작품을 '논픽션 문학'으로 위치 지었다.

소설은 미나마타병이 처음 세상에 모습을 드러낸 1954년 무렵부터 정부가 미나마타병을 짓소 미나마타 공장의 폐수에 의한 공해병으로 공식 인정하게 되는 1968년 9월까지의 이야기를 사실에 근거해 그리고 있다. 내레이터 '나'는 작가 이시무레 미치코의 분신으로 등장해 환자와 그 가족 들을 방문하고 위로하며 그들과의 교감을 통해 마음으로 느낀 그들의 고통을 묘사하고 있으며, 미나마타병과 가해 기업인 짓소의 역사까지를 아울러 사건을 파헤치고 문제의 핵심에 접근하는 기록주의적 문학 작품이다. 이시무레가 미나마타병을 그리고 있는 것은 작품 속에서 짧게 말하고 있듯이 "자그마한 사명감"(122)[14]이었다.

『고해정토』는 단행본으로 발표된 시점에서 이미 화제를 불러일으켰으며, 이후 일본 공해 문학의 '원점'이자 최고작으로 평가되었고, 2011년의 동일본 대지진과 그 뒤를 이은 후쿠시마 원자력 발전소 사고로 인해 다시 한번 주목을 받았다. 그리고 앞서 말했듯 이시무레 미치코가 타계한 2018년에는 그를 추도하고 그의 작품을 재평가하는 특집 기사들이 다양한 매체에서 쏟아졌다. 또한 미나마타병의 '공식 확인' 이후 65년, 코로나19가 전 세계를 강타한 2020년에 영국 감독 앤드루 레비타스(Andrew Levitas)의 연출, 배우 조니 뎁(Johnny Depp)의 주연으로 영화 〈미나마타(MINAMATA)〉가 개봉한다. 라이프(LIFE)지의 객원 사진가 유진 스미스가 사진으로 미나마타병을 세계에 알리는, 실화를 바탕으로 한 영화이다. 비록 이 영화의 원작이 『고해정토』는 아니지만, 영화의 모티프는 많은 부분 소설의 내용에 의지하고 있다.

소설의 내용을 중심으로 일본질소비료주식회사(짓소)와 미나마타병의 역사를 재구성하면, 1908년 미나마타에 일본 최초의 전기 화학 공업 회사인 짓소가 발족한 이래, 미나마타시는 짓소 공장의 성장과 함께 발전해 왔다. 처음부터 공장은 시골 벽지의 경제 개발이라는 미명하에 전 지역 주민들의

---

14 본문 중 소설 인용은 石牟礼道子, 『苦海浄土 全三部』(東京: 藤原書店, 2016)에 따르고 번역은 필자에 의한 것이다. 이하 쪽수만 기입.

환호 속에 세워졌다. 작품은 후반부에 이 회사의 미나마타 전사(前史)도 개략하고 있다. 식민지기 조선에 세계 최대 규모의 화학 콤비나트인 '흥남공장'을 설립(1927년)하고, 세계 최대급 수풍(水豊) 댐을 완성(1944년)하는 등 '회사' 성장의 역사는 곧 일본 제국주의의 대륙 침략 과정과 맞물린다. 하지만 제국 일본의 패전과 함께 '회사'는 공장을 남겨둔 채 인력만이 일본으로 되돌아와 자신의 고향인 미나마타에서 '신일본질소비료공장'으로 이름을 바꾸며 다시 제2의 역사를 시작한다.

미나마타 지역에 원인 불명의 괴질이 발생했다는 보고가 나온 것은 1956년 5월이고, 공식 역사에서도 이 시점을 미나마타병의 시작으로 보는 것이 일반적이다. 하지만 이미 그 이전인 1950년경부터 다양한 전조가 나타나고 있었음을 소설은 그린다. 물고기의 떼죽음, 고양이의 광무(狂舞)와 같이 바다와 생물에 광범위한 이변 현상이 그 예다. 짓소 부속 병원에서 1953년 12월에 첫 괴질 환자가 확인되고, 연이어 1954년에 같은 증상의 환자가 속출하면서 호소카와 하지메(細川一) 짓소 부속 병원 원장은 심각성을 직감하고 현지 조사에 나간다. 이때 이미 시라누이해 주변에 발병한 사람은 다수였고, 사망자가 나왔을 뿐만 아니라 고양이들이 모두 죽어 쥐가 들끓고 있었다. 이시무레는 미나마타병의 증상을 구체적으로 기술한다.

> 환자들의 공통적인 증상은 처음에 손발 끝이 저려서 물건을 쥐지 못하고, 걷지 못하고, 걸으려 하면 고꾸라지고, 말을 못 한다. 말을 하려고 하면 한마디씩 길게 끌고, 아기 같은 말투가 된다. 혀도 마비되어 맛도 못 느끼고, 삼킬 수도 없다. 눈이 안 보이게 되고, 귀도 안 들린다. 손발이 떨리고, 전신 경련을 일으켜 남자 어른 두세 명이 달려들어도 진정시키지 못하는 사람도 있다. 식사도 배설도 제 손으로 할 수 없게 된다 등등의 특이하고 비참한 모습이었다(74~75).

이러한 묘사는 문자라는 표현 수단이 갖는 한계가 있는 한편 언어로 묘사했을 때 갖는 시간의 초월, 감정과 감각의 공유, 축약적이고 집중적인 설명 등이 내레이터를 통해 미나마타병을 경험하는 독자에게 전달된다. 이 소설이라는 문자 매체의 전달 방법이 가장 빛을 발하는 순간은 바로 미나마타병 당사자가 직접 화자가 되어 본인의 감정과 감각을 말하는 부분이다.

미나마타의 당신한테 시집만 안 왔어도

달거리까지 당신이 도와줘야 하는, 그런 몸은 안 됐을 텐데.

아마쿠사로 돌려보내줘,

원래 내 몸을 돌려줘.

이렇게 외치며 유키는 벽을 친다. 자신의 가슴을 친다.

저 사람 가짜 미치광이라고, 잠 못 이루는 병동 사람들이 말한다. (중략)

퉤! 그녀가 침을 뱉는다, 천상을 향해.

여기는 나 홀로 나락의 세계.

아아, 지금 나는 나락으로 떨어지고 있다고, 도와줘, 누군가.

붙잡을 게 아무것도 없네.

그리고 일주일이고 열흘이고 밥을 안 먹어. 목욕도 안 하고.

어쩌면 모헤이가 돌아오지 않을까? (중략)

여보, 미안해요. 너무 오래 간병받아서…(238~239)

지문과 대화문과 내면 독백이 구분 없이 기술된 위 인용문은 옆 동네 아마쿠사에서 미나마타 어부의 아내로 재가해 온 지 3년도 안 되어 발병한 사카가미 유키의 이야기이다. 중간의 지문을 제외하고는 유키의 지역 언어로 되어 있어 일반적인 소설의 형식을 벗어나 적극적으로 인물들의 내면에 개입한다. 그 결과 독자들은 마치 미나마타병 환자들이 이야기하는 자신의 이야기, 괴로움과 슬픔의 고백을 직접 듣고 있는 듯한 착각에 빠지게 된다.

한편 내레이터는 미나마타병 환자들의 내면뿐 아니라 당시 작성된 역학

조사 자료, 신문 기사, 청원서나 계약서, 인물에 대한 후대의 평가 등도 자유롭게 열람하고 제시하며, 나아가 '있어서는 안 되는' 질병, 즉 미나마타병의 발생 배경까지도 사건 진행의 시간보다 선제적으로 서술한다.

> 미나마타병 사건도 이타이이타이병도, 야나카 마을 파괴 뒤 70년 동안 깊은 잠재
> 기간을 지나 마침내 나타난 것이다. 니가타현의 미나마타병도 포함해, 이들 산업
> 공해가 변방의 촌락을 정점으로 발생했다는 것은, 우리의 자본주의 근대 산업이
> 체질적으로 하층 계급의 모멸과 공동체 파괴를 심화시켜 왔다는 것을 보여준다.
> 그 집약적인 표현인 미나마타병의 증상을 우리는 직시하지 않으면 안 된다(244).

이 인용에는 메이지(明治) 시대의 야나카(谷中) 마을 광독 피해와 폐촌 사건(1906년)부터 이어지는 일본 근대 공해 문제의 맥락에서 규슈 미나마타병 사건과 니가타(新潟) 미나마타병 사건(1965년), 이타이이타이병 사건(1910~1970년)을 연속선상에 두고 그 원인을 근대 산업 자본주의로 보는 내레이터(작자)의 비판 의식이 강하게 드러나 있다. 이는 《서클촌》의 사상적 중심이었던 다니가와 간이 말하는 '원점'과도 깊게 연결된다. 여기서 '원점'은 단순히 사건의 출발점이나 원인이 아니다. 일종의 지속적인 원동력이자 원천이다. 독일어의 'Ursprung'[15]에 대응하는 단어로 생각할 수 있다. 이런 의미의 원점 개념을 좀 더 풍부하게 이해하기 위해 발터 베냐민(Walter Benjamin)의 개념을 참조할 수 있다. 베냐민은 『독일 비극의 원점(Ursprung des deutschen Trauerspiels)』(1928)이라는 책 표제에서 'Ursprung'(원천, 원점)이라는 용어를 사용하며 그 개념의 중요성을 드러낸다.

---

15 Ursprung ① [남성] 기원, 원천, 근원, 유래, 원산(지) ② [남성] 근본 원인 ③ [남성] 기하
    (좌표의) 원점(原點). 『민중서림 엣센스 독한사전』(네이버 제공) 참조.

원천(Ursprung: 원점)은 '이미 발생된 어떤 것의 생성'을 가리키는 것이 아니라 '생성과 소멸에서 발생하고 솟아나는 것'을 가리킨다. (중략) 원천(원점)은 사실적인 상태에서 대두하는 것이 아니라 사실적인 사태의 전사와 후사에 관련된다.[16]

베냐민이 말하는 원천/원점은 역사의 총체성상에서 '복구'되면서 '미완'인, "생성과 소멸에서 발생하고 솟아나는 것"이고, 역사적 변증법을 일으키는 근본 동력이기도 하다. 따라서 원천/원점은 지금 존재하는 것의 성립이나 기원을 실증적으로 소급해 밝혀내는 인과론적인 일회적 완결 구조가 아니며, 지금 존재하는 것이 반복적으로 회복하고 미결인 상태로 이어지는 현상이나 존재의 총체에서 발견할 수 있을 것이다.

다니가와 간의 '원점'과 베냐민의 'Ursprung'(원천, 원점)을 징검다리로 장황하게 살펴본 이유는 미나마타병이 '공해병의 기원'으로, '공해의 원점'으로 일컬어지는 그 지점에 천착해 확장해 나가고자 함이다. 앞서 살펴보았듯이 『고해정토』의 내레이터는 인물들의 내면과 외부적인 상황, 그리고 미나마타 사건에 대한 자세한 정보와 사회·역사적인 상황, 그리고 주관적인 견해까지 종횡무진으로 거침없이 서술한다. 이시무레의 『고해정토』가 기록 문학이면서 르포르타주나 논픽션이라는 장르 구분에 들어맞지 않는 것은 바로 이러한 횡단성 때문이면서, 동시에 '공해의 원점' 미나마타병이 갖는 개별적이면서 범례성·대표성·보편성을 갖는 소설/픽션적 특성 때문이기도 하다. 그리고 이는 이시무레가 적절한 문학 교육을 받지 못했기 때문에 일어난 우연이 아니라, "이런 테마를 마주했을 때 표현 불가능한 영역을 어떻게 해서든 표현하고 싶다는 강렬한 바람"[17] 때문일 것이다.

---

16 발터 베냐민, 『독일 비애극의 원천』, 조만영 옮김(서울: 새물결, 2008), 38쪽. 대괄호는 인용자.

17 金井景子, 「檄文と叙事詩の間に: 石牟礼道子『苦海浄土』を読む」, ≪現代思想≫(青土社, 2018),

3. 미나마타(병)를 둘러싼 혐오-들

질병과 질병에 걸린 사람, 즉 병자/환자는 별개의 것이다. 그러나 질병에 대한 혐오는 질병 자체뿐 아니라 질병에 걸린 환자, 그리고 그의 가족, 나아가 속한 지역과 국가와 인종에까지 이른다는 사실을 우리는 이 시대에 실감 나게 경험하고 있다.

앞에서 언급했듯이 혐오는 감염을 일으키는 물질인 병원체를 피하고자 발달한 감각이다. 질병에 걸리지 않기 위한 본능으로, 눈에 보이지 않는 병원체의 침입을 막기 위해 원초적 대상들에 대해 혐오 감각을 키우고 피한다. 그러나 이는 '질병'에 한정된 '원초적 혐오'이다. 실제로 위험한 대상이 아닌 다른 대상으로 확장된 혐오는 누스바움의 용어를 빌려 '투사적 혐오'라 할 수 있다. 질병에 걸린 환자는 원초적 혐오의 대상과 가장 밀접한 관계를 맺고 있다. 따라서 자연스럽게 그들은 가장 먼저 투사적 혐오의 대상이 되었다.

미나마타병이 1956년 4월 세상에 그 모습을 드러내고 바로 다음 달 미나마타시 의사회와 보건소를 비롯해 의사회와 짓소 부속 병원, 미나마타 시립 병원, 시청 등 5개 단체가 모여 미나마타 괴질 대책 위원회를 발족시켰고, 같은 해 8월 24일에는 구마모토 대학 의학부에 미나마타병 의학 연구반을 설치해 그 원인 규명에 착수했다. 짓소 부속 병원의 호소카와 원장을 중심으로 해 1956월 5월 28일에 발족한 괴질 대책 위원회는 처음에는 전염병이라고 의심하고 환자를 격리시키고 대대적인 소독을 실시했으며, 그때 이미 짓소 부속 병원에 입원해 있던 환자를 일본 뇌염으로 보고 격리시켰다. 이 같은 조치는 주민들의 불안감을 증가시키고 괴질 환자에 대한 차별을 조장하는 결과를 초래하고 말았는데, 그때의 상황이 『고해정토』 제1장에 그려진다.

122쪽.

마을에는 실로 여러 종류의 외지 사람들이 드나들고 있었다. 그것은 미나마타 시청의 위생과에서 실시하는 집들의 우물이나 방바닥 밑이나 뒷문이나 변소 등의 대대적인 소독, 하얀 상의를 입은 선생님들 ― 구마모토대학 의학부 ― 의 일제 조사를 필두로 시작되었다. 그로부터 벌써 몇 년이나 흘렀는가. (중략) 그것은 마치 콜레라 소동 같았다. 집집마다 부엌, 된장 항아리, 이 지방 특유의 절임인 겨울 단무지, 멸치, 생선 들이 조사 대상이었다(182).

미나마타병이 메틸수은이라는 오염 물질 섭취에 의한 공해병이라는 사실이 공식적으로 밝혀지기 전에는 전염병이라는 가능성이 있었고, 그에 대한 조치로 병원체로서의 미나마타병 환자와 그들의 생활 공간은 관리와 처리가 필요한 두려움의 공간, '원초적 혐오'의 대상이 되었다. 그러나 공포와 혐오는 질병이 아닌 사람에 대한 혐오로 확장된다.

그리고 나는 폐병 환자들이 있는 병동으로 자주 놀러 갔지.
우리는 처음에 폐병 2기 병동으로 보내졌는데, 그 폐병 환자들조차도 우리를 싫어했어. 미나마타에서 괴질에 걸린 사람들이 왔다, 옮는단다라 하면서. 그러더니 우리가 있는 병동 앞을, 그 폐병 환자들이 입을 손으로 막고 숨도 안 쉬고 달려서 지나가는 거야. 자기네가 진짜 전염병인 주제에. 처음에는 화가 났어. 우리라고 좋아서 이런 희귀병에 걸린 것도 아닌데, 그렇게 특별히 구경거리 취급받을 일이 아니잖아? 희귀병, 희귀병 손가락질까지 하면서(126~127).

전염성이 강한 폐병 환자가 미나마타병 환자를 혐오한다. 질병에도 혐오의 위계가 있는 것이다. 증상이 더 심한 질병, 외형상 변형이 더한 질병, '정상적'인 일상생활에서 더 멀어진 질병, 그리고 '희귀'하고 정체를 알 수 없는 정복되지 않은 질병일수록 더 혐오되는 모습을 날카롭게 그려내고 있다.
수전 손택(Susan Sontag)은 『은유로서의 질병』에서 "질병을 일종의 인과응

보로 여기는 관념은 오랜 역사를 가지고 있다"[18]라고 말한다. 이는 동서양을 막론하고 존재하는 관념이다. 구약 성서에서 욥이 그러했고, 대항해 시대의 매독 환자나, 천형병(天刑病)으로 불린 한센병자가 그러했다. '질병'은 잘못에 대한 일종의 '벌'이라는 관념이 질병이라는 신체의 문제를 인간성을 가늠하는 기준으로 확대할 수 있는 연결 고리가 되었다. 이러한 관념이 '더 심한' 질병에 걸린 사람이 '더 큰 벌을 받고 있는' '더 잘못된' 사람이 되는 것이다.

이런 사회적 인식으로 환자들은 이중적 혐오를 겪어야 했다. 질병 자체에 대해서, 그리고 본인의 잘못으로 질병을 얻었다는 낙인으로부터였다. 사회학자 어빙 고프먼(Erving Goffman)은 '낙인'은 사회의 정체성에서 벗어나 발생하는 차별, 불명예, 사회적 고정 관념, 꼬리표의 의미를 내포한 단어로, 사회적 거부와 고립, 지지의 결핍 및 낮은 지위를 초래한다고 했다. 낙인(stigma)의 어원은 고대 그리스인들이 비정상적인 사람 혹은 비도덕적인 사람을 나타내기 위한 표시(signs)에 기원한다. 고대 그리스 사회에서 낙인을 가진 사람은 노예, 범죄자, 특별히 공공장소에서 배제되어야 할 사람이 포함되었다.[19] 어원에서 함축하듯이 낙인은 심한 불명예나 수치를 가져오는 속성의 의미를 지니고 있다. 낙인은 크게 사회적 낙인(social stigma)과 스스로 지각하는 양식으로 자기 낙인(self-stigma)으로 나뉜다. 대중의 고정 관념, 편견적 태도와 그로 인한 부정적인 정서, 차별적 행위를 포괄하는 사회적 낙인에 비해, 자기 낙인은 사회적으로 공유되고 있는 관념을 수용하고, 자신에게 적용하며, 스스로에 대해 평가 절하해 자기를 부정적으로 지각하는 것이다.[20]

---

18 수전 손택, 『은유로서의 질병』, 이재원 옮김(서울: 이후, 2002), 88쪽.

19 어빙 고프먼, 『스티그마』, 윤선길·정기현 옮김(오산: 한신대학교출판부, 2009), 13쪽.

20 김광혁, 『스티그마의 이해와 대응전략』(세종: 한국청소년정책연구원, 2013), 4쪽.

— 미나마타병이고 뭐고, 그런 꼴사나운 병에 내가 왜 걸려?

센스케 노인은 항상 그렇게 말했다. 그에게 미나마타병 따위 있을 수 없는 일이며, 실제로도 그것은 있을 수 없는 일이었다. 꼴사납다는 그의 말은 미나마타병 사건에 대한, 이 사건을 만들어내고 은폐시키고 무시하고 잊으려 하고 또 잊어가고 있는 쪽이 짊어지지 않으면 안 될 도의를, 그들이 버리고 돌아보지 않는 도의를, 그것으로 인해 죽어가던 무명의 한 인간이 짊어진 채 내뱉은 한마디였다(62).

평소 주변에 신세 지는 것을 싫어하고, 마을 사람들의 시계 역할을 할 정도로 규칙적인 생활을 했으며, 비록 현재는 어부이지만 본인의 출신에 대한 자부심도 있었던 센스케 노인은 자신이 걸린 병을 부정한다. 성실하게 살았던 자신에게 천벌과도 같은 '꼴사나운 병'은 '있을 수 없는 일'이었던 것이다. 그리고 환자들의 자기혐오와 수치심은 분노가 되고 '정상'적인 방문객에 대한 혐오와 분노로 바뀐다. 고프먼은 낙인에 내재된 속성의 의미를 넘어 관계 중심의 개념으로 전환하는데, 낙인 현상에 대한 관계적 접근은 정상(인)과 비정상(인)의 관계를 통해 낙인의 사회적 의미를 도출하는 것을 의미한다. 고프먼은 사람이 마땅히 가져야 할 모습, 즉 "당위적인 사회적 정체성"과 실제의 모습, 즉 "실제적인 사회적 정체성" 간의 괴리로 인해 낙인 현상이 발생하는 것에 주목했다. 왜냐하면 이들 두 정체성 간에 괴리를 갖고 있는 사람은 누구나 낙인에 찍히게 되기 때문이다. 특히 고프먼은 낙인 현상을 대면 상호 작용의 틀 속에서 분석하는데, 이는 구체적으로 정상인과 낙인자가 만나는 미시 사회적 상황을 의미한다. 고프먼은 낙인자와 정상인이 만나는 상황을 혼합된 만남이라고 정의했다.[21]

---

21 김광혁, 같은 책, 15~16쪽.

확실히 그는 자신이 처한 상황을 수치스러워하고 분노하고 있었다. 그는 고통을 표명하기보다도 분노를 표명하고 있었다. 모르는 건강한 방문객인 나에게서 본능적으로 가상의 적의 모습을 보려고 했다 하더라도, 그에게는 지극히 당연한 일이다.

그는 자신을 제외한 일체의 건강한 세계에 대해 분노와 더불어 혐오마저 느끼고 있음이 틀림없었다(112).

사회적 낙인자인 미나마타병 환자는 '정상'인인 방문자와의 혼합된 만남에서 자신의 정체성을 한층 더 부정적으로 평가하고, 괴질-미나마타병에 대한 당시의 사회적 인식은 환자 자신에게 자기 낙인의 인식으로 되돌아와 자기혐오와 수치심을 느끼게 한다. 그리고 이는 다시 분노가 되어 '정상'적인 방문객에 대한 혐오와 분노로 전이된다.

한편, 자신의 몸 안과 밖이라는 '경계'와 관련해 문제가 있는 물질이 자신의 체내로 들어오지 못하게 하기 위해 작동하는, 즉 생존에 대한 위협이 원초적 혐오의 본질이라 한다면, 본인이 갖고 있는 것, 소유물, 의식주, 생계를 위한 수입, 나아가 앞으로 얻게 될 이익에 대한 '위협'으로 인한 혐오 감정은 혐오 대상뿐 아니라 자신의 존재 범위까지 확장된 관념이다. 『고해정토』에서는 이러한 개인의 이익, 이해관계에 대한 위협에서 비롯된 혐오가 점진적으로 확대되어 가는 양상이 미나마타병 사건의 진행과 함께 그려진다.

1959년 11월 2일 국회 의원 조사단이 미나마타시에 오던 날 모인 시라누이해 연안 어민 약 2000여 명이 그대로 짓소 공장으로 몰려가 처음으로 직원들과 충돌이 있었던 날의 장면을 묘사한다.

"아이고, 우리 집 양반 보너스가 줄어드네!
보너스가 줄어! 그만 좀 해요!"
하며 소리치는 것이었다. 그녀는 비료 공장 공원의 아내임에 분명했다.

공장 내에 들어와 있는 사람들은 쭈뼛거리며 선두에 섰던 젊은 어부들 같았다(99).

어민들의 폭동으로 '회사'에 손해가 생기면 나와야 할 직원들의 '보너스'가 지급되지 않을 것이라는 직접적이고 구체적인 '위협'에서 시작해, "1959년 폭동 직후"부터 "시민의 미나마타병에 대한 감정"은 "분명하게 변해 버"(254)린다. 위의 상황에서는 자신들의 경제적 손해에 대한 분개에 그친다면, 이후에는 미나마타라는 공동체를 위협하는 존재로 인식된다.

"미나마타병을 이렇게까지 들쑤셔놓다니, 일이 커져버렸어. 회사가 망한다고! 미나마타는 황혼에 접어든 거야, 미나마타병 환자가 문제가 아니라고!"(254)

미나마타병이 공공연하게 사회 문제로 대두되었을 무렵인 1961년을 기준으로 미나마타시의 세입 예산 4억 8013만 중 4분의 1에 가까운 약 1억 1560만이 짓소 관계에 의한 것이었다. 고용에서도 제조업 관련 종사 인구의 80%가 짓소나 그 하청 공장 관련 산업의 종업원이었다.

"다들 그래요. 회사가 망한다, 너희들 때문에 미나마타시가 망한다, 그때는 돈 좀 빌려줘라, 2천만 엔 받는다면서? 이번에야말로 우리를 죽일 거예요 아저씨"(261).

그로 인해 미나마타병의 발생으로 회사가 타격을 입으면 지역 사회 전체가 손해를 본다는 '환상의' 논리가 성립되고 이는 환자, 즉 소수자에 대한 억압으로 작동한다.

미나마타병 환자 111명과 미나마타 시민 4만 5천 명 중 어느 쪽이 더 중요한가 하는 말들이 들불처럼 퍼지더니, 이제는 대합창이 되어가고 있었다. (중략) 이것이야말로 이 지역 사회의 입소문이란 것이었다. (중략) 미나마타병에 관한 한 아무리 고도의 논리도 식자의 의견도 이 지역 사회에는 먹혀들 여지가 없었다(254).

이와 같은 이해관계에 따른 피해 의식과 더불어 지역 정서적인 피해 의식도 미나마타병 혐오와 이를 억압하기 위한 기제로 작동한다.

빼어난 메이지 일본의 리더들의 출생에 무엇보다 깊이 관여한 지역이라는 정통파 의식을 가지고 있으면서도, 일본 화학 산업계의 이색적 재벌 기업인 짓소를 품어 키웠다는 선진 의식이 환상적 보수의 심정을 이루고 있었다. (중략) 하지만 이 명랑한 공동체 의식은 일본질소〔짓소 ― 필자〕의 기업의식과는 별개라는 것은 말할 것도 없다(93~94).

근대화에 앞장섰다는 지역적 자부심은 근대화 이후 변방으로 몰린 낙후된 지역을 산업화를 통해 극복하려는 공동체 의식으로 이어지고, 그렇게 '이루어낸' 산업화가 공격받는다는 의식이 미나마타병 환자들을 지역의 '공공의 적'으로 만든 것이다. 그러나 이와 같은 '미나마타병 환자 대 지역 사회'라는 구도는 지역 사회 구성원들이 결코 미나마타병에서 자유로울 수 없다는 부정할 수 없는 사실에서 또 다른 공포와 혐오를 은폐한다. 같은 시라누이 바다를 보고, 같은 바다에서 채집되는 같은 생선을 섭취하고 있는 미나마타 시민들은 결국에는 미나마타병의 '예비 환자' 내지는 '준당사자'이지만 "희귀병이 서서히 사람들 틈으로 침범해오기 시작해도, 사람들은 가능한 긍정적으로 받아들이려"(183) 하며 외면한다. 그리고 끊임없이 '비정상인 그들'과 '정상인 우리'를 구분한다.

"다른 신체장애로 입원한 사람이 문병 온 사람한테 미나마타병으로 오해받았을 때는 정말 우스웠지. 명예 훼손이라면서, 미나마타병 병실하고는 가능한 떨어져 있어야 한다고, 문병 오는 사람이 있으면 여기야, 여기! 하면서 그쪽은 미나마타병 환자들 있는 데야! 라고, 자기들은 무슨 고급 병이라도 걸렸다고 미나마타병을 천한 병인 것처럼 말한다니까"(236).

환자들 사이에서조차 질병을 차등적으로 구분하고 차별/혐오하는 모습은 앞선 인용에서도 확인한 바 있다. 그러나 위의 인용에서 특기할 점은 이러한 구분이 "명예"와 관련되었다는 점이다. 미나마타병의 준당사자들이 미나마타병 환자와 자신을 구분하지 않으면 안 되는 이유는, 미나마타 외부에서 이 둘을 구분 없이 보고 차별/혐오하기 때문이다.

"난 정말 싫어.

자네 어디서 왔는가, 하는 소리는 어디를 가나 듣잖아. 미나마타에서 왔다는 말은 못 해.

흠, 미나마타라면 들어본 적이 있지.

그래그래, 언젠가 텔레비전에 나왔던 미나마타병이란 병이 생긴 데지? 또 무슨 텔레비전에 나오던데, 그래그래 파업 데모!

경찰하고 크게 충돌이 있었지. 데모를 일으킨 사람들은 복면 같은 걸 쓰고… 대단하던데 그 동네 사람들, 험악한 동네구먼! 자네도 거기 미나마타 사람이라고? 이상한 동네에서 왔네. 그러면서 미나마타라고 하면 쓰레기 같은, 왠지 엄청 더러운 사람들이 모여드는 곳처럼 생각한단 말이야. 다른 동네로 나가면 미나마타가 유명하다고.

미나마타병은 종기가 나고, 전염된다면서? 피부병처럼. 그렇게 지금 사는 동네 사람들은 말하더라고. 공장에서 저 사람 미나마타병 걸렸대 하면서 멀리 떨어져서 뒤에서 손가락질하고, 내 옆에는 아무도 가까이 오질 않아, 무슨 무서운 거라도 보듯이 멀찍이 떨어져서. 나는 화가 나서 그 여자들을 한 대 치고 머리끄덩이를 잡아 뜯고는 그만뒀어, 거기. (중략)

사실은 우리 아버지가 미나마타병이었다고, 죽어도 말 안 할 거야. 거기 떠나온

후 내 고향이 미나마타라고 하면 갈 곳이 없어진다고"(232~233).

미나마타병으로 사망한 환자의 가족이 타지에 나가 겪게 되는 상황을 신세 한탄으로 묘사한 대목이다. 미나마타 출신이라는 이유만으로 데모를 일으키고 경찰과 충돌하는 폭력적인 사람으로, 미나마타는 "쓰레기 같이 엄청 더러운" 사람이 사는 곳으로 치부된다. 미나마타병은 '전염되는 피부병'으로 이야기되며, 미나마타 출신이라는 이유만으로 미나마타병에 걸린 사람으로 손가락질받는다. 이 신세 한탄에는 1959년의 충돌과 미나마타병의 존재 이외의 모든 사실이 왜곡되고 축소 또는 과장되어 있다. 심지어 미나마타병 자체에 대한 지식도 잘못되었다. 중요한 것은 사실이 아닌 것이다. 중요한 것은 이들을 차별하고 혐오해도 되는가의 문제이다. '이들'은 상상 속에서 특정 집단에게 역겨운 속성을 부여하고 그들을 '오염원'으로 취급한다. '공동체의 오물 역할을 대신해 줄 수 있는 사람들에게 그 불편감을 투사함으로써 지배적인 집단은 자신을 깨끗한 존재라고 느낄 수 있게 되는 것'이다. 본인들도 미나마타의 사람들과 다를 바 없는 주변부의 인간이라 할지라도, 미나마타를 혐오함으로써 주변에서 중심의 위치를 획득하고, 혐오로부터 사람들은 안정감을 느낀다.

4. '혐오해도 괜찮은 존재'

『고해정토』는 공해 문학, 기록 문학, 여성 문학, 생태 문학 등 여러 의미에서 기념비적인 작품이다. 이번 고찰을 통해 '혐오'라는 감정(정동)이 개체 안에서 작동하는 모습과 전이, 그리고 집단으로의 확대와 집단 대 집단 간의 확장까지 어떻게 이루어지는지를 텍스트 속에서 확인했다. 이를 통해 드러내고자 한 점은 미나마타병의 참혹함도, 사건 해결의 부조리함도 아닌,

'혐오를 해도 괜찮은 존재'로서의 미나마타 사람들이었다. '정체를 알 수 없는' '증세가 심한' '치료가 어려운' 질병은 혐오를 정당화하는 핑계일 뿐이다. 중앙에 대한 주변, 도시에 대한 농어촌, 부에 대한 빈, 자본에 대한 (서열화된) 노동, 인간에 대한 비인간/물질, 그 '하부에 하부에 뿌리에 뿌리에(下部へ下部へ, 根へ根へ)'에 '미나마타'가 있다. 그리고 이시무레는 그 미나마타에서, 미나마타를 '원점'으로 이야기를 다시 쓰고, 다시 시작하고자 하는 것이다. 이러한 의미에서 『고해정토』는 고정 관념과 편견과 차별이라는 사회적 낙인과 혐오를 드러냄으로써 이에 저항하는 '반(反)혐오 소설'로 볼 수 있지 않을까 한다.

소설은 실제가 아니다. 허구이다. 그러면서도 주인공 개인의 특수성을 그려 인간 보편을 이야기한다. 결국 소설이 추구하는 것은 인간과 인간 사회의 진실이다. 한편으로 소설을 사회적 맥락에 맞추어 해석하는 분석 방법에서 중요한 작업은 사실 관계의 확인이다. 그러나 이번 연구에서는 그 작업을 하지 않았다. 필요하지 않았다. 사실 관계 확인에 필요한 자료들까지도 이 소설의 재료가 되어 있기 때문이다. 이 소설이 지닌 최고의 무기이자 매력은 바로 이 소설의 형식을 뛰어넘은 진실의 추구가 아닐까 한다. 이는 기록이라는 형식을 통해서도 또 소설이라는 형식을 통해서도 구현되고 있다. 『고해정토』는 '공해의 원점'에서 그것이 일어나는 사회적 구조·역사적 구조·경제적 구조·담론적 구조·정동적 구조를 기록하고 이야기하고 있고, 이 이야기는 복구되면서 미완인 동력이 되었다. 가짜 뉴스와 혐오가 만연한 포스트 팬데믹 시대의 우리에게도 '반혐오 소설' 『고해정토』는 지금의 우리를 비추어 볼 수 있는 이야기로 큰 의미가 있을 것이다.

참고문헌

고프먼, 어빙(Erving Goffman). 『스티그마』. 윤선길·정기현 옮김. 오산: 한신대학교출판부.

김광혁. 2013. 『스티그마의 이해와 대응·전략』. 세종: 한국청소년정책연구원.

누스바움, 마사(Martha Nussbaum). 2004. 『혐오와 수치심』. 조계원 옮김. 서울: 민음사.

_____. 2015. 『혐오에서 인류애로』. 강동혁 옮김. 서울: 뿌리와이파리.

베냐민, 발터(Walter Benjamin). 2008. 『독일 비애극의 원천』. 조만영 옮김. 서울: 새물결.

손택, 수전(Susan Sontag). 2002. 『은유로서의 질병』. 이재원 옮김. 서울: 이후.

안현선. 2020.3.15. "〔코로나19〕'우한폐렴'으로 부르면 안 되는 이유". ≪세이프타임즈≫. http://
    www.safetimes.co.kr/news/articleView.html?idxno=80200(검색일: 2022.9.10).

와타나베 교지(渡辺京二). 2015. 「작품 해설: ≪고해정토≫ 3부작의 허리를 차지하는 작품」.
    이시무레 미치코. 『신들의 마을』. 서은혜 옮김. 서울: 녹색평론사.

이시무레 미치코(石牟礼道子). 2007. 『슬픈 미나마타』. 김경인 옮김. 서울: 달팽이.

『민중서림 엣센스 독한사전』(네이버 제공).

서울대학교병원 의학정보. http://www.snuh.org/(검색일: 2021.9.10).

石牟礼道子. 2016. 『苦海浄土 全三部』. 藤原書店.

金井景子. 2018. 「檄文と叙事詩の間に: 石牟礼道子『苦海浄土』を読む」. ≪現代思想≫. 青土社.

栗原彬. 2000. 「水間多病という身体: 風景のざわめきの政治学」. 栗原彬·小森陽一. 『内破する知: 身
    体·言葉·権力を編みなおす』. 東京大学出版会.

現代思想編集部. 2018. 「石牟礼道子略年譜/主要著作一覧」. 青土社. ≪現代思想≫, 46巻, 7号.

谷川雅彦. 2020. 「社会的差別の現実と差別解消の法制度」, 『令和元年度企業人権啓発セミナー講演録』.

鳥羽耕史. 2010. 『1950年代: 「記録」の時代』. 河出ブックス.

≪西日本新聞≫. 2019.6.4. "水俣病「改称」なぜ今 チッソ子会社近く, 有志が看板設置". https://
    www.nishinippon.co.jp/item/n/515545/(검색일: 2021.9.10).

≪日本経済新聞≫. 2018.3.16. "絶えぬ震災いじめ". https://www.nikkei.com/article/DGXMZO
    27741770W8A300C1000000/(검색일: 2021.10.10).

≪水俣病資料館≫. https://minamata195651.jp/list.html(검색일: 2022.4.30).

Curtis, Valerie. 2007. "A natural history of hygiene." *Can J Infect Dis Med Microbiol*, Vol. 18, No. 1(Hindawi).

제9장

성형, 몸에 대한 혐오에서 몸 이미지의 과학으로[*]

임소연

1. 성형과 혐오, 그리고 몸 이미지

지금까지 성형 수술은 주로 혐오와 차별의 언어로 설명되어 왔다. 한국과 같은 외모 차별적 사회에서 여성들은 차별을 당하지 않기 위한 자구책으로 성형 수술과 같은 적극적인 외모 관리를 선택한다는 것이다. 20대 여자 대학생을 대상으로 설문 조사를 해봤더니 외모로 인해 놀림을 받아봤거나 이성과 교제하면서 부정적인 경험을 한 여성들일수록 성형 수술을 하고 싶어 하거나 실제로 해봤다는 연구 결과가 있다.[1] 사회의 여성 혐오 문화와 결합해서 개인의 성형 수술 선택에 더 직접적으로 작용하는 요인이 바로 자기

＊   이 글은 임소연, 「성형외과의 몸 이미지와 시각화 기술: 과학적 대상 만들기, 과학적 분과 만들기」, ≪과학기술학연구≫, 11권, 1호(2011)를 개고한 것임을 밝힌다.
1   임인숙, 「한국사회의 몸 프로젝트: 미용성형 산업의 팽창을 중심으로」, ≪한국사회학≫, 36집, 3호(2002), 183~204쪽.

신체에 대한 혐오이다. 신체 이형 장애(body dysmorphic disorder)는 실제로는 외모에 결점이 없거나 그리 크지 않은 사소한 결점임에도 불구하고 자신의 외모에 심각한 결점이 있다고 여기는 생각에 사로잡히게 되는 정신 질환으로 알려져 있다. 미국 여성 성형 환자 100명 중 일곱 명이 신체 이형 장애를 가지고 있고[2] 호주 대학생 619명 중 2.3%가 이러한 질환을 가진 것으로 추정된다.[3] 한국의 경우 앞서도 살펴보았듯이 20대 여성의 신체에 대한 부정적인 이미지는 미용 성형 의도에 유의미한 영향을 준다.[4] 여성뿐만이 아니라 코 성형을 한 남성 환자에게서 상대적으로 높은 비율로 신체 이형 장애에 동반되는 강박 성향이 발견되었다고 보고된 바 있다.[5] 이렇듯 자신의 신체에 대한 혐오는 성형 수술과 관계가 있음이 분명해 보인다.

그러나 자기 신체에 대한 부정적인 인식이 곧바로 성형 수술의 선택으로 이어지는 것은 아니다. 이러한 생각은 자칫 성형외과 의사가 환자의 성형 선택을 유도하고 설득하는 과정에서 이 혐오를 전략적으로 사용할 것이라는 오해를 불러일으킨다. 혹은 성형 수술을 선택하고 소비하는 것에 대한 저항으로 '자신의 신체를 있는 그대로 사랑하라'는 주문이 최선인 것처럼 여기게 만든다. 이 글은 신체 혐오와 성형 수술 선택의 관계 자체를 부정하기보다는 그 사이에 무엇이 있는지를 보여주고자 한다. 그 사이에는 환자의

---

2 David B. Sarwer et al., "Body image dissatisfaction and body dysmorphic disorder in 100 cosmetic surgery patients," *Plastic and reconstructive surgery*, Vol. 101, No. 6(1998), pp. 1644~1649.

3 Dianna Bartsch, "Prevalence of body dysmorphic disorder symptoms and associated clinical features among Australian university students," *Clinical Psychologist*, Vol. 11, No. 1(2007), pp. 16~23.

4 김준희·정명선, 「사회적 외모 불안과 부정적 신체 이미지 및 외모 중시도가 외모관리행동 및 미용성형의도에 미치는 영향」, ≪한국의류산업학회지≫, 18권, 5호(2016), 625~636쪽.

5 하영민 외, 「코 성형술을 시행받는 남성 환자들의 심리적 특징」, ≪Korean J Otorhinolaryngol-Head Neck Surgery≫, 61권, 5호(2018), 252~257쪽.

몸도, 의사의 지식도 아닌 몸 이미지가 있으며 보이지 않는 혐오가 아닌 보는 것이 중요한 과학이 있다.

사실 성형 수술 선택에서 몸 이미지의 중요성은 이미 잘 알려진 사실이다. 대중 매체와 광고를 통해서 노출된 '수술 전후 사진'과 아름다운 연예인의 몸 이미지가 성형 수술에 대한 사회적 수요를 증가시킨다는 것은 국내외를 막론한 대부분의 성형 수술 연구에서 동의하고 있는 바이다.[6] 특히 많은 페미니스트 연구자들이 이러한 몸 이미지를 통해서 여성 주체가 백인 남성의 시선을 내면화하고 스스로의 몸을 타자화하며 여성들의 몸은 성형 수술과 같은 의학적·기술적 개입에 유순한 몸(docile body)이 된다고 비판해 왔다.[7] 예를 들어, 보르도(Susan Bordo)는 대중 매체가 보여주는 몸 이미지를

---

6 Elizabeth Haiken, *Venus Envy: A History of Cosmetic Surgery* (Baltimore: Johns Hopkins University Press, 1997); Deborah Caslav Covino, "Outside-In: Body, Mind, and Self in the Advertisement of Aesthetic Surgery," *Journal of Popular Culture*, Vol. 35(2001), pp. 91~102; 임인숙, 「한국사회의 몸 프로젝트」, 183~204쪽; 우경자, 「여성의 외모주의와 성형의료산업」(연세대학교 대학원 박사학위논문, 2002); Abigail Brooks, "Under the Knife and Proud of It: An Analysis of the Normalization of Cosmetic Surgery," *Critical Sociology*, Vol. 30(2004), pp. 207~239; Virginia Blum, *Flesh Wounds: The Culture of Cosmetic Surgery* (Berkeley, Los Angeles & London: University of California Press, 2003); Liz Frost, "Theorizing the Young Woman in the Body," *Body & Society*, Vol. 11(2005), pp. 63~85; Sue Tait, "Television and the Domestication of Cosmetic Surgery," *Feminist Media Studies*, Vol. 7 (2007), pp. 119~135; Anne Jerslev, "Cosmetic Surgery and Mediated Body Theatre: the Designable Body in the Makeover Programme The Swan," *New Review of Film and Television Studies*, Vol. 6(2008), pp. 323~341; 나윤경 외, 「십대 여성의 외모중심 인식을 추동하는 일상과 성형의료산업」, ≪한국여성학≫, 25권, 4호(2009), 73~108쪽.

7 Kathryn Pauly Morgan, "Women and the Knife: Cosmetic Surgery and the Colonization of Women's Bodies," *Hypatia*, Vol. 6(1991), pp. 25~53; 수전 보르도, 『참을 수 없는 몸의 무거움: 페미니즘, 서구문화, 몸』, 박오복 옮김(서울: 또하나의 문화, 2003); 임인숙, 「외모차별 사회의 성형 경험과 의향」, ≪한국여성학≫, 20권, 1호(2004), 95~122쪽; 이영자, 「몸권력과 젠더-푸코적 분석틀에서 본 '날씬한 몸' 관리」, ≪한국여성학≫, 22권, 4호(2006), 197~233쪽; Covino, "Outside-In: Body, Mind, and Self in the Advertisement of Aesthetic

"동질화, 정상화하는 이미지 — 아무렇게나 만들어진 이미지가 아니라, 지배적인 성·인종·계급, 그리고 다른 문화적 아이콘으로 물들어 있는 이미지"[8]로 규정하며, 국내 연구자인 임인숙은 그러한 이미지가 "개인들의 욕망과 불안을 자극하면서 그들로부터 자발적인 복종을 이끌어낼 수 있는 기제로 작용"[9]한다고 분석한 바 있다. 특히 몸 이미지에 대한 국내 경험 연구는 주로 심리학과 광고학, 의류학 등의 분과에서 이루어져왔는데, 광고 모델의 몸 이미지와 소비자의 신체 존중감 및 상품 구매도 간의 상관관계를 밝히거나[10] 광고에 등장하는 몸 이미지를 기호학적으로 분석해 분류하는 작업[11] 등이 이에 해당한다. 한마디로, 몸 이미지는 여성들의 몸 관리 실행 및 소비 행위에 영향을 주는 행위자다.

그러나 몸 이미지에 대한 기존 연구들은 세 가지 차원에서 그 물질성을 충분히 설명하지 못하거나 한계를 드러내어왔다. 첫째, 선행 연구에서 몸 이미지는 기호로 전제됨으로써 그 물질성이 간과된다. 몸 이미지가 만들어지고 사용되는 과정(process)과 구체적 실천은 삭제된 채 보이는 최종 산물(end-product)과 그것에 대한 텍스트적 담론만이 분석의 대상이 된 것이다. 둘째, 기존 연구들은 일반 여성들이 대중 매체의 몸 이미지를 어떻게 수용

Surgery," pp. 91~102; 임인숙, 「한국사회의 몸 프로젝트」, 183~204쪽; Frost, "Theorizing the Young Woman in the Body," pp. 63~85; 나윤경 외, 「십대 여성의 외모중심 인식을 추동하는 일상과 성형의료산업」, 73~108쪽.

8 보르도, 『참을 수 없는 몸의 무거움』, 307쪽.

9 임인숙, 「외모차별 사회의 성형 경험과 의향」, 166쪽.

10 박은아·성영신, 「광고모델에 대한 소비자 지각이 구매의도에 미치는 영향: 신체이미지 비교를 중심으로」, ≪한국심리학회지: 소비자·광고≫, 2권, 1호(2001), 87~116쪽; 정명선, 「패션 제품 광고 모델이 여대생의 구매의도, 자존심 및 신체 만족에 미치는 효과」, ≪복식문화연구≫, 14권, 3호(2006), 514~527쪽.

11 황지영, 「광고에 표상된 몸 이미지와 그 의미: 기호학적 접근」, ≪광고학연구≫, 17권, 4호(2006), 7~32쪽.

하는가에 초점을 맞추면서 몸 이미지가 성형 의료 산업의 폭발적인 성장에 기여한 도구임을 당연시한다. 따라서 성형외과 의사라는 전문가 집단과 몸 이미지 간의 관계가 어떠한지 그리고 그러한 관계가 성형 수술의 소비와 어떻게 맞물려 작동하는지에 대한 고려는 거의 찾아볼 수 없다. 셋째, 몸 이미지와 성형 수술에 대한 지금까지의 이야기는 욕망, 욕구, 자극, 불안, 신체 존중감 등의 단어로 이루어져 있다. 이는 비합리적이고 감정적인 주체로서의 여성 이미지를 고착화하는 것일 뿐만 아니라 성형 수술을 이해하려는 시도가 특정한 방식으로만 진행되어 왔음을 보여주는 것이기도 하다. 따라서 몸 이미지의 물질성에 주목하고 그에 대한 전문가적 실행과 담론을 살펴보며 그것을 과학기술학적인 방식으로 분석하는 것은 몸 이미지의 물질성을 더욱 포괄적이고 정교하게 이해하는 데에 기여할 수 있다.

2. 성형외과 상담실의 몸 이미지들

성형 수술의 과정을 수술 전의 상담, 수술, 수술 후 회복기의 세 단계로 나눌 때, 의사환자 상담은 카메라와 사진, 이미지 처리 프로그램 등 시각화 기술이 가장 집중적으로 개입되는 단계이다. 선행 연구자들 중에서 예외적으로 앤 밸사모(Anne Balsamo)는 의사가 환자의 사진 위에 펜으로 선을 그리면서 수술 부위와 수술 과정을 설명하는 전통적인 방식부터 1990년대 이후 가상 수술 결과를 보여주는 비디오 이미지화 기술의 도입까지 성형외과 임상에서 시각화 기술이 중요한 역할을 담당하고 있음을 보인 바 있다.[12] 그러나 그녀의 연구 역시 전적으로 관련된 의사들의 저술에 의존함으로써 시각

---

12 Anne Balsamo, *Technologies of the Gendered Body: Reading Cyborg Women*(Durham & London: Duke University Press, 1996), pp. 56~79.

화 기술이 여성의 몸에 백인 남성의 시선을 기입(inscription)하는 작업을 더욱 용이하게 해주는 역할을 한다고 주장할 뿐 구체적으로 시각화 기술이 어떻게 작동하는가를 보여주고 있지는 못한다.[13] 기존 연구의 한계는 단지 방법론에만 국한된 것은 아니다. 성형 수술이 여성을 억압하는 기술인지 여성에게 권능을 부여하는 기술인지에 대한 그간의 논쟁은 기술에 대한 낙관론혹은 비관론의 이분화된 구도와 연동되는 한계가 있었다. 이러한 한계를 극복하기 위해서는 구체적인 사회 기술적 실천에 대한 분석이 필요하다.[14] 필자는 2008년에서 2011년까지 서울 강남에 있는 한 성형외과(이하 Z 성형외과)에서 참여 관찰 연구를 수행했다. 이 연구는 그중에서도 수술 전 의사-환자상담 과정에 대한 관찰 기록을 바탕으로 한다.

의사 S의 상담과 상담실은 수많은 이미지와 사물로 채워진다. 환자는 책상 위 대형 컴퓨터 모니터를 통해서 상담 중 지속적으로 자신의 정면과 측면 얼굴 사진뿐만 아니라 의사 S가 이전에 수술했던 환자들의 시술 전후 사진 및 국내외 남녀 유명인 사진을 보게 되며 의사 S의 상담실의 한쪽에는사진을 찍는 데에 필요한 흰색 스크린, 조명 장비, DSLR 카메라와 삼각대등이 구비되어 있다. 상담 내내 의사 S와 환자 P가 집중하는 것은 P의 얼굴이 아니라 S의 책상 위에 놓인 컴퓨터 화면이다. 성형 수술 상담 과정에서시각화 기술이 중요한 역할을 한다는 밸사모의 분석은 옳은 듯 보인다. 그러나 의사 S의 상담실에 수술 후의 모습을 미리 보여주는 첨단 비디오 이미지화 기술 같은 것은 없다.

Z 성형외과의 상담실에서 만들어지고 사용되는 몸 이미지는 각각 정면얼굴, 카메라와 45도 각도를 이룬 얼굴, 측면 얼굴 등을 촬영한 사진이다. 그것들은 모두 앞의 사례와 같이 상담이 시작되면서 의사 S가 디지털 카메

13 Balsamo, 같은 책, pp. 56~79.
14 Judy Wajcman, *Technofeminism*(Cambridge: Polity Press, 2004).

라로 직접 촬영한 사진들로 해당 환자의 상담 과정에서 실제로 사용된 것들이다. 의사 S는 때때로 포토샵(PhotoShopTM)과 같은 이미지 처리 프로그램을 사용해 즉석에서 찍은 환자의 얼굴 사진을 조작하기도 한다. 그러나 이 조작은 오직 환자의 측면 얼굴에만 적용되며 상당히 초보적인 수준의 변형만 가해지기 때문에 '가상 수술'의 결과를 보여주는 첨단 기술과는 거리가 멀 뿐만 아니라 그조차 전체 상담에서 차지하는 비중이 크지 않다. 즉, Z 성형외과의 상담실에서 시각화 기술은 벨사모가 주장한 것처럼 "실제 수술 결과, 가능한 수술 결과, 예상되는 수술 결과 간의 차이를 구분하는 〔환자의〕 능력을 약화"[15]시킴으로써 환자가 수술을 결정하도록 하는 식으로 작동하지 않는다. 결국 의사 S는 디지털 카메라와 컴퓨터만 있으면 누구나 찍고 볼 수 있는 얼굴 사진 그리고 대중 매체를 통해 늘 접하게 되는 미남 미녀 연예인들의 사진만으로 환자 P를 설득하고 있는 셈이다. 과연 어떻게 흔한 연예인 얼굴 사진과 환자의 얼굴 사진 몇 장으로 성형 수술을 선택하게 만들 수 있을까? 그의 상담실에서 내가 목격한 것은 과학이었다. 그리고 그의 과학은 다음과 같이 작동하고 있었다.

3. 몸 이미지의 과학

1) 몸을 몸 이미지로 전환하기

실험실과 야외 조사에서 과학자들이 어떻게 자연물을 가시화하고 분석 가능한 대상으로 만드는지에 관해서는 이미 많은 연구가 있어왔다. 예를 들

---

15 Balsamo, *Technologies of the Gendered Body*, p. 78.

어, 과학자들은 세 가지 단계를 거쳐서 도마뱀을 과학적 대상으로 만든다.[16] 첫째, 각각의 도마뱀은 절단된 발톱 위치에 따라 식별 코드를 부여받는다. 둘째, 일정한 간격마다 표시가 된 그 지역의 지도를 만든다. 셋째, 해당 도마뱀이 관찰될 때마다 점으로 지도 위에 위치를 표기한다. 이렇게 서로 다른 도마뱀 개체들이 발톱 절단이라는 동일한 기준, 즉 자연적으로 존재하지 않는 기준에 의해서 새로운 정체성을 갖게 되며, 그 도마뱀이 서식하는 지역의 자연 환경 역시 인위적인 기호로 표시된 평면 지도로 재현된다. 이 지도 위에 각각의 관찰이 동일한 점으로 표시되는 과정을 거쳐서 도마뱀은 알수 있는 것이 된다.[17] 물론 이 과정에서 도마뱀이 재포획되는 위치를 제외한 나머지 특성들은 고려의 대상이 되지 않는다.

의사 S가 그의 실험실에 들어온 몸을 다루는 방식도 이와 유사하다. 앞서 소개한 사례에서도 볼 수 있듯이 의사 S는 거의 언제나 환자의 얼굴 사진을 찍는 것으로 본격적인 상담을 시작한다. 사진을 찍는 절차는 동일하다. 의사 S가 환자에게 머리띠를 건네주면 환자는 얼굴형이 적나라하게 드러나도록 머리띠로 짧은 앞머리나 얼굴을 가리는 머리카락을 전부 올린다. 환자가 그 상태로 상담실 한쪽 벽에 걸린 흰색 스크린 앞에 놓인 의자에 앉으면 의사 S는 보조 조명등을 켜고 DSLR 카메라로 그 환자의 얼굴만 클로즈업되도록 사진을 찍는다. 이때 환자는 얼굴에 어떠한 표정도 지어서는 안 되며 특히 입에 힘을 뺀 상태로 카메라를 주시하도록 요구받는다. 허리와 고개의 각도를 교정받기도 한다. 사진은 정면과 90도 각도의 측면 이렇게 총 두 장을 찍는데, 이 사진들이 상담실의 컴퓨터 모니터에 뜨게 되면 상담이 시작된다. 여기까지가 환자의 몸을 길들이는 절차 중 첫 번째에 해당한다. 이마

---

16 Michael Lynch, "Discipline and the Material Form of Images: An Analysis of Scientific Visibility," *Social Studies of Science*, Vol. 15(1985), pp. 37~66.

17 Lynch, 같은 글, pp. 37~66.

를 훤히 드러내고 무표정으로 정면을 응시하는 사진이나 그 상태에서 얼굴의 한쪽 면이 온전히 보이도록 찍는 사진은 일상적으로 찍는 사진들과는 전혀 다르다. 이렇게 모든 환자들은 두 장의 얼굴 사진이라는 식별 코드를 부여받게 된다.

2) 유명인 몸 이미지 반복해서 보여주기

의사 S의 상담에서 발견되는 또 다른 특징은 그가 국내외 연예인들의 사진을 자주 활용한다는 점이다. 아름다운 얼굴이든 성형 수술에 실패한 얼굴이든 국내외 유명인의 이미지가 사용될 때의 공통점은 의사 S의 추상적인 설명의 내용을 생생하게 전달해 준다는 사실이다. "예쁜 얼굴", "자연스러운 코", "얼굴이 주는 균형감", "남성적인 얼굴", "여성스러운 얼굴", "인중이 긴데 양악을 하면 나타나는 결과", "얼굴에 방해가 되는 코" 등 구체적이지 않은 표현이 유명인들의 얼굴과 함께 그 의미가 더 분명히 전달된다. 때로는 환자가 특정 연예인을 지칭하면서 수술을 요구하기도 한다. 예를 들어 환자들은 "현영이나 송혜교의 코처럼, 높지 않고 끝이 살짝 올라간 코 되고 싶은데…"라거나 "한예슬 눈 되고 싶은데…"라고 말함으로써 자신이 수술에서 기대하는 바를 의사에게 전달하고자 한다. 의사와 환자 모두에게 유명인의 얼굴은 이상적인 얼굴의 재현물이라고 볼 수 있다. 상담 과정에서 환자는 여러 명의 연예인 얼굴 사진을 보면서 의사가 말하는 아름다운 얼굴이 무엇인지 알게 된다.

이렇게 유명인의 얼굴 이미지가 의사-환자 상담에서 작동할 수 있는 이유는 과학기술학자 브뤼노 라투르(Bruno Latour)가 말한 "불변적 동체"의 세 가지 조건과 정확히 일치한다.[18] 우선 그 이미지가 실제 인물과 일치한다고 여겨지고 TV와 영화, 인터넷, 인쇄 매체 등을 통해서 의사와 환자 모두 비슷한 방식으로 그들의 외모를 판단하게 되었을뿐더러 디지털 기술의 발달은

국적과 시대를 불문하고 유명인들의 이미지를 손쉽게 얻을 수 있게 해주었다. 유명인의 얼굴 이미지는 시공을 초월해서 공유되면서도 변하지 않으며, 실제 인물일 필요도 없고 평면 위의 이미지이면 족하고, 그 크기 역시 손바닥만 한 사진 크기에서부터 영화관 스크린 크기까지 다양하다. 특히 디지털 이미지 기술과 인터넷 사용의 대중화로 이미지는 언제 어디서든 재생과 확산이 용이하며 텍스트나 다른 이미지와의 조합도 가능하다. 무엇보다 중요한 점은 "기입물의 이차원적인 특성은 기하학과의 융합을 가능하게 한다"[19]는 것이다. 유명인의 얼굴 사진은 얼굴을 삼등분하고 이마와 턱끝을 잇는 "직선"이나 얼굴 길이와 폭의 조화를 보여주는 "직사각형"과 융합이 가능하다.

3) 몸 이미지를 도식화하기

다음 단계는 얼굴을 도식적 공간(graphic space)으로 바꾸는 일이다. 앞의 상담 사례를 살펴보면, 의사 S는 아름다운 얼굴을 "코밑에서 입 사이의 거리"와 "입에서 턱끝까지의 거리" 간의 비율로 표현하는데 이 기준은 바로 환자의 정면 얼굴 사진에 적용된다.

> 예쁜 얼굴에서 여기(코밑에서 입 사이의 거리)와 여기(입에서 턱끝까지의 거리)
> 의 비율은 심하게는 1 대 2 아니면 1 대 1.2~1.7 정도로 보거든요. 아래(입에서
> 턱끝까지의 거리)가 위(코밑에서 입까지의 거리)보다 길어야 예뻐 보인다는 거
> 죠. 그런데 P씨는 거의 1 대 1이고 가운데가 앞으로 쏠려서 볼록거울을 보고 있
> 는 것처럼 보이죠.

---

18 Bruno Latour, "Visualization and Cognition: Thinking with Eyes and Hands," *Knowledge and Society: Studies in the Sociology of Culture Past and Present*, Vol. 6(1986), pp. 1~40.
19 Latour, 같은 글, p. 22.

이때 컴퓨터 모니터에는 유명 여배우의 얼굴이 뜨고 각각 눈과 입을 지나는 수평선 두 개가 그어진다. 그러니까 사람의 얼굴은 정면에서 볼 때 상안 면부, 중안 면부, 하안 면부라는 세 공간으로 나뉘며 이상적인 비율을 1:1:1이라고 할 때 미인의 얼굴에서는 하안 면부의 비율이 1보다 작게 나타난다고 한다. 측면 얼굴에서는 하안 면부의 턱끝이 안으로 들어가야 할 뿐만 아니라 중안 면부가 길지 않아야 하는데 상담 사례에서 주로 문제가 되는 부분은 중안 면부에 위치한 코이다. 상담 사례에서 환자 P가 "코가 기니까 얼굴이 길어 보이는 거 같"다고 한 것처럼 "코의 최저점이 미간 사이"에 있어야 하는데 보형물 삽입 시술로 최저점이 미간 위쪽으로 상승한 경우 중안 면부가 길어지기 때문에 얼굴이 길어 보이는 것이다. 의사 S가 코의 길이, 인중의 길이, 턱의 길이, 얼굴의 길이 등 '길이'를 중요시하는 이유는 그의 실험실에서 얼굴이 세 공간 간의 길이 비율로 도식화되기 때문이다.

얼굴이 도식적 공간으로 재현된다는 것은 어떤 얼굴이라도 "패턴화"가 가능하다는 뜻이다.

뭐든지 우리가 패턴화를 할 수 있죠. 얼굴도 마찬가지예요. 지금 ##씨 얼굴 제일 큰 특징은 중안 면부가 길다는 거하고 또 인중이 길죠. 눈 쌍꺼풀하고 코 하면 미인이 되는 줄 아는데 예쁘려면 균형을 잘 맞춰야 돼요.

앞서 언급된 상담 사례를 보면 상담을 받는 환자의 사진뿐만 아니라 다른 환자들의 사진도 사용되는 것을 볼 수 있는데, 이 역시 각각의 얼굴이 동일한 기준에 따라 관찰됨을 보여주는 증거이다.

4) 실재 대 모델, 몸 이미지들 비교하기

성형외과 상담실은 생물학 실험실과 닮았다. 상담실에 환자가 들어오면 의사 S는 재빨리 환자의 3차원적 몸을 2차원적인 이미지로 바꾸어버린다. 결점을 가리고 장점을 부각시키는 머리 모양과 옷 때문에 꽤 그럴듯해 보이던 얼굴이 이마를 드러내고 입을 반쯤 벌린 상태에서 정면과 측면 사진을 찍고 나면 결코 아름답다고 말할 수 없는 얼굴이 되어버린다. "광대 밑이 꺼져서", "앞 광대가 문제", "[코가] 너무 길어요", "얼굴이 커 보여요" 등등 혼란스러움의 대상이었던 환자의 얼굴이 상담 말미에는 "코에 넣은 것만 빼"면 되는 얼굴이 되었는데 그 과정에서 의사 S는 여러 번 유명인의 사진을 사용했다. 여기서 관심의 대상은 한숨을 쉬고 소리 내며 웃고 있는 환자의 얼굴이 아니라 컴퓨터 화면 속 그녀의 무표정한 얼굴이다. 아름다움의 모델인 유명인의 얼굴 이미지와 비교되는 것은 환자의 3차원적 얼굴이 아니라 그것의 2차원적 재현물인 것이다. 결국 의사-환자 상담이란 "실재(reality)의 재현과 좋은 이론적 모델의 재현 사이를 왔다 갔다 하는 지속적인 움직임"[20]이라고 할 수 있다. 실재를 재현하는 환자의 몸 이미지와 이상적인 모델의 재현으로서의 유명인 몸 이미지 사이의 비교에는 혐오 대신 시각이 작동한다.

3. "제멋대로인(unruly)"[21] 몸 이미지와 과학의 의미

성형외과 상담실에서 벌어지는 일을 과학으로 부르는 것은 자칫 혐오를 과학의 권위로 정당화하는 시도처럼 보일 수도 있다. 그러나 성형외과에서

---

20 Pauline Sargent, "On the Use of Visualizations in the Practice of Science," *Philosophy of Science*, Vol. 63(1996), pp. 230~238.

21 이 표현은 윈(Brian Wynne)이 사용했던 "제멋대로인 기술(unruly technology)"이라는 용어로부터 착안한 것이다. 다음 논문을 참조. Brian Wynne, "Unruly Technology: Practical Rules, Impractical Discourses and Public Understanding," *Social Studies of Science*, Vol. 18(1988), pp. 147~167.

동원되는 몸 이미지들은 상담실에서 누구나 쓸 수 있는 디지털 카메라로 촬영된 것이거나 인터넷 검색으로 구할 수 있는 이미지라는 사실을 기억할 필요가 있다. 상담실에서 생산되고 소비되는 몸 이미지는 자기 공명 이미지화(MRI: Magnetic Resonance Imaging) 기술이나 양전자 단층 촬영 장치(PET: Positron Emission Tomography)와 같은 전문화된 시각화 기술이 만드는 이미지와는 다르다. 한마디로, 성형외과 상담실의 몸 이미지는 훨씬 더 제멋대로이다. 의사 S에 따르면 심지어 학회에서 발표와 출판을 위해 사용되는 사진조차 임상 사진에 대한 지식과 경험이 없는 성형외과 직원이 일반 디지털 카메라로 찍은 사진이거나 그런 사진을 컴퓨터 이미지 처리 프로그램으로 보정한 사진이다 보니 "성형 전후가 아니라 화장 전후"처럼 보이는 사진도 허다하다고 한다. 이렇게 흔하지만 제대로 사용하기 더욱 어려워진 디지털 카메라 그리고 쉽게 이미지 조작 및 보정이 가능한 컴퓨터 이미지 처리 프로그램의 등장은 필름 카메라를 사용하면서 축적해 온 임상 사진술의 표준을 따르지 않는 몸 이미지를 양산해 왔다. 여기에 더해 일상 속에서 언제 어디서나 쉽게 찍고 볼 수 있는 디지털 사진과 인터넷에 넘쳐나는 유명인들의 사진은 개별 성형외과 의사나 집단의 통제를 벗어나 있다.

의사 S의 임상적·학술적 활동은 디지털 기술이 만드는 몸 이미지의 양가성을 잘 보여준다. 의사 S는 Z 성형외과의 온라인 상담 게시판에서 환자들이 자신이 찍은 사진을 올리며 상담을 요구할 때마다 직접 내원해 진단을 받을 것을 권한다. 그에게 진단을 위한 정보를 제공하는 사진, 즉 '과학적' 몸 이미지는 시설이 갖추어진 상담실에서 얼굴 전체를 훤하게 드러내고 입술에 힘을 푼 채 아무런 표정 없이 카메라를 응시하고 있는 사진으로 일상적인 디지털 사진과는 확연히 구분된다. 그는 성형외과 학회지에 실린 자신의 논문에서 "3차원의 입체구조인 사람의 얼굴을 2차원의 사진으로 잘 나타내기 위해서는 카메라와 피사체의 거리, 렌즈의 크기, 조명의 방향과 조도, 자세의 표준화 등이 모두 중요하다"고 밝히며 실제로 한 사람의 얼굴이 촬영 조건에 따라서 다른 얼굴로 보일 수 있음을 예시를 통해 보인 바 있다. 특히 그가 전문으로 하는 얼굴의 조화와 균형을 바로잡는 "두개악안면 수술 (cranio-maxillo-facial surgery)"에서 사진의 중요성은 더욱 강조된다. 사진을 어떻게 찍느냐에 따라서 얼굴이 달라 보이고 필요한 수술도 달라지게 된다는 것이다.

몸 이미지의 과학은 하나가 아니다. 성형외과 상담실 밖에서도 몸은 몸 이미지로 전환되고 유명인의 몸 이미지에 반복적으로 노출되며 몸 이미지를 도식화해서 보게 되면서 이미지들 사이에 비교가 가능해진다. Z 성형외과에서 의사 S는 환자에게 필요한 수술을 진단하기 위해서 몸 이미지를 사용하지만 성형외과 밖에서 일상적으로 디지털 사진을 생산하고 소비하는 환자들은 이미 자신에게 필요한 수술이 무엇인지를 결정하고 Z 성형외과를 찾는다. 의사 S의 상담은 언뜻 거부할 수 없는 과학적 설득력을 갖춘 것처럼 보이지만 상담을 받는 모든 환자들이 의사 S에게 수술을 받기로 결정하는 것은 아니다. 그들은 의사 S가 만드는 방식으로 자신의 몸 이미지를 만들지 않으며 그렇기 때문에 그가 보는 방식으로 몸을 보지 않는다. 몸 이미지를 어떻게 만드는가와 몸을 어떻게 보는가, 그리고 몸을 어떻게 바꾸는가는 이렇게 연결되어 있다. 이 글은 성형 수술의 현장을 과학기술학의 방법과 개념으로 접근함으로써 환자의 일상적 몸과 의사의 의학적 시선이라는 적대적 대립 구도를 카메라와 컴퓨터, 사진 등의 매개물로 하는 환자와 의사의 협상으로 이해할 수 있었다. 성형 수술과 깊이 연관된 비합리적인 혐오를 합리적인 과학 실천으로 대체하는 이러한 작업은 성형 수술의 정치에 효과적으로 개입하기 위해 필수적이다.

참고문헌

김준희·정명선. 2016. 「사회적 외모 불안과 부정적 신체 이미지 및 외모 중시도가 외모관리행동 및 미용성형의도에 미치는 영향」. ≪한국의류산업학회지≫, 18권, 5호, 625~636쪽.

나윤경 외. 2009. 「십대 여성의 외모중심 인식을 추동하는 일상과 성형의료산업」. ≪한국여성학≫, 25권, 4호, 73~108쪽.

박은아·성영신. 2001. 「광고모델에 대한 소비자 지각이 구매의도에 미치는 영향: 신체이미지 비교를 중심으로」. ≪한국심리학회지: 소비자·광고≫, 2권, 1호, 87~116쪽.

보르도, 수전(Susan Bordo). 2003. 『참을 수 없는 몸의 무거움: 페미니즘, 서구문화, 몸』. 박오복 옮김. 서울: 또하나의 문화.

우경자. 2002. 「여성의 외모주의와 성형의료산업」. 연세대학교 대학원 박사학위논문.

이영자. 2006. 「몸권력과 젠더: 푸코적 분석틀에서 본 '날씬한 몸' 관리」. ≪한국여성학≫, 22권, 4호, 197~233쪽.

임소연. 2011. 「성형외과의 몸 이미지와 시각화 기술: 과학적 대상 만들기, 과학적 분과 만들기」. ≪과학기술학연구≫, 11권, 1호, 89~121쪽.

임인숙. 2002. 「한국사회의 몸 프로젝트: 미용성형 산업의 팽창을 중심으로」. ≪한국사회학≫, 36집, 3호, 183~204쪽.

_____. 2004. 「외모차별 사회의 성형 경험과 의향」. ≪한국여성학≫, 20권, 1호, 95~122쪽.

정명선. 2006. 「패션 제품 광고 모델이 여대생의 구매의도, 자존심 및 신체 만족에 미치는 효과」. ≪복식문화연구≫, 14권, 3호, 514~527쪽.

하영민 외. 2018. 「코 성형술을 시행받는 남성 환자들의 심리적 특징」. ≪Korean J Otorhinolaryngol-Head Neck Surgery≫, 61권, 5호, 252~257쪽.

황지영. 2006. 「광고에 표상된 몸 이미지와 그 의미: 기호학적 접근」. ≪광고학연구≫, 17권, 4호, 7~32쪽.

Balsamo, Anne. 1996. *Technologies of the Gendered Body: Reading Cyborg Women*. Durham & London: Duke University Press.

Bartsch, Dianna. 2007. "Prevalence of body dysmorphic disorder symptoms and associated clinical features among Australian university students." *Clinical Psychologist*, Vol. 11, No. 1, pp. 16~23.

Blum, Virginia. 2003. *Flesh Wounds: The Culture of Cosmetic Surgery*. Berkeley, Los Angeles & London: University of California Press.

Brooks, Abigail. 2004. "Under the Knife and Proud of It: An Analysis of the Normal-ization of Cosmetic Surgery." *Critical Sociology*, Vol. 30, pp. 207~239.

Covino, Deborah Caslav. 2001. "Outside-In: Body, Mind, and Self in the Advertisement of Aesthetic Surgery." *Journal of Popular Culture*, Vol, 35, pp. 91~102.

Frost, Liz. 2005. "Theorizing the Young Woman in the Body." *Body & Society*, Vol. 11, pp. 63~85.

Haiken, Elizabeth. 1997. *Venus Envy: A History of Cosmetic Surgery*. Baltimore: Johns Hopkins University Press.

Jerslev, Anne. 2008. "Cosmetic Surgery and Mediated Body Theatre: the Designable Body in the Makeover Programme The Swan." *New Review of Film and Tele-vision Studies*, Vol. 6, pp. 323~341.

Latour, Bruno. 1986. "Visualization and Cognition: Thinking with Eyes and Hands." *Knowledge and Society: Studies in the Sociology of Culture Past and Present*, Vol. 6, pp. 1~40.

Lynch, Michael. 1985. "Discipline and the Material Form of Images: An Analysis of Scientific Visibility." *Social Studies of Science*, Vol. 15, pp. 37~66.

Morgan, Kathryn Pauly. 1991. "Women and the Knife: Cosmetic Surgery and the Colonization of Women's Bodies." *Hypatia*, Vol. 6, pp. 25~53.

Sargent, Pauline. 1996. "On the Use of Visualizations in the Practice of Science." *Philosophy of Science*, Vol. 63, pp. 230~238.

Sarwer, David B. et al.. 1998. "Body image dissatisfaction and body dysmorphic disorder in 100 cosmetic surgery patients." *Plastic and reconstructive surgery*, Vol. 101, No. 6, pp. 1644~1649.

Tait, Sue. 2007. "Television and the Domestication of Cosmetic Surgery." *Feminist Media Studies*, Vol. 7, pp. 119~135.

Wajcman, Judy. 2004. *Technofeminism*. Cambridge: Polity Press.

Wynne, Brian. 1988. "Unruly Technology: Practical Rules, Impractical Discourses and Public Understanding." *Social Studies of Science*, Vol. 18, pp. 147~167.

제10장

광기 이미지와 혐오의 문제*

한의정

1. 광기와 혐오

'광기'는 매우 모호한 개념이다. 철학과 도덕에서는 '비일관성'과 '위반'을 뜻하는 용어로 사용되며, 의학에서는 정신 기능의 병리학적 이상으로 인한 감정 또는 정동의 과도함으로 정의된다.[1] 이러한 이유로 역사적으로 광인에 대한 다양한 담론이 뒤섞여왔고, 심지어 내면의 악마를 내쫓는 방식으로 치료해야 한다고 믿었던 시대도 있었다. 영혼에서 나쁜 정념들을 빼내야 한다 거나, 이 질병에서 몸을 구출해야 한다고 여긴 것이다. 지금은 그러한 치료 방식이 거의 사라진 듯하나, 우리 사회에서 광인, 정신 질환자 들을 바라보

---

* 이 글은 한의정, 「광기의 박물관: 이미지가 구성한 타자의 형식 연구」, ≪인문과학연구논 총≫, 43권, 3호(2022)를 수정·보완한 것이다.

1 Martial Guédron, *Visage(s). Sens et représentations en Occident*(Paris: Hazan, 2015), p. 278.

는 태도는 여전히 혐오에 가깝다. 특히 2016년 강남역 살인 사건 이후 우리 사회에 감추어져 있던 '광기 혐오'는 수면 위로 떠올랐다.[2] 정신 질환자의 감형 사례가 오히려 부당함을 주장하는 목소리가 높아지고 있으며, 심지어 정신 질환자를 잠재적 범죄자로 인식하는 분위기까지 형성되고 있다. 지금 우리 시대 정신 질환자들은 우리와 함께할 수 없는, 사회에서 격리가 필요한 '혐오 대상'으로 인식되고 있다.

사실 혐오는 개인적이거나 우발적인 것이 아니라, 집단적으로 형성되고, 훈련되고 양성된 것이다.[3] 그리고, 혐오는 인간이 지닌 동물성과 유한성을 떠올리게 하는 대상을 대면했을 때 생기며, 혐오스러운 것을 자신에게서 멀리 떨어뜨리고, 자신과 구별하려는 태도로 이어진다.[4] 광인이 보여주는 비이성적 태도는 우리와 구별 짓기에 충분하고, 게다가 위반의 위협까지 주는 광인은 격리가 당연한 것으로 여겨지며 우리의 혐오 대상이 된다. 데카르트(René Descartes)가 광기 안에는 진실에 이를 어떤 이성의 형식도 없다고 단언한 이후, 우리는 이렇게 광인을 사회와 단절된 곳으로 추방, 배제, 소외시켜 왔다. 푸코(Michel Foucault)는 '타자의 형식'인 광기에 대해, 우리가 우리의 이성과 정상을 확신하고 정당화하기 위해 배제시킨 우리의 일부분이자, 우리와 다르지 않은 이웃, 즉 비이성과 비정상을 가리킨다고 말한다.[5]

---

2   피의자 김모 씨가 스스로 밝힌 살해 동기 '여성 혐오'는 김 씨의 조현병, 공황 장애로 인한 네 차례의 입원 기록으로 인해 법원에서 인정되지 않았다. 미친 자의 말은 진실로 받아들여지지 않는 것이다. 〔자세한 재판 결과와 감형 이유에 대해서는 최종술 논문의 사례 분석 등에서 참고할 수 있다. 최종술,「묻지마 범죄의 사례 분석과 대책에 관한 연구」, ≪한국중독범죄학회보≫, 6권, 2호(2016.12), 139~146쪽 참조.〕당시 범죄학, 법 전문가들은 강남역 살인 사건을 '묻지마 범죄'로 최종 발표했는데, 이는 사회에 만연한 여성 혐오의 맥락을 지우는 대신 동시에 정신 질환자에 대한 혐오를 가져왔다.

3   카롤린 엠케,『혐오사회』, 정지인 옮김(파주: 다산초당, 2017), 23쪽.

4   마사 누스바움,『혐오와 수치심』, 조계원 옮김(서울: 민음사, 2020), 37쪽.

5   Michel Foucault, *Histoire de la folie à l'âge classique*(Paris: Gallimard, 1972〔1961〕), p. 199.

그러나 한편으로 우리 시대는 그 어느 때보다 타자들을 향한 절대적 환대를 요구하고 있다. 신체의 괴물스러움이나 정신의 결함, 또는 특정 인종이나 종교에 속해 있다는 사실로 '낙인(stigma)' 찍힌 자들도 현대 사회의 공적 공간에서는 존중의 의례를 기대할 수 있는 듯하다.[6] 데리다(Jacques Derrida)는 공적 공간뿐만 아니라 우리의 사적 공간까지도 이방인에게 이름을 묻지 않고 조건 없이 내어주는 절대적 환대를 이야기한다.[7] 더 나아가 오늘날 소위 '비인간 전회(the nonhuman turn)'를 따르는 학자들은 기존의 주체/객체, 인간/비인간, 자연/인공의 이분법을 비판하며, 인간-동물-기계-물질, 즉 모든 사물들(things)의 지위가 동등한 '평평한 존재론'을 주장한다.

그러나 사물들에 대해 말하기 전에 인간임에도 동물로, 비인간으로 취급받아 온 광인들의 환대받을 권리는 아직도 요원해 보이는 것이 현실이다. 2020년 폐쇄 병동 환자 104명 중 102명의 코로나19 확진자가 나온 청도대남병원은 정신병동이었다. 이러한 현실을 대면하고 나서 사회 복지와 보건 체계의 후진성을 이야기하고, 장애인권과 차별 정책에 대해 소리 높이는 것은 물론 실천적 측면에서 분명 필요한 접근이지만,[8] 공존의 삶에 대한 사회 전반의 이해와 공감이 준비되지 않은 상황에서는 앞서 언급한 대로 사회 곳곳에서 혐오와 증오의 목소리를 낳게 된다.

만일 '객체(타자)들의 민주주의'가 오랜 역사 동안 보이지 않았던 '것들'을 보이게 하고, 목소리를 내지 못했던 '존재들'에게 목소리를 돌려주는 것이라면, 그 방식은 랑시에르(Jacques Rancière)의 주장처럼 "감각적인 것들의 나눔(le partage du sensible)"의 재편성에서 가능할 것이다. 광기와 광인에 대한 사

---

6   Erving Goffman, *Stigma*(London: Penguin Books, 1968), pp. 146~147.

7   자크 데리다, 『환대에 대하여』, 남수인 옮김(서울: 동문선, 2004), 104쪽.

8   "청도대남병원 정신장애인들은 어디로 갔을까?", ≪비마이너≫, 2020년 12월 31일 자, https://www.beminor.com/news/articleView.html?idxno=20520(검색일: 2022.9.1).

회 과학적인 고찰보다는 인문학적인, 미학적인 접근이 더욱 필요한 이유가 여기에 있다. 우리는 그동안 광인을 어떻게 형상화, 시각화해 왔는지를 살펴보고, 광기의 이미지들을 수집해 재편성하는 것부터 시작해 광기의 목소리가 들리는 장(場)을 준비하고자 한다.[9]

그러므로 우리는 이 글에서 다음 세 가지 목표를 상호 연관된 방식으로 수행하고자 한다. 첫째, 미술사와 문화사, 그리고 과학적 방법론에 나타난 광기와 광인의 이미지들을 분류하고 분석함으로써, 이미지가 차별과 배제의 역사에 기여한 바를 살피고자 한다. 이는 푸코의 고전주의 시대에 국한된 광기의 역사에 대한 비판적 확장이자, 이미지학(Bildwissenschaft)으로 재접근하는 것이다. 이 글에 수집, 진열되는 시각 자료는 회화, 조각, 판화, 데생 등 기존 예술 장르에 속하는 예술 작품뿐만 아니라, 문학과 과학, 의학 저서에 삽입된 삽화들과 사진들, 그리고 기록용 아카이브 자료에 이르기까지 이미지학 또는 시각 문화(visual culture), 시각 연구(visual studies)의 대상을 아우른다. 여기서 광기의 이미지는 더 이상 실재의 반영이 아니라, 불명료하고 분산된 상태의 광기가 이미지를 통해서 뚜렷해지는 것임을 밝히게 될 것이다.

둘째, 광기의 시각 자료의 나열은 연대기적 구성으로 보일 수 있다. 그러나 여기서 우리는 광기 이미지의 역사적 진행 과정을 살펴보는 것을 목표로 하지 않는다. 우리는 광기의 이미지들이 어떻게 정신적 주체를 격리, 소외시키고, 사회적으로 유형화했는지 분석하고자 한다. 이를 위해 광기와 광인

---

9 이 글에서 우리는 '광기(madness)'와 '광인(the insane)'이라는 다소 문제의 소지가 있는 과거의 단어를 그대로 사용하고자 한다. 정신 질환(mental illness) 또는 정신 장애(mental disturbance)와 같은 보다 더 온화한 요즘의 용어보다 '광기'가 우리가 속한 사회 질서와 문화를 훨씬 더 광범위하게 포괄하고, 특히 이미지[image, 가상(假像)]의 세계에 더 어울리는 용어라 판단했기 때문이다. 이 글에서 '광기'는 다양한 의미와 형상으로 시각화되고, 또한 광인의 얼굴에서 정동을 표현하는 능력으로서 기능하며 우리가 살고 있는 혐오 사회를 은유하는 중요한 키워드가 된다.

의 이미지로 구성된 가상의 '광기의 박물관'을 제안하고자 한다. '광기'는 강렬한 정동의 표현들로 분화되는데, 이것을 자유로운 가상의 세계가 용인되는 박물관에 전시하는 형식인 것이다. 이것은 '광기'가 가진 기존의 부정적인 의미를 지우고 긍정의 에너지로 대체시키기 위함이기도 하다. '광기의 박물관'의 두 단어 중 '광기'가 정신적인 것이라면, '박물관'은 유동적인 시각화 형태를 고정시키거나 위치를 점해 주려는 시도이다.

셋째, 이 글이 제안하는 '광기의 박물관'은 과거의 역사가 박제된 죽음의 공간이 아니라, 정상과 비정상, 주체와 타자의 이분법이 사라지고, 오히려 내 안의 타자성을 발견하는 새로움의 장소가 될 수 있음을 보여주고자 한다. 이것은 푸코가 말한 "작품과 광기가 같이 태어나고 완성되는 순간"이자 "작품 앞에서 세계 자체의 모습에 대해 책임을 져야 하는 시간"에 대한 구체적이며 경험적인 시도라 할 수 있다.[10]

2. 광기와 역사

1) 광기의 역사

광기의 역사에 관한 탁월한 업적은 미셸 푸코가 1961년 출간한 『광기의 역사』이다. 이 연구는 광기의 의미가 객관적인 사실에 근거한 것이 아니라 시대와 사회에 따라 만들어지는 것임을 밝히려 한 점에서 광기에 대한 정신의학의 역사라고 할 수 있지만, 푸코의 근본적인 취지는 서양 문명의 핵심을 이루는 이성중심주의의 횡포를 공격하고, 이성과의 관계 속에서 희생된

---

10 Foucault, *Histoire de la folie à l'âge classique*, p. 557.

비이성적 요소인 광기의 입장을 대변하려는 데 있다. 푸코에 따르면, 중세와 르네상스에는 광기가 하나의 일상적 또는 미학적 사실로서, 비의(秘義)적인 앎(savoir)이었지만,[11] 17세기 이후 광인들을 수용소에 대감금하면서 광기는 침묵과 배제의 시기를 지나게 된다. 푸코가 고전주의라 명명한 이 시기 광기는 셰익스피어(William Shakespear)와 세르반테스(Miguel de Cervantes)의 시대에 가지고 있던 신적 현현과 계시의 기능을 상실하고, 혼돈된 것, 거짓말을 하는 것이 되었다.[12]

푸코는 『광기의 역사』에서 광기에 대한 회화적 재현을 비롯한 시각적 자료에 대해 언급만 할 뿐 자세한 분석이나 도판 삽입을 피했던 것에 반해, 광기의 역사에 관한 또 한 명의 연구자 앤드루 스컬(Andrew Scull)의 『광기와 문명』은 고대부터 21세기까지 동서양의 광기 수용을 기술하며 문화사적 접근의 풍성한 실례를 보여준다. 그중 스컬이 푸코를 비판하는 지점은 흥미롭다. 스컬은 푸코가 실재한다고 믿었던 '바보배'(광인들의 배)는 화가들 작품에만 존재했다고 단언하며, 푸코가 17~18세기를 '대감금의 시대'로 여긴 것 역시 지나친 과장이었다고 주장한다.[13]

그러나 우리는 바보배가 실재했는지 허구였는지, 17~18세기가 대감금의 시기였는지 역사적 사실을 가리려는 데 초점을 맞추지 않는다. 오히려 바보배와 정신병동의 광인들을 재현한 그림, 판화, 삽화, 사진 '이미지'〔image, 형상(形像)〕들이 역사적으로 축적되고 확산되어 우리들이 떠올리는 광인들의 '이미지'〔image, 심상(心象)〕를 만들어냈음을 추적하고자 한다.

---

11 Foucault, 같은 책, pp. 32~33.

12 Michel Foucault, "La folie n'existe que dans une société," *Dits et écrits 1* (Paris: Gallimard, 1994〔1961〕), p. 169.

13 앤드루 스컬, 『광기와 문명』, 김미선 옮김(서울: 뿌리와이파리, 2017), 164, 181쪽. 스컬은 푸코가 '정숙한 숙녀들의 배', '군주와 귀족 들의 배', '건강의 배' 등을 일련의 문학적 발명품으로 인정하면서 유독 '바보들의 배'만을 실재한다고 주장하는 것에 대해 강력히 부정한다.

2) 타자의 얼굴: 인상학에서 정신 의학까지

광인들의 이미지에서 그들의 정체성(identity)은 주로 그들의 얼굴에서 확인되었다. 정신 이상이 정동의 과도함 또는 부재를 특징으로 한다면 그것을 확인할 수 있는 우리 몸의 기관이 얼굴이기 때문이다. 이는 얼굴이 곧 그 사람의 성격이라는 믿음을 보여주는 인상학(physiognomy)의 전통과 관련 있다. 고대 인상학에서는 고착적 성품, 즉 천성만을 다루었다면 르네상스 이후부터는 어떻게 감정이 '얼굴의 표현'으로 나타나는가를 파악하려는 것으로 인상 자체의 범주가 확대되었다. 특히 르브룅(Charles Le Brun)은 얼굴 근육에 대한 연구를 바탕으로 표정을 회화의 영역에 도입하는 원칙을 제시했다.[14] 이후 라바터(Johann Kaspar Lavater)는 다시 고정적인 생김새가 사람의 본성을 드러낸다고 보고, 움직이는 요소들을 배제한 실루엣 관상(측면상)을 주장했다.[15] 그러나 인상학은 비정상인, 이방인, 야만인 등을 축출해 내어 격리시키는 권력의 패러다임으로 작용하기도 했다. 라바터도 인종 간의 우열의 차이를 뛰어넘을 수 없는 것으로 보았으며,[16] 이러한 인종적 정형화를 통한 얼굴 분류법은 유럽 제국주의 국가들의 식민지 건설과 나치의 반유대주의를 강화시키는 데 기여했다. 인상학과 인종주의의 결합은 한 집단의 이미지를 고정하고 차별과 박해의 정당성을 확보하는 일종의 '마음속 정형화' 작업이었다.[17] 또한 범죄의 원인을 신체적 특성과 결합시키는 범죄 인상학도 롬브

---

14 Charles Le Brun, "Conférence sur l'expression générale et particulière"(1668), in Claude Nivelon, *Vie de Charles Le Brun et description détaillée de ses ouvrages*(Genève: Droz, 2004), p. 334.

15 Johann Kaspar Lavater, *Essays on Physiognomy: for the promotion of the knowledge and the love of mankind*(New York: Nabu Press, 2010[1840]), p. 143.

16 Lavater, 같은 책, pp. 345, 349.

17 막스 피카르트, 『사람의 얼굴』, 조두환 옮김(서울: 책세상, 1994), 227쪽.

로소(Cesare Lombroso) 이래 수많은 사례 분류와 통계를 동원하는 과학적 실증주의를 내세웠고, 이는 정신 의학, 유전학, 우생학에 영향을 끼치며 비극적인 결과를 낳았다.[18]

특히 시각적 관찰이 곧 지식이 된다고 믿었던 19세기 경험주의 의학의 전통에서 샤르코(Jean Martin Charcot)는 히스테리 환자들의 발작 사진 등을 찍어 진찰 카드에 붙여놓았다. 이러한 사진들은 그가 기대했던 것처럼 신경병을 진단하는 데 큰 역할을 했다기보다 오히려 그의 이론을 시각적으로 정당화하는 역할을 한 것으로 평가받는다.[19] 이러한 선행 연구들과 달리, 이 글은 어떤 질병에 따라 어떠한 얼굴과 동작의 특징을 갖는다는 식의 분류를 목표로 하는 것이 아니다. 오히려 인상학에서 정신 의학에 이르기까지 이미지를 사용해 사람들을 범주화, 유형화하는 방식이 본질적으로 나와 타자를 구별하고 배척하는 '타자화'의 과학이었음을 드러내려 한다.

3. 광기와 이미지

광기는 심리적인 문제를 가진 사람들을 치료하기 위한 독자적인 학문이 확립되기 전부터 인류 역사의 한 부분으로 존재했다. 그러나 광기가 비이성, 야만성과 동격으로 취급받더라도 문명의 반대편이나 변방에 머물렀던 것은 아니다. 오히려 광기는 문명 속에서 화가, 극작가, 소설가, 작곡가, 의사, 과학자에게 주목받는 관심 주제 중 하나였다.

---

18 Earnest Albert Hooton, *Crime and the Man*(Cambridge, Mass.: Harvard University Press, 1939), p. 376.

19 Georges Didi-Huberman, *Invention de l'hystérie. Charcot et l'Iconographie photographique de la Salpêtrière*(Paris: Macula, 1982), p. 119.

1) 알레고리(광대/바보배/멜랑콜리)

성경의 잠언[20]을 비롯한 고대 문헌들은 광기의 표징이 얼굴에 나타난다고 밝히고 있다. 벌린 입, 돌아가는 눈동자 등이 반복적으로 언급되는데, 중세 문헌에서는 불타는 얼굴색과 눈을 추가적으로 언급하며, 육체 안의 불길한 힘과 연결시킨다. 이러한 특징이 이미지에서도 확인된다. 중세 말 출판된 『바보배(Das Narrenschiff)』 (1494)[21]에 삽입된 판화들을 보면, 당시에는 광인과 광대를 구별하지 않았음을 확인할 수 있다(〈그림 10-1〉).[22] 광대는 갖가지 얼굴 표정과 풍자적 웃음의 전문가였는데, 얼굴의 무질서가

〈그림 10-1〉 〈바보배〉

자료: Sebastian Brant, *Das Narrenschiff*(1494).

---

20 잠언에서 광인은 죄에 빠진 자로 묘사되며, 이들의 마음은 여호와에 대적하기 때문에, 이들로부터 도망칠 것을 권고하고 있다(Proverbs 24:9, 17:2).
21 바젤 대학교(Universität Basel)의 법학 교수 제바스티안 브란트(Sebastian Brant)가 독일어로 저술한 『바보배』는 세상의 오만 가지 바보들의 유형을 담은 112장의 운문시를 싣고 각 장에는 판화를 나란히 배치했다. 종교 개혁 직전의 정치와 종교, 사회의 타락과 부패를 통렬하게 풍자하고 비판하는 이 책은 곧 유럽 전역으로 번역되어 우인 문학의 원조가 된다. 현재 미술사학자들은 『바보배』의 판화가가 당시 바젤에 체류 중이었던 알브레히트 뒤러(Albrecht Dürer)라는 데 대부분 동의하고 있다.
22 제바스티안 브란트, 『바보배』, 노성두 옮김(서울: 인다, 2016), 434쪽. 독일에서 당시 바보(Narr, Narrheit)는 광인, 바보, 술주정뱅이, 범죄자를 포함하는 단어였다. 라틴어에서 '어리석음(stultus)'라는 단어도 '광기에 사로잡힘'이라는 의미로 확장되어 사용되었다. 중세 시대까지는 미쳤다는 의미와 지혜와 지능이 모자라다는 의미가 혼재되어 사용된 것이다.

도덕 또는 정신의 무질서를 반영한다는 측면에서 광인과 동일시된 것이다. 중세 시대 바보는 기독교적 맥락에서 신을 부정하는 이들을 뜻했다. 속세의 바보에는 태어날 때부터 지능이 떨어지는 자, 부자들의 광대가 되는 자, 모든 속박으로부터 자유로운 영혼 들이 있었다. 그래서 중세의 그림에 나오는 바보들은 인간의 기본 욕구에 충실한 사람들로 묘사된다. 배고픔, 탐욕, 배뇨에 대한 욕구, 성적 충동, 음주와 같은 종교적·윤리적으로 금지되거나 제한된 것들로부터 자유로운 이 사람들은 자신들이 하는 일이 어떤 의미를 갖고 어떤 벌을 받게 될지도 판단할 능력이 없는 자들이다.[23] 무지와 죄악이라는 승선권을 지참하고 바보들의 천국 '나라고니아'로 향하는 배에 오른 이들은 처음에는 출항의 설렘에 들떠 쾌락의 노래를 부르나 배가 침몰하고 죽음에 임박해서야 세상의 가치들의 부질없음을 깨닫는다.

보스(Hieronymus Bosch)의 〈바보배〉(c.1490~1510)에 승선한 이들도 욕망에 휩싸인 타락한 존재들로 결국 좌초하게 될 바보배의 운명을 암시한다(〈그림 10-2〉).[24] 무성한 수풀을 배경으로 낮은 나뭇가지에 앉아 있는 사나이는 중세의 전형적인 광대 의상인 당나귀 귀 모양에 방울 달린 모자 옷을 입고, 광대 얼굴 모형이 달린 지팡이를 들고 음료를 마시고 있다. 키 큰 나무의 시들은 잎사귀 속에 보이는 얼굴은 사람 해골 같기도 하고 올빼미 같기도 하다. 여기서 올빼미는 지혜의 상징이라면 해골 같은 지혜, 즉 지혜의 부재를 의미하는 것일 테고, 죽음을 상징하는 새로서 올빼미라면 이 바보배가 끝내 항구에 도달하지 못하고 좌초할 것이라는 의미로 해석 가능하다. 알레고리화에 등장하는 나무는 통상적으로 창세기에 등장하는 선악을 '알게' 해주는 나

---

23 하지현, 『정신의학의 탄생』(서울: 해냄, 2019), 208쪽.

24 배에 승선한 일곱 명 중 중심인물은 서로 마주 보고 있는 도미니카 수도회 수도승과 수녀인데, 그들의 눈길은 줄에 매달려 있는 커다란 팬케이크에 향해 있다. 이것은 식탐을 의미한다기보다, 수녀가 연주 중인 악기 '라우테'가 가진 성적 의미를 고려할 때, 서로 떨어져 있어야 하는 엄격한 규율에도 불구하고 서로를 향한 욕망의 눈길을 보내는 것으로 해석된다.

무였는데, 여기서는 우둔과 광기를 보여주는 바보의 나무로 전락했다. 선악과를 욕심내던 아담은 거위 고기를 가져가려는 육욕적인 남자의 모습으로 대치되었다. 보스는 바보배라는 알레고리를 통해 교회와 타락한 바보들에 대한 비판을 드러냈다. 이처럼 바보배는 상징적 의미를 갖는 비유의 수단이기도 했지만, 실제 사회에서 비정상이라고 판단되는 사람들을 정상인들이 사는 곳에서 격리하는 방식으로 문제를 해결했음을 보여주는 것이기도 하다.

〈그림 10-2〉 보스, 〈바보배〉(1490~1510), 패널에 유채, 58x33cm, 루브르 박물관, 파리.

16세기 이후 광대의 도상은 특유의 옷과 모자, 지팡이로 정착되면서 병리학적인 광인과 구별된다. 광인은 혀를 내밀고, 뺨을 부풀려 이빨을 보이거나, 뜨거운 눈물을 흘리는 모습으로, 즉 규범에 맞지 않고 일관성 없는 행동과 모습으로 묘사된다.[25]

그러나 특히 르네상스 예술가들에게 영감을 주었던 광기는 조광증(manie) 쪽보다 우울증(mélancolie) 쪽이다. 이유를 알 수 없이 비애, 슬픔, 침울 등의 감정이 드는 상태인 멜랑콜리는 '검은 담즙'이라는 뜻이다. 이는 히포크라테스(Hippocrates)가 인간의 체액(humor)을 네 가지로 나누고, 검은 담즙이 과도하게 나오면 우울증이 생긴다고 생각한 데서 기원한다. 즉, 고대로부터 멜랑콜리는 영혼의 질병으로 간주되었고, 아리스토텔레스와 같은 고대인들은 "왜 철학, 정치, 시, 예술에 특별한 모든 사람들이 멜랑콜리에 빠지는지" 궁금해했다.[26] 뒤러(Albrecht Dürer)의 〈멜랑콜리아 I〉(1514)에 등장하는 날개

---

25 Guédron, *Visage(s)*, p. 281.

26 Aristotles, *Problèmes*, XXX. Claude Quétel, *Images de la folie*(Paris: Gallimard, 2010), p.

〈그림 10-3〉뒤러, 〈멜랑콜리아 I〉 (1514), 동판화, 24.2x18.8 cm, 미니애폴리스 미술관, 미네소타.

〈그림 10-4〉크라나흐, 〈멜랑콜리〉 (1532), 나무에 유채, 76.5x 56cm, 운터린덴 미술관, 콜마르.

를 단 창조적 천재는 우울한 광기에 사로 잡혀 있는 모습을 보여주며 이후 전형적 인 멜랑콜리의 포즈가 되었다(〈그림 10-3〉). 작품에 등장하는 다면체, 구, 컴퍼스, 대 패, 못 등은 르네상스 예술가를 상징하며, 다른 멜랑콜리의 상징물들, 박쥐(어둠), 사다 리(상승과 동경), 모래시계(시간), 열쇠와 주 머니(소유 욕망) 등이 화면을 채우고 있다.[27]

1532년 크라나흐(Lucas Cranach the elder) 의 〈멜랑콜리〉는 뒤러의 작품과 매우 유 사한 구도와 소재들을 선택했지만, 상징 적 요소는 상당히 다르게 해석된다(〈그림 10-4〉). 제일 눈에 띄는 다른 점은 남녀가 정확히 구분되지 않는 뒤러의 천사에 비해 크라나흐의 천사는 분명히 여성이라는 점 이다. 뒤러 작품에서 명상하는 자세는 지 식에 대한 어두운 사색으로 보이지만, 크 라나흐의 천사는 붉은색 옷을 입고 관객 쪽으로 모호한 시선을 보내고 있음을 감안 할 때 유혹의 몸짓으로 읽힌다. 함께 등장 한 그레이하운드, 자고새도 우리를 죄와 정욕의 세계로 인도하는 상징물이다. 왼쪽 상단에 묘사된 마녀와 악마의 축제는 분

22에서 재인용.

27 김동규, 『멜랑콜리아』(파주: 문학동네, 2018), 328~334쪽.

명 '멜랑콜리'에 담긴 악마의 힘을 암시하는 것이다. 따라서 아이들의 장난도 수상쩍고, 천사가 막대기를 깎고 있는 행위도 우울로 가는 지름길인 게으름이나 나태를 의미한다. 분명 기독교 문화에서 멜랑콜리는 큰 죄였다. 어떤 것에도 관심이 없는 무의미와 권태, 무감각과 나태에 깊이 빠진 상태인 '아케디아(acedia)'는 멜랑콜리의 다른 이름으로 일곱 가지 대죄 중 하나였다. 그러나 역설적으로 죄라는 것은 강력한 유혹의 힘을 갖고 있어서, 이러한 유혹을 견뎌내는 고행과 수련이 요구되기도 했고, 오히려 대면해 제거해내야 하는 악의 요소로 해석되기도 한 것이다.[28]

2) 광기의 치료(광기의 돌/치료 순례)

히포크라테스 전통과 그 추종자들은 질병에 대한 설명뿐만 아니라 질병의 치료에도 관심이 있었다. AD 3세기부터 의사들은 광인들에게 치료를 목적으로 거의 모든 것을 시도한다. 체액의 질적 교란에는 동종 요법 약물을, 양적 이상에는 보충 약물이나 제거 약물을 사용했다. 그래서 광인들에게는 구토, 관장, 출혈을 일으키는 약물이 주로 사용되었다.[29] 중세 이후 각 유형의 광기에 따라 알맞은 다양한 약과 시술이 시도되었고, 르네상스 시기에 이르면 머리를 절개하는 진짜 외과 시술이 개입된다. 당시 사람들은 광기에 물질적 뿌리가 있다고 믿었으며, 바로 그 뿌리를 뽑는 것이 치료라 여긴 것이다. 그래서 광인의 머리에서 외과의가 돌을 꺼내는 (척하는) 장면을 묘사하는 그림은 15세기 말 보스나 브뤼헐(Pieter Brueghel)의 그림에서부터, 16세기 중반 피터르 하위스(Pieter Huys)의 작품 등 흔히 선택되는 소재였다. 이러한 그림들이 실제 가리키는 것은 당시 시행된 천공술, 또는 머리뼈를 지지는

---

28 김동규, 같은 책, 100~104쪽 참조.
29 Quétel, *Images de la folie*, pp. 32~33.

〈그림 10-5〉보스, 〈돌 제거 수술〉
(c.1494), 패널에 유채, 48x
35cm, 마드리드 미술관,
마드리드.

〈그림 10-6〉보스, 〈돌 제거 수술〉
(부분)

소작술일 것이다. 그러나 보스의 그림을 보면, 시술자는 실제 외과 의사라기보다 사기꾼에 가깝다(〈그림 10-5〉). 그가 쓰고 있는 것은 지혜의 깔때기가 아니라 속임수의 상징이다. 옆에 있는 성직자가 이 시술에 불신을 드러내며 이의를 제기하고 있는 것도 이러한 해석의 근거가 된다.[30] 머리에 책을 얹은 수녀 복장의 여인은 오히려 방관자의 자세를 취하고 있다.[31] 광인의 머리에서 피어오르는 일종의 물튤립은 16세기 네덜란드어로 우둔함의 뜻을 가지므로, 바보의 상징일 수 있다(〈그림 10-6〉). 그러나 물튤립은 실은 로투스(lotus)로, 고대에는 정신적 지식의 상징이기도 했다. 이렇게 되면, 광인의 머리에서 제거하는 것은 돌이어야 하는데, 막상 시술의 결과로 나온 것은 현자의 상징물, 로투스였다는 해석이 된다. 광인은 치료를 받아도, 이성의 세계로 가는 것이 아니라, 여전히 광기의 세계에 남아 있는 것이다.[32]

---

30 푸코는 이 그림에 묘사된 의사는 치료받는 환자보다 더 미친 광인이며, 이 의사의 그릇된 지식은 본인을 제외한 어느 누구나 쉽게 알아차릴 수 있다고 언급했다. Foucault, *Histoire de la folie à l'âge classique*, p. 37.

31 이 여인의 자세를 앞서 살펴본 뒤러의 〈멜랑콜리아 I〉에 등장한 전형적인 우울증 자세로 볼 수도 있다. 반대로 치료받는 바보의 자세는 전형적인 조광증 자세로 뒤로 돌아간 눈, 벌어진 입과 함께 몸을 활처럼 휘어 있는 것이 특징이다. Sander L. Gilman, *Seeing the Insane* (Vermont: Echo Point Books & Media, 2014), p. 36.

한편 중세를 지나면서 치료를 위한 순례의 길도 성행했는데, 특히 광기의 치료에 효과가 있는 것으로 여겨졌다. 광기를 치료하는 성인들은 매우 많았고, 전문적으로 세분화되었다. 성 요한이 간질에 효과적이라 알려져 병명이 "성 요한 병(mal Saint Jean)"이라 불릴 정도였다. 치유의 기적을 바라며 유럽 곳곳에서 출발해 성인의 도시까지 이르는 길은 고행길이었다.[33] 발작을 일으키며 몸이 뒤틀리는 광인을 양쪽에서 붙잡고 힘겹게 걸어가는 이 고행길을 묘사한 데생과 판화 들이 남아 있다. 광기를 보여주기 위해 화가들은 흔히 결박당한 채 많은 사람들에 의해 제지되고 있는 모습으로 광인들을 그렸다.[34] 19세기 고야(Francisco de Goya)가 그린 〈산 이시드로를 향한 순례〉(1820)

---

32 광인의 머리에서 나온 꽃을 성적인 의미로 해석하는 학자들도 있다. 이 경우 시술자는 환자의 광기를 치료하기보다 환자의 성적 욕망인 정욕을 제거해 사회와 기독교 도덕의 올바른 길로 돌려보내는 거세 행위를 하고 있는 것이다. Pilar Silva Maroto(ed.), *Bosch: the 5th Centenary Exhibition*(Prado: Museo Nacional del Prado, 2016), pp. 356~360. 이러한 관점에서 보면, 이 그림의 네덜란드어 고딕체로 적힌 "주인님, 빨리 이 돌을 제거해 주세요. 제 이름은 루베르트 다스(Lubbert Das)입니다"에서 Lubbert Das는 플랑드르 문학에서 사용된 바보를 가리키는 별명이 아니라, 독일어로 '거세된 개'를 의미한다고 해석할 수 있다.

33 많은 순례 길이 있었지만, 유럽 전역에서 광인들이 가장 많이 찾아가는 순례 길은 벨기에 길(Geel) 마을까지 가는 성 딤프네(Saint Dymphne) 순례이다. 아일랜드 지방 오리얼(Oriel) 왕국의 데이먼 왕의 딸로 태어난 딤프네는 아버지를 피해 길까지 가서 그곳에 정신 병원을 세웠다. 그녀를 찾아온 아버지에게 참수당하는 장면을 지켜본 환자들이 기적적으로 치유된 사건 이후, 길 마을은 광인들의 순례지가 되었다. 지금까지도 이곳의 주민들은 정신 질환자들을 하숙인으로 맞이하며 하나의 공동체를 이루고 살아가는 전통을 유지하고 있다. 다음을 참조. "성녀 딤프나여, 내 정신의 아픔을 고쳐 주소서", 《마인드포스트》, 2020년 12월 2일 자, http://www.mindpost.or.kr/news/articleView.html?idxno=4687(검색일: 2022.9.1).

34 무도병 환자의 광기를 그린 대(大) 피터르 브뤼헐의 회화는 다소 특이하다. 무도병 환자의 춤과 성 비투스의 춤은 14, 15세기 라인란트(Rheinland) 지역을 휩쓸고 지나갔던 유행성 정신 질환이었다. 그들은 백파이프에서 울려 나오는 음악 소리에 맞추어 성 비투스(St. Vitus) 교회로, 또 다른 무리들은 성 윌리브로드(St. Willibrord) 수도원으로 천천히 춤추며 성지 순례를 가고 있는 듯했다. 헨리 지거리스트, 『문명과 질병』, 황상익 옮김(파주: 한길사, 2008), 323쪽.

<그림 10-7> 고야, <산 이시드로를 향한 순례>(1820~1823), 캔버스에 옮겨진 유화 벽화, 138.5x436cm, 프라도 미술관, 마드리드.

<그림 10-8> 고야, <산 이시드로를 향한 순례>(부분)

에는 끝없이 이어지는 행렬이 묘사되어 있다(<그림 10-7>). 마드리드(Madrid)의 성자 산 이시드로(San Isidro)의 분수까지 가는 순례는 실재했지만, 고야는 이 순례 길을 묘사할 때 환상적이고 환각적인 성격을 부여했다. 전경에 피라미드를 이루고 있는 군상은 제각각의 고통과 정신 착란에 고립되어 소리 없는 비명을 지르고 있는 모습을 보여준다(<그림 10-8>).

3) 감금의 시대(수용소/정신 병원)

푸코가 고전주의 시대라 부르는 17세기 중반부터 광인들은 수용소에 고아, 노인, 부랑자, 사기꾼, 매매춘 여성, 마녀, 무신론자, 가난한 자 들과 함께 감금된다. 이는 중세 때 나환자들의 격리 공간이었던 구빈원(l'hôpital général)이 중세 말 나병의 사라짐과 동시에 거의 텅텅 비게 된 사실과 관련 있다. 17세기가 되면서 이곳은 온갖 종류의 '사회로부터 버림받은 자들'을 감금하는 수용소가 되었다. 여기에는 의사가 상주하지 않았고, 기관장은 수용자들의 사법과 행정의 전권을 갖고 있어, 문제 있는 사람들을 사회로부터 철저히 배제하는 역할을 했다. 푸코에 따르면, 르네상스 초 나병의 지위를 이은 것은 처음에는 성병이었지만, 성병이 의학의 영역으로 분리되어 나간 후, 고전주의 시대에는 광기가 나병의 지위를 이어받는다.[35]

이러한 시설 중 하나였던 베들램(Bedlam)은 광인의 집으로 널리 알려졌다.[36] 1247년 런던 구시가지 성벽 밖에 세워진 성모 마리아 베들램 수도원은 처음에는 도움이 필요한 모든 사람들, 이방인, 순례자 들을 받아들였다. 서서히 광인을 돌보는 곳으로 명성을 얻기 시작한 베들램은 17세기에는 광인 수용소의 대명사가 되었다.[37] 당시 광인의 발작 장면, 수용소 내부의 다양한 인간 군상 등을 묘사한 그림과 판화, 데생 등은 대부분 이곳을 배경으로 한다. 호가스(William Hogarth)의 연작 〈탕아의 편력(A Rake's Progress)〉(1732~1733) 중 마지막 장면인 〈광인의 집(The Madhouse)〉에는 무절제한 생활로 미쳐버린 톰 레이크웰(Tom Rakewell)이 거의 알몸으로 사슬에 매여 베들램의 바닥에 누워 있고, 발광하는 자들이 그를 에워싸며, 우아하게 차려입은 부유층 두 명이 이 모두를 자세히 살피고 있다(〈그림 10-9〉). 주교관을 쓰고 있는 교황 절대주의자, 발광한 천문학자, 우울증에 걸린 학자, 망상에 빠진 뱀꾼, 착란을 일으킨 악사, 알몸에 가짜 왕관만 걸친 채 오줌 누는 인물 등이 북적거리는 병동은 다양한 모습의 광기가 죗값을 치르는 행렬을 보여준다.

---

35 Foucault, *Histoire de la folie à l'âge classique*, p. 18.

36 원래는 베들램(Bethlehem)의 작은 성모 수도원이라는 이름이었으나, 광인의 집으로 널리 알려지며 동음이의어인 '대혼란, 미친 곳'(bedlam)이라는 별칭을 얻게 되었다. 에드워드 쇼터, 『정신의학의 역사』, 최보문 옮김(서울: 바다출판사, 2020), 20쪽.

37 베들램 수도원은 1676년 새롭게 지어지면서, 정문 위쪽에 네덜란드 조각가 시버(Caius Gabriel Cibber)의 거대한 조각품 두 점이 세워졌다. 왼쪽에는 우울증 환자의 인물상이 짚으로 짠 침상 위에 거의 누운 자세로 멍하니 널브러져 있고, 반대편에는 위협적인 조증 환자의 인물상이 사슬에 묶인 채 누워 주먹을 꽉 쥐고 몸부림치면서, 짐승처럼 얼굴을 일그러뜨리고 있다. 스컬, 『광기와 문명』, 118, 175~177쪽.

〈그림 10-9〉 호가스, 〈탕아의 편력(8): 광인의 집〉(1732~1733), 캔버스에 유채, 62.5x75cm, 존 손 경 박물관, 런던.

〈그림 10-10〉 로베르-플뢰리, 〈피넬, 1795년 살페트리에르 병원의 최고 의료책임자(Pinel, médecin en chef de la Salpêtrière en 1795)〉(1876), 캔버스에 유채, 피티에-살페트리에르 병원, 파리.

여기 등장한 창살, 사슬, 알몸은 광증의 전형적인 부수물이다.[38]

대감금의 시대를 지나 19세기에 이르면 광기는 도덕성 장애, 정상적 도덕관념의 부재로 여겨지며, 교정의 대상이 된다.[39] 19세기의 '과학적 정신 의학(psychiatrie scientifique)'이 가능하게 된 것은 이러한 심리학과 도덕의 결합 덕이다. 이전에는 광인이 부도덕한 행위를 할지라도 부도덕한 동기를 갖는 존재로 여겨지진 않았다. 그저 부도덕한 행위를 광인의 무능력과 무분별의 결과로 간주했을 뿐이다. 그러나 근대에 도달하면서 광인은 도덕적 결함이 있는 자로, 광기는 도덕적 결함의 심리적 효과로 규정된다. 정신 의학에서는 환자와의 대화를 통해 처벌에 관계되는 죄의식을 주입시키는데, 그 역할을 맡은 의사는 치료를 위해 도덕가(moraliste)가 되는 것이다. 그래서 살페트리에르(Salpêtrière) 병원에서 환자의 구속복과 쇠사슬을 풀고 도덕 치료를 도입한 필리프 피넬(Philippe Pinel)의 모습은 종종 선택되는 회화적 소재가 된다(〈그림 10-10〉). 피넬은 푸코의 『광기의 역사』

---

38 스컬, 같은 책, 186~187쪽.

39 Foucault, *Histoire de la folie à l'âge classique*, pp. 152, 167.

가 출간되기 전까지는 '광인들의 해방자'로 간주되었으나,[40] 푸코에 따르면, 피넬은 육체의 쇠사슬을 걷어내고 정신의 쇠사슬을 채운 것이다. 로베르-플뢰리(Tony Robert-Fleury)의 그림에서 피넬의 명령대로 광인의 사슬을 풀어주고 있는 행위는 이제 광기가 의학의 영역으로 들어가는 것을 의미한다.

4. 광인의 얼굴

19세기 초 정신 의학의 탄생과 함께 과학적 연구 대상으로서 광인의 얼굴이 주목받는다. 최초의 정신 의학자들은 신체의 모든 부분에서 광기의 원인을 찾았지만 특히 뇌에서 주목할 만한 변화를 발견했다. 그들의 초점을 두뇌로 돌리는 데 기여한 것은 지금은 의사(疑似) 과학으로 판명된 과거의 인상학과 골상학(phrenology)의 연구 결과이다. 인상학과 골상학, 그리고 정신 의학에서 사용된 광인의 얼굴은 주체성을 보여주는 얼굴이라기보다, 온전한 주체가 되지 못하고, 동물성의 모습으로, 인간성의 '부재'로 개념화되어 '타자화'되어 가는 과정을 보여준다.

1) 인상학과 골상학 저서에 나타난 광인의 얼굴

델라 포르타(Giacomo della Porta)의 인상학에 관한 책(1586)에서 광인의 용

---

40 사실 광인의 쇠사슬을 풀어준 것이 피넬이 최초는 아니었으나 피넬이 1801년 "환자에게도 인격과 인권이 있고, 이것을 보장해야 한다"라며 수용소 감금은 치료적으로 사용해야 한다고 주장했고, 정신 질환을 분류하는 책을 출판하는 등 학계에 공식적 기록을 남긴 덕분에 유명해진 것이다. 약물 치료나 생물학적 치료가 아닌 특별한 정신적 치료, 그가 도덕 치료(le traitement morale)라 이름 붙인 치료법 덕분에 그는 근대 정신 의학의 효시로 불린다. 하지현, 『정신의학의 탄생』, 349~350쪽; 쇼터, 『정신의학의 역사』, 30~33쪽.

<그림 10-11> 르브룅, 〈화
(la colère)〉

자료: Le Brun, *Les expres-
sions des passions
de l'âme*(1727).

<그림 10-12> 라바터, 〈두
명의 멜랑콜리〉

자료: Lavater, *Essay on
Physiognomy*(1789).

모는 두 유형으로 나뉜다. 한쪽에는 유아적 광인 또는 즐거운 착란에 사로잡힌 광인의 얼굴을 새와 원숭이의 얼굴과 비교하며, 다른 쪽에는 위협적인 광인의 얼굴을 곰과 비교한다.[41]

르브룅이 1668년 '회화 조각 왕립 아카데미'에서 행한 강연에서 제시한 감정에 따른 표정의 범형들 중 슬픔, 절망, 화, 분노와 같은 감정에 유형화된 표현은 후대 화가들의 광인들의 묘사에 유용하게 사용되었다(〈그림 10-11〉).[42] 영혼의 자리를 뇌의 중심에 있는 송과선에 위치시키는 데카르트의 정념론에서 영감을 받은 르브룅은 우리의 얼굴 중 눈썹이 감정, 정념을 가장 잘 읽을 수 있는 얼굴 부분이라고 주장했다.

라바터의 인상학에서는 얼굴 부분들의 불균형, 부조화, 불규칙성이 불완전함의 징후로서 광기를 가리키는 것이었다. 특히 턱의 축과 코의 축 사이의 각도가 45도 이상인 경우 공격적인 행동을 나타낸다고 분석하고 있다. 경사지고 고르지 못한 이마는 멜랑콜리 성향을 보여주는 것이었다(〈그림 10-12〉).[43]

라바터와 동시대인들은 이러한 식으로 이마

---

41 Giacomo della Porta, *La physionomie humaine*, translated by Rault(Rouen: Jean & David
Berthelin, 1660[1586]).

42 Le Brun, "Conférence sur l'expression générale et particulière," p. 334.

43 Gilman, *Seeing the Insane*, p. 64.

와 안면 각도를 측정했고, 이는 곧 두개골의 측정으로까지 이어진다. 마음을 인간 두뇌의 복잡한 물질 조직에 불과하다고 생각한 빈(Wien)의 의사 갈(Franz Joseph Gall)은 파리에서 뇌의 여러 부분의 기능과 인간 성향과의 관계에 대한 강의를 했다. 1810년부터 1819년까지 그는 네 권의 일반 신경계와 뇌의 생리학, 해부학에 관한 책을 출판했는데, 여기에는 뇌의 모양에 따라 인간과 동물의 여러 지적·도덕적 성향을 인식할 가능성에 대한 관찰이 포함되어 있다. 이 이론에 따르면, 모든 기능, 모든 감정, 모든 성향의 기관인 뇌는 많은 특정 기관으로 구성되어 있다. 뇌를 형성하는 두개골의 모양을 측정하고 촉진하면 이러한 기능과 그 이상(異常)을 식별해 낼 수 있다는 것이 그의 주장이었다. 여기서 두개골의 이상이라 함은 천재 또는 비정상을 의미하는 것인데, 비정상은 범죄뿐만 아니라 광기를 포함한다. 그래서 갈과 그를 따르는 제자들은 단두대에서 처형된 사람들(범죄자)뿐만 아니라, 바보와 광인 들의 두개골도 취하고자 했다.[44] 이러한 골상학자들과는 반대로 프랑스의 정신과 의사 에스키롤(Jean-Étienne Dominique Esquirol)은 편집광을 묘사하면서 대뇌 영역의 기능적 자

〈그림 10-13〉 프랑수아-마리 가브리엘(François-Marie Gabriel), 〈악마 망상(démonomanie)〉

자료: Esquirol, *Dictionnaire des sciences médicales* (1812~1822).

〈그림 10-14〉 가브리엘, 〈조광증(mania)〉

자료: Esquirol, *Dictionnaire des sciences médicales* (1812~1822).

---

44 Quétel, *Images de la folie*, pp. 100~101.

율성 이론을 펼친다. 이제 광기의 해부학-병리학적 기원을 옹호하는 해부학자가 승리하는 시간이 온 것이다. 광기와 같은 정념, 정동은 유기적 생명에 속하며 더 이상 영혼에 속하지 않는다.

2) 정신 의학 저서에 삽입된 정신 질환자의 얼굴

19세기 정신 의학의 출현과 함께 광기에 특화된 기관들이 출현한다. 인상학적 전통의 유산 위에서 이제 광인의 얼굴은 과학적 연구의 대상이 되며, 정신 이상은 볼 수 있고 관찰 가능한 것이 된다. 피넬은 환자들의 얼굴에서 조광증(manie), 우울증(mélancolie), 치매(démence), 백치(idiotie)를 분류해 냈다.[45] 이 새로운 정신 의학은 두개골의 크기 비교부터, 동공의 팽창, 눈꺼풀의 동요, 콧구멍의 수축, 뺨의 꺼짐 등과 같은 얼굴 표정을 관찰해 질병을 분류한다. 환자들의 신체 구조와 표

〈그림 10-15〉 타르디외, 〈우울증(Lypemania)〉

자료: Esquirol, *Des maladies mentales considérées sous les rapports médical, hygiénique et médico-légal*(1838).

〈그림 10-16〉 타르디외, 〈조광증〉

자료: Esquirol, *Des maladies mentales considérées sous les rapports médical, hygiéet médico-légal* (1838).

---

45 Philip Pinel, *Traité médico-philosophique ou méthode de l'analyse appliquée à la médecine* (Paris: Caille et Ravier, 1800), pp. 135f, https://gallica.bnf.fr/ark:/12148/bpt6k432033ᵥ(검색일: 2022.9.1).

정에 대한 피넬의 관점은 피넬의 제자이자 동료인 에스키롤의 연구에서 계속된다. 에스키롤의 저서에 실린 삽화는 악마에 사로잡혔다고 믿는 망상(démonomanie)과 조광증의 예에서 보이듯이 얼굴 특징에 세심한 배려를 하고 있다(〈그림 10-13〉, 〈그림 10-14〉). 에스키롤은 표정의 불안정함에 대해 서술하고, 동시에 얼굴의 각도에 대해서도 설명하고 있다. 그러나 얼굴 표현뿐만 아니라 우울증 환자의 숨긴 손, 조광증 환자의 부스스한 머리와 같이 증상에 따라 나타나는 전형적인 자세와 표현도 나타나고 있다(〈그림 10-15〉, 〈그림 10-16〉).[46] 전술한 마지막 두 그림을 그린 사람은 타르디외(Ambroise Tardieu)였는데, 그는 기존 인상학의 골자를 참조하면서도, 특정 포즈를 취하고 있거나 어떤 상황을 암시적으로 보여주는 방식으로 증상을 묘사하는 탁월한 능력을 보여주었다.

　1825년경 에스키롤의 지휘 아래, 가브리엘 (Georges François Gabriel)이 그린 200여 점의 환자들의 초상화도 이러한 정신 질병의 분류에 따른 환자들 얼굴의 특징을 보여준다. 가브리엘은 라바터의 이론과 인상학의 얼굴 표현 방법을 잘 알고 있었기 때문에 증상의 특징과 얼굴 표정의 표현에 집중했고, 환자의

〈그림 10-17〉 가브리엘, 〈백치〉(c.1820), 빅토르 위고의 형 외젠.

〈그림 10-18〉 제리코, 〈강박적 질투로 고통받는 여인의 초상〉 (1822), 캔버스에 유채, 72x58cm, 리옹 미술관, 리옹.

---

46 Gilman, *Seeing the Insane*, p. 76.

〈그림 10-19〉 브램웰, 〈만성 치매(chronic dementia), 우울증(melancholia), 조증(mania), 노인성 치매(senile dementia)〉

자료: Byrom Bramwell, *Atlas of Clinical Medicine*(1892~1896).

이름과 질병명을 간결하게 적어놓았다. 예를 들어 1922년 동생 빅토르 위고 (Victor Hugo)의 결혼식에서 발작을 일으켜 샤랑통(Charenton) 정신 병원에 입원한 외젠 위고(Eugène Hugo)의 얼굴 아래에는 "위고, 시인의 형, 백치"라고 쓰여 있다(〈그림 10-17〉).

우리에게 잘 알려져 있는 낭만주의 화가 제리코(Théodore Géricault)의 광인 연작(〈그림 10-18〉)의 영향이 느껴지는 삽화도 있다.[47] 영국의 신경학자 바이럼 브램웰(Byrom Bramwell)의 저서에 삽입된 질병 분류에 따른 정신 질환자들의 초상화는 낭만주의 시대에 새롭게 갱신된, 광인들의 감정 과잉 상태의

---

47 살페트리에르 병원의 의사 조르제(Etienne Jean Georget)는 친구 제리코에게 자신의 환자들의 초상화를 그려달라고 부탁한다. 3년 후 화가와 의사 둘 다 죽음을 맞이해 삽화로 싣고자 했던 원래 프로젝트는 완성되지 못했으나 제리코가 그린 환자들의 초상 열 점이 남았다. (그중 다섯 점만 전해지고 있다.) 제리코의 광인들의 표정과 자세에서 우리는 앞서 살펴본 에스키롤의 〈악마 망상〉(〈그림 10-13〉)과의 유사성을 언급할 수 있으나, 보다 분명한 것은 제리코가 망상에 빠져 있는 환자들의 표정을 낭만적으로 표현했다는 점이다. 이 연작에 대한 연구는 다음을 참고할 수 있다. Robert Snell, *Portraits of the Insane: Theodore Gericault and the Subject of Psychotherapy*(London and New York: Routledge, 2019).

표현을 보여주는 자료이다(〈그림 10-19〉). 그러나 곧 사진이 초상화를 대체하면서 이러한 유형화는 또 다른 국면을 맞이하게 된다.

3) 히스테리 사진

19세기 중반 정신 의학 사진들의 출현과 발전이 이미지의 '유형화'를 더욱 견고하게 했다. 영국의 휴 다이아몬드(Hugh Welch Diamond)는 자신의 환자들을 사진으로 등록하면서 각 정신 질병의 시기에 따라 나타나는 얼굴의 특징을 재발견했다(〈그림 10-20〉).[48] 이러한 정신 의학적 기호학은 형태 유형학과 연결되어, 특정 표정은 특정 유형의 정신 질환에 연결시키는 방식으로 정형화된다. 프랑스 의사 페레(Charles Féré)의 경우, 이것을 몸짓의 특징으로까지 확대하는데, 마비 환자들은 턱을 허공으로 향하며, 우울증 환자들은 눈썹을 가운데로 모으고, 분열증 환자들은 달아나는 시선을 보여준다는 식이다. 이렇게 다윈(Charles Darwin)의 진화론의 영향 아래 인상학과 정신 의학의 결합은 광인의 얼굴 표현을 '퇴화'의 증거로 낙인찍는다.[49] 이제는 혁신적인 사진

---

48 〈그림 10-20〉의 환자는 우울증에서 조증으로 넘어가는 상태를 보여준다. 몸에 붙인 팔, 처진 팔다리, 주저앉은 뺨 등이 우울의 증거이지만, 눈은 공허하지 않아 불쾌하거나 의심스러운 어떤 것을 분간할 수 있는 상태이다. 이마에는 강한 감정이 묻어나는 주름이 있고, 눈썹은 찌푸려져 있긴 하지만 많은 우울증에서 관찰되는 것처럼 코로 향하는 긴장된 수축은 없다. Sander L. Gilman(ed.), *The Face of Madness: Hugh W. Diamond and the Origin of Psychiatric Photography* (Vermont: EPBM, 1976, 2014), pp. 43~48.

49 정신과 의사들에게 매력적이었던 것은 『종의 기원』(1859)에 등장하는 자연 선택이라는 관념보다 베네딕트-오귀스탱 모렐(Bénédict Augustin Morel)의 『인류의 지적·도덕적·신체적 퇴화에 관한 논문』(1857)과 장바티스트 라마르크(Jean-Baptiste Lamarck)가 옹호한 대체 이론이었다. 대체 이론을 선택하면, 광기를 죄의 대가로 볼 수 있었다. 간통, 과음과 같은 인습적 도덕을 어긴 대가를 그의 자식, 손자, 증손자가 지불한다는 것이다. 진화처럼, 퇴화도 일단 개시되면 세대에서 세대로 급속히 진행되어 광기, 백치, 불임순으로 궁극적 형벌을 받는다. 스컬, 『광기와 문명』, 345~348쪽.

〈그림 10-20〉 다이아몬드, 〈서리 카운티 정신 병원의 환자 초상 no. 13(Portrait of a patient from Surrey County Asylum, no. 13)〉(c.1855)(부분), 사진, 국립 미디어 박물관, 영국.

〈그림 10-21〉 롱드, 〈히스테리 발작 환자의 연속 사진〉(1885)

술을 써서 그들의 이론을 '문서화'할 수 있었다. 19세기 의사들은 사진이 인간의 눈의 한계를 극복한다고 생각했다. 히스테리 환자의 발작 중세처럼 동작이 빠르게 지나가는 경우나 환자의 걸음걸이 등을 포토크로노그라피 방법으로 기록하거나, 셔터 속도를 느리게 한다든지, 네거티브를 포개는 등의 사진 기법으로 기록할 수 있게 되면서 사진의 강점은 부각된다.[50] 살페트리에르 병원에서 샤르코와 알베르 롱드(Albert Londe)는 활 모양 자세와 같은 히스테리 발작의 유형을 사진으로 기록한다(〈그림 10-21〉). 샤르코는 히스테리라는 이상 중세는 꾀병이나 연기가 아니라, 진정한 몸의 장애라 주장하며, 화요 강의(Leçon du Mardi)에서 히스테리 환자에게 최면술을 걸어 다양한 단계의 히스테리 발작을 시연하도록 했다

(〈그림 10-22〉). 이 공개 시연은 곧 돌풍을 일으켜 많은 사람이 이 스펙터클을 보러 몰려들었고, 샤르코의 명성은 커졌다.

증상이 한창일 때 짓이 난 환자들은 롱드의 카메라 렌즈에도 기록되었다. 이러한 사진들을 모은 『살페트리에르 사진 도판(Iconographies photographique de la Salpêtrière)』(1876~1877, 1878, 1878~1879)과 『살페트리에르의 새로운 도판

---

50 박상우, 「사진과 19세기 신경정신의학」, ≪미술사학보≫, 37집(2011.12), 85, 91쪽.

(Nouvelle Iconographie de la Salpêtrière)』(1888~ 1918)은 널리 퍼져, 임상 시연을 직접 보지 못한 관객들에게 히스테리에 대한 샤르코의 생각을 전달했다. 또한 〈그림 10-23〉과 같은 사진들은 대중의 마음속에 히스테리의 이미지를 고정시키는 데 크게 기여했다. 사람들은 사진이 진실, 즉 조정을 거치지 않은 자연의 직접적 초상이며, 카메라 렌즈 앞을 지나가는 것을 순간적으로 포착한 것이라 믿었기 때문이다. 그러나 이후 학자들에 의해 이러한 히스테리 사진들의 한계점이 밝혀진다. 샤르코에 따르면 히스테리 발작 단계는 공식적으로 전조기(prodrome)-간질기(épileptoïde)-광대기(clownisme)-감정적 태도기(attitudes passionnelles)를 거친다.[51] 그러나 샤르코의 동료 또는 이후의 학자들은 실제 히스테리 진행 단계의 가짓수와 그 단계들은 샤르코가 주장한 것보다 훨씬 가변적이며, 개인차가 심해서 유형화하기 어렵다고 밝힌다. 즉, 샤르코는 자신의 공식에 맞는 사진만을 골라 짜 맞춘 것이라는 비판을 받게 된다. 심지

〈그림 10-22〉 앙드레 브루예(Pierre Aristide André Brouillet), 〈살페트리에르 병원의 임상 수업(A Clinical Lesson at the Salpêtrière)〉(1887), 290x 430cm, 파리 데카르트 대학.

〈그림 10-23〉 롱드, 〈감정적 태도기: 황홀(Attitudes passionnelles: extase)〉(1878)

자료: Charcot, *Nouvelle Iconographies de la Salpêtrière* (1888).

---

51 Albert Londe, *La Photographie médicale. Application aux sciences médicales et physiologiques*(Paris: Gauthier-Villars, 1893), pp. 99~102. 박상우, 앞의 글, 96쪽에서 재인용.

어 히스테리 사진 중에는 연출된 사진도 있었다. 히스테리 단계를 보여주는 사진들은 모두 스냅 사진처럼 보이지만, 기술적 측면에서 1880년 이전 사진들이 순간 포착되었을 가능성은 적다. 당시 사진에서 사용한 콜로디온 습판 기술, 조명의 한계로 인해 때로는 판당 20분에 달할 만큼 긴 노출을 필요로 했기 때문이다.[52] 이것은 환자가 사진사가 시키는 대로 포즈를 취했다는 뜻이 된다. 병상을 기록한 '객관적' 사진이 연출되고, 꾸며지고, 조작된 것이라면, 사진은 더 이상 '사실'의 기록이 아닌 것이 된다.

5. 광기의 박물관

전시학의 역사는 박물관을 두 모델의 역사로 읽는다. 하나는 '자기(the self)의 박물관', 다른 하나는 '타자(the other)의 박물관'이다. 전자는 '우리는 누구인가?'라는 질문을 자기가 속한 공동체와, 공동체 밖에서 온 방문객에게 던진다. 후자의 전시 대상인 타자들은 원래의 장소를 떠나 다른 곳에 진열되어, 그들이 재현하고 있는 것으로부터, 그들의 문화적·정치적 정체성의 형성 과정에서부터 떨어져 나왔다. 여기에서 역사적 내러티브는 국가, 대륙, 지리, 문화적 정체성으로 분절된 내러티브로 나타난다. 결과적으로 다소 위계적인 축들이 생겨나는데, 서양과 동양, 북과 남, 현대와 전통, 발전과 미발전과 같은 이항들이 바로 그것이다.[53]

'광기의 박물관'이라는 표제어는 '광기'와 '광인'이라는 타자를 진열하기 위한 것으로 표면상 타자의 박물관으로 보인다. 그러나 여기서 광기와 광인

---

52 Didi-Huberman, *Invention de l'hystérie*, p. 119.

53 Benoît de L'Estoile, *Le goût des autres: de l'exposition coloniale aux art premiers* (Paris: Flammarion, 2007), pp. 12~13.

은 가장 개인적인 것에서 사회 문화적인 것 너머로, 관념적인 것에서 상상적인 것으로, 인간적인 것에서 비인간적인 것으로 이행하는 장소가 된다. 이러한 이행을 선도하고, 광기의 이미지와 광인의 얼굴을 만들어온 이들은 다름 아닌 광인이 아니라 확신하는 우리들이었음을 살펴보았다. 푸코가 지적했듯이 광인은 동일자(le Même)와 타자(l'Autre)의 언제나 되살아나는 변증법 속에서 나타난다.[54] 이제 '광기의 박물관'은 '타자의 박물관'에서 '자기의 박물관'으로 이행이 일어나는 곳이 된다. 죽음의 알레고리였던 광기가 '우리의 삶에 뿌리박은' 예술을 만나 살아 있는 박물관으로 변신하는 것이다. 이는 푸코가 후기 철학에서 "자신의 삶을 어떤 미학적 가치를 가진 하나의 작품으로 만드는" 실존의 미학을 펼친 것과 상통한다.[55] 이는 근대적 인간을 구체적이고 객관적인 진실로 규정하기 위해 반드시 인간의 부정성(négativité), 즉 광기를 통해서 규정해 왔던 것과 역순의 과정을 밟아야 가능하다. 이 글에서 구축해 본 '광기의 박물관' 안에서는 타인의 광기가 나를 이성적 주체로 규정시켜 주는 방식이 되는 것이 아니라, 내 안에 있는 타자로서 광기가 나를 미적 작품으로 만들어주는 힘으로 작동하는 것이다.

---

54 Foucault, *Histoire de la folie à l'âge classique*, p. 546. 인간은 '인간의 여집합이 아닌 것'으로, 동일자는 늘 '동일자가 아닌 것, 곧 타자의 여집합'으로 규정되어 왔다. 허경, 『미셸 푸코의 『광기의 역사』 읽기』(서울: 세창미디어, 2019), 341쪽.

55 Michel Foucault, "A propos de la généalogie de l'éthique: un aperçu du travail en cours," *Dits et écrits II*(Paris: Gallimard, 2001), p. 1209.

참고문헌

김동규. 2018. 『멜랑콜리아』. 파주: 문학동네.

누스바움, 마사(Martha Nussbaum). 2020. 『혐오와 수치심』. 조계원 옮김. 서울: 민음사.

데리다, 자크(Jacques Derrida). 2004. 『환대에 대하여』. 남수인 옮김. 서울: 동문선.

박상우. 2011. 「사진과 19세기 신경정신의학」. ≪미술사학보≫, 37집(12월), 79~116쪽.

브란트, 제바스티안(Sebastian Brant). 2016. 『바보배』. 노성두 옮김. 서울: 인다.

쇼터, 에드워드(Edward Shorter). 2020. 『정신의학의 역사』. 최보문 옮김. 서울: 바다출판사.

스컬, 앤드루(Andrew Scull). 2017. 『광기와 문명』. 김미선 옮김. 서울: 뿌리와이파리.

엠케, 카롤린(Carolin Emcke). 2017. 『혐오사회』. 정지인 옮김. 파주: 다산초당.

지거리스트, 헨리(Henry Sigerist). 2008. 『문명과 질병』. 황상익 옮김. 파주: 한길사.

최종술. 2016. 「묻지마 범죄의 사례 분석과 대책에 관한 연구」. ≪한국중독범죄학회보≫,
    6권, 2호(12월), 127~156쪽.

피카르트, 막스(Max Picard). 1994. 『사람의 얼굴』. 조두환 옮김. 서울: 책세상.

하지현. 2019. 『정신의학의 탄생』. 서울: 해냄.

허경. 2019. 『미셸 푸코의 『광기의 역사』 읽기』. 서울: 세창미디어.

≪마인드포스트≫. 2020.12.2. "성녀 딤프나여, 내 정신의 아픔을 고쳐 주소서". http://www.
    mindpost.or.kr/news/articleView.html?idxno=4687(검색일: 2022.9.1).

≪비마이너≫. 2020.12.31. "청도대남병원 정신장애인들은 어디로 갔을까?". https://www.
    beminor.com/news/articleView.html?idxno=20520(검색일: 2022.9.1).

Charcot, Jean-Martin. 1888. *Nouvelle iconographie de la Salpêtrière*. Paris: Masson.

Della Porta, Giambattista. 1660. *La physionomie humaine*. translated by Rault. Rouen:
    Jean & David Berthelin.

De Sivry, Sophie and Meyer Philippe. 1998. *L'Art & la folie*. Paris: Editions du sextant bleu.

Didi-Huberman, Georges. 1982. *Invention de l'hystérie, Charcot et l'Iconographie
    photographique de la Salpêtrière*. Paris: Macula.

Esquirol, Jean-Étienne Dominique. 1838. *Des maladies mentales considérées sous le rapport médical, hygiénique, et médico-légal*. Paris: J.-B. Baillère.

Foucault, Michel. 1954. *Maladie mentale et psychologie*. Paris: PUF.

_____. 1972(1961). *Histoire de la folie à l'âge classique*. Paris: Gallimard.

_____. 1994(1961). "La folie n'existe que dans une société." *Dits et écrits 1*. Paris: Gallimard, pp. 167~169.

_____. 2001. "A propos de la généalogie de l'éthique: un aperçu du travail en cours." *Dits et écrits II*. Paris: Gallimard, pp. 1202~1230.

Gilman, Sander, L. 2014. *Seeing the Insane*. Vermont: Echo Point Books & Media.

_____(ed.), 2014. *The Face of Madness: Hugh W. Diamond and the Origin of Psychiatric Photography*. Vermont: Echo Point Books & Media.

Goffman, Erving. 1968. *Stigma*. London: Penguin Books.

Gros, Frédéric. 1997. *Foucault et la folie*. Paris: PUF.

Guédron, Martial. 2015. *Visage(s). Sens et représentations en Occident*. Paris: Hazan.

Hooton, Earnest Albert. 1939. *Crime and the Man*. Cambridge, Mass.: Harvard University Press.

Lavater, Johann Kaspar. 2010. *Essays on Physiognomy: for the promotion of the knowledge and the love of mankind*. New York: Nabu Press.

Le Brun, Charles. 2004(1668). "Conférence sur l'expression générale et particulière." in Claude Nivelon. *Vie de Charles Le Brun et description détaillée de ses ouvrages*. Genève: Droz.

L'Estoile, Benoît de. 2007. *Le goût des autres: de l'exposition coloniale aux art premiers*. Paris: Flammarion.

Maroto, Pilar Silva(ed.). 2016. *Bosch: The 5th Centenary Exhibition*. Prado: Museo Nacional del Prado.

Pinel, Philip. 1800. *Traité médico-philosophique ou méthode de l'analyse appliquée à la médecine*. Paris: Caille et Ravier.

Quétel, Claude. 2010. *Images de la folie*. Paris: Gallimard.

Snell, Robert. 2019. *Portraits of the Insane: Theodore Gericault and the Subject of Psychotherapy*. London and New York: Routledge.

https://gallica.bnf.fr/ark:/12148/bpt6k432033(검색일: 2022.9.1).

지은이(가나다순)

박인찬

숙명여자대학교 영문학부 교수. 현 숙명여자대학교 인문학연구소장 및 HK+사업단장. 현대 영미 소설, 미국 문학과 문화, SF, 포스트휴머니즘 등을 가르치고 연구해 왔으며, 주요 저서로 『혐오 이론 I: 학제적 접근』(공저, 2022), 『포스트휴머니즘의 쟁점들』(공저, 2021), 『소설의 죽음 이후: 최근 미국 소설론』(2008), 주요 역서로 『블리딩 엣지』(2020), 『바인랜드』(2016), 『느리게 배우는 사람』(2014), 『미국 민주주의의 문화사』(공역, 2011) 등이 있다.

신하경

숙명여자대학교 일본학과 교수. 일본 대중문화, 장르 문학을 전공했다. 현재는 일본 SF 문학과 과학 기술의 관계를 공부하고 있다.

유수정

숙명여자대학교 인문학연구소 HK연구교수. 일본 근현대 문학, 만주국 문학, 식민지 문학을 연구해 왔으며, 최근에는 문학 속 신체 담론으로 관심을 넓혀 노인·질병·장애와 혐오의 문제를 중심으로 연구하고 있다. 주요 저서로 『일본대중문화의 이해』(공저, 2015), 『근대 동아시아 담론의 역설과 굴절』(공저, 2011) 등이 있고, 주요 논문으로 「'공해의 원점'에서 보는 질병 혐오」(2022), 「초고령사회 SF적 상상력의 구현: 애니메이션 ≪노인Z≫에서 보는 노인과 개호로봇」(2021), 「푸른 눈의 '일본인': 기타무라 겐지로의 아동문학 『솔베이지의 노래』에 나타난 만주 귀환 서사」(2018) 등이 있으며, 역서로는 『만주국 속의 동아시아 문학』(공역, 2018), 『〈식민지〉 일본어문학론』(공역, 2010) 등이 있다.

이동신

서울대학교 영어영문학과 교수. 현대 미국 소설, SF, 포스트휴머니즘을 연구하고 있다. 저서로 *A Genealogy of Cyborgothic : Aesthetics and Ethics in the Age of Posthumanism* (2010), 『관계와 경계: 코로나시대의 인간과 동물』(공저, 2021), 『포스트휴머니즘의 쟁점들』(공저, 2021), 『다르게 함께 살기: 인간과 동물』(2021), 『동물의 품 안에서: 인간-동물 관계 연구』(공저, 2022), 역서로 『갈라테아 2.2』(2020) 등이 있다.

이재준

숙명여자대학교 인문학연구소 HK조교수. 철학과 미학 전공으로 포스트휴머니즘과 신유물론의 시각에서 인간과 비인간의 존재론적 관계성, 다양한 몸들에서 정신-물질적 혼종, 과학 기술적 대상들의 미학-정치적 배치 등에 관해 연구해 왔다. 인간으로부터 비인간에 이르는 혐오의 양상, 혐오 정동의 물질적-기계적 표출을 설명하는 데 관심을 기울이고 있다. 대표 논문으로 「혐오의 정동」 (2021), 「단단한 생명 혹은 흐르는 물질」(2021), 「과학기술 시각주의에서 비인간의 재현」(2019)이 있다.

이준석

경성대학교 교양학부 조교수. 과학기술학(STS)을 전공했고, 주요 연구 분야는 행위자네트워크 이론과 신유물론/객체지향 존재론적 STS이다. 주요 논문으로 나노객체의 개념을 주장한 「하이퍼객체와 나노객체의 세계」(2021), 「행위자-네트워크 이론을 통한 다중공간의 이해: 코로나19 사태에서 관찰되는 다중공간성」(2020), 「사회이론의 물질적 전회: 신유물론, 그리고 행위자-네트워크 이론과 객체지향존재론」(2019, 공저) 등이 있다.

이지선

숙명여자대학교 인문학연구소 HK연구교수. 프랑스 근현대 철학, 과학 철학, 과학사를 연구해 왔으며, 최근에는 기술 철학 및 기술사나 포스트휴머니즘, 신유물론, 생태 정치학 등으로 관심을 넓혀 연구하고 있다. 주요 저서로 『초연결의 철학』(공저, 2021), 『공존의 기술』(공저, 2007) 등이 있고, 주요 논문으로 「무한 우주에서 닫힌 세계 혹은 갇힌 지상으로: 라투르의 정치생태학과 우주주의적 지구론」(2021), 「1922년 파리, 베르그손-아인슈타인 논쟁」(2021) 등이 있으며, 역서로는 『철학적 포스트휴머니즘』(2021), 『아나키즘의 역사』(공역, 2003) 등이 있다.

임소연

동아대학교 기초교양대학 조교수. 과학기술학을 전공했으며 주요 연구 주제는 과학 기술과 젠더, 인간 향상과 몸, 신유물론 페미니즘 등이다. *Asian Women, Ethnic and Racial Studies, Medical Anthropology, East Asian Science, Technology, and Society, Social Studies of Science* 등에 단독 및 공저 논문을 발표했고 주요 저서로는 『신비롭지 않은 여자들』(2022), 『겸손한 목격자들』(2021, 공저), 『과학기술의 시대 사이보그로 살아가기』(2014)가, 역서로는 『바디 멀티플』(공역, 2022)이 있다.

임태훈

성균관대학교 국어국문학과 조교수. 문학과 테크놀로지, SF 문화와 사운드스케이프 예술을 연구하고 있다. 인문학협동조합 미디어기획위원장으로 활동했다. 저서로『블레이드 러너 깊이 읽기』(공저, 2021),『기계비평들』(공저, 2019),『한국 테크노컬처 연대기』(공저, 2017),『시민을 위한 테크놀로지 가이드』(공저, 2017),『검색되지 않을 자유』(2014),『우애의 미디올로지』(2012) 등이 있다. 주요 논문으로는「쓰레기 처리 제도의 변화와 소비 대중의 기억 문화 (1): '종량제 봉투'를 소재로 한 소설을 중심으로」(2021),「기생 경제와 기식음의 정보 체계로부터: 이광수 〈개척자〉 재독」(2020),「납 활자 인쇄소의 퇴출과 문학적 기록」(2019) 등이 있다.

한의정

충북대학교 조형예술학과 교수. 프랑스 현대 미학 전공으로 예술과 예술 아닌 것, 예술계 안과 밖을 나누는 경계와 차별적 취향에 관심을 가지고 연구하고 있다. 주요 저서로『독신자x기계』(2022),『초연결사회를 향한 여덟 개의 인문학적 시선』(공저, 2021),『모빌리티 테크놀로지와 테크노 미학』(공저, 2020) 등이 있고, 주요 논문으로「자크 데리다와 발레리오 아다미의 미장아빔」(2022),「그림 그리는 기계: 창조와 생산 사이」(2021),「인간의 얼굴에서 사물의 얼굴로: 현대예술에서 인간-비인간의 관계성을 중심으로」(2021),「강박의 박물관: 하랄트 제만과 아웃사이더 아트」(2019) 등이 있다.

한울아카데미 2423
숙명여자대학교 인문학연구소 HK+사업단 학술연구총서 08

물질 혐오
왜 물질이 문제인가

ⓒ 이재준, 2023

기 획 ┃ 이재준
지은이 ┃ 박인찬·신하경·유수정·이동신·이재준·이준석·이지선·임소연·임태훈·한의정
펴낸이 ┃ 김종수
펴낸곳 ┃ 한울엠플러스(주)
편집책임 ┃ 조인순
편 집 ┃ 김우영

초판 1쇄 인쇄 ┃ 2023년 3월 10일
초판 1쇄 발행 ┃ 2023년 3월 31일

주소 ┃ 10881 경기도 파주시 광인사길 153 한울시소빌딩 3층
전화 ┃ 031-955-0655
팩스 ┃ 031-955-0656
홈페이지 ┃ www.hanulmplus.kr
등록번호 ┃ 제406-2015-000143호

Printed in Korea.
ISBN 978-89-460-7424-8 93330

※ 이 저서는 2020년 대한민국 교육부와 한국연구재단의 지원을 받아 수행된 연구임
(NRF-2020S1A6A3A03063902).

양자역학을 어떻게 이해할까

양자역학이 불러온 존재론적 혁명

인류 지성사의 놀라운 사건 양자역학

양자역학에 대한 존재론적 해석을 시도

지은이
장회익

2022년 10월 25일 발행
신국판
320면

인류 지성사에 가장 놀라운 사건 중 하나인 고전역학의 등장은 인류가 합법칙적으로 자연을 이해할 수 있게 되었다는 것을 뜻한다. 하지만, 지난 한 세기에 걸친 수많은 양자역학 해석 논란들이 말해주듯, 아직 그 심화와 수정의 방식을 체계적으로 이해하는 단계에 이르지는 못했다. 이러한 이해가 어려운 이유는 이 문제가 이미 개별 학문의 테두리를 넘어서 학문 자체의 성립 여건에 대한 물음에 맞닿아 있기 때문이다. 그렇기에 이를 위해 인간의 앎이라는 것은 도대체 무엇인가라는 원초적 물음으로 되돌아가 그 앎의 성격부터 재규정하는 작업이 요구되는 것이다.

양자역학은 우리의 직관에 맞는 방식으로 이해되지 않는다. 그러면서도 보이지 않는 원자세계를 너무도 잘 설명해 준다. 그렇다면 우리의 직관에 무언가 잘못이 있는 것이 아닌가 반문할 수밖에 없는 것이다. 그렇다면 지금까지 우리의 직관이 바탕에 두고 있었던 원초적 존재론을 문제 삼게 된다.

이는 곧 고전역학이 숨기고 있던 존재론적 가정을 명시적으로 드러내고 그 대안적 존재론의 가능성을 검토하자는 것이다. 그리하여 양자역학을 수용하기에 적절한 대안적 존재론이 마련된다면, 인간의 사고는 근본적으로 관념의 틀 위에서 형성되는 것이기에 이러한 과도기를 넘어 언젠가는 새 관념의 틀을 형성해야 하며, 이것이 바로 새 존재론이 요구되는 이유이기도 하다

오디오북의 역사
알려지지 않은, 말하는 책 이야기

말하는 책의 성장 과정에 대한 문화적·사회학적 연구
인쇄 책의 그늘에서 벗어나
독립 예술로 진화하는 오디오북의 미래 전망

이 책은 한 세기가 넘는 시기 동안 말하는 책이 진화해 온 역사를 다룬다. 1877년 에디슨이 처음 축음기를 발명한 이래, 그리 순탄치 않았던 말하는 책의 역사를 인쇄 책과 말하는 책 간의 전통적인 대립 관계를 추적하면서 설명을 풀어나간다. 책 속에는 1930년대 전쟁에서 시각장애를 입은 군인들을 위해 말하는 책 도서관이 설립된 과정을 다루면서, 녹음 문학에 담긴 정치학적 의미를 해석한다.

오디오북은 스토리텔링의 새로운 형식처럼 보이지만, 고대 그리스에서는 주로 낭송으로 이야기를 들었다는 점을 돌이켜보면 오디오북은 스토리텔링의 아주 오래된 형식이기도 하다. 이 책에서는 녹음 문학이 전개되어 온 역사적 과정을 중점적으로 살피는 한편, 녹음 문학의 형식적·미학적 특성도 함께 검토한다.

디지털 기술의 발달과 더불어 오디오북은 새로운 전기를 맞고 있다. 오늘날 오디오북은 인쇄본에 없는 음향효과와 다른 도구들을 도입함으로써 오디오 형식을 최대한 활용하고 있다. 최근 오디오북은 출판사의 주요 수입원으로 부상하면서 텔레비전, 영화, 컴퓨터와 경쟁하는 오락의 형태로 탈바꿈하고 있다.

지은이
매슈 루버리

옮긴이
전주범

2022년 11월 7일 발행
신국판
424면

아마존의 길

**아마존을 둘러싼 언어, 문화, 시장, 환경 등 이슈를 한 권에 모은,
우리 학자들의 시각으로 집필해 낸 국내 최초의 아마존 지침서!**

아마존을 품은 라틴아메리카는 33개 국가와 6억 인구를 보유한
거대한 대륙이다. 6억 인구는 백인, 원주민, 메스띠소, 흑인 그
리고 이들 간의 혼혈로 구성되어 있다. 이들은 카리브, 안데스,
아마존, 빰빠스 등 서로 다른 자연환경에서 다양한 일상을 살아
가고 있다. 각자 고유한 개별성을 보여주는 크고 작은 33개 국
가들은 경제협력개발기구 회원국에서 최빈국에 이르기까지 삶
의 수준도 다양하다. 이러한 다양성을 관통하며 라틴아메리카를
하나로 묶어내는 고리가 바로 아마존이다.

오랫동안 우리에게 아마존은 '지구의 허파'라는 기능적·상징적
인 이미지에 머물렀다. 하지만 시간이 흐르면서 아마존에 대한
대중의 관심은 보다 다각화된 양상을 띠며 새로운 국면을 맞아
가고 있다. 이 책은 아마존의 현황을 국내에 소개하고 함께 고민
해 보자는 취지에서 기획되었다. 점점 더 많은 한국인들이 아마
존에 대해 궁금해하고 아마존에 대한 정보를 찾기 시작하고 있
다. 이 책은 우리 학자들이 우리 시각에서 직접적인 연구를 통해
도출해 낸 국내 최초의 아마존 관련 학술서다. 라틴아메리카 연
구를 전업 연구자 11명이 참여해, 인문학, 사회과학, 자연과학
(환경학)의 학제적 관점에서 광활한 면적만큼이나 복합적인 아
마존의 정치·경제·사회·자연 여건을 이 책에 녹여냈다.

지은이
**양은미·임두빈·최영수·
차경미·하상섭·박원복·
장유운·서지현·이미정·
이태혁·장수환**

2023년 1월 31일 발행
신국판
440면

근대 영혼 구원하기
치료요법, 감정, 그리고 자기계발 문화

**감정자본주의가 형성된 과정을 추적하고
치료요법 담론을 비판하는 독창적인 견해로
문화사회학에 한 획을 긋다**

에바 일루즈(Eva Illouz)는 국내에서 가장 주목받는 현대 사회학자 중 한 명으로, 이 책『근대 영혼 구원하기』는 앞서 출간한 『감정자본주의』에서 제시한 아이디어들을 학문적으로 엄격하게 진술하고 확장한 것으로, '감정자본주의' 연구의 완성본이라 할 수 있다.

이 책의 목적은 감정자본주의가 형성된 과정을 추적하는 것이라 할 수 있다. 저자는 이를 위해 현대 문화의 주요한 경향 중 하나인 자기계발 문화에 주목한다. 자기계발 문화의 저변을 차지하는 것은 치료요법 담론, 더 넓게는 심리학 및 정신분석학 담론이 미국의 기업, 결혼생활, 일상의 자기계발 관행에 스며든 과정을 면밀하게 살핀다.

심리학이 근대세계에서 지배적인 힘을 획득할 수 있었던 것은 심리학이 근대 영혼들이 맞닥친 고통의 문제를 해결해 주겠다고 나섰기 때문이다. 이것이 현대의 치료요법적 신념이 지닌 요체이다. 하지만 저자는 치료요법은 심각한 모순을 안고 있다고 주장한다. 치료요법은 개인의 감정적 경험을 해부하고 트라우마를 치유한다고 강조하지만 실제로 치료요법은 근대 정체성의 모순과 곤경을 관리하는 데 도움을 주기는커녕 어려움을 가중시킨다는 것이다.

지은이
에바 일루즈

옮긴이
박형신·정수남

2023년 2월 15일 발행
신국판
384면

우리 유전자 안에 없다(2판)
생물학·이념·인간의 본성

**인간의 사회적 행동을 생물학적 특성으로
극단적으로 환원시켜 버리는 생물학적 결정론에 대한
저명 과학자들의 거침없는 비판**

이제는 고전이 된 이 책에서, 세 명의 저명한 과학자가 계급, 인종, 성 불평등은 우리의 생물학적 그리고 유전적 계승의 산물이라는 주장을 폭로하고 발가벗긴다.

생물학적 결정론은 인간의 사회적 행동을 생물학적 특성으로 환원시킴으로써 '인간의 본성'은 유전자에 의해 유일하게 결정된다고 주장한다. 이는 결국 현 사회질서는 불가피하며 정당하다는 정치적 주장을 노골적으로 함축하는 것이다. 이에 대해 저자들은 이러한 일의적 결정 요소는 유전자 안에 들어 있지 않다고 비판한다. 동시에 생물학적 결정론에 대극되는 '문화 결정론'에 대해서도 일침을 가한다. 문화 결정론도 생물학적 결정론 못지않게 인간의 본성에 대한 올바른 이해를 왜곡한다는 것이다. 저자들은 인간의 본성은 생물학적 특성과 문화 사이의 변증법적 상호작용을 통하는 관점으로 비로소 이해할 수 있다고 주장한다.

이 책은 사회적 쟁점을 다룬 정상급 과학자 3인이 쓴 논쟁서이며 연구서이다. 이 고전의 원서 초판은 1984년에 나왔다. 그리고 33년 만인 2017년에 2판이 출간되었다.

지은이
**R. C. 르원틴,
스티븐 로즈,
리언 J. 카민**

옮긴이
이상원

2023년 3월 15일 발행
신국판
432면